论语贯通

孔子政治哲学刍议

胡晓地◎著

中国社会科学出版社

图书在版编目（CIP）数据

论语贯通：孔子政治哲学刍议／胡晓地著 . —北京：中国社会科学出版社，
2019.3

ISBN 978 - 7 - 5203 - 3806 - 6

Ⅰ. ①论… Ⅱ. ①胡… Ⅲ. ①《论语》—研究 Ⅳ. ①B222.25

中国版本图书馆 CIP 数据核字（2018）第 292145 号

出 版 人　赵剑英
责任编辑　孙　萍
责任校对　朱妍洁
责任印制　王　超

出　　版　中国社会科学出版社
社　　址　北京鼓楼西大街甲 158 号
邮　　编　100720
网　　址　http://www.csspw.cn
发 行 部　010 - 84083685
门 市 部　010 - 84029450
经　　销　新华书店及其他书店

印刷装订　北京君升印刷有限公司
版　　次　2019 年 3 月第 1 版
印　　次　2019 年 3 月第 1 次印刷

开　　本　710×1000　1/16
印　　张　26.5
字　　数　382 千字
定　　价　89.00 元

谨以本书献给：

先父　胡修惠先生
先母　吕安琪女士
先岳　卢启寅先生

目　　录

导　　语

　　《论语》是中华文化极具代表性的经典之一，其对中华文明的意义不需多言，可以说，不读《论语》，很难称得上"文化意义上的中国人"。解读《论语》的著作汗牛充栋，本书只能另辟蹊径，在以下两方面做文章。

　　一是将章与章之间贯通起来读，联系上下文，在特定的语境下取得新发现。《论语》为孔子弟子、再传甚至三传弟子所撰，并非完全是原始记录，至于《论语》各章句的本意究竟是什么，最权威的阐释者应是其编者，而非后世的孟子、朱熹等。笔者相信，《论语》编者不是随意排列全书章序，而是要通过一定的章序，表达自己的意向。因为《论语》基本成书于战国早期（公元前479年孔子去世至公元前400年子思离世），书写文字的材质相对匮乏，须在既有的书写材料上表述更多的寓意，如何组织章序结构就大有讲究。① 当我们将既定的章序作为解读《论语》的重要依据，就会发现其中所蕴含的"更深刻的一致性"，② 而在过去认为是章句跳跃

---

　　① 有学者指出："《论语》篇章学，既考虑到同篇之内的断续、衔接和呼应，又考虑到异篇之间的断续、衔接和呼应，疏散错落之处求一以贯之"；"儒学重秩序，也重篇章秩序"；（章句）"顺序所在，就是意义所在"。杨义：《论语还原》，中华书局2015年版，第136、91、100页。该书第151页还谈到《论语》编纂者"最知真孔子"。日本学者也提出，"使《论语》得以成立的是孔门众弟子"，从这些弟子的角度阅读理解《论语》会更清晰些，见子安宣邦《孔子的学问：日本人如何读〈论语〉》（以下简称《孔子的学问》），生活·读书·新知三联书店2017年版，第216页。
　　② 白彤东：《旧邦新命——古今中西参照下的古典儒家政治哲学》，北京大学出版社2009年版，第9页。

费解处，则有豁然开朗的感觉。

二是更多从政治哲学角度解读《论语》，由此窥探两千多年来中国现实政治运作的奥妙所在，引发我们更深入地思索：如何才能结合中华传统文化，更好地吸收世界政治文明的优秀成果，让它在中国落地生根。毕竟读经典是要给今人以启迪，作烦琐而枯燥的考据不是本书的写作目的。笔者希望这一新尝试能有抛砖引玉之效。

本书每个基本单元的内容由五部分构成。首先给出本章《论语》原文，为引导读者学习繁体及增强经文的权威性，章句原文用繁体黑体排出。其次说明章与章的串接，尝试将上下文贯通起来。再次是《论语》章句原文的白话解释，用楷体排出，笔者尽量利用原文中的字来解释。再次是对个别难字的注释，为节省篇幅，注释部分的用字尽量精简；① 本书尤重原文的读音，尽可能以同音字标出，万不得已才用拼音。最后是从现代政治文明的视角，阐释该章体现的孔子政治哲学思想，这是当代中国学人找回自己的"文化自信"必须做的工作。第二部分及第五部分是笔者的原创（其他学者的相关论点全部放进脚注），更是本书的主旨所在，为此定名《论语贯通——孔子政治哲学刍议》。

除了上述创新性尝试，本书还努力与国际通行的学术专著惯例看齐，花费很多时间精力整理出多种索引及脉络，列入附录，方便读者学习研究时检索。同一本书中囊括这么丰富的索引内容，在国内各种有关《论语》的研究著作中尚属首次。

《论语》共20篇482章，本书分章依据朱熹《四书章句集注》（中华书局2011年版）。为方便检索查阅，各章的标示采用美国哈佛大学燕京书社的汉学家首创，以一对阿拉伯数字对每章进行编号的方法：前一数字为该章所在篇序，后一数字为该章在本篇的章序，如"1.2"即为第一篇第二章，以此类推。

本书出版得到中共深圳市宝安区委党校胡雨青常务副校长的大

---

① 如"（是）知：音义智。"是指"知"字在此处的读音及释义同"智"；（是）旨在多个"知"中作识别，特指章句中紧接"是"的那个"知"。

力支持，中国社会科学出版社孙萍编辑付出了大量心血、马明编辑做了许多工作，在此一并致谢！由于学识所限，书中不当之处，敬请赐示。

学而第一

1.1 子曰："學而時習之，不亦説乎？有朋自遠方來，不亦樂乎？人不知而不愠，不亦君子乎？"

《论语》从何处下手，关乎全书主基调。孔学是人学，人异于禽兽、人与人差异、人的自我提升，都源自一个"学"字，由此字开篇，可充分体现君子求道的自强不息。

孔子说："学得知识，适时练习，不是很愉悦吗？有同道从远方来（切磋学问），不是很快乐吗？别人不知晓自己的贤德，或不理解我传授的内容，我却不会生气，不是很有君子修养吗？"

说：音义悦。愠：音蕴，生气，与"悦"相反。

学：汲取一个"君子"应掌握的一切知识，包括学做人与学文，前者修内德，后者长才艺。学做人比学书本知识、学才艺更重要，人只掌握后者就是个"器"，难以担当治国平天下的重任。

而：能，古音近而相通。

时：一为适时，所谓"不失时机"；二为与时，所谓"与时俱进"；三为天时，即效法天行，"天何言哉，四时行焉"，强调自强不息、少说多做；四为识时，要像鸟一样知所进退，不为所害（参见10.27），该行则行，该藏则藏。

习（習）：《说文》释作"数飞也"，鸟需不断练习才能掌握飞的本领，"習"字可拆为白羽，为雏鸟特征，"新手"俗称"菜鸟"，只有反复实践才能熟能生巧，成为熟手。"习"解作"温习"过于狭隘。相对"学"或"知"，孔子更强调"习"或"行"，这是学之目的所在，也只有如此才能检验学的效果。

求道之人相聚，辩论切磋，令人快乐。①* 本章说明孔子倡导开放包容的学问、平等而相互激发的讨论，没有把自己的意见定于一尊——只能接受，不能质疑。君子之乐，更多是精神上的，那种"言不及义，好行小惠"的、那种"耻恶衣恶食者"，是难以理解其中快乐的。孔子倡导为己之学，不求己为人知。别人不知自己的德能或有误解，无须怨天尤人、面有愠色。对待别人的误解，尚且不愠，面对他人的批评，更应有雅量恭听，这才是有道德修养的君子。上升到政治哲学层面，将要从政的君子，一开始进学就要训练自己有听取不同意见的雅量，这是开放言论的重要条件。也正因此，可以说《论语》其实是君子养成之书，即以"学"及"习"等来养成君子。②

1.2　有子曰："其爲人也孝弟，而好犯上者，鲜矣；不好犯上，而好作亂者，未之有也。君子務本，本立而道生。孝弟也者，其爲仁之本與！"

上章论学，本章是"学"的具体化——学做人，它始于家庭，正如社会学讲家庭是初级社会组织，是人的社会化准备阶段。上章之学习，重在普通人向君子的提升；本章之学孝，重在阻止普通人向下的沉沦。

有子说："假如（某人）为人（能在家）孝亲敬长，却喜好（在外）冒犯上级，极其少见。不喜好冒犯上级，却喜好扰乱社会，从未有过。君子要着重培育根本，根本的东西确立了，自然就会行仁道。（培养一个人）孝亲敬长，或许就是（使他行）仁道的根本！"

---

① 本章提出的悦乐，李泽厚先生将其上升为华夏传统精神核心之一的"乐感文化"（另一个是"实用理性"），以区别于西方的"罪感文化"和日本的"耻感文化"。由"己悦"到"与人共乐"，由个体到群体，再到乐群不失己，见李泽厚《论语今读》，生活·读书·新知三联书店 2008 年版，第 29 页。

* 为节省篇幅，本书注释中首次出现的参考文献，标注全部信息；再次出现时，只标书名或文章名，作者及出版信息等可查书末参考文献。

② 有学者认为，《论语》中的"君子"范畴，起着沟通人生哲学与政治哲学的桥梁作用，见王杰《先秦儒家政治思想论稿》，人民出版社 2011 年版，第 302—303 页。

孝之反为孽,《说文》释孽:庶子也,古人认为庶贱者易生乱。弟:音义悌,弟之反为敖,即侮慢。

《论语》是孔子及其弟子的语录,是夫子与弟子轮着讲,开篇夫子讲后,接下来由弟子接上,有学问传承之义,而师生对话亦有教学相长之喻。有若的话最先出现,一是内容本身的逻辑需要;二是说明在编辑《论语》过程中,有若的门生弟子在其中起了很大的作用,甚至具有特殊地位,弟子借机抬高老师也在情理之中。

杜绝"乱臣贼子"是孔子政治哲学的基本思想之一,孔门学说也开启了中国政治文化中伦理政治化与政治伦理化的先河。本章内容告诉我们:第一,从不孝到"犯上"再到"作乱",最后到成为孔子所痛恨的"乱臣贼子",人的沉沦是渐进的。第二,犯上作乱乃"作死"之举,只有学会做人,才能"避害"。第三,仁与礼是孔学的重要内容,其基础实践却离不开孝,由家到国再到天下,使人借孝而有亲亲爱人之心,最终实现由天子作为大家长的"天下一家",这才是孔子所要的"大一统"。① 如果说乱臣贼子是"大一统"最大的破坏者而应设法杜绝,则其基础工程便是行"孝弟"之道,② 这是为人之本,也是孔学的大本。本章之旨是将家庭亲情作为人性之本源,破坏了这一本根("失其亲"),就会冲击社会政治秩序,动摇社会基础。③

---

① 孔子的"大一统"思想是追求建立在更高制度文明之上的社会秩序,而不是指国土的形式上统一。

② 张岱年先生认为,"在《论语》中,所谓'道',即专指'人道'"(张岱年:《中国哲学大纲》,中国社会科学出版社 1982 年版,第 254 页)。因此,本章的意义在于以孝道开启人道。而在胡适看来,"仁即是做人的道理,……仁是理想的人道,做一个人,须要能尽人道。能尽人道,即是仁",见胡适《中国哲学史大纲》,广西师范大学出版社 2013 年版,第 73 页。杜维明提出,仁的作用是支持对人性的担当,它是大本,属于较高序列的概念,见 [新加坡] 赖蕴慧《中国哲学导论》,世界图书出版公司北京公司 2013 年版,第 28 页。

③ 有学者指出,本章是要将孝行"转化为政权巩固的基础",相关分析参见 [德] 罗哲海《轴心时期的儒家伦理》,大象出版社 2009 年版,第 71—73 页。

1.3 子曰："巧言令色，鲜矣仁！"

上章点出了仁的正面内容，本章接着指出不仁的具体表现。一正一反，在比较中加深读者对仁的认识。

孔子说："花言巧语、和颜悦色、（曲意逢迎，这样的人）很少有仁心。"

令：美善。鲜：音 xiǎn，极少。

本章与上章相接，可看作对上章可能产生负面影响的纠偏，也暗示孔子政治哲学的一个重要理念，即凡事要有度，正面的价值也不能没有度，这个度便是礼所划定的界限。孝弟者表现出为人恭顺，但恭顺也要有度，否则"巧言无实，令色无质"（王肃：《论语注》），自然而然、表里如一，这才是真正的仁，① 不能违背己意、邀宠悦人，参见"恭而无礼则劳"（8.2）。

在不发达的农业社会中，人的交往圈子小，彼此熟悉，巧言令色易被人看穿。随着社会发展，人的流动性增加，与陌生人相遇的机会增多，如何让对方尽快建立起对自己的好感，巧言令色可能是个捷径。这让孔子感到忧心，于是便警告弟子不能如此；警醒国人，不要上这种人的当。现代民主政治，政治人物拉选票，巧言令色更是必备技巧。拉票要不沦为骗票，就要以媒体舆论来监督，只会巧言令色者，终究会被再选下去。

1.4 曾子曰："吾日三省吾身：爲人謀而不忠乎？與朋友交而不信乎？傳不習乎？"

接上章，具体谈与熟人相处如何杜绝不仁的表现，这在传统的熟人社会尤其重要。

曾子说："我每天从三处反省自己：替人出谋划策，有无忠心

---

① 有学者提出，孔子思想中的"仁"，其原始含义是无等差的"人"。就本章而言，可以用郭沫若的话来说："仁"的意义在于"人的发现"，或者说，以其本原面目出现。参见刘惠恕《中国政治哲学发展史——从儒学到马克思主义》，上海社会科学院出版社 2001 年版，第84—85 页。

为之？与朋友相交，有无诚信相待？传授知识，有无身体力行？"

吾身：我自己。传：音船，向他人传道，而不是受传。习：践行。①

"谋、交、传"讲的是三种境况，分别指向比自己地位高的人、与自己平等的人、比自己地位低的人（如学生），提供服务或打交道时，应做到尽职、足信、有习。先习后传，才有所谓言传身教；勤行不已，才能让所传之道与时偕行。本章暗示，如果说一个人进入社会前，最要学的是孝弟，步入社会后，首先要学会的便是自省。孔学强调出现问题后，多从自己身上找原因，这是修身的一个重要内容。相反，不愿自省的人，多怨天尤人。本章说明私德在人际交往中的重要性，修好私德才能有仁，这是通往"内圣"的起点。本章的政治哲学意蕴是，政治人物更需内省，常自内省而少相内斗，于人于己于国皆有利；热衷于意识形态治国的政治家更应谨记"传，不习乎"：外面传来的经，好不好用，要先试一试，若贸然采行，全力推广，要闯大祸。

1.5 子曰："道千乘之國：敬事而信，節用而愛人，使民以時。"

上几章讲学为人、学自省后，再要学的就是治国了，本章讲治国基本要点。

孔子说："治理有千辆兵车的国家：（需要）勤快做事，取信于民，节省开支，爱惜人才，差使民众能不误农时。"

道：音义导，有因势利导之义。乘：音剩，四马配置一兵车，拥有多少"乘"的作战力量，可衡量一个诸侯国国力。敬：夙夜勤事，敬之反为慢，敬则成，慢则败。用：政府用度。《论语》对举人与民时，"人"指有位者（肉食者），本章专指人才，"民"指平民。

---

① 本章的"传不习乎"与首章的"学而时习之"相呼应，确立了《论语》中的曾子路线。参见《论语还原》，第113—114页。

上章的"自省"是对自我人性扬善去恶，本章的"道（导）"是在治国中善用人性，要求为政者能洞悉人性、将心比心、不断自省。一是以自己的勤政获取百姓信任，以成事来兑现承诺。二是建立小政府、廉价政府，爱惜人才。三是政府少扰民，尽量在农闲征用民力。大家难当，大国难治，老子讲的"烹小鲜"是尽量不做什么，孔子则从做什么来指点迷津，本章可看作孔子政治哲学对农业社会"善政"定下的最低要求。①

1.6　子曰："弟子入则孝，出则弟，谨而信，汜爱衆，而亲仁。行有餘力，则以學文。"

上一章讲治国的基本要点，本章暗示治国者不但要"治"还要"教"，要寓治于教。

孔子说："年轻人要在家尽孝，在外敬长，处事谨慎，为人有信，博爱众民，亲近仁人。具备上述德行还有条件的话，可以学点文化技能。"

弟：音义悌。② 谨：也可释为行为有常、交往合礼。

本章可看作孔子的伦理观。相对于墨子的"兼爱"，孔子不唱高调，他提倡有差等的爱，如水之涟漪，由近及远地扩散；③ 强调亲高于爱，"亲仁"使己达，"爱众"而达人，由此暗示：要治好国，治国者应首先成为仁者。这里只就修身来讲，不能将差等思维用作政府政策的制定，由于当今社会中体制内外的差异，人因身份

---

① 按托马斯·阿奎那的理解，是否"出于对臣民的爱而统治"，是区分王政与僭政的重要标准，而不仅仅是孔子所讲的权力合法性有问题，是"名不正"，是"礼乐征伐自诸侯出"乃至"陪臣执国命"。参见氏著《〈政治学〉疏证》，华夏出版社2013年版，第81页。

② 本章的"悌"可看作是"孝"与"忠"的连接环节。参见《轴心时期的儒家伦理》，第72页。

③ 有学者认为本章一个重要观点是，用情要有分寸，不能滥（不分皂白）、浅（不诚恳）、漫（乱用），家内讲情，家外则讲理智，见潘光旦《儒家的社会思想》，北京大学出版社2010年版，第140—141、158—160页。本章也可佐证白彤东的观点，孔子是把"私（家）"作为发展公益心的起点和垫脚石，见《旧邦新命——古今中西参照下的古典儒家政治哲学》，第124页。

不同而有不同境遇，这并不公平。依照现代政治哲学，机会平等是最重要的平等，因此，政策应是普适、无差等的，差别待遇是要逐渐转向普惠的。

孔学抽象意义上的"学"，学会为仁最重要，"为仁"重在习或"行"，"行"为德育、"文"为智育，孔学重德，德先于智，情商第一，智商第二。进一步说，普通人只要"行"即可，"行"对应"使由之"，属"知其然"，"学文"对应"使知之"，属"知其所以然"。"有余力"泛指有才智和经济上的条件，如把"行"释为谋生，那就是工作之余努力学文化。

1.7 子夏曰："贤贤易色，事父母能竭其力，事君能致其身，与朋友交言而有信。虽曰未学，吾必谓之学矣。"

上一章讲孔子对年轻学子的基本要求，本章强调"学做人"是更重要的"学"，是子夏对孔子相关思想的延伸及具体化。

子夏说："（对妻子）好德如好色，事奉父母能竭尽全力，服务国君能奉献生命，与朋友交往，说话算数。虽然未曾就学，我一定讲他已经受教过。"

贤：前一为动词，崇尚，后一指贤德。易：如。贤贤易色，也可理解为惠中与秀外并重。学：前一指学文，后一指学做人，有教养。

夫妇、父子、君臣、朋友为四伦，若能行此四伦，可谓有学，即已学会为人。学做人，在子夏看来，是学的本质内容。当下不少人上学学到博士毕业，但就做人来说，还在小学水平，这正是现代教育所缺，需要向传统教育学习的地方。也有将"易"释作轻，重德轻色，有点唱高调。若将"色"释作"令色"之色（表面功夫），本章就变成：为人重德、做人要实。亦通。现代社会，政治人物性丑闻时有发生，如果按子夏的观点，就是重色轻德，受制于自己生理冲动，所谓"英雄难过美人关"。

1.8 子曰："君子不重则不威，學则不固。主忠信。無友不如己者。過则勿憚改。"

本章接着讲与人交，强调三个原则：自重是与人交要守住底线；忠信是与人交要把握的根本；交友要有选择。

孔子说："君子不自重就不会有威严，（但自尊过头，到了顽固的程度，则要通过）学（新知）让自己不固陋。以忠信为主导。不与那些同自己不是一类的人交友。有过错不怕改正。"

无友：不与……交友；如：类如。憚：畏难。

本章可看作孔子的辩证法。孔子以"重"树"威"，过"威"而"固"再以"学"化之。交友要不失尊严，不自尊自重的人易自侮，当然谈不上有任何的威严或威信。但自尊过头，过分看重自己的威信而不愿认错，就有点固陋甚至顽固了，这时要通过学新知克服自己的固陋，才能真正解决"过则勿憚改"的问题。交友要坚持忠信主导，[1] 就是听从良心、恪守诚信、据实无私、尽己所能。交友要遵从"人以类聚"，只与自己同类者、以忠信为本者相交。最后，与人交要勇于改正自己的过错，否则"过而不改，是谓过矣"，这里或指若择友不当，不再友之。本章可看作对政治人物的警示：要自重、要学习、要慎友，权钱交易，按孔子看法，源自从政者与经商者不同类之人相交友，犯错是必然的。

从政治哲学层面讲，国与国的交往，也有个"无友不如己者"，不要同流氓国家交朋友，否则，既损害自己的声誉，也很可能被他们拖下水。对传统的友好国家，随着时代的发展，需要重新甄别检讨，确实交错了朋友，也要"过则勿憚改"，使之符合国家的整体利益。

1.9 曾子曰："慎終追遠，民德歸厚矣。"

上一章讲与人交，以德为基，"以友辅仁"，交友修德，增厚己

---

[1] 本章首现"忠信"，钱穆先生将其作为"仁"之本原。钱穆：《孔子与论语》，九州出版社 2011 年版，第 149 页。

德；本章讲通过治丧祭祀，使民德归厚。上一章讲不要害怕改过；本章讲丧事过错无法改正，不能不慎。

曾子说："敬慎处理送终之礼，虔诚追思远逝祖先，可使民众的德性重归敦厚。"

终：送终，指治丧。归：往，返。

一方面，丧事不能重办，必须慎礼不乱；祭奠先祖之礼，体现追思之情。丧祭守礼，是在尽最后的孝道。另一方面，俗语"人走茶凉"，人死"茶"更凉，本章通过让逝者的"茶"不再变"凉"，来让民德归厚。① 因为无法从逝者那里取得回报，所以对逝者所做的一切都是单方向的、无任何现实利益交换，借此淡化世人的功利心，寄望能对死者尽孝道，而对生民尽仁道。敬慎治丧，虔诚祭祖，也可提醒相争犯禁的子孙，何以面对仁厚的祖先；提醒庸碌无为的生者，何德何能可让子孙缅怀。曾子把慎终追远当作教化的手段，现代政治家则将其作为治国的手段：以国祭凝聚人心，增强统治合法性。

1.10 子禽問於子貢曰："夫子至於是邦也，必聞其政，求之與？抑與之與？"子貢曰："夫子温、良、恭、儉、讓以得之。夫子之求之也，其諸異乎人之求之與？"

上一章讲曾子提出以丧祭守礼来教化民众，本章暗示在孔子看来，如何使民德归厚，应博采众长，择善而从。

子禽问子贡："老师每到一个邦国，一定能了解到当地的政情、政制，是他自己去求问别人，还是别人主动告诉他的？"子贡答："老师温和、良善、恭敬、俭约、礼让，因此而得知。老师的求问方式，可能与众不同吧？"

夫子：当时对做过大夫者的称呼，这里用作孔子学生对老师的

---

① 本章首现"德"。张岱年认为，"有得于道谓之德"，"德是行道而得诸己"，见《中国哲学大纲》，第261—262页。还有学者指出，本章的"德"含有"人的责任"观念，它"使礼由宗教仪节中解放出来"，见韦政通《中国思想传统的创造转化：韦政通自选集》，云南人民出版社2002年版，第110页。

尊称。抑：还是。与之与：前一与，音羽，给予；后一与，音鱼，疑问词欤。"温、良、恭、俭、让"分别释作敦美润泽、行不犯物、和从不逆、自我检点、推人后己。其诸：当时齐鲁方言，或者。

慎终追远，民德归厚，教化民众是治国理政的一种方式。对各国的善政，孔子抱着一种开放的学习态度。具体来讲，是以其厚德来打动人，得到自己想要的东西，以至诚取来的经才是真经。因此，孔子的"求"不同于他人，表现为一种厚德之求，不带任何功利之心，反之则是以"巧言令色"去求。也有说孔子以德教著称，当政者纷纷向其请教，孔子得以间接知晓各国之政；或者说孔子观民风、察政风，不用求之。

本章或许暗喻：君子有厚德，就有了如黑洞那般强大的吸引力，能得到他想得的任何东西；而当政者有厚德，就能"近者说，远者来"。可见，学会修德如何重要。

1.11 子曰："父在，觀其志；父沒，觀其行；三年無改於父之道，可謂孝矣。"

上一章讲为政要博采外来经验，本章讲要坚持自有主张，内外相融，不相对立。

孔子说："父亲健在，观察一人心志所向；父亲离世，观察一人实在行为；（守丧）三年仍不改变父亲制定的政道，可称作是孝了。"

没：音末，去世。

一个人，如果其志能让父亲放心身后事，其行能让人称道不辱父名，就有一种超越"慎终追远"之孝。本篇有五章（2、6、7、9、11）论及孝，孝的概念渐次提升，至本章达到顶点，即以父之道为起点，发扬光大父之事业。《说文》释孝：子承老也。此时，或一心守孝，不与政事，或哀伤失智，难理政事，当然无法亲手改变父之道，参见"高宗谅阴，三年不言"（14.43）。也有据《孝经》，将父之道解为"事父之道"，即"扬名声、显父母"（此时，三为多，三年即终身）。

本章之旨在于，对待前辈政策，只要其行之有效，则不作大的变动，更不标新立异，随便以外面新潮的东西取而代之。其实"道"作为当行之路，父之道有善无恶，既为善政，无须更改。这里的三年是新老承接的过渡期，也是让新主人观察思考，如何因应新的变化。总的来说，传统农业社会变化缓慢，制度变迁并不急迫，新老交替之时，给人政策延续的预期更重要。但这里把"孝"从生前之敬，延展到身后施政，混同个人感情与公共政策，具有明显家国不分的意识。如李泽厚所言，本章体现了"中国式的政教合一"。

1.12　有子曰："禮之用，和爲貴。先王之道斯爲美，小大由之。有所不行，知和而和，不以禮節之，亦不可行也。"

本章从上章"父之道"切入"先王之道"，总结先王之道最为美善的是"和以用礼、用礼为和"，而前章新旧政策之间流畅承接本身，就是一种"和"。

有子说："礼的运用，以事物达致和的境界最为珍贵。先祖圣王治理之道，以此作为优美的标准，大事小事均遵循之。但（礼）也有行不通的时候，而想要和就一味求和，不以礼来节制它，也是不可行的。"

和：适度，无过无不及。先：往生，已逝。小大：大事小事，也有释作百姓国君。由：照着办。节：区别，限制。知：欲，为。

有子在第二章首先提及"孝"，又在本章开启孔学的另一个重要概念"礼"。① 礼作为一种规范，对包括孝在内的所有正面价值均有节制作用，使之适度。对于上章"父之道"的遵奉也要符合礼

---

① 有学者认为，"礼"具有一个理性的等级结构，构成一部能凝聚社会的基本法，礼治也是基于规则的统治，"礼"因此"为社会的规则化治理准备了必要的社会条件"，也确实"维护着一种基本的公正观"，为中国社会提供了一种难得的"道德资本"。张千帆：《为了人的尊严：中国古典政治哲学批判与重构》，中国民主法制出版社2012年版，第164、170—171、173、182页。

这一更高的价值标准。礼的运用及效用，又以"和"最为重要：礼的运用是非强制性的、与具体情景相切合的；礼，形为敬，实为和，礼之终极目的是要达到社会的融和，所谓"人伦和谐、人心和美、人类和平"。社会成员虽有差等，① 但不相对抗，做到"和而不同"。反之，社会成员被打造成无个性的"同"，社会也就失去应有的活力。这是先王之道的美之所在，事无大小均不背此理，如此方能"揖让而治天下"，这也是孔学对于"平天下"的最高追求。

"不行"和"不可行"，通常认为是指同一种不可行。其实，"不行"是指，礼"有所不行"，它不能无所不在，不能渗透人类社会的每一个角落，当"礼"用到伤情害"和"的程度，所谓"礼胜则离"，就不可行。礼的形成自然而然，它若脱离人性，为人力所不逮，也肯定行不通。任何工具的有效性都是以其有盲点为代价的，作用功能有所限的东西却更有效。"不可行"是指，有和无礼，也不可行，即不能不讲礼，搞"和稀泥"式的"为和而和"。乐（音岳）主和，"和"的背后是"乐"，本章之旨在礼乐相协，不可偏废，现代法治也不能背离人性，先要合人情、合天理，才能有合法。

1.13 有子曰："信近於義，言可復也；恭近於禮，遠恥辱也；因不失其親，亦可宗也。"

上章讲礼乐相和，本章讲信义相和、恭礼相和，礼义又要与亲情相和，倡导重义、重礼，更重亲情，礼义之上有更高的价值——人伦亲情。

有子说："守信合（宜而有）义，其诺言可践行；恭敬合礼，可免遭耻辱；因循（礼义）却不丢失亲情，也可作为（守礼义的）宗旨。"

---

① 关于孔子通过论述"礼"的概念说明其等差思想，见张志宏《德性与权利——先秦儒家人权思想研究》，人民出版社 2012 年版，第 106—107 页。

近：附着，不离，合于。义：宜。复：践行。因：因循。宗：宗旨。

当信合于义即可行之信，其诺言才可践；而讲大话，实是不合宜的背义之信。守无义之信，被孔子批为"硁硁然小人哉"，这里"义"超越"信"，如孟子言"唯义所在"。过分恭敬，超越礼制，反易受辱；依礼而行，不卑不亢，才有人格独立，不自招辱。因循礼义，① 不走极端，才不会搞所谓"大义灭亲"而害和失亲，而"不失其亲"才不违遵守礼义之宗旨。亲情是最基本的人伦，无亲情的人格特质，极易做出反社会、反人类的举动。因此，本章及上章，有子或暗示或明确表达：亲情至高无上。绑匪可恶，在于以残害人类最为珍视的东西来谋取自己的利益。罪及妻孥的政治株连，就是政治上的绑匪之举，其对人类文明底线的冲击更加剧烈。政治文明建设，一个重要内容就是搞政治不能绑架亲情。

1.14　子曰："君子食無求飽，居無求安，敏於事而慎於言，就有道而正焉，可謂好學也已。"

上一章讲社会价值标准有层级，本章讲好学也有层级。只有好学方面上层级，才能坚守最高的社会价值。

孔子说："君子在吃上不要求充分满足，在住上不要求舒适安逸，做事勤勉，言辞谨慎，请贤德之士匡正自己的过错，（做到这些）就可称作好学了。"

敏：勤勉，不是敏捷。就有道：亲仁。也已：句末表示肯定的语气助词。

在孔子看来，好学不只是好读书，而是不断趋近仁义，进德不

---

① 《论语》中礼义合举，首现本章。有学者提出，孔子讲的"义"是符合"仁"之精神的个人行为外现，属于小概念，而"礼"则为大概念，是体现周礼原则的政治制度和仪礼风俗。本章宜结合（15.17）研读。参见《中国政治哲学发展史——从儒学到马克思主义》，第 90 页。另外，《论语》中的"义"有广义和狭义两种，前者指道义，后者为判断是非善恶的标准及人的行为准则。参见唐凯麟、曹刚《重释传统——儒家思想的现代价值评估》，华东师范大学出版社 2000 年版，第 200—201 页。

止。本章他提出君子好学的三条标准，渐次向上：一是学人生追求，不求食饱餍、居安逸，重精神不重物质，这是学者之志；二是学说话行事，驷不及舌、覆水难收，不可不谨慎，做事勤勉有功，不致苟活一世，这是学者之行；三是学修德改过，接受通行标准，请有道之士匡正自己的言行是非，以合于礼义，做到不贰过，不盲目自信，更不自以为是，这是学者之德。政治人物做到：不讲享受，少说多做，虚心改过，在任何时代、任何国家，都是一个好政治家，而"就有道正焉"的过程也一定是追求和秉持最高社会价值的过程。

1.15 子貢曰："貧而無諂，富而無驕，何如？"子曰："可也。未若貧而樂，富而好禮者也。"子貢曰："詩云：'如切如磋，如琢如磨。'其斯之謂與？"子曰："賜也，始可與言詩已矣！告諸往而知來者。"

上章讲"就有道而正焉"，通过这种"正"找出与更高标准的差距，体现了孔学倡导的积极向上精神。本章暗示这种积极向上，也反映在乐道、好礼上，体现在学无止境、精益求精上。

子贡问："贫困却不谄媚，富裕却不骄傲，怎么样？"孔子说："可以。但不如贫困而快乐，富裕而喜好礼义。"子贡问："《诗》说：'先切骨角再磋平，先琢玉石再磨光。'讲的也是这个意思吧？"孔子说："（端木）赐啊，这下可以同你讨论《诗》了，告诉你已知的一个事例，你就悟出未来可用的一个道理了。"

若：如。礼：履，此处指实践自己的志向。切、磋、琢、磨：古代制器，就骨、角、玉、石等材质所用的相应手法，先切后磋，不断打磨，以喻精益求精。诸：音义"之于"。告往：启；知来：发。告往知来，温故知新。

孔子认为"富而无骄易"，消极地守身并不够，还应积极作为：或通过乐行自强不息的天之道，实现去贫、"己立"；或凭借既有财富，实现"达人""兼济天下"。老师的教导让子贡联想起《诗经》中"如切如磋，如琢如磨"并发问，这种触类旁通，"闻一以知二"，拓展提升的发问，让孔子极为满意："跟你讲了具体的一点，你就晓得其中的道理。"这场教学可称作典型的"心有灵犀一点通"，通过一个具体事例，归纳出一个抽象道理。精明的政治人物，深入实际生活，就能通过观察常人熟视无睹的具体事例，体会出治国理政的大道理，而不是就事论事，更不可越俎代庖插手具体事务。

1.16　子曰："不患人之不己知，患不知人也。"

上章暗示，修德进学无止境；本章讲修德进学，是忘我之学，"为人所知"是有止境的，不能作为内修成功的标志。

孔子说："不要担心别人不知道自己，而要担心自己不能识人。"

患：担忧。不己知：不知己的倒装句。

孔子讲自知、知人，却不为自己作宣传，不担心别人是否了解自己。太在乎自己的名，往往为名所累，"人怕出名猪怕壮"。完全按别人的意志为自己谋名，也会失去自己的独立性；以巧言令色得名，更不可取。相反，知人是为了以人为鉴，所谓"三人行，必有我师"；是为了择友，做到"无友不如己"；是为了辨是非、别贤佞，用贤摒奸。

本篇论学，从"学为人"始至"学知人"终。下篇论为政，为政在知，重在知人而善任、知民需而尽其求，本章以此承上启下。

为政第二

2.1　子曰："爲政以德，譬如北辰，居其所而衆星共之。"

上篇末章暗示，学会知人，才能从政，而从政也是"学"之最大的"用"，所谓"人道政为大"（《礼记·哀公问》，由知人，了解并顺应人性，才能讲"率性之谓道"）。由此切入本篇首章谈为政，为政以德，用德行政，是孔子的基本政治哲学思想。[①]

孔子说："要凭借（治国者的）仁德治国理政，好比天上北斗，安居本处，而能使众星环绕。"

共：音拱，环绕。北辰：北斗。居：不动，（若轮心）虽动，也不离本处。

政本义为正人，但孔子强调正人必先正己，只有己有德行（如律己宽人、主持公正、尊贤使能、节用爱民）才能得民心；有人格感召力，才能聚人；只有"从我做起"，才能"向我看齐"，如北

---

① 亚里士多德也认为，"统治者的道德品质应该力求充分完善"，见［古希腊］亚里士多德《政治学》，商务印书馆1965年版，第39页。可见，西方古典政治哲学模式还是把政治与道德联系在一起的，二者的分离是在信奉"恺撒的归恺撒，耶稣的归耶稣"这一"现代性"理念之后，见万俊人《我们为何需要政治哲学》，［美］安靖如《人权与中国思想》，中国人民大学出版社2011年版，（总序）第4、8—9页。本章的意义在于，孔子是要"正视人性中的真实德性为推动文明的原动力"，以"从人性的层面建立文明的基础，透过德性的自觉，建立仁爱而公正的德性社会"，见邓国光《圣王之道——先秦诸子的经世智慧》，中华书局2010年版，第240页。另外，德治的实质是人治，其基础是自然经济，其预设是性善论，见《重释传统——儒家思想的现代价值评估》，第278—279页。还有学者提出本章的"北辰"，不仅象征"闪亮的道德、无为的智慧，亦是坦荡的勇气"，最后一点就是对政府公开性的要求：一个"公开、透明、昭昭然的政府"，见聂长建《"为政以德"的政治哲学解读》，《华中科技大学学报·社会科学版》2010年第5期。

斗星为众星所拱。本章以天象有序比喻人间秩序，居其所，即"恭己正南面"，治国有序有定力、不出位更不乱动。以德，就是这样通过自己"行不扰民"的仁德，使"近者悦、远者来"。但"纯任德教"（汉宣帝语）也会带来泛道德主义盛行的问题。

2.2　子曰："詩三百，一言以蔽之，曰'思無邪'。"

上章明示为政有赖行仁德，本章暗示德的本质是直心无伪，心伪者无良政。

孔子说："《诗》三百首，用一句话作概括，就是'直心无伪'。"

蔽：盖，概括。

本章孔子提出归纳法，所谓"一言以蔽之"。在他看来，总数约三百篇的《诗》，总的精神可用其中的一句"思无邪"来概括。该句出自《诗经·鲁颂·駉》"思无邪，思马斯徂"，该诗颂鲁僖公"能遵伯禽之法，俭以足用，宽以爱民，务农重谷，牧于坰野（使不害民田）"。思无邪有两种解释，一是认为：思，语词；邪，伪；徂，音 cú，行。思无邪是被孔子用来说明整个《诗经》"皆出于至情流溢，直写衷曲……即所谓'诗言志'者"，[1] 其实就是真性情。另一种解释认为该诗属《诗经》中的《颂》，不可能单纯只写马，而是明写马、暗颂人，这样"思"就不能解作语气助词，而应释为虑，邪为散乱，思无邪就是思维缜密。[2]

上章孔子已用归纳法，把为政之法提炼作"以德"；本章又暗示"德"实际是"无伪"，有德之人，心直不虚伪，德本字为"悳"即"直心"，悳《说文》释作"外得于人，内得于己也"。这是从"德"字入手，与上章相勾连。更多解释认为孔子跳出《诗经》本意，以"思无邪"的字面意思——不乱有序，同上章"政（正）"字相联系。笔者持前一看法，直心无伪，就是正己心，去邪念。历史经验表明，政治人物最大的德，是限制自己的权力，

---

① 程树德：《论语集释》，中华书局 1990 年版，第 67 页。

② 思无邪是第四段，前三段分别为思无疆、思无期、思无斁，颂僖公之思的广泛、久远、不辍（斁为厌、终），以此推出"思无邪"为思维缜密。

不乱用权，就不会扰民，就能让百姓自由发展，安居乐业。

2.3　子曰："道之以政，齐之以刑，民免而无耻；道之以德，齐之以礼，有耻且格。"

上章暗示德本质是直心无伪，本章讲统治者要用自己的直心无伪，培养百姓的直心无伪，那样就天下归仁、天下有道。

孔子说："用苛政来领导人民，用刑律来规范人民，人民只求免于惩罚，而无（犯禁的）羞耻感；用仁德来引导人民，用礼制来规范人民，人民（对犯禁）有羞耻之心而且内心服从。"

道：音导，引领。之：指民。政：苛政法教。齐：齐整有序，规范。刑：严刑峻法。免：脱逸（免，逸也——《说文》）。格：归服向往，免（脱逸）之反。①

孔子归纳治国有两种办法：刑治和德治。② 前者只是让人不敢违法，但不会让人有羞耻心，后者则通过教化让人有羞耻心，使之不愿、不想违法。相反，无羞耻心就会常生邪念，屡屡作伪，而为阻人钻法律漏洞，法网越织越密，行政成本越来越大。两相比较，前者事倍功半，后者事半功倍；前者强迫，后者说服；前者少人道，后者重人性；前者治标，后者治本；前者驱人，后者聚人。③

2.4　子曰："吾十有五而志于学，三十而立，四十而不惑，五十而知天命，六十而耳顺，七十而从心所欲，不踰矩。"

上章通过比较两种治国方式，说明只有德治才能培养人民的直

①　也有人以"格"通"革"，即洗心革面。（清）黄式三：《論語後案》，凤凰出版集团 2008 年版，第 23 页。

②　有学者认为，儒家的治理理想是"礼治"，它包括承认与尊重社会的礼俗之治，礼俗与宗法"构成了一道有效隔离皇权渗透的屏障"，见《中国的自由传统》，第 66 页。更有学者将"礼"视为"最根本的人类社会制度"，见［美］狄百瑞《亚洲价值与人权：儒家社群主义的视角》，社会科学文献出版社 2012 年版，第 29 页。

③　在某些学者看来，本章更多是要"强调没有道德指引的法治是不够的"，见《为了人的尊严：中国古典政治哲学批判与重构》，第 169 页。

心无伪；本章孔子现身说法，讲作为未来可能的统治者，君子如何才能使自己直心无伪，重回到"欲正人必先正己"。

孔子说："我十五岁立志向学，三十岁（学有所成，依礼）而立，四十岁（知如何取舍应变）而不再迷惑，五十岁知自己天命责任所在，六十岁能善听逆言，七十岁能做自己心中所想之事，却不会有违礼制。"

有：音义又。志：心所向往。立：成。逾：越。矩：礼法。

孔子志学，为的是求道，① "谋道不谋食"，"朝闻道，夕死可矣"。对礼的学有所成是求道的第一步，"不学礼，无以立"，"不知礼，无以立也"。守礼不知权变，则"可与立，未可与权"，不是孔子眼中的智者，要由"立"进于"智"。智者深谙礼理，知如何取舍应变，才有所谓"知者不惑"。反之，"遇变而惑，虽立不固"。② 不惑的智者也是利人之人，"知者利仁"。

"不知命无以为君子"，而"小人不知天命"。天命也是天理，知天命就是知事物之所以然，这是君子才能做到的；小人知其然（know how）而"可由之"，不知其所以然（know that）而"不可使知之"。另外，知天命的不只是君子，也是仁者。"仁者不忧"，仁者因知天命而不忧，所谓"乐天知命故不忧"（《易·系辞传》）。孔子的知天命不是消极地接受命运，而是以"知所能为、不断进取"来影响命中的偶然，即便因此而失败也不怨天尤人。

耳顺就是知言，③ "不知言，无以知人也"。要知言，一要听得进各种声音，所谓兼听则明，闻者足戒，不以人废言；二要听得清所言微旨，做到心耳相通，闻言知心，不思而得，所闻皆道。真要

---

① 有学者认为本章的"志"，是孔子"对一种旨在自我实现的道德体系作承诺"。[美] 郝大维、安乐哲：《先贤的民主：杜威、孔子与中国民主之希望》，江苏人民出版社2004年版，第114页。

② 《论语后案》，第26页。

③ 冯友兰先生提出"耳"只是"而已"的急言，"六十而耳顺"是"六十而已顺"之误，"六十而已顺"即谓"顺天命"，所谓"事天"。人与宇宙之间从"知天"到"事天"再到"乐天"最后至于"同天"。冯友兰：《中国哲学之精神》，中国青年出版社2005年版，第23页。

达到理解"斯人有斯言"的耳顺，需要有比知天命更高的智、更高的人生境界。

孔子认同人之欲望的存在，他不是要"灭人欲"，而是以礼节欲。当一个人可以能动地处理自己的欲望，使之在合于礼的范围内游刃有余，就有了从心所欲的自由，同时却不会逾越礼的规制，最终而有闻道之乐，达至由求道到闻道的圆满人生旅程。从对人欲的理解来说，孔子其实是人性解放的先锋，其作为"至圣"就在于他为后人指明了一种合乎天理的人性。同时，孔子也最早说明，自由不是为所欲为，自由从来就是礼法约束下的自由。此句也有句读（音逗）为"七十从心，所欲不逾矩"，[①] 七十从心，与六十耳顺相对，后者侧重顺应环境，前者强调听从良心。

德治的前提是个人道德的进修，尤其是对主导者本人。因此，上一章讲"外导"，本章就要讲"内修"，具体说是夫子自己的进德之序：从"志学"求道到"而立"知礼，到"不惑"有智，到"知命"君子，到"耳顺"善听，到"从欲不逾"犹如化境。钱穆谓读《论语》的最大宗旨，就是要能"志孔子的所志、学孔子所学"。[②] 本章差不多是孔子在其人生之旅行将终结之时所言，其主旨在《论语》全书最后一章也有反映，临终之言与书末之语相呼应，可见编者之苦心孤诣。

2.5　孟懿子問孝。子曰："無違。"樊遲御，子告之曰："孟孫問孝於我，我對曰'無違'。"樊遲曰："何謂也?"子曰："生，事之以禮；死，葬之以禮，祭之以禮。"

孔子的政治是伦理政治，也是情感政治。求道也好，内修也好，首先要解决对家庭伦理的认识。本章开始的一连四章，分别从无违、去忧、诚敬、悦色四个方面释"孝"。孔子试图通过培育以"孝"为核心的家庭亲情，建立良好的社会人际情感关系。

---

① 胡适称这种状态，"便是已到'乐之'的地位了"。《中国哲学史大纲》，第77页。
② 钱穆：《论语新解》，生活·读书·新知三联书店2002年版，第27页。

孟懿子问什么才是孝。孔子说："（对待父母）不违背礼制。"樊迟（为孔子）驾车，孔子告诉他："孟孙氏问我什么才叫孝，我对答'（对待父母）不违背礼制'。"樊迟问："这是什么意思?"孔子说："健在时，事奉父母合于礼；去世后，安葬父母合于礼，祭祀父母合于礼。"

孟懿子为鲁大夫，复姓仲孙，名何忌，孟为庶出长子、懿为谥、子为尊称，时为孔子周游列国前，鲁昭公当政时期。御为驾车，古人凡违背礼制者谓之违。[1]

孔子施教不放过一切机会，这次在车上想起刚才孟懿子问自己何为孝，自己回答"无违"，易让人误解为"不违抗父母意愿，唯父母是从"，需要对自己的"司机"重申，"无违"是指不违礼，对待父母的态度用礼（理）一以贯之，从"生"到"死"再到"祭"，都要不违礼，而非以单纯听话为标准。因此，对父母既不能阳奉阴违，又不能违礼护亲，重亲情不能悖大礼。本章点明孝的本质是事亲合于礼制，而培养"孝子贤孙"实际是培养对规制的遵从，做到"从道不从君"。

2.6　孟武伯問孝。子曰："父母唯其疾之憂。"

本章将在家事亲"无违"，扩展到出外事君（君泛指长官）亦能"无违"，是对"孝"的含义作拓展。

孟武伯问什么才是孝。孔子说："父母只担忧子女的身体有病（而对其操守绝对放心）。"

孟武伯为孟懿子之子，时为孔子晚年鲁哀公当政时期。唯其疾之忧：其指子女，之犹为，全句意思是只担忧子女生理有病，不担心品行有失。

本章进一步指出孝为"去忧"，即尽可能不让父母为自己担忧，吻合"父母在，不远游"（儿行千里母担忧）。平安无事，守身即为孝，作死大不孝，而犯上作乱就是自己作死。若对守身作片面理

---

① 《论语集释》，第80页。

解，也可推出中国人的活命哲学，但这里讲的是通过守礼来守身，不因自己的违礼乱法之言行而使父母蒙羞，沦为不孝（孟子的"不孝有三"分别为陷亲不义、不仕啃老、不娶无后，让双亲丢脸排在第一）。

2.7　子游问孝。子曰："今之孝者，是謂能養。至於犬馬，皆能有養；不敬，何以別乎？"

前两章都是从否定方面即"不应做什么"来论孝，后两章从肯定方面即"应做什么"来讲孝。从这里可以看出，孔学所讲的"真理"是具体而多元的，并没有单一的标准答案，更不追求"放之四海而皆准"。

子游问如何做才算是孝。孔子说："今日所谓孝行，只讲能养活父母。即便犬马，也一样有人饲养；（只养）不敬，两者有什么差别？"

子游：孔子学生言偃，字子游。是：只。（能）养：音样，下奉上。至于：即便是。何以：怎样。

在孔子看来，"孝"不能停留在只是供养父母，这是把人道之孝降为待兽之道，关键是事养父母时要有敬，而敬出自心诚，心不诚难有敬。只是给口饭吃，这不叫孝，而是把父母当牲畜来养；上孝养志，其次养色，其次养体。由"孝"而"忠"，都讲表里如一，"无敬"不是真孝，也无法把自己修炼为真正的忠臣。"有敬"才能尽心尽责。

2.8　子夏问孝。子曰："色難。有事弟子服其勞，有酒食先生饌，曾是以爲孝乎？"

上一章说尽孝要讲心诚，本章讲尽孝要有悦色，由内到外，修成本能。

子夏问什么才是孝。孔子说："（始终和颜悦）色，是件难事。有事时，晚生为其代劳，有酒喝时，让父兄享用，这算得上孝吗？"

食：音肆，饭。馔：音撰，吃喝。先生：先己所生，年长者、父兄。曾：音 cēng，乃，表反问。

虽然对生人不用悦色来骗人（令色鲜仁），但对熟人尤其父母也不能板脸气人。孔子论孝讲表里如一，心诚必然悦色，即使父母脸色不好也要和颜悦色相待，否则只有"行敬"（替父母跑腿办事"服其劳"，好酒好菜招待父兄）而无"色敬"，虎脸相待，也难称作孝。上一章讲尽孝要发自内心，本章更进一步，脸上不能有不悦之情，而要表现出自己是心甘情愿，这需更高的修养。如果这种极端化的修炼是不讲条件的，不论遇到的是否慈父、贤君都如此，一定会弱化人的反抗本能，远离犯上作乱。表面看，孔子政治哲学中，好像只会有单方面的妥协，伦理上强势一方（父或君）有着不妥协的特权。

2.9　子曰："吾與回言終日，不違如愚。退而省其私，亦足以發。回也不愚。"

本章将"孝"的指向由"亲"移至"师"，从对父母的态度转为对老师的态度，建立对"君、亲、师"的一体对待。

孔子说："我对（颜）回说了一整天，从无异议，似乎很愚。课后检视其自处时的所为，也能让我受启发。（颜）回啊，并不愚。"

违：背，逆。退：下课后。省：回头再检视。私：私下里，即老师不在时。

这是孔子在书中第一次私下评价自己的学生，对象就是其最得意的弟子颜回（钱穆认为时其"始从学于孔子"），说我同他讲了一整天，从来没见他发表什么不同意见，看上去有点愚，下课后回来再审视他不在我身边的表现，也足以让我受到启发（或当面不违——给老师面子；背地有应——阐发老师的观点。参见"回也闻一以知十"）。说明颜回并不愚啊。由此可见，表面现象靠不住，教学相长也非只限于课堂。本章似乎要纠上章可能带来的误解，暗示伦理上强势一方要反省，双方互动，体谅对方。学生或部下当面不表异议，不代表他就没有自己的想法；在领导面前没表现出能说会道，也不一定就不聪明。

2.10 子曰："视其所以，观其所由，察其所安。人焉廋哉？人焉廋哉？"

上章暗示识人难，对自己熟悉的学生尚且如此，何况对其他人；本章讲孔子的识人三法。

孔子说：（我识人）"一是看他想做什么，二是再细看他如何去做，三是更仔细地看他做过之后的心情，这样他还有什么好隐瞒的？这样他还有什么好隐瞒的？"

以：为（欲），目的。由：方法，途径。安：乐。焉：疑问词，如何能。廋：音搜，藏匿。视—观—察：一个比一个仔细，也是由表及里认识人所需要的。

在孔子看来，人的内在道德必然会通过各种蛛丝马迹外在化，问题是如何抓住这些易为常人忽略的蛛丝马迹。一个人有什么样的喜好和追求就有什么样的境界。"由"为凭借，即手段，不能为达目的不择手段。"安"为乐，能透露其习性养成、情感寄托，不可损人利己却处之泰然。学会看人，是从政者的基本功。曾国藩大概就是根据孔子的这一思想，形成自己的识人方法。但若对方伪装得很好，也有受骗上当看走眼的时候，还是要建立起能上能下的制度，让骗子只能得逞一时，不会出现一选错便成千古恨。现代定期选举制度就是用选票淘汰"政治骗子"的制度。

2.11 子曰："温故而知新，可以爲师矣。"

上章观人，本章观史。《论语》的编者将现实政治中的知人之法，同历史政治中的资治之术相对照，如果说观人知人在"察"，论学知史则在"悟"，二者共同点都是从已发生的推衍出未发生的，都体现了中国文化中强烈的"实用理性"。

孔子说："若能从重温已知的东西，悟出新的道理，便可以为人师了。"

故：已知，已发生的，也可理解为上章的"其所"。温故相当于"告往"，知新就是"知来"。

本章表面是在论学，① 实际要以历史为借鉴，前车之鉴，不可不察。一方面，君子应知人、会学、能教。在孔子看来，学不是死记硬背，而是要通悟有心得，能"温已知、悟新理"。师，不是只告知别人既有知识，而是能有新悟，发掘新知，还要能讲清楚：新与旧的关系、新之为新的缘由，以自己既有知识启发学生的心智，否则就不配为师。另一方面，从更广的意义上讲，只有重温历史（"故"为古人智慧），预测将来，才能为当政者出谋划策而为"君师"，这是君子应有的历史担当。我们也可以认为孔子是从避免"学绝、道丧"的角度作此警示的。

钱穆曾讲过，观察一个新政权有无开国气象，就是将其过去的所作所为与历史上的政权作比较（在鼎革之际，胡适也有相似的论述），这就是生活中对"温故而知新"的应用。

2.12　子曰："君子不器。"

上一章讲不能局限于既有的结论而自限其识；本章讲君子不能自限其才用，将自己局限于固有模式中，沦为谋食的具体职业分工者，而要"有器量、做通才、能知新"，并且具有独立意志。

孔子说："君子不应使自己局限于做（被人利用的）器物。"

器是为人所用的具体器皿，特点是容量有限，各司其用，不能相兼，更无自己的独立意志。孔子倡导"人的全面发展"，他可能是最早提出复合型人才的，当然这与当时社会分工还不甚发达有关。

本章更重要的是，孔子暗示：人之为人的意义，在于累积性求新、日日新，而非谋食；君子应既宽容异见，又有自己的独立价值

---

① 杨向奎先生认为，对孔子而言的"故"是《诗》《书》《礼》《乐》。杨向奎：《大一统与儒家思想》，北京出版社 2016 年版，第 34 页。也有学者认为，本章孔子的本意是要"表述儒家的司法思想，即尊崇判例法。'故'，即以往判例，'师'，即法官"，见吴钩《中国的自由传统》，复旦大学出版社 2014 年版，第 78 页。

判断，不能沦为别人的工具。有容乃大的人格独立是其对君子的更高期许，这种"容"也体现在知识人要有强烈的社会关怀：当爱因斯坦在教室里讲授核爆炸原理时，他是个"谋食"的物理学家；当他走上社会反对核武扩散时，他就是"谋道"的公共知识人。只有这样，知识人方能在不断细化的社会分工中，始终作为人类文明进步的中坚，担负自己的历史责任。

2.13 子貢問君子。子曰："先行其言而後從之。"

上一章讲君子要做通才，而通才往往给人感觉多知、易溢、常自伐、尚空谈。本章有警示此弊的作用。

子贡问孔子如何做才算君子，孔子说："先（把自己想说的道理）付诸实施，（实践无误）再把它说出来。"

先行：行在先。从之：之为行，言从行，即先做后说。

孔子强调君子要做行动上的巨人、干事的多面手，而不是开空头支票，只说不做，或无根据地乱说，跨出自己知识领域发议论，或行动赶不上承诺，失信于人。政治家以身作则、率先垂范，应如此；用实绩打动别人，事半功倍地推行某种政策，亦如此。

2.14 子曰："君子周而不比，小人比而不周。"

上一章讲"行"在先，本章讲"公"在先，以公为先的行为，才是真正有意义的君子行为；上一章讲的通才君子是自己的"才"通；本章讲孔子认为更重要的是"义"通，即有公义心，不自限于少数利益集团，而谋天下大公。

孔子说："君子周遍而不比党，小人比党而不周遍。"

周：全，遍。比：音毕，勾结，靠近；比：结党营私。周而不比即"和而不同"，比而不周即"同而不和"。

在孔子看来，君子的行动不只为验证、为践诺，还要体现更大的公、更广的义，以这种公义来团结人，使之因公义相合而有"和"，这就是孔子讲的"周"。小人则反是，只能以私利来聚人，"利合"而非"义合"的结果是"同"不是"和"，常表现结党营私，朋比为奸。孔子把这种情况称作"比"，小人巧言，叽叽喳喳，"小人之比"一定是说长道短，"言不及义"。现代社会为更有效地做到"周"而"和"，提出某种核心价值观作为全社会的公义。

以上三章概括起来就是君子"三要"：要通、要行、要有公义心。

2.15 子曰："學而不思則罔，思而不學則殆。"

上章讨论为人要周，本章讨论为学要周，并由君子之通，联想到学与思的兼顾及贯通。

孔子说："光学不思就会被蒙蔽，光思不学就难释疑惑。"

罔：蒙蔽、无所得。殆：疑惑、疲困。

学是吸收，思是反刍。① 一方面，吸收讲求兼容并蓄，学不能局限于一家一派，只顾及与自己意见一致的；另一方面，反刍为鉴别是非，思要慎、要有一定准则，不能在吸收中丢掉了自己的根本，脱离了学之思，易疲困，更易自以为是。参见（15.31）。

学而不思的结果是温故不知新，思而不学就是试图不温故而欲知新。前者无所得，甚至受骗上当，后者陷入封闭空想不能自拔，最后走火入魔，身心交瘁。政治家把经典当教条，"照葫芦画瓢"，属典型的"学而不思"；关起门来另搞一套，还以为是在创新，则是可笑的"思而不学"。

2.16 子曰："攻乎異端，斯害也已！"

上一章讲"学与思"要兼顾；本章讲人的思想认识也要有兼

---

① 邓国光认为，孔子之"思"，"是在人性自觉基础上开出的理性思维，与'学'相辅相成"，见《圣王之道——先秦诸子的经世智慧》，第240页。张岱年提出孔子方法论有两个原则："一以贯之"与"博学于文"（"多学而识"），前者是"思"的工夫，后者是"学"的功夫所达到的，见《中国哲学大纲》，第529页。胡适则认为，孔子的知识论注重推论，必然要注意思虑，见《中国哲学史大纲》，第70页。钱穆特别看重"思"，认为"由思得通，通而后见道"（否则就是"见事不见道"），而"'思通'是志道之学之首务也"，见《孔子与论语》，第200页。

顾，不应走极端。

孔子说："钻牛角尖出不来，其危害明摆着。"

攻：取。异端：两个极端，为"中庸"之反，也有指偏激之学说。也已：语助词，表示肯定。

思而不学的极端情形便是钻牛角尖，孔子将之形容为"攻乎异端"（"执于一端"，是"叩其两端"之反面），[1] 如果在牛角尖里出不来，当然陷于危殆。若将"异端"解作异端邪说，"攻"作攻击解，似乎暗示孔子提倡"百花齐放"，与事实不合，不取。

中庸即共识，即人类的共同价值，如果不以普遍认同的价值标准为指导，老想另搞一套，反复折腾，确实害多益少。在当时，无论是损人利己，还是唱"兼爱"高调的墨家，孔子认为都是偏执于一端，异于士大夫的共识，而调和二者的"有差等的爱"，才是价值标准。此外，政治讲妥协、折中，只取与自己一致的意见，完全否认与自己不同的见解，结果不能得到最大多数人的拥护，这样做当然是有害的。

2.17　子曰："由！誨女知之乎？知之爲知之，不知爲不知，是知也。"

上一章讲不执一端，本章讲若是执于异端之知（异，《说文》谓"分也"，部分），只能是自以为知，其实不知，正所谓"盲人摸象"，执于一端，以为真理。孔子认为要以不知为起点，才能有知的扩大。

孔子说："（仲）由啊！教你的都知道吧？知道就知道，不知道就不知道，这就是智。"

由：孔子弟子仲由，字子路。誨：教。女：音义汝。（是）知：音义智。

---

① "执一则人之所知所行，与己不合者，皆屏而斥之"，执一则为异端。孔子"无常师，无可无不可，异端反是"，见陈大齐《论语辑释》，华夏出版社 2010 年版，第 207 页。

在孔子看来，有智慧就是知道自己的知是有限的。对不知道的东西采取老实的态度，不以不知为知，即知我所不知，正如苏格拉底所言："我只知我无知"（I know nothing except the fact of my ignorance.）。权力的傲慢，在这里表现为将真理视为权力的奴婢，谁官大，谁掌握真理。

2.18　子张学干禄。子曰："多闻阙疑，慎言其余，则寡尤；多见阙殆，慎行其余，则寡悔。言寡尤，行寡悔，禄在其中矣。"

上章抽象地讲，最重要的"知"是知自己不知。本章具体地说，孔子认为确定自己知多少，是说话办事不出错的前提。

子张问如何做好公职。孔子说："多听而搁置可疑部分，谨慎谈论其余无可疑部分，就可少讲错话；多看而搁置可疑部分，谨慎施行其余无可疑部分，就可少作悔行。少讲错话、少作悔行，自然能尽职有禄。"

子张：孔子弟子颛孙师（复姓颛孙，颛音专）。学：问。干：求；禄：俸禄即工资收入；干禄即求仕，这里指做好公职。尤：犯错。殆：疑；阙：搁置；阙疑：采取"不知为不知"的态度。其余：确实知道的部分，即"知之为知之"的部分。

官员按孔子告诫，谨慎对待言行，就不会有"权力的傲慢"，①这也是为官的起码要求，否则，实在对不起所取的俸禄。这里为官之德与为官之智是相通的，官员惠民不讲大话，决策不"拍脑袋"，是官之德，更是民之福。

2.19　哀公问曰："何为则民服？"孔子对曰："举直错诸枉，则民服；举枉错诸直，则民不服。"

上一章讲自知，为官自知而有禄，服从自己所知可少错、少悔；本章讲知人，知人方可选对人，能让民众服从。

---

① 有日本学者指出，本章孔子是"想抑制子张的好大喜功"，教其"在细节上要谨慎"的道理，见《孔子的学问》，第245页。

　　哀公问孔子：“如何才能让老百姓服从统治？”孔子恭答：“提拔不作伪之人，以他们作为榜样，并领导及感化心术不正、自欺欺人的人，老百姓就会服从您；（反之）提拔心术不正、自欺欺人的人，以他们作为榜样，并领导及感化不作伪之人，老百姓就不会服从您。”

　　服：心服。直：不作伪。枉：心术不正、自欺欺人。错：攻错，榜样；或释作“置”。诸：音义“之于”。哀公为“春秋十二公”最后一位，时为孔子周游列国回到鲁国时已步入晚年。凡君有问，用“对曰”表示作答，以示尊君。

　　本章孔子提出了这样一个问题，治国最终是对“人”的选择，选择有知且真诚用知的人，方能治好国。另外，在孔子时代，“民服”是治理合法性的重要表现，因而是统治者很在意的。现代民主政治也从统治者用人让民服，进化为直接通过选票选人让民服。

　　2.20　季康子問：“使民敬、忠以勸，如之何？”子曰：“臨之以莊則敬，孝慈則忠，舉善而教不能則勸。”

　　上章希望能让民众诚服，本章则希望能让民众做到三点：敬、忠、劝，讲的都是如何能从民众那里得到积极回应，其统治效果要好于上章的诚服。

　　季康子问：“如何才能得到民众的敬重、忠诚及勤勉？”孔子答：“以庄重的面貌来领导人民而使其心中不置疑自己的统治；以对亲人的孝悌、对民众的慈爱而使其心中诚服自己的统治；以选拔善良之人、教导能力不足者，使大家都能各尽所能、勤勉工作，在行动上支持自己的统治。”

　　（忠）以：与。临：上对下。劝：勤勉，三字均从力。季康子为鲁大夫，与哀公同时代，孔子结束周游列国返鲁，由他迎回。本章与上章对话都在孔子晚年。

　　“敬、忠、劝”比单纯的“民服”要求更高，体现对统治的认同度逐步提升，从内心不置疑（敬）到内心诚服（忠）再到实际行动支持（劝），① 可看作民众检测统治者治理优劣的重要指标。

本章的启示还在于，领导提升属下的能力、更好地运用其能力，激励人充分实现自身价值，是对他们的真正关爱，这是现代人力资本管理最重要的内容。真正的国力提升是人民的能力提升，孔子可谓中国最早人力资本管理大师，他对统治者提出"举善教不能"，在当时是很超前的，要比简单地使民服、民敬、民忠更具实质而持久的意义。

2.21 或謂孔子曰："子奚不爲政？"子曰："書云：'孝乎惟孝、友於兄弟，施於有政。'是亦爲政，奚其爲爲政？"

上面两章，孔子讲用人要"举直、举善"；本章讲如果自己没被举到，也没关系，同样可以在原来的位置上"从政"，这是孔子用自己的行动来诠释"人不知而不愠"。

有人问孔子："你为何不出来从政？"孔子说："《尚书》中讲'尽孝父母，友爱兄弟，（以民风）影响政风。'这样就等于是在为政了，为什么一定要为官才算从政？"

或谓：泛指有人问。子奚：子为你，奚即为何。友：指兄长对弟妹所承担的义务，与"悌"对讲。② 施于有政：施，音邑，延，移；有：无义助词。奚其为为政：其为助词，第一个为是指为官，第二个为是成为、算作。

本章年代在鲁定公初年，孔子虽尚未周游列国，但其德能已名声在外，应仕而未仕，才有上面的问答。在孔子看来，孝为政基，一个人有孝悌之举就是在培育良好的民风，这才是最重要的政治，

---

① 有学者认为，这里的"忠"是要说明，它是国家要求人民的基本政治伦理。参见《轴心时期的儒家伦理》，第99—100页。本章首现"教"字，有学者指出，中国古代社会治理的最大特征是"教"。王绍光主编：《理想政治秩序：中西古今的探求》，生活·读书·新知三联书店2012年版，第186页。

② 《中国政治哲学发展史——从儒学到马克思主义》，第86页。

而不能说在位才叫作从政。① 当今，老同志退下来不问政，就是以特别方式在从政，如果再去参加"关工委"关心下一代成长，那就更是从事发挥余热的政治了。

2.22 子曰："人而無信，不知其可也。大車無輗，小車無軏，其何以行之哉？"

上一章讲"从政"不一定要做官；本章讲"无信"一定难以做人。编者是在暗示：人可以不从政，但不能无信。

孔子说："为人无信，不知道他可以做什么。（如同）大牛车无輗，小马车无軏，它又如何能驾行？"

不知其可：不知道他还能做什么。輗：音倪；軏：音月。它们分别为驾牛大车及驾马小车的关键性灵活接榫。少了这两个东西，牛或马便与其车相脱，车不成其车。另外，輗軏既有束缚牛马的作用，也能在一定程度上保证车体的灵活转动。人之信犹如车的这两个不可或缺的部分，缺之，人与人之间就无法正常交往，社会也就解体了。

讲信是做人的基础，更是从政的基础，参见"民信之""民无信不立"。至少在孔子看来，从政的人生价值并不那么高，而无信则人生难有真正的社会性。

2.23 子張問："十世可知也？"子曰："殷因於夏禮，所損益，可知也；周因於殷禮，所損益，可知也；其或繼周者，雖百世可知也。"

本章是孔子的历史预测学。上一章讲的信，其原义为伸，如果政制成为一种历史性延伸，犹如"明早旭日定东升"般地确定，也就有了历史预测的信。

---

① 有学者指出，对孔子来说，"在家中建立的秩序本身就是一个基础，任何更大的社会与政治秩序都离不开这个基础"，见《先贤的民主：杜威、孔子与中国民主之希望》，第 119 页。或者说，"通过改善自己的家庭、地方事务来尽自己的政治义务"，见《旧邦新命——古今中西参照下的古典儒家政治哲学》，第 147 页。

子张问："十代之后的情况可以知道吗？"孔子说："殷因循夏的礼制，所作的增减，是可知的；周因循殷的礼制，所作的增减，是可知的；如果是承继周的礼制，就算今后百代也可知。"

世：三十年或一代最高统治者的执政时期（也有说是一个朝代）。① 因：因循。礼：大的政制架构。继周：承继周制，"继"字强调架构不作大的变动。

上章的辀、轫是使车的整体不散架的关键部件；本章讨论的一国政制大框架（礼）不变，其细节可随历史条件变迁而增（益）减（损），所谓"礼，时为大"（《礼记·礼器》）。这里，损益便是改变，便是与"因"相对的"革"，其变体现"礼之时"，其不变部分体现"礼之意"。② 因此，孔子主张政治体制的渐变，以损益来保证体制大框架不变下的与时俱进，是种保守的进步主义。其预测（可知）也是据大框架做出大致估计，而不能预测具体的细节。变通、变通，相承继的"通"可知，相差异的"变"细节难知。在他看来，只要基本架构不变，其大模样，虽百世也可知。

2.24 子曰："非其鬼而祭之，谄也。见义不为，无勇也。"

本章接上章的"继周"。孔子以继周为己任，在他看来，只要周礼作为基本制度是适宜的，其中就有"义"，就应勇于捍卫它。孔子的"勇"不是匹夫之勇，是勇于捍卫国家根本制度的大勇。当时各种乱礼之举频现，孔子多加抨击，以本章导入下篇《八佾》，

---

① 本章首现"世"，关于"世"的本意及其意识，见［日］高木智见《先秦社会与思想：试论中国文化的核心》，上海古籍出版社2011年版，第71—75、107—129页。

② 有学者据本章认为孔子所说的"礼"便是指周礼，其贡献是向周礼注入了平民精神和民本思想，参见《中国政治哲学发展史——从儒学到马克思主义》，第69、71页。潘光旦先生提出，"本位文化"应具"历史的绵续性"与"部分的联络性"，这一思想与本章的主旨是吻合的，见《儒家的社会思想》，第131页。另外，儒家的"礼治"暗含"统治者有权插手和干预社会生活的一切方面"，见《理想政治秩序：中西古今的探求》，第152页。还有学者具体给出三代之礼的内容：昭穆制、宗法制、封建制，东周对西周所损的是昭穆制，所益的是封建制。而在（15.10）中孔子有所抉择，就是有所损益。其"可知"也是基于"有不可损益者"，如"俭""仁"，见《中国思想传统的创造转化：韦政通自选集》，第112—114页。

说明为何孔子对乱礼行为"是可忍，孰不可忍"。

孔子说："不是自己的祖宗却要去拜祭，是谄媚。碰见正义之事而不敢做，是无勇。"

鬼：喻先祖。

本章前句批评"不当为而为"，后一句批评"当为而不为"。其中"祭、谄"有深意，暗示胡乱引入别人的基本制度就是乱礼，就是祭他人之鬼，就是"改夏礼、认夷制"的谄媚之举。

如果把夏礼的基本内容加以拓展，就有了"文化中国"的概念，其内核便是"苍生意识"和"民本主义"。中国的任何统治者丢掉这一内核，都将是对华夏文明的背叛，最终要被华夏儿女所唾弃。中华文明绵延不绝，就在于捍卫她的义士前仆后继，以自己的大智大勇，不屈不挠地进行着"继周"的伟大使命。

八佾第三

3.1 孔子謂季氏："八佾舞於庭，是可忍也，孰不可忍也？"

上篇末章讲抽象的"勇"，本篇首章讲具体的"勇"，即勇于批评权贵的"乱礼"之举。

孔子评论鲁大夫季孙氏（太不讲规矩了，在自己的家里搞出天子才能有的排场）："舞者有八列。如果这种（乱礼之举）都能做得出来，还有什么不能做出来？"

佾：音邑，舞列，每列八人，依礼制，天子八列，大夫只能有四列。庭：堂前。是：此。忍：能也（《说文·心部》），① 这里指能够做得出来。② 孰：哪一个。

政治的正常运作需要一定的礼制。在孔子看来，礼制乱了，政治将失序。礼最重要的功能是维持社会差序格局，甚至在没有必要有差别的地方，也要制造出差别。只有通过各种差别，才能体现统治权威，其中的优越感则可以激发士人向上的动力，即通过这种差别性的仪式品尝权力的滋味。因此，无视礼制就是挑战既定秩序，就是犯上，而士子从政最重要的责任之一则是维护既有礼制。

从正面意义上讲，本章表现了孔子的社会责任感，对权贵滥权的批判精神。按现代的说法，以"卫道士"形象出现的孔子，可称作中国最早的"公共知识分子"。

---

① 《故训汇纂》，商务印书馆 2003 年版，第 773 页。
② 陈絅（整理）：《毓老师说论语》，中信出版社 2016 年版，第 58 页。

3.2 三家者以雍徹。子曰："'相維辟公，天子穆穆'，奚取於三家之堂？"

上章抨击在舞者列数上乱礼，本章批评在家祭时用的歌乐上悖礼。

（鲁大夫孟孙、叔孙、季孙）三家（祭他们祖先时），竟然也用天子祭祀时的撤祭之乐。孔子说："'各诸侯来助祭，天子端庄肃穆（主祭）。'哪一句能选取在三位卿大夫堂上唱？"

相：音像，助。辟：音壁，长官，辟公即诸侯。天子：周武王。奚：哪一个。取：择取。

当时国与家分称，国为诸侯国，家为大夫家。依时礼，只有天子才能在《诗经·周颂·雍》歌乐中撤去祭器（所谓"彻"），三位大夫僭用，用现在说法，叫不遵守宪制。孔子从《诗经》字面意思出发，说明它完全不适用于三位卿大夫，以抨击这种僭越乱制的做法。

此章体现孔子"讲政治"：涉及天子无小事，跟天子有关的所有东西只能天子专有，任何人不可触及。天子在孔子的眼中，已不是普通的人，而是周朝的人格化代表，尊天子就是遵从周礼制的权威。

3.3 子曰："人而不仁，如禮何？人而不仁，如樂何？"

本章是对上两章内容的提升，暗示上两章的悖礼行为都是"不仁"的表现。

孔子说："人如果没有仁爱，如何能有得当的礼？人如果没有仁爱，如何能有得当的乐？"

而：若。如……何：对……不知如何做。

仁为礼乐之本，违礼之人定不仁。[1] 有礼乐形式却无仁本，会失

---

[1] 韦政通认为，本章孔子使礼植根于仁，是要"苏醒人情，恢复人性"，见《中国思想传统的创造转化：韦政通自选集》，第125页。本章首现"仁""礼"并举。有学者提出，孔子"与'仁'相应的政治理想是'大同'，它的目标是'亲亲'；与'礼'相适应的政治理想是'小康'，它的目标是'尊贤'。由此也可证明孔子思想中的平民精神要压倒贵族精神，就根本而言，孔子是一个具有平等精神的民主主义者，而并非是一个片面强调政治等级隶从关系的贵族主义者"，见《中国政治哲学发展史——从儒学到马克思主义》，第84—85页。再有学者认为，孔子构建的仁学理论体系，标志着中国传统政治思想从殷周天命神学转向儒家伦理型政治哲学，见《先秦儒家政治思想论稿》，第95页。

去内核，徒有外表而异化，亦属无礼无乐。礼乐可变，仁不可改，更不可丢，否则，再好的礼乐也不能起到其应有的作用。孔子针对当权者的失礼乱乐，作进一步追问，认为这是其不仁的表现，这样的统治者自然不会行仁政，把天子都不当天子，能把普通人当人？

3.4 林放問禮之本。子曰："大哉問！禮，與其奢也，寧儉；喪，與其易也，寧戚。"

上一章讲"仁"是礼乐的内核，本章进一步讲"礼"之内质重于其外在表现形式，礼失先失本，本章是对上章思想的应用。

林放问礼的本质是什么。孔子说："问了个大问题！礼仪，与其奢华（无诚心），不如简俭（有真诚）；治丧，与其认真走过场，不如（简单而）有悲戚。"

易：治，指纯熟周到。

普通人只看到礼的热闹外表，而忽略其本质所在，才会有林放问"礼之本"。[①] 孔子的回答用的是"两害相权取其轻"的办法，即"过"甚于"不及"，让听者自己悟出其中的度，所谓"我叩其两端而竭焉"（9.8）。

礼之失，首先是失其本，[②] 而失本之礼，形有实无。礼作为一种制度，其实质重于形式，有此认识，可降低其实施成本，减少相关耗费。本章也启示政治人物：搞政治也要重本，不要搞形式主义，用各种形象工程自欺欺人。

3.5 子曰："夷狄之有君，不如諸夏之亡也。"

继续上章有关礼的形式与内容的讨论。本章有两解：就"治统"论，只要社会有治，则不失礼本；就"道统"论，夷狄之君，

---

① 孔子称赞林放之问是"大哉问"，表明他自己关注的是有关礼乐的根本性大问题（如礼乐的本质是什么，怎样才能使礼乐和人生融化成一体）而非技术性的枝节问题，见余英时《论天人之际：中国古代思想起源试探》，中华书局 2014 年版，第 86—87 页。

② 有学者指出，儒家重本，是因为"本是情的起点，看重丧是因其为表现情之本"，见《儒家的社会思想》，第 140 页。

至高无上，不受天道制约。前者紧扣上章（承上），"不如"解作"不像"；① 后者连接下章（启下），"不如"释作"不及"。笔者取后解。

孔子说："夷狄虽有（握有实权的）君王，（其文明）却不及君王大权旁落的华夏。"

夷狄：华夏周边被认为文明落后的地区（夷在东，狄在北），所谓"化外之地"。亡：音义无，《论语》中"亡"不带宾语，"无"必带宾语。②

在孔子看来，华夏的文明进步是以失去礼之本为代价的，为使"礼乐征伐自天子出"，尊王（周天子）且保证王有名有实，便成为最重要的礼制。夷狄看上去落后，③ 但其王不是有名无实，这让孔子很是羡慕。

孔子又是文化上的"爱国者"，他不愿受"披发左衽"的夷狄来统治。④ 如果将本章与下章的"不如"都解作"不及"，本章说的就是华夏在"君"上有一个夷狄所没有的"道"，因此，即便华夏无君也好过夷狄有君。毕竟，华夏之君作为"天子"，要受天命的制约，要服从天之道，这种"道"高于"君"的意识，⑤ 或许就是孔子心中的"王在法下"观念。

3.6 季氏旅於泰山。子謂冉有曰："女弗能救與？"對曰："不能。"子曰："嗚呼！曾謂泰山，不如林放乎？"

上章暗示孔子将华夏文明寄望于夷狄所没有的"道"，本章讲孔子期望于泰山不接受僭祭。两章宗旨相同，都是讲孔子想有超然

---

① 同笔者一样，也有学者不赞成将"不如"解释为"不像"，而且对本章作了更加开放性的解读：对国家效忠的保留态度、尝试无政权统治的文明生活等，见《轴心时期的儒家伦理》，第112—113页。

② 王文格：《四书语言分析》，四川大学出版社2009年版，第30页。

③ 杨向奎先生指出："夷狄、华夏都具有可变因素"，而"不变的夷狄仍然是不文明的象征"，见《大一统与儒家思想》，第25页。

④ 唐朝释惠琳将本章释为"有君无礼，不如有礼无君"，见《论语集释》，第148页。

⑤ 《论语新解》，第57页。

的力量出来拯救纷乱剧变的时代。

（鲁大夫）季孙氏（冒用天子或鲁君名义）祭泰山，孔子对冉有说，你就不能挽救劝阻吗？回答："不能。"孔子说："哎呀！难道（你们）以为泰山之神（就会接受僭祭），还不如林放（知礼）？"

旅：祭山；当时礼制，天子祭天下名山，诸侯祭所辖地的名山，季氏以陪臣祭泰山，非礼。冉有：名求，字子有，孔子学生，时为季氏家臣。女：音义汝，曾：岂，难道。谓：以为。[①]

在孔子看来，非义之事不获天助。既然人力不能阻，只能指望泰山之神不接受此祭了。可见孔子晚年，礼崩乐坏到了何等地步。

3.7 子曰："君子無所爭，必也射乎！揖讓而升，下而飲，其爭也君子。"

由上章季氏僭祭争宠于山神不合于礼，切入本章合于礼的君子之争。两章相接，编者大概是要暗示，只有这样培养出的君子，才会去阻止上述悖礼之举。

孔子说："君子平日无（违礼之）争，（即便有所）争也就是比射箭！（走上射箭台前要）作揖谦让，（射箭后再）互揖走下射箭台，（结束后胜者揖不胜者，让其）饮（罚酒），这种争是君子之争。"

全句省略较多，释文补全。共有三次揖让：上、下箭台及饮前。饮：音印，使饮，给别人喝。

整个比射箭过程体现以礼化争。孔子倡导日常小事讲礼让，但在是非原则上则不能不争，关系国家根本政制的守护，即便杀身成仁也要争。君子之争，还暗示这种竞争要求双方服从规则，规则面前人人平等。国家的最高政治权力如果能做到程序性更迭，就是最高境界的君子之争。

---

① 《故训汇纂》，第2137页。子安宣邦提出，本章孔子的不满不只针对季氏，也是针对冉有，责怪他对主人不敢大胆表达自己的想法，是就"求也退"（11.21）的性格叹其不争，见《孔子的学问》，第265页。

3.8　子夏問曰："'巧笑倩兮，美目盼兮，素以爲絢兮。'何謂也？"子曰："繪事後素。"曰："禮後乎？"子曰："起予者商也！始可與言詩已矣。"

上一章讲的是礼让不争而有序，人间秩序离不开礼。本章从绘画着色先后顺序，隐喻"礼"要依附于"仁"。两章都是从日常生活引申出礼的深层意义。

子夏问："'巧笑的酒窝，黑白分明的美眼珠，这样的素底才好作画。'是什么意思？"孔子说："先素后绘。"又问："那礼也是后（添上的）吗？"孔子说："（卜）商啊，是你启发了我，这下可与你谈《诗》了。"

子夏：姓卜名商。倩：酒窝。盼：眼珠黑白分明。素：白画底。绚：彩色，这里指作画。后：在……之后。本章三句诗，前两句出自《诗经·卫风·硕人》，第三句失传。

任何饰美之物只能锦上添花，不能变丑为美：少了酒窝难有动人的笑容，混浊的眼珠（所谓"人老珠黄"）不再传神；没有洁白的画底，无法绘出多彩的画卷。孔子夸奖学生能将《诗》的内容融会贯通，能从"绘事后素"，联想出"先质后饰"，善加利用。"礼后"意指礼不能对人作根本性改变，只能使忠信之人更显彬彬有礼。

这是个典型的启发式教学，师生相互启发，体现孔门的教学相长。礼是外在人为的，它要起作用需有忠信这样的内质，否则将无所附着。进一步说，"礼"要以反映内在人性的"仁"为基础。礼制下的等级，为的是能让社会安定有序。以礼约束社会不再有无谓流血纷争，这就是人性之仁。

3.9　子曰："夏禮，吾能言之，杞不足徵也；殷禮，吾能言之，宋不足徵也。文獻不足故也，足則吾能徵之矣。"

紧扣上章的"绘"在"素"后，讨论夏之后的杞、殷之后的宋，其制度沿革过程中，根本性制度（相当于"素"）不变，而所

43

损益的部分相当于"绘"。

孔子说："夏代的礼制，我能讲得出，但杞国的情况不足以验证（我讲的）；殷代的礼制，我能讲得出，但宋国的情况不足以验证（我讲的）。这是典籍及口述传承不足的缘故，充足的话，我能引以为证的。"

杞：夏代创始人的后代所建。宋：殷代创始人的后代所建。文：典籍。献：贤，指耆老贤人的口述史。

周武王"兴灭国，继绝世"目的是让夏、殷的基本制度能存续下去。如同"绘"不能根本改变其既有的"素"一样，杞礼不应背离夏礼的根本，但因文献不足，孔子难以用杞礼作论述夏礼的佐证，也就是难以验证杞是如何通过损益的方法，使夏礼更加符合时变而大放异彩的。可见，孔子也是"有一分证据，说一分话"。

3.10　子曰："禘自既灌而往者，吾不欲观之矣。"

上章谈到因文献不足，难以验证有关礼制的损益变化；本章讲非礼之祭，对周礼所作的损益，是孔子难以接受的。这样编排大概是想告诉读者：不能因无法验证而放弃自己的是非判断。

孔子说："禘（祭的程序），自灌（以酒洒地）后，（大多悖礼）让我不想再看下去。"

禘：音帝，原为新天子继位后的祭祖仪式。灌：以酒洒地，是禘祭的一个程序。接下来开始的乐舞就上演"八佾舞于庭"，孔子"不欲观之"。

灌之后的程序，在孔子看来，属于根本违背周礼的乱损益。对此，孔子也不能"救"，而只能感叹自己看不下去。可见，即便圣人对不合己意的潮流变化也无可奈何。要守周礼，难啊！这里要加以区分的是：陪臣出于虚荣而冒用天子诸侯的礼仪，孔子加以反对，是对当时宪制的维护；对因时代发展而损益有关礼制，就要作具体分析，不能一概而论，有些当时可能不合宪制，其后慢慢才取得合法性，其间充满争议，不可能一帆风顺。

3.11 　或問禘之説。子曰："不知也。知其説者之於天下也，其如示諸斯乎！"指其掌。

继续上章，孔子就"禘"引出一番大道理。

有人问禘祭有什么说法。孔子说："不知道，知道禘礼道理的人对于治理天下，如同察看这个（纹理那样的清楚）！"边说边指着自己的手掌。

说：说法，即其所以然。示：视。① 诸：音义"之于"。斯：代词，指手掌纹理。②

可能有人看出孔子对所参加的"灌"之后的禘礼有看法，就问他禘礼有什么说法或理论，他不能明白讲出自己心中的不快，因为不讲领导坏话，"为君者讳"，也是那时候礼的要求。

有学者认为"礼"源自巫术，其作用就在于"团结人群，巩固秩序，建立人性"，③ 这恰恰也是治理天下所必需的。因此，礼的程序一定要神圣地加以遵循，稍有背离将前功尽弃。在这个意义上，"周公制礼"实际是将伦理、政治、宗教"三合一"，礼坏了，社会也就失序了。孔子正是看清了这一点，才隐晦地表明遵循礼制对治国是何等重要，其事半功倍之效，也应如亮出手掌简单明了。

3.12 　祭如在，祭神如神在。子曰："吾不與祭，如不祭。"

前两章讲禘祭时的乱礼，实际是祭者不拿被祭对象当回事；本章进一步讨论以什么样的心态作祭礼。

祭（先祖，要想象先祖）如在（你面前）；祭（非亲非故的天地神，要想象祂）如在（你跟前）。孔子说："我不能亲自到场参祭，如同没祭。"

祭（如）：指祭鬼，即祭先祖。神：与鬼相对，指天地神。与：参与。

---

① 《故训汇纂》，第1593页。
② 《毓老师说论语》，第69页。
③ 《论语今读》，第98页。

本章强调要以虔诚想象的心态参加祭祀，只有心诚，才能做到"祭如在"，才能体现"与祭"；也只有以这种情感，才能对祭礼有正确的理性认识，去除其中的非理性狂热情绪。中华民族少有宗教狂热，很大程度要归功于孔子所采行的"引理入情"的做法。[①]

3.13 王孙贾问曰："與其媚於奧，寧媚於竈，何謂也？"子曰："不然，獲罪於天，無所禱也。"

上章讲到祭神时要心诚，本章讲不能功利地、实用主义地祭神。试图让神祇保佑自己为所欲为，也是心不诚的表现。一方面，心要诚；另一方面，心诚也不是万能的。

王孙贾问："与其讨好'奥'不如讨好'灶'，这是什么意思？"孔子说："不是的，（逆天理而行）得罪了老天爷，向谁祈祷也没用。"

贾：卫灵公之大夫，也是卫国的权臣，复姓王孙。奥、灶：指神明的方位，"奥"处西南列尊长位，但"灶"却是管实事的，负责填饱人的肚子，二者对比犹如今天讲的"县官"与"现管"。

孔子从更高层面说明，权不能大于天，[②]为人首先不能悖天理，才能避祸害；反之，权力再大、祈祷得再勤，也不能保佑你作恶不受天谴。

3.14 子曰："周監於二代，郁郁乎文哉！吾從周。"

本章继续上章顺天道、畏天命的思想。孔子不想讨好任何当权者，他所从的是周道，周道经过对夏商两代制度的损益，更接近于天道，近乎完美，从而绽放璀璨的文明。

---

① 《论语今读》，第100页。还有学者认为本章背后隐含真正虔敬的宗教情感，是孔子利用宗教辅助教化，用神道的手段达到人道的目的。参见王小丁、张宗明《孔子政治哲学思想中的人文主义》，《社会科学家》2012年第11期。

② 本章首现"天"字。张岱年认为，"孔子的天之观念，可以说是由上帝之天到自然之天之过渡"，见《中国哲学大纲》，第2页。另有学者指出，"天"是孔子哲学中的最高范畴，见张岱年主编《中华的智慧——中国古代哲学思想精粹》，上海人民出版社1989年版，第3页。

孔子说："周以（夏商）两代为借鉴，（其制度）丰富而完美！我拥护周的制度。"

监：借鉴。郁郁：繁茂，这里是丰富意。文：美。

本章说明历史是累加的，每一朝代都有其时代特色，都有其存在理由，都应成为后人总结经验、温故知新的对象。[①] 那种割断历史、从头再来的做法，不可能开创有生命力的制度文明，只能沦为历史的笑柄。

3.15　子入大廟，每事問。或曰："孰謂鄹人之子知禮乎？入大廟，每事問。"子聞之曰："是禮也。"

上一章讲"周公制礼"对夏商两代礼制的吸收，本章讲孔子入周公庙吸收相关礼学知识。两章都暗示，只有广泛吸收，才有进步。

孔子进入（鲁国祭先祖周公的）太庙，凡事都要问明白。有人就说："谁说那个鄹邑小子懂礼？进了（周公）太庙，什么都要问。"孔子听闻后说："这也是礼啊。"

大：音义太。鄹：音邹，鲁邑，孔子父（复姓叔梁）纥（音何）曾为该邑大夫，而以"鄹人之子"指代孔子。

本章说明，孔子的"从周"来自其"知周"，即对周礼不断作刨根问底式实地求证，以搞清其来龙去脉，明辨何为真正的周礼、何属僭礼，做到去伪存真。亦说明"学问"二字，除了自学，勤问、会问也很重要。对孔子来说，礼学更多是问来的，问中有礼，他才以"这也是礼啊"来回答有人对其问礼的质疑。

3.16　子曰："射不主皮，爲力不同科，古之道也。"

上一章讲孔子问礼，去伪存真；本章以射箭为例，暗喻礼治的实质是不尚力、去暴力。主旨一个是去伪，一个是去暴。"人为"

---

① 本章体现孔子的开放进步观，他赞赏周人突破地方意识，由"西土意识"转为"天下意识"，"将神权气氛浓厚的天命观转为深具人道精神的天命观，善用即存的社会结构，创造新的政治规模"，见《中国思想传统的创造转化：韦政通自选集》，第114页。

为伪；暴力之为，不合人性，可以讲是最大的伪。

孔子说："射箭不倡导射穿靶子的皮革，因为人的力气大小不同，这是古时射箭之道。"

主：主张，崇尚。皮：原指皮制箭靶，这是指射穿皮靶。科："科层"之科，即等级义。

本章之旨在强调孔子尚德不尚力。射箭的目的在于修德："射者，仁之道也。射求正诸己，己正而后发，发而不中，则不怨胜己者，反求诸己而已矣。"（《礼记·射义》）

3.17　子貢欲去告朔之餼羊。子曰："賜也，爾愛其羊，我愛其禮。"

上一章讲射箭要遵守古之道，本章说的是行告朔礼也要遵守古之道。两章相接，编者也许是要强化孔子保守主义的基本立场。

子贡（端木赐）要省去行告朔礼时用的牲羊。孔子说："赐啊，你爱惜用作牺牲的羊，我爱护的是它所代表的礼。"

月之始为朔（初一），天子每年岁末，向诸侯颁授来年各月的初一在哪一天，每月初一诸侯要请朔而行，这一仪式既有利农时之功效，更是天子统治权威的象征（指定时间起点，犹如战场上指挥员与下属对表）。饩：音细，牲之系养曰"牢"，杀而未烹曰"饩"，烹而熟之曰"飨"（音享）。

牲羊在这里是行礼的重要象征，去了羊，则"告朔"之名义也就没了，进而诸侯对于天子行尊奉之礼的习俗也就废了。可见，孔子并非完全不看重外在形式，只是不主张过分注重外在形式而忘其中应有的内涵，告朔礼赖以成立的牲羊就是不可或缺的外在形式或物质载体。

3.18　子曰："事君盡禮，人以爲諂也。"

上一章讲行告朔时，献饩羊是诸侯对天子尽礼；本章讲事君尽礼，都是说"礼"不可省。

孔子说："事奉国君，应尽力依礼行事，（可有）人却以为是在谄媚国君。"

君为鲁国君,事君既是为国君做事,也是为国效力。

孔子认为依礼行事就是忠于职守,尽管有人会以为这是向国君献媚。在他看来,谄君者是为得私利,而在公事上尽礼不算谄媚。因此,孔子主张要有自己的主见,不能屈从于别人的意志来扭曲自己该有的尽礼之举,这才是不惑智者应有的态度。

3.19 定公問:"君使臣,臣事君,如之何?"孔子對曰:"君使臣以禮,臣事君以忠。"

本章从上章的"事君"切入君臣相处之道。

(鲁)定公问:"君指使臣,臣事奉君,应如何做?"孔子恭答:"君如依礼差使臣,臣就会以忠心事奉君。"

鲁定公:公元前509年至公元前495年在位,昭公之弟。本章发生在孔子周游列国前。

孔子认为君臣二者关系是双向的,[①] 从双方都要自省来说,又是对等的。当君使臣以礼时,得到的就是臣事君以忠。若臣不尽忠,则君首先要反省自己是否以礼待臣;若君待己无礼,则臣就要自省自己是否没有忠心奉君。可见,孔子所讲的"忠"是有条件的,是对君所施之礼的回报,而不是愚忠,更不是殉君的死忠。根本讲,孔子此处倡导的是,君臣双方都要平等地有首先反求诸己的精神,而臣所效忠的应是,君所代表的合天命、顺人心的道,所谓"从道不从君",因此,君臣之间有着没有契约的契约关系。

3.20 子曰:"關雎,樂而不淫,哀而不傷。"

从上一章讲的五伦之一——君臣相处之道,切入本章爱恋男女

---

① 有学者提出,君的本义为"群",也就是组织公共生活的权威,而本章说明孔子并不承认绝对的君权,见《中国的自由传统》,第63页。另有学者认为,本章的"礼"具有契约性质,见薛国中《逆鳞集:中国专制史文集》,世界图书出版公司北京公司2014年版,第114页。

（它与另一重要人伦——夫妇有关）相处之道，强调乐哀有度则有和。

孔子说："《关雎》（乐章），有欢乐但不过度，有哀怨但不伤人。"

乐：音 lè。淫：过分，放纵。

孔子讲中和，尤其反对"过度"。快乐过度则为"淫"，多雨之季称作"淫雨霏霏"；哀痛过度则有"伤"，不能因失恋而伤人、伤己。哀与乐是人性本能使然，但正常的人伦关系又要求人的性情是有度的，要顾及他人感受，受理性制约。爱恋中的青年男女激情多于理性，容易过度或失和，因此，孔子将这种中和有度作为《诗经》开篇《关雎》的要旨。

3.21 哀公問社於宰我。宰我對曰："夏后氏以松，殷人以柏，周人以栗，曰使民戰栗。"子聞之曰："成事不說，遂事不諫，既往不咎。"

前面三章讲人伦重在中和，本章讲三代政治不会有违中和，所谓"使民战栗"是不成立的。

（鲁）哀公问宰我有关社主的事，宰我恭答："夏代栽的是松，殷代栽的是柏，周代栽的是栗，意思是使民战栗。"孔子听说后讲："已成之事不再说服，将成之事不再谏阻，既往之事不再追究。"

社：原为土地神，就是"江山社稷"之社，这里是指用来拜祭土地神的庙。古代改朝换代就是变易社稷，种在土地庙里的树也会变更，这些树是社主所用之木，其繁茂，据说社稷就能兴旺长久，所以栽的都是适宜当地气候及土壤，而且苍老坚久之树：夏为松，殷为柏，周为栗。此外，并无其他特定含义。夏后氏：夏朝的氏称，夏朝王族以国为氏，即夏后氏，简称夏。成事：已成之事。说：音睡，说服。遂事：事虽未成，而势不能已者（朱熹《四书章句集注》）。咎：责备，追究。

成事、遂事、既往，讲的都是"逝者"，都是过去事，孔子此处倡导"向前看"，不再纠缠于过去，也表明他提倡和谐政治，反对恐怖政治的立场。本章也暗示，回答国君问题，一不能以不知为知而妄答，二不能把国君引上失去中和、有违仁政的邪路。

3.22 子曰："管仲之器小哉!"或曰："管仲俭乎?"曰："管氏有三歸，官事不攝，焉得儉?""然則管仲知禮乎?"曰："邦君樹塞門，管氏亦樹塞門；邦君爲兩君之好，有反坫，管氏亦有反坫。管氏而知禮，孰不知禮?"

前章"不说、不谏、不咎"隐喻从政需要有宽容的气量，这是施仁政、行王道所不可缺少的。本章议论已去世的齐大夫管仲气量过小，而器小之人不够宽容，常令百姓感到恐怖。

孔子说："管仲气度小!"有人说："管仲不是也节俭吗?"孔子说："管仲有三处官邸，家事各有专人管理而不是一人多差，怎么能算是节俭?""然而管仲不是也知礼吗?"（孔子）说："国君（在府邸大门外）树屏风挡住门，他也（在府邸大门外）树屏风挡住门；国君外交宴会有放酒杯的土台坫，管仲宴客也有这种土台坫，说管仲知礼，那谁不知礼?"

歸：有多解，释作"府邸"可与"官事不摄"相协。摄：兼。塞：蔽。坫：音店，放置爵（酒杯）的土台，好似今天的茶几。[1]

本章是孔子对前辈政治家道德的议论。尽管他整体对管仲是肯定的，但还是指出其私德有瑕疵，难以成为后世政治家的完美典范。这也告诉我们，中国自古就有褒贬政治家私生活的传统，所谓"以德为先"不能不考虑当事人的私德。

3.23 子語魯大師樂。曰："樂其可知也：始作，翕如也；從之，純如也，皦如也，繹如也，以成。"

本章以上章"管仲器小"作衬托，反观音乐演奏：振奋人心、和谐包容、绵延不绝、蕴含无穷。或者说：管仲私德不能接济其功业，音乐讲究五音相济而和以成。

---

① 关于坫在酬酢中的作用，见钱穆《论语新解》，第78页。

孔子与（鲁国掌管音乐的）太师谈乐理，说："乐理是可知的，开始演奏时，金鼓齐鸣，令人振作；接下来，八音齐奏，声纵悦耳，满堂应和，纯一不杂；接着诸种乐器，各种音节，明晰可辨；随后乐声前落后续，络绎不绝，直至最后完成整个乐章。全部过程收放自如，一气呵成。

语：音玉，告诉。大：音太。其、如：均为无义助词。翕：音溪，合。从：音纵，放纵。纯：和谐。皦：音缴，清晰。

"声音之道，与政通矣"（《礼记·乐记》）。《论语》中孔子多处谈乐，基本都是从象征、工具的角度来谈的，强调音乐蕴含和谐有容、变化自如的特性，还有施政要像音乐那样有律，要如合奏那样调和众人。① 也因此，音乐成为礼乐之治的重要工具。

3.24 儀封人請見。曰："君子之至於斯也，吾未嘗不得見也。"從者見之。出曰："二三子，何患於喪乎？天下之無道也久矣，天將以夫子爲木鐸。"

从上章音乐演奏过程跌宕起伏，切入人生旅程之跌宕起伏，只要信念不变，持之以恒，定将否极泰来，天命有成。

仪的当地长官求见。（他对孔门弟子）说："贤德君子来到这里，我没有不见的。"弟子通报孔子与之相见，他出来后说："你们这些小伙子，何必在意你们老师失掉在鲁国的官位，天下无道已经很久了，老天一定会让你们老师手持木铎作为其传道之人。"

仪封人：仪，地处卫国边境；封人，当地长官。见：音现，谒。铎：音夺，木铎是古时宣教时所用的振铃，用以警醒众人。从者：孔子的从者，指随其周游列国的弟子。

孔子于鲁定公九年出仕，四年后带弟子离开鲁国去卫国，开始十多年的游列之行。"天将以夫子为木铎"，实际是宣告孔子周游列国的正当性，即为天下有道，而非为一己私利。这些弟子追随传道之人，相伴孔子载入史册。

---

① 《毓老师说论语》，第85页。

3.25　子謂韶，"盡美矣，又盡善也"。謂武，"盡美矣，未盡善也"。

上一章讲孔子将替天宣道，本章编者暗示孔子所宣之道就是不以力"得天下"。

孔子评价《韶》乐："尽美，又尽善"，评价《武》乐："尽美，但未尽善"。

韶：韶者，昭也，舜昭尧之业（《春秋繁露·楚庄王》）；"韶之言绍也，言舜能继绍尧之德"（郑玄注《礼记·乐记》）。《韶》《武》：两种舞乐相当于舜和周武王两朝的国歌，这里以这两种舞乐来指代两人得天下的方式。"美"是从二王均行王道、敬畏天理、宽容政敌而言；"善"指的是舜凭借其文德取天下，受尧禅让，所谓"揖逊而有天下"。

周武王的天下，来自征伐诛杀，其"乐"有杀伐声，虽有不得已的成分，但确是以牺牲百姓的生命财产作为最高权力转移的代价。① 在孔子看来，暴力革命只能是最后而不是最佳的选择。司马迁在《史记》的列传之首就强调不可"以暴易暴"，中国历史上的主流史观是不认可暴力夺权的。

3.26　子曰："居上不寬，爲禮不敬，臨喪不哀，吾何以觀之哉？"

继上章暗示"马上得天下"有缺憾，本章暗示"马上得天下，不能马上治之"，② 得天下后，要"宽、敬、哀"。

孔子说："作为统治者，不能宽容政敌，宽厚下民，行礼不敬，遇丧不哀，我还凭什么观察其行为得失？"

之：指代统治者。

"宽、敬、哀"是对统治者的基本要求，集中到一点，就是统

---

① 有学者指出，周克商的战争，"打得十分惨烈，武王其人在获胜后表现得残酷，令人发指"，见《中国思想传统的创造转化：韦政通自选集》，第105—106页。

② 陆贾告诫刘邦："居马上得之，宁可以马上治之乎？"参见《史记·郦生陆贾列传》。

治者要有善心，对生命有敬畏，"胜残去杀"方能得人心，只有得人心，才能得天下，才能续写尽善尽美的《韶》乐。有学者认为，"临丧不哀"可能是针对鲁昭公母丧时无哀戚之容而发。①

　　"宽、敬、哀"是一个统治者的内在美，其力胜过千军万马，其美也是美轮美奂的宫殿所不能比拟的。选择"宽、敬、哀"作为统治的主基调，体现统治者亲仁的智慧。其实这种亲仁的明智选择也反映在每个人的日常生活中。本篇以此结束（暗示本篇首章要求的不僭越礼制，只是起码的，行仁政才是根本的）并开启下篇的择邻处仁之智。

---

　　① 《论语还原》，第667、700页。

里仁第四

4.1　子曰：“里仁爲美。擇不處仁，焉得知？”

对于天下的统治者，孔子给出“宽、敬、哀”的基本选择。对于君子的人生选择，孔子给出的是“处仁”。只有在“择居”上选择与仁者为邻、“择业”上选择仁者之业，才能“无友不如己”，才能“亲仁”。仁为礼之本，上篇以礼、本篇以仁开篇，体现从具体到抽象，由表及里的论述方式。

孔子说：“选择与仁者为邻是件美善的事。如果不选择去做仁者的职业，哪能算得上有智慧呢？”

里：作动词，居处。处：音楚，担任。知：音义智。

在孔子看来，仁与智是相通的，内心不仁，谈不上有智慧。从亲仁开始，主动接受仁爱熏陶，达至宅心仁厚，是人生最美也最明智的选择。[①]“智者不惑”就体现其人生选择以处仁为先，而不受其他诱惑的干扰。政治家的治国智慧，从根本上讲，是要施仁政，否则就很可能“谲而不正”。

4.2　子曰：“不仁者不可以久處約，不可以長處樂。仁者安仁，知者利仁。”

上章从“人以类聚”的空间角度，讲智者亲仁；本章从“日久见人心”的时间角度，讲不仁者与仁者的对比。从处仁到安仁、

---

　　① 有学者提出，“仁并不是说一个人孤立的修德，而是蕴含了儒家的平等结群精神”，参见《中国的自由传统》，第68页。

利仁，指明了志仁者提升自己的方向。

孔子说："不仁者难以长久地处于穷困之中，也难以长久地生活在安乐环境中。仁者安于仁，智者行利仁之事。"

约：穷困。知：音义智。

不仁者，若"久处约"，可能会铤而走险，所谓"穷斯滥矣"；若"长处乐"，可能会乐极生悲。二者均不能安于所处，皆因少了令其所安的仁性。仁人君子随遇而安，不随境遇改变而改变。这里需说明的是：仁者以仁为安，并无刻意求之，所谓"仁者静"；智者利仁却是有意行之（"知者动"），大行利仁之事的功效又远出乎其所料，犹如斯密所言"看不见的手"之作用。政治家，作为仁者，不要随意乱动，折腾民众；作为智者，要顺势而为，以利民为旨归。

本章孔子从正反两方面说明仁（不仁），再一次运用其"叩其两端"的教学法。此外，不仁者只是与君子相对的小人，并不一定就是坏人，但仁者一定是好人，却又不是好好先生。

4.3 子曰："唯仁者能好人，能恶人。"

上章说仁者能超然于所处境遇；本章讲仁者能超然于个人利害，对他人作独立公正的评价。两章合在一起给仁者作了具体定位。

孔子说："只有仁者能（分辨是非，正确地、善恶分明地）褒贬人。"

好：音浩，喜欢。恶：音务，厌恶。能：这里指个人基于识见、理性、勇气基础上的作为。

在孔子看来，仁者行事源自仁心、出于公心。"好人"就是肯定人之善行，树立正气；"恶人"就是抨击作恶行径，令其如过街老鼠。扶正压邪是仁者仁性的自然表露，无关私利，他们不自觉中成为社会公正守护者。政治家要"亲贤远佞"，能正确地区分"好人"与"恶人"显得更加重要，而做到这一点，就能有"不仁者远矣"之效。

4.4 子曰："苟志於仁矣，無惡也。"

上一章讲仁者能恶人，是被恶者有其可恶之处；本章讲如何才能无恶而不被人所恶，时刻想着做好自己，也是能恶人的前提，否则就是厚己薄人。

孔子说："如果有心向仁，就不会有作恶的动机。"

苟：如果。志：心之所向。无恶：无有心之恶。

志仁是行仁的第一步，或许仍会有无心之失，乃至好心办坏事，但一定不会去有意作恶。志仁就是怀德，是君子与小人之分的重要节点。志仁是启动良知的过程，其具体效果也与当事人的人生阅历和具体环境有关，这是个需不断自省的渐进过程，与已进入仁的境界之仁者大有区别。

本章暗示人虽不能马上成为仁者，但开始诚心向仁，让自己无作恶之念，任何时候都不晚。对政治人物来说，"无恶"可能也是一条不得跨越的底线。

4.5 子曰："富與貴是人之所欲也，不以其道得之，不處也；貧與賤是人之所惡也，不以其道得之，不去也。君子去仁，惡乎成名？君子無終食之間違仁，造次必於是，顛沛必於是。"

接上章，"志于仁"首先要解决的是如何面对富贵贫贱的问题，暗示"向仁之道"其价值高于富贵。

孔子说："富与贵是人所欲求的，（但）不以当得（富贵）之道而得富贵，不可据有；贫与贱是人所厌恶的，（但）不以当得（贫贱）之道而得贫贱，不可避去。君子（若因此而）去除了仁，如何成（就君子之）名？君子即便吃顿饭的时间也不违背仁，仓促匆忙间必守仁，颠沛流离间必守仁。"

处：据有。（所）恶：音务，厌恶；恶（乎）：音巫，如何。终食（音饲）：吃顿饭的时间。造次：仓促。（于）是：指示代词，此，这里指仁。

孔子肯定，求富贵、去贫贱（二者一体两面）是人间正当欲求。此外，志于仁是个逆水行舟的渐进过程。违道而行，已取得的仁随时会失去，这就有个"不去仁"的问题（去即是失）。否则，去仁（失仁），如何称得上君子。① 对此，孔子给出的办法是不管时间多短，哪怕只是一顿饭的工夫；不管境况多坏，哪怕到了仓促困顿、颠沛流离之时，也不能去做违背仁道之事。第二个"不以其道得之"，坊间多认为"不"为衍文，当删去，但若释为"不是按当得贫贱的方式行事，而得贫贱"，就不必改动经文。

政治人物尤其应学会"不以其道得之，不去也"。在政治昏暗的时代，不同流合污，有时是要陷入贫贱，而这种境况不是他自找的，是环境使然，这时仍需坚定自己对"仁道"的执守，相信这种情况不会长久。即便在政治开明时代，正人君子有时也会成为不合理制度的牺牲品，需要坦然面对，不能因此怀疑自己所信守的仁道。

4.6 子曰："我未见好仁者，恶不仁者。好仁者，無以尚之；恶不仁者，其爲仁矣，不使不仁者加乎其身。有能一日用其力於仁矣乎？我未见力不足者。蓋有之矣，我未之見也。"

接上章，现实中真正能做到"不去仁"或"仁不失"者极少，因此达到"好仁、恶不仁"是多么不易。

孔子说："我未见到喜好仁德者、憎恶不仁德者。喜好仁德者，（把这）当作至高无上的（追求）；憎恶不仁德者，其行仁德是要不使自己沾上不仁的东西。有那种能用哪怕一天的工夫去全力行仁德的人吗？我见到的不是能力不足（而是无此意愿）。或许真有力不足者，我却不曾见到。"

好：音好。恶：音务。尚：上；无以尚之：指任何东西都不能置于仁之上，而改变其对仁的喜好。盖：或许。

---

① 有学者据本章认定，君子的本质是仁，而"君子之道"事实上即为"仁道"，可参（14.30）、（6.24）。余英时：《中国思想传统的现代诠释》，江苏人民出版社2003年版，第122—123页。

在孔子看来，普通人要行仁，首先要有心为之，其次竭尽所能、持之以恒。一方面是上章的片刻不能违仁，另一方面是本章的难有一日行仁，被孔子肯定为仁者的只有四人 [见（18.1）、（14.16）]。"仁"不再成为人们追求的目标，按孔子的观点，这恐怕是世道衰落的重要表现。如果政治人物能以行仁道作为自己的最高价值追求，至少不会犯下谋私利的过错。投身政治，就要有比普通人更高的价值追求，这是孔子对中国后世政治家的忠告。

4.7　子曰："人之過也，各於其黨。觀過，斯知仁矣。"

上章孔子讲到难见全力以赴行仁者，本章孔子认为可由过错看出仁之缺失。前者似逆水行舟，自然较难；后者如顺流而下，属性情的自然流露。

孔子说："人的过失，有不同类别，可通过观察其过失，知道其仁（之不足）。"

各：各自；于：由于；党：类，这里指所属职业、阶层、当时具体环境等。斯：则。

人皆有过，孔子认为向仁之人也有过，即便其提及的四位先贤也有过（如管仲）。这里是要透过观人的过失来察人，即透过消极面推测其积极面：一是透过行为的客观结果看出行为人的主观动机；二是看其是否贰过，"贰过"才是真正不应原谅的过；三是据前两者，看当事人是否有志于仁、力行于仁。但如果对本章作过分解读，容易引出"诛心论"，或无原则地替"好心办坏事"者开释。

4.8　子曰："朝聞道，夕死可矣。"

由上章对"过与仁"关系的思考，达到思过明道，求解人生意义。从观人过回到思己生，以人为鉴，反求诸己。不联系自己的"闻道"，毫无意义！

孔子说："晨早悟出道的意蕴，晚间死而无憾。"

朝：音招，早晨。

"道"是事物之"所以然"，属于那种"百姓日用而不知"的东西，它作为人生的终结意义，正是志仁、求仁、行仁者所要探究的。①"闻道"就是知世界何以如此，生命的最高意义何在，②就是让自己活得明白，使人生成为苏格拉底所讲的"省察的人生"，而这才是值得过的人生。稀里糊涂活一生，在孔子看来，是无意义的，是死而有憾的。此外，"道"意味着永恒，闻道能使自己的生命在终结意义上永恒不朽，而不论具体的生理生命是多么短暂。

孔子比苏格拉底更积极的地方在于，他不只是闻道而已，还要从闻道进于弘道，闻道使己无贰过，弘道还能使更多的人无贰过。对于政治家来说，闻道是弘道的基础，自己还没搞清楚，就要强制别人相信自己的政策，大多以悲剧收场。相反，政治家更多致力于闻道，让民众自己决定是否追随宏大的愿景，这本身就是仁道。

4.9　子曰："士志於道，而恥惡衣惡食者，未足與議也。"

上一章谈"闻道"让人生有意义，本章讲"闻道"是要付出代价的，暗示什么都想得到，只会失道。

孔子说："读书人立志求道，却以粗衣淡饭为耻，（这样的人）不足以与之议道。"

恶：音扼，劣。

---

① 冯友兰先生提出，孔子讲的闻道，是人进入"道德境界及天地境界"的条件，它们作为"人的精神的创造"，区别于"自然境界及功利境界"，后两个是自然的礼物，见《中国哲学之精神》，第 21 页。另有学者则认为，孔子是"境界形态哲学的创建者"。这种哲学的特色，不重思辨，不重概念，不重分析；而特重反省、体验和心领神会"，见韦政通《先秦七大哲学家》，江苏教育出版社 2006 年版，第 12—13 页。

② "闻道"也是孔子政治哲学的重要特质，用施特劳斯的话来说："如果人们把获得有关好的生活、好的社会的知识作为他们明确的目标，政治哲学就出现了。"［美］施特劳斯：《什么是政治哲学》，华夏出版社 2014 年版，第 2 页。

"志于道"就是"求道",① 最终达于"闻道"。闻道是精神层面的，要以物质层面的某种牺牲为代价。若耻于过不太富裕的物质生活，就不是真正志于道，孔子认为对这种人没什么好讲的，与之议道无异于对牛弹琴，或者说，道不同不相谋。这里一是暗含欲闻道者要在一起议道，而与那些重物质生活者在人生意义上无交集；二是并不排斥适度地、合人性地改善物质生活，关键是要能不为物役、心无旁骛。

本章实是孔子在弟子出仕前所作的道德教育，让他们记住出仕是要行道，而非只为稻粱谋。知识人应有的社会责任担当也确是中国文化传统的重要内容。

4.10　子曰："君子之於天下也，無適也，無莫也，義之與比。"

上一章讲的士志于道，最终达致"天下有道"的过程中，要知舍弃，只有"舍物质"才能"得精神"；本章讲君子在追求"天下有道"这个大方向上，在具体处事及与人交往时，要知权变，合宜为上。上章强调只有舍私利才能得公义，本章强调只有舍教条才能得适宜。

孔子说："君子对于天下事，没有非要否定或非要肯定的，一切要看具体情况是否合宜而定。"

---

① 本章首现"士"字，胡适认为它最初有阶层区隔的作用，其上是上等社会，其下是小百姓，见《中国哲学史大纲》，第73页。韦政通指出，最初的"士"以出身为标准，后来"以道德学问为标准"，见《先秦七大哲学家》，第4页。韦氏还由"士志于道"体会到，孔子"为中国文化建立起一个用世不用世并不能决定人格价值及其历史地位的新标准，因而开启了一个人可以不用世，仍然可以有人生奋斗的目标，仍然可以有伟大的理想，仍然可以赋予人生以丰富的意义，仍然可以享有历史崇高地位的士人传统"，见《中国思想传统的创造转化：韦政通自选集》，第53页。关于"士"与读书的关系，见张东荪《知识与文化》，岳麓书社2011年版，第123—125页。本章主旨在强调，生命之意义与价值重于生活之品质，见《孔子与论语》，第176—177页。对"士志于道"的详尽分析，见余英时《士与中国文化》，上海人民出版社2003年版，第24—28页。

适：音义敌，莫：音义慕。义：宜。之与：助词，表宾语前置。① 比：和合。

"仁"讲动机，"义"讲效果，仁义结合方可志于道。本章说明孔学重实用，反清议，不唱道德高调，而要与现实相切合。事实上，制定的制度，虽动机高尚，却枉顾事实，实施结果常事与愿违。

4.11　子曰："君子怀德，小人怀土；君子怀刑，小人怀惠。"

上一章讲君子在志于道的过程中，处人行事均求合于义（合宜），不为私利左右；本章通过与小人的对比，凸显君子志于道的过程中表现出"讲公德、有理想"的品性。本章也是对上章可能会出现的误读作修正，君子不是只会适应现实而没有自己的理想。

孔子说："君子胸怀公德，小人满怀私利；君子胸怀理想，小人满怀实惠。"

土：乡土，或指有形财富，怀土之人重私利，眼界狭隘。刑：型，模范，这里指理想抱负、为人师表。

君子是有品德者或有位者（统治者），小人为平民百姓或被统治者。孔子重精英，对前者的要求远高于后者。在他看来，只有追求王道理想的仁德君子，才能引领民众进入恩惠绵绵的王道乐土。②

4.12　子曰："放於利而行，多怨。"

接上章，本章讲君子若不能怀德、怀刑，而是怀利、唯利是图乃至放纵自己去逐利，必然民多怨。

孔子说："（君子）依循私利行事，（必使民）多怨恨。"

放：音仿，依循。"放于利"就是"怀利"。

本章文体应与上章一致，同属君子小人相对应。因此，加进主语，就是君子"放利而行"引起小人"多怨"。孔子要求君子约束

---

① 《四书语言分析》，第46页。

② 有日本学者从因果关系解读本章：君行德政，则民安于土地；君行虐政，则民一味乞求恩惠，见《孔子的学问》，第136页。

（而不是禁绝）自己对利的追求，"放于利"犹如"耻恶衣恶食"，也就不能怀德、怀刑，作百姓表率，而与民争利必使怀惠小人"多怨"。① 本章暗示，远利少怨，志于道的君子，不应有以私利害公德之举。

4.13 子曰："能以禮讓爲國乎？何有？不能以禮讓爲國，如禮何？"

上章告诫君子不争利，让利于民，使民无怨。本章告诫君子不争位，礼让治国，有才能者各当其位而无怨。

孔子说："能以礼让（的精神）治国，治国何难？不能以礼让（的精神）治国，礼有何用？"

为：治。何有：有何问题，春秋时惯用语，以疑问表达肯定。

治国贵在和，小民无怨是和，君子无争也是和。君子无争就是相互礼让，尊贤使能，各尽其才。礼让的最高境界是"让天下"，② 把天下当作天下人的天下，这也是君子"怀德、怀刑"的极致状态。真正做到将国家利益置于个人私利、集团小利之上，就没有什么克服不了的治国难题。相反，不能出于公心互谅互让，放利相争，甚至不惜诉诸武力，则国有大难。此时，礼就失去了它最为关键也最重要的作用：尽量减少社会冲突，杜绝无谓流血。

4.14 子曰："不患無位，患所以立；不患莫己知，求爲可知也。"

上章讲，礼让为国的理想境界是人尽其才；本章讲，若自己未能尽其才，君子应如何面对。两章连排，编者仿佛是在提醒时时不忘反求诸己。

孔子说："不要担心无（官）位，而要担心自己何以坐此位；

① 如果将本章与上章割裂，孤立去看"多怨"，会有"逐利者而对外界多怨"的解释，见薛茂《论语分类新读本》，复旦大学出版社2013年版，第84页。

② 韦政通认为，本章的"礼让"是指周公旦让位于成王，见《中国思想传统的创造转化：韦政通自选集》，第115页。

不要担心无人知道自己，而要担心自己是否有德才而为人所知。"

患：担心。立：通"位"，古位立同字。莫己知：莫知己，属否定句宾语前置。为：被，后省宾语"人"。①

怀才不遇是士人的通病。对这种情绪，孔子的忠告是"求诸己"。另外，士在仕途，不避不求，努力做好自己，是把握机遇的前提条件。

4.15　子曰："参乎！吾道一以貫之。"曾子曰："唯。"子出。門人問曰："何謂也？"曾子曰："夫子之道，忠恕而已矣。"

上一章谈君子修身要"求诸己"，本章讲"求诸己"是孔子一以贯之的道。两章相接，编者可能是要凸显"忠恕求诸己"是孔子追求"内圣"的"一贯之道"。

本章及（15.2）章两次提及"一以贯之"，那么究竟其中的"一"是什么，孔子并没明说。本章是曾子对这个"一"的诠释，按照《论语》编者的理解，本章紧接上章之旨"求诸己"，"忠恕"可看作是对"求诸己"的拓展。

孔子说："（曾）参啊！我的学说思想是有一个主线贯穿其中的。"曾子马上答道："我明白。"孔子出去后，弟子问曾子："什么意思？"曾子说："老师的思想主旨，无非忠恕二字。"

唯："唯唯诺诺"之"唯"，是肯定而迅速的应答。门人：弟子。

曾子的回答，有人认为是受到（15.23）的启发，由可终身行之的"一言"推出"一以贯之"。② 中心成忠，即听从心中良知，不管情感是否愿意；如心成恕，即将心比心，站在他人角度宽容其

---

① 《四书语言分析》，第47页。

② 《子曰论语》，第158页。还有学者认为这里的"忠"和"恕"，是人的道德生活的开始与完成，以此解释"一以贯之"，见冯友兰《中国哲学简史》，天津社会科学院出版社2007年版，第71页。胡适认为"一以贯之"不能解作"尽己之心，推己及人"，而是要"寻出事物的条理统系，用来推论，要使人闻一知十，举一反三"，见《中国哲学史大纲》，第69—70页。

所作所为。只有尽己所能才有忠，只有推己及人方有恕。① 忠是严于己，恕是宽于人，忠恕之道即仁道，它可贯穿万人之心。凡事"求诸己"，行忠恕之道，以己心穿人心，才能立于所据之位，才能获得他人的认可；即便不在其位，也能守住良知，原谅他人对自己的误解，这样才真正算是"不患无位"，"不患莫己知"。

4.16　子曰："君子喻於義，小人喻於利。"

由上章"忠恕"，切入本章所暗示的孔子义利观：君子忠于天下公义，宽恕小人对私利的追求。

孔子说："君子（所作所为）彰显的是求义，小人（所作所为）彰显的是逐利。"

喻于：在……（被）知晓，这里指"以……为人所知"，释为彰显。

君子以利天下为利，所谓"计利当计天下利"；小人皆得利，就有天下利，这是君子追求的义。再进一步，统治者以合义之利利民，就是行忠义的王道；反之，以不合义之利利己，就是行趋利的霸道。

在孔子看来，第一，君子不是不能讲利，而是义重于利；第二，统治者不能讲私利，更不能与民争利；第三，因民之利而利之，最终使民有义，是以利来导民赴义。

4.17　子曰："見賢思齊焉，見不賢而内自省也。"

由上章君子"重义轻利"切入本章，说明这同时也是君子"见贤思齐"的过程。

孔子说："见到贤德之人，想着与之看齐；见到不那么贤德之人，内心反省自己（有无类似毛病）。"

---

① 有学者提出，当人伦道德从无等差的"仁"的境界进入有等差的"礼"的境界，需要有一种调节等差关系或上下级关系的道德观念，这便是孔子提出"恕"的观念，参见《中国政治哲学发展史——从儒学到马克思主义》，第87页。张岱年认为，将忠恕相合，"便是仁。……必须实际有益于人，方称为仁"，见《中国哲学大纲》，第259页。

齐：看齐。省：音醒，反省。

天下熙熙，皆为利来；天下攘攘，皆为利往。可想见，孔子时代逐利之风已很强盛，就连君子也不免有凡人的利欲之心。或许在孔子看来，如果能以义制利，就具有最起码的贤德。君子应当效仿，与之齐平（思齐），而以不能以义制利者为鉴，反省自己有无此举（内自省）。没有这种防微杜渐式的内自省，就不可能成为"喻于义"的君子。

贤与非贤，狭义讲是能否正确处理义与利的关系，如果作为抽象的道德教条，则容易走极端，形成"泛道德主义"，搞所谓"狠斗私字一闪念"。对政治人物固然要有比常人更高的道德标准，但绝对化后，就可能选出有德无能者，还是用法律的底线来约束从政者比较实际。

4.18 子曰："事父母幾諫。見志不從，又敬不違，勞而不怨。"

上章讲，在平凡生活中抓住一切时机修德。本章讲处理与父母关系也要抓住时机，把握分寸。承接上章的内自省，本章强调多从自己一方想办法，这也是事奉双亲必须的贤德。

孔子说："事奉父母，若有规劝，（时机应）在端倪初现；（方式只是）表达自己意见，不反复唠叨；（态度是）倍加恭敬不违（其尊严）；（诚意表现在如此）劳神费心却无怨气。"

几：微，即初现端倪。见：音现，表达。从：音义重（重复之重）。① 劳：指为父母一意孤行之后果做善后。

不从：以前多解释为父母不从，以与下面"又敬"相协，但本章三个"不"应共一主语，"不从"就是不再喋喋不休，"又敬"就是倍加尊敬。这样，不从、不违、不怨，均体现出谏者之诚，②尽量不去冒犯父母的尊严，充分展现子女应有的贤德。

---

① 《古代汉语词典》，商务印书馆1998年版，第250页。

② 有学者指出，本章的"谏"字，表达了儿女在实现父母愿望、遵从父母指令时所应有的"道德上的警觉"，参见《轴心时期的儒家伦理》，第73页。

本章也反映了孔学倡导与人相处重在"和",表达自己的意见要顾及别人的尊严,不能得理不饶人,更不能强加于人,有理也要秉持尊敬谦和的态度,那才真叫有贤德。若从政者有如此修养,其谏言只会有事半功倍之效,而不会令长官不快。

4.19 子曰:"父母在,不遠遊。遊必有方。"

从上章"不从、不违、不怨"切入本章"不远游",目的都是令父母欢心。

孔子说:"父母在世,(子女)不可远游在外。出游一定要告知具体方向。"

远游是指长时间不在父母身边。农业社会分工程度不高,交通工具尤其联络手段不发达,人的活动范围有限,长时间远离父母会令其担忧。因此,如果要作必不可少的远游,也要告知具体的方位,不能失联。

本章主旨还是本着内自省的精神,凡事多替别人着想,让父母少为自己牵挂,毕竟"儿行千里母担忧"。

4.20 子曰:"三年無改於父之道,可謂孝矣。"

从上章"父母在"时,子女要在身边尽孝,切入本章"父母不在"时,如何尽孝。上章强调陪伴父母、承欢膝下,本章强调子承父道,永续良善家风,属于更高层级的孝。

孔子说:"三年仍不改变父亲制定的政道,可称作是孝了。"

本章虽与(1.11)后半部分重复,但此处重出并非完全没有意义。《论语》中其他重出部分,从上下文看,多有其特定理由,至少能起强调或衔接作用。与上章一样,这里也有强烈的农业文明色彩,只是更强调遵从既有传统,属于典型的"按既定方针办"。

4.21 子曰:"父母之年,不可不知也。一则以喜,一则以懼。"

本章从"父母不在"回到"父母在",暗示对父母关切的情感不因二老的年事增加而改变,这本身就是一种孝。

孔子说："父母的年龄，不可不记牢。一是为其年高增寿而喜，一是为其年长体衰而惧。"

知：识，记住。

与其通过"无改于父之道"来尽孝，不如抓住当下，把父母放在心上，随其年事增加，倾注更多关注：或高兴其又增一岁，已享更多天伦之乐；或担忧其身体更虚弱，来日能尽孝的机会越来越少。因此，作为一种非常重要的内自省，牢记父母年龄，就会有这种既喜又惧的心情。

本章也体现孔子分析问题的"两点论"，不作单方面论断。从政治实践来看，孝子少逆行。有高堂在上，从政者会更多一份敬畏之心，要顾及自己的不当行为给父母可能带来打击。综上四章，都是"以孝体仁，由孝及仁"，均为"士志于道"所不可缺少的内容。

4.22　子曰："古者言之不出，耻躬之不逮也。"

上四章对父母尽孝，关键在"行"而不在"言"，除了"几谏"，其他都不需出一言。由此我们可以领悟，志于仁道，关键在"行"，要以行不及言为耻。

孔子说："古人不（随便）开口说话，因为他们以说到却做不到为耻。"

躬：自身，身亲行之。[①] 逮：可及。

农业社会属封闭的熟人小社会，行动较易受到别人的监督，讲大话的代价也就更大。越是开放的大社会，对说大话的监督成本也越高，乱开口头支票的政客随处可见，"讷言、敏行"的私德就成为政治家稀有品格，这算不算社会发展所付出的代价？

4.23　子曰："以约失之者，鲜矣。"

由上章慎言，上升到本章的自我约束，其好处也由不失（食）言扩展为少过失。

---

① 《故训汇纂》，第 2239 页。

孔子说："能（以礼）约束自己的人，很少有过失。"

约：简约，约束，此处特指"约之以礼"。失：无心之过。

如果连无心之过都很少，更难出现违道、害仁的情况。因此，"约之以礼"是士志于道的重要修养。另外，这毕竟是对社会精英的严格要求，如果不分场合过分强调，多少也会对人性形成伤害，中国人不够活泼的国民性也许与之有关。

"鲜矣"在《论语》中五次出现，另四次见（1.2）、（1.3）、（15.3）、（17.17），它反映孔子比较委婉的说话风格，即不把话说绝，留有余地。这点与孟子大不相同。

4.24　子曰："君子欲訥於言而敏於行。"

接上章，或许孔子认为，君子"约之以礼"首先要表现为"讷言、敏行"：管住嘴巴，把事办好。

孔子说："君子都想自己不要在嘴巴上太机敏，而要在做事上机敏。"

欲：意欲成为。讷：音 nè，《说文》解作"言难"，是因慎言而难言，这里释作"不太机敏"即无"口给"，以与行动上的机敏相对立，可能更切合其旨。敏：成也，审也，勉也。[1] 孔子讲"欲速不达"，因此，"敏"不是求快，而是勤勉做事、审慎判断、马上就办、办就办成等意思。

孔子反对"言之不怍"，倡导不夸言，"耻躬之不逮"；提倡不滥言，"夫人不言，言必有中"。这种重行的精神也使孔学带有一定程度的宗教性，而非纯粹的说理。[2]

4.25　子曰："德不孤，必有鄰。"

上章重行轻言，是因为或许在孔子看来，重行的品德更易于得

---

① 《故训汇纂》，第 964 页。

② 本章的教诲与古希腊传统完全相反，后者强调"说话的技艺优先于做事的技艺，因为一切明智的行动均源于深思熟虑，而言辞乃深思熟虑之本。因此，最早成为教育对象的那部分政治技艺是公共演讲"，见《什么是政治哲学》，第 69—70 页。

道，而得道者多助；由此推出本章：有德者必获响应，不会感到孤单。这也暗示道德是种普适性价值，它自有无远弗届的魅力，亲德是人的本性。

孔子说："有德者不会有孤立感，必定会有人应从。"

邻：亲近，① 这里指"与之相邻"，相伴追随。

本章与（4.1）章相照应，明智的君子若能择仁而处，会更进于仁道，而成为有德者；反过来又能吸引更多明智君子相随。相反，孤家寡人一定是个失德者，而会众叛亲离。这也说明为何孔子强调为政修德，只有修德才能得道、聚人。当这个"邻"形成一定的势力，就自然成"王"，这就是孔子所向往的"德治"：近者悦，远者来。

4.26　子游曰："事君數，斯辱矣，朋友數，斯疏矣。"

上章之旨在"同声相应，同气相求"，亲近有德者是基于二者有共同的道义，这是个自然而然的过程，不需任何强求；由此引出本章之旨：凡需靠一厢情愿、反复强求，才能维系的人伦关系，都缺乏共同的道义，越是强求，越事与愿违。

子游说："逢迎君王太过频密，会招来羞辱；亲近朋友太过频密，反而被其疏远。"

事：事奉，这里指逢迎拍马。数：音硕，屡次，频繁。

学做人是孔学的重要内容，原则上要多反省自己、多求诸己，但也应"知止"而不能过度，过度了就走向反面，尤其体现在"五伦"中君臣关系、朋友关系上。把握其中的分寸，才不会有损自己人格的独立与尊严。

本篇从亲仁开始，以本章的自求人格尊严结束，说明处理亲情之外的人际关系，还是有底线的，不能以自贬人格为代价，这是志于道的君子所应谨记在心的。由本章开启下篇首章，说明有独立人格之人亦有自己的独立价值判断，既要展现自己的才干，同时又不会被时起时伏、变幻莫测的政治巨浪所吞噬。

---

① 《故训汇纂》，第 2338 页。

公冶长第五

5.1　子謂公冶長，"可妻也。雖在縲絏之中，非其罪也"。以其子妻之。子謂南容，"邦有道，不廢；邦無道，免於刑戮"。以其兄之子妻之。

上篇末章讲的自取其辱，可以说是不识人的表现，因此，本篇以识人开篇，而就常人来说，对识人要求最高的莫过于择婿。孔子择婿以在乱世生存的能力为标准。

孔子评价公冶长："可以把女儿嫁给他。虽身陷牢狱，但罪不在他。"孔子把自己的女儿嫁给他。孔子评价南容："邦国政治清明，（他的才能一定）不会荒废；邦国政治昏暗，（他能保身避祸）不为乱世所伤。"孔子把自己哥哥的女儿嫁给他。

谓：评价。公冶长：孔子弟子，复姓公冶，长音常。妻：音器，作动词，以女子为某妻。缧：音雷，黑索；绁：音泄，系缚；缧绁：以黑索捆人，喻身陷囹圄。南容：孔子弟子，名绦、适，因居南宫，又称南宫适（音括），字子容，孟懿子之兄。废：弃，"不废"指才能得任用。免于刑戮：适时而藏，远离祸患。

本章说明孔子观人看其自身的基本面、看其长远，有自己不同于世俗的独立判断，对公冶长这种身陷无妄之灾的人，无任何歧视，还把自己的女儿嫁给他，相信他能渡过困境。南容则是另一类型：知随时应变，有极强的政治生存本领。[1] 整章反映孔子极看重

---

[1]　本章首次提及"邦有道"，有学者认为其"或是指理想型的假设，或是指一个国家走在正确的道路上"，见《轴心时期的儒家伦理》，第102页。

人的现实适应能力，包括克服困难、识时通变，或许他看清了自己正处于一个由治转乱的时代。《论语》编者以此作为本篇之首，也暗示这些素质是一个从政者所必需的。

5.2 子謂子賤，"君子哉若人！魯無君子者，斯焉取斯？"

上章主旨是讲个人要适应环境变化，本章强调个人要接受环境对自己的正面影响。如此编排大概是在暗示：适应不是被动的，不是好坏不分、全盘接受，而应尽可能作有益的选择。

孔子评价子贱："君子啊，这样一个人！（如果）鲁国缺少君子的话，他又从哪里得到这样的品德？"

子贱：孔子弟子，姓宓（音孚）名不齐，字子贱。若：指示代词，这样一个。斯：指示代词，第一个代子贱，第二个代君子品德。焉：从哪里。

本章孔子的分析从具体到抽象，由点及面，间接肯定鲁国有君子遗风，它虽不及"道"，但却是齐国学习的榜样，参见（6.22）。此外，好的环境对一个人成长有正面作用，但能不能成器，还要看他本人的努力。

5.3 子貢問曰："賜也何如？"子曰："女器也。"曰："何器也？"曰："瑚璉也。"

上章说的是好环境有利于人成器，成为有德君子；本章赞许子贡已成大器，是可用"祭器"来形容的栋材。两章相接，编者或许要暗示，君子和人才还是有所区别的，孔子之言意在提醒子贡慎用自己的才干，不要用错地方。

子贡问："我是个什么样的人？"孔子说："你已成器。"又问："什么样的器？"答："贵重而华美的祭器。"

赐：子贡（端木赐）之名，古称别人的字为敬，称自己的名为谦。女：音义汝。瑚璉：音湖敛，分别为夏周祭器，贵重而华美，且"不能随便使用"。①

"国之大事，在祀与戎"（《左传·成公十三年》），孔子以不可轻易用之的贵重庙堂之器，喻子贡为国家栋梁之材，所谓"成大器"。

5.4　或曰："雍也仁而不佞。"子曰："焉用佞？禦人以口給，屢憎於人。不知其仁，焉用佞？"

上章孔子肯定子贡有才，但要（邀）誉之问，有损其德；子贡长于言辞（参见11.2），口才太好也有问题，本章就是表明孔子对好口才的看法。

有人说："雍这个人，很仁厚，但口才不好。"孔子说："哪里用得着好口才？以巧言善辩应付人，常让人厌恶。不知道他是不是称得上仁，但哪里用得着好口才？"

冉雍：字仲弓，孔子弟子。佞：音泞，广义指有才能，这里指以巧言讨人欢心。御人：指与人应对。口给（给，音挤）：口惠而实不至，或应答流利。屡：多次，这里有经常义。憎于人：为人所恶。

本章再次表明孔子的德才标准异于时俗。时俗认为"讷于言"是缺点，孔子不认为是缺点；时俗以表象认定某人为仁者，孔子认为还不够格，他见过的人，无人可称得上仁。他痛恨言行不一、表里不一，痛恨以巧言施口惠，两种毛病都占了，在他看来，当然让人讨厌。

5.5　子使漆雕開仕。對曰："吾斯之未能信。"子説。

上章孔子暗示冉雍离仁者的标准还有距离；本章漆雕开自认为离出仕的标准还有距离。上章提倡的"讷于言"是口上谦退，这里坦承没有足够的自信出仕，也是种谦退，当然让孔子高兴。

孔子让漆雕开出来做官，得到的回答是："我对自己出仕（的能力）还不够自信。"孔子听了很高兴。

漆雕开：孔子弟子，复姓漆雕。斯：代指使其出仕这件事。

---

① 《孔子与论语》，第172页。

信：足以自信。吾斯之未能信：是将"吾未能信斯"中的宾语前置。说：音义悦。

孔门的风气是谦让不跑官，让人感到恍如隔世。本章也有解作：漆雕开志存高远，不安于小成（成为小小之器），但无论作何解，漆雕起码是不急于为稻粱谋。

5.6　子曰："道不行，乘桴浮于海。從我者其由與？"子路聞之喜。子曰："由也好勇過我，無所取材。"

上章孔子赞许漆雕勇于谦退；本章孔子提醒子路，抑制自己的勇猛，做到谦退而有义（宜）。

孔子说："（我倡导的王）道行不通，就乘木筏泛漂海外。那时，大概只有（仲）由随我去吧？"子路闻之欢喜。孔子又说："（仲）由比我更好勇，不知裁退。"

桴：音孚，木筏。由：仲由，即子路。好：音浩。材：音义裁（也有解为制作木筏的材料，如此，就变成客观条件不允许，与上章主观条件不具备相对，虽通，但旨意稍逊）。最后一句也有断为："好勇过，我无所取材"，[1] 但似与下章不协。

孔子不喜人逞蛮勇，而要学会适时抑勇而退。浮海之旨在退而不在勇，孔子以此提醒子路，但子路却以为是在夸他，逼得孔子只好直白说出自己真正的意思。本章也暗示，孔子是开放的，他对价值的追求超越了狭隘的地域观念，可谓"哪里有王道，哪里就是我的祖国"。

5.7　孟武伯問："子路仁乎？"子曰："不知也。"又問。子曰："由也，千乘之國，可使治其賦也，不知其仁也。""求也何如？"子曰："求也，千室之邑，百乘之家，可使爲之宰也，不知其仁也。""赤也何如？"子曰："赤也，束帶立於朝，可使與賓客言也，不知其仁也。"

上章的子路是义不及勇，本章孔门三弟子是仁不及才。编者把

---

① 孙钦善：《论语本解》（修订版），生活·读书·新知三联书店2013年版，第51页。

它们合在一起，可能是要表达仁义的价值层级高于才和勇。

孟武伯问孔子："子路仁吗？"孔子说："不知道。"又问（那他是个什么样的人），孔子回答："（仲）由啊，有千辆战车的邦国，可让他带兵。但仁就不知道了。""（冉）求怎么样？"孔子说："求啊，有千户人家的大邑，有百辆战车的大夫之家，可让他做管家。但仁就不知道了。""（公西）赤怎么样？"孔子说："赤啊，可让他穿着正式礼服，站在朝堂上接待国宾，但仁就不知道了。"

孟武伯：见（2.6）。赋：养兵的财政支持，按田亩计收；治赋，即带兵或提供后勤保障。邑：聚居地无宗庙，有则为都（城）。家：大夫私邑；宰：家臣之长，所谓总管。

本章的背景大概是孟武伯想让孔子给他推荐有仁德的人，孔子却向他介绍自己学生的各种专才，可能是想表明：用人要用人所长，而不能在仁德上求全责备；这三个学生虽然仁不及才，但并不妨碍出仕，可以在他们中有所取材。

5.8　子謂子貢曰："女與回也孰愈？"對曰："賜也何敢望回。回也聞一以知十，賜也聞一以知二。"子曰："弗如也！吾與女弗如也。"

上章讨论可器用的专才；本章讲"不器"的天赋之才。上章的三人和本章的子贡及下面两章的宰予、申枨都是用来衬托颜回的。[①]

孔子对子贡说："你同（颜）回，谁更胜一筹？"（子贡）恭答："我哪里敢同回相比。回是可由始而推出终，我只能由此识彼。"孔子说："是不如，我同你都不如。"

女：音义汝。愈：胜过。望：通"方"，比较。一、二、十，不能释作具体数字，而是某种指代：或以一为始，十为终；或以一比作此，二为彼。与：两处似均为"同"义，也有将第二个"与"

---

① 为何颜回在孔门弟子中有如此突出的地位，"老实听话"是最重要的原因。朱维铮：《中国经学史十讲》，复旦大学出版社 2002 年版，第 19 页。

解作"称许"，其实，孔子自称"我非生而知之者"（7.19），而"闻一以知十"近于"生而知之"的通才，是一种超越于具体器用的天赋之才，却又有大智若愚之像，（参见2.9）。

本章是对颜回之智的称颂，其学问做到了融会贯通，明显与其他学生不在同一层级。老师赞学生，孔子开了先例。

5.9 宰予晝寢。子曰："朽木不可雕也，糞土之牆不可杇也，於予與何誅。"子曰："始吾於人也，聽其言而信其行；今吾於人也，聽其言而觀其行。於予與改是。"

宰予、子贡均为孔门言语科高足，（见11.3）。上章的子贡能知其不足，孔子将自己与之并列以示赞许。本章的宰予，不知其不足——不够勤奋、行不及言——这让孔子很生气。从主观努力讲，上章的颜回和本章的宰予，构成鲜明对比。

宰予，大白天睡觉。孔子说："腐朽之木不能雕刻，污秽之墙无从粉饰，对（宰）予我再不说责备的话了。"又说："我最初看人，听他讲什么，也就相信他能做到什么；现在我看人，除了听他说，还要看他的行动。这是（宰）予让我有此改变。"

杇（圬）：音污，粉刷，涂抹。与：语气词无义。诛：责问；何诛：有何可诛。信其行：相信其能做到。是：指代"听其言而信其行"。

本章给出了孔子识人之法。他很看重勤奋好学的品性，明确告诉别人自己也是如此。他把白天睡大觉看作不求上进、自暴自弃，暗示没有好学之志，只知道耍嘴皮子，不是可造之才。因为本章，后世读书人为让自己成大材，再不敢白天睡大觉了；相反，"头悬梁，锥刺股"就成为他们学习的榜样。

5.10 子曰："吾未見剛者。"或對曰："申棖。"子曰："棖也慾，焉得剛？"

上一章暗示宰予，无欲上进，本章的申棖贪欲太甚，都是不"刚"。孔子眼中的"刚"，一是自强不息，一是不为物欲所胜。前者的反面典型是宰予，后者的正面典型是颜回。

孔子说："我还未见过刚强者。"有人试问："申枨呢？"孔子说："枨多欲，哪能算刚强者？"

申枨（枨音成）：孔子弟子。

刚强者，矢志不渝；多欲者，意志软化，有志者须寡欲。欲与刚相对立，此消彼长。孔子的刚，核心是战胜自己，这一点与老子有相同之处。政治人物不但不能有过多的欲，如果对自己的爱好倾注过多，把爱好变成了一种欲，即便是雅好，也可能让自己在关键时刻刚强不起来。

5.11　子貢曰："我不欲人之加諸我也，吾亦欲無加諸人。"子曰："賜也，非爾所及也。"

由上章的不当之欲切入本章的正当之欲。贪欲甚者，欲壑难填，不能自已；而欲人际交往互不强加，也非自己所能控制。两章连接，编者大概是暗示，应从自身做起，满足自己的理性欲求。

子贡说："我不想别人强加于我，我也不想强加于人。"孔子说："赐啊，（前者）不是你所能控制的。"

加：强加。诸：之于。尔：你。及：逮，指能力范围之内。

本章当发生在（15.23）之后，是子贡听完孔子何为"可终身行之者"的说明后，有了自己的理想或欲望。子贡说："我不想别人强加于我，我也不想强加于人。"两句合在一起，就是"己所不欲，勿施于人"，但本章重点是将其作拆分：合在一起，"勿施"只就己而言，自己能说了算；拆分开来，别人是否强加于我，却是我所不能控制的。

自由的本质是最小化人为地强制约束。子贡此言，说明其有自由的基本意识，但没有制度作保证，单凭道德是不可能实现的，这才有孔子的"非尔所及也"。换言之，达到人人都行恕道这样的道德水准，连孔子自己也没什么信心。

5.12　子贡曰："夫子之文章，可得而闻也；夫子之言性与天道，不可得而闻也。"

上章讲到孔子评论子贡的理想，一部分能做到，另一部分不能做到。本章讲子贡感叹孔子的思想，一部分有所把握，另一部分未曾涉及。这两章主旨相类似，一个是强调求诸己，不想那些自己不能把握的东西；另一个是强调从平常生活学起，不讲那些极为玄妙的东西。

子贡说："老师的待人接物及诗书礼乐学问，我们有幸耳闻目睹；而老师有关天道性命的学问，我们还未曾涉及。"

文章：狭义指诗书礼乐这类学问，广义上也包括待人接物、为人师表等德性修养。性与天道：① 除狭义上的《易》《春秋》学问外，还有极玄妙的人性、天命等需很高参悟力才能有所得的东西。得而闻：有所授受、有所收获。

本章揭示了孔子教学强调实用理性，将远离日常生活的玄妙理论放在一边，从自己身边的人与事着手，将学问与生活融为一体，因为"世事洞明皆学问，人情练达即文章"。另一方面，排斥"无用"抽象之学，无意于科学思维，也是中国文化传统的薄弱之处，更是中西文明差异的重要原因。孟子（公元前372—前289年）与亚里士多德（公元前384—前322年）所处时代相同，但后者涉及的学科远多于前者，就是重要例证。

5.13　子路有闻，未之能行，唯恐有闻。

上一章讲孔子不谈玄妙学问，本章说子路所学的都是可予实践的道理，甚至把"多闻"作为一种行之不及的负担，如此重视行，以致让人有"不能去行就不要去知"的印象。

---

① 《论语》全书只在本章出现"天道"，但有学者认为它是构成孔子政治哲学最本质内容的三个核心概念之一，其他两个是"仁者"与"仁政"，分别代理想人格的范型和理想社会的范型，见刘晓竹《孔子政治哲学的原理意识：思辨儒学引论》，中国妇女出版社2003年版，第40页。

子路知道某个道理，如果没能践行，就怕再学新内容（而来不及践行）。

（恐）有：音义又。

勇于实践是子路极为鲜明的个性，本章再次表明孔门上下皆学以致用，踏踏实实，不会去赶那些观念创新的时髦。但排斥所谓"无用"之学，也是有代价的。正如襁褓小儿难测其有多大出息，新的学说不可能马上就能知晓其具体用途。只局限于眼前的用，不可能不限制学者的眼光，孔门中要想出爱因斯坦式的人物，恐怕有点难。

5.14　子貢問曰："孔文子何以謂之文也？"子曰："敏而好學，不耻下問，是以謂之文也。"

本章开始转向讨论往圣先贤、已故之人。上一章讲在致用上要勇于实践，本章讲在求知上要不耻下问。上章是唯恐又闻，本章是知不嫌多，是对上章偏向的校正，即不能让人误以为孔门不求多知，也是要强调：学知识不能怕丢面子。

子贡问："孔文子为何死后受封谥号文？"孔子说："机敏而又好学，向人请教不以为耻，因此而称之为文。"

孔文子：卫大夫孔圉（音宇），人机敏但不自恃聪明，勤奋好学，以大夫之位、有学之士向无位之人、少学之士求教，合乎谥法"文"的第三等"勤学好问"。谥：音逝，死后盖棺论定的称号。

孔圉德性不佳，但孔子肯定其学习态度，体现孔子评论历史人物，实事求是，不以其恶抹其善，不搞道德挂帅、"一票否决"。此外，在一个讲究政治权威的国家，提倡"不耻下问"确实很有意义。

5.15　子謂子產，"有君子之道四焉：其行己也恭，其事上也敬，其養民也惠，其使民也義。"

本章通过具体列举历史人物的功德来给出评价，暗示上章以高度概括的谥号给人下定论，容易以偏概全。

孔子评价子产："在四个方面体现君子之道：自身行为谦恭，事奉君上虔敬，教养百姓慈惠，差使小民合宜。"

子产：郑大夫公孙侨，字子产。其：指代子产。行己也恭：恭己而行。养民：与"事上"相对，指其作为父母官的行为。义：宜。

孔子这里实际是给出了卿大夫应奉行的四个标准：恭己、有礼、惠民、① 合义，具体地说就是约束自己、对上礼敬、对下施惠、劳民有度。能做到这些的官当然是好官。

5.16　子曰："晏平仲善與人交，久而敬之。"

上一章说到子产能很好地处理对上、对下关系；本章讲晏子能很好地处理与同侪关系，并对上章有位君子的内涵作补充。

孔子说："晏平仲善于同有身份地位的人打交道，以至于日子久了，这些人都很敬重他。"

晏平仲：齐大夫晏婴（字仲，谥平），即"晏子使楚"的主角。人：有位之人。久而敬之：对"善与人交"效果的补充说明。之：代指晏氏，若解作"（晏子）对故友敬重如旧"稍显牵强。

《论语》论"交"有四章另三章为（1.4、1.7、19.3），强调有信、包容，这样才能得到别人的尊敬，这也是晏子"善交"的秘诀。本章可看作是对上章卿大夫标准的补充。

5.17　子曰："臧文仲居蔡，山節藻梲，何如其知也？"

上章赞晏平仲善与人交，本章斥臧文仲养龟献宠。一个是交友有信，一个是媚神无智；两章合在一起凸显孔子所谓"近人远鬼"的思想。

孔子说："臧文仲养（占卜用的）灵龟，还在龟室木梁上画山峰水草，如何能称得上有智慧？"

---

① 有学者指出，惠民思想体现孔子重视人的生存权，关注人权中的经济权利。有关分析参见《德性与权利——先秦儒家人权思想研究》，第127—130页。

臧文仲：鲁大夫。居：养。蔡：蔡地出产的名龟。山节藻棁：棁音桌，山、藻（水草）作动词，节、棁皆为屋梁部件。知：音义智。

按当时礼制，只有天子（或经天子允许）才能占龟，以此垄断与天神的沟通；只有天子庙宇才可以作刻山、画草之饰。孔子认为臧氏违礼，且亲近鬼神，当属不智。看来在中国，政治人物信鬼神，很早就被人嘲笑。臧氏之举，近世多批作"玩物丧志"，显然不及孔子深刻。

5.18　子張問曰："令尹子文三仕爲令尹，無喜色；三已之，無慍色。舊令尹之政，必以告新令尹。何如？"子曰："忠矣。"曰："仁矣乎？"曰："未知，焉得仁？""崔子弑齊君，陳文子有馬十乘，棄而違之。至於他邦，則曰：'猶吾大夫崔子也。'違之。之一邦，則又曰：'猶吾大夫崔子也。'違之。何如？"子曰："清矣。"曰："仁矣乎？"曰："未知。焉得仁？"

上一章讲臧文仲为私利而近鬼神，本章谈令尹子文、陈文子不为私利坏职守、毁清名。两章相接，编者大概是要暗示牟私利者不会留下好名声。

子张问："（楚上卿）子文多次担任令尹一职，并无喜形于色，多次去职，也未显不快，还将既往施政内容告诉新任令尹，表现如何？"孔子说："算得上忠。"又问："称得上仁吗？"答："未知（其具体动机），①怎好说仁？"再问："崔杼杀了齐庄公，陈文子（看不下去）丢下四十匹马的财产，弃国而去，到了他国，又说'与我国大夫崔杼差不多'，再次离去，又到一国，又说'与我国大夫崔杼差不多'，离开那个国家。其表现如何？"孔子答："称得上清正。"问："称得上仁吗？"答："未知（其具体动机），怎好说仁？"

---

① 未知，也有释作"未智"，指"未能做到'智'，怎么能算得上'仁'"。杨逢彬：《向古代大师学习"审句例"——以〈论语〉中易误读的词句为例》，《光明日报》2017年4月30日。"称仁"要看具体动机，相反，本章子文与陈文子的举动是否属智，并无定论，起码持"智"说者，并未给出应如何做才算智。

令尹：春秋时楚国最高军政长官。已：免官。愠：音蕴，生气。崔子：崔杼，齐国大夫。弑：音式，杀，专指下杀上。陈文子：齐国大夫。乘：音剩，兵车，由一车四马构成，此处用作量词。违：避开。至：到。犹：如同。之（一邦）：往。

崔杼弑君、陈文子弃国均发生在孔子五岁时。[1] 在孔子看来，子文只能算是忠于职守、不泄私愤，陈文子只能算是不同流合污，[2] 都只是在某些方面值得称道，但层次还够不上称作"仁者"。要被孔子称作仁者，真难啊。

5.19　季文子三思而後行。子聞之，曰："再，斯可矣。"

上一章讲孔子评价人物就事论事，不作抽象拔高；本章说做决策时就事论事，不可掺入私利。如此编排，编者或许要暗示孔子的诸多话语常为就是论事而言，不可作为一般性论断。

季文子三思而后行，孔子听闻，说："作正反两方面估量，就可以了。"

季文子：鲁大夫。斯：无义语辞。三：多。再："叩其两端"，就事情本身，作正反两方面推演，以通事理，再多想就会掺入私利，患得患失。这里讲的决策明断，前提是方法科学。

本章孔子想要表达的不仅是不喜欢优柔寡断，如果不能脱离小我，或没有大的价值观作指导，就不能作清晰判断。时人认为聪明人三思而后行，可有时聪明反被聪明误。

5.20　子曰："甯武子邦有道則知，邦無道則愚。其知可及也，其愚不可及也。"

上一章谈做决策如何从正反两方面着眼，本章讲如何应对两种不同人生境况。两章主旨都是说，不为"小我"所惑的智者，不会

---

[1] 《论语还原》，第645页。
[2] 本章也说明孔子多少知道，搞政治很难清白！正如韦伯所言："凡是投身于政治的人……都同恶魔的势力定了契约。"韦伯：《韦伯政治著作选》，东方出版社2009年版，第291页。

首先考虑私利。

孔子讲："宁武子在邦国政治清明时，表现出很机智，而在政治昏暗时（不知回避，让人感到）很愚昧。他的智别人能做到，但他的愚却是别人做不到的。"

宁武子：卫大夫，谥武。知：音义智。有道则知：成为利仁的智者；无道则愚：在世乱国危之际，能着眼大局，无小人之机巧，有君子之若愚大智。这也是种"知其不可为而为之"的执着。也有将愚解作"装傻"，似与上下文不合。

因与"怀利小人"的视角不同，孔子评价人物异于常人：受常人肯定的季文子"三思而后行"，他是否定的；常人认作"愚"的宁武子，他却肯定其"愚"有大义，常人难及。遗憾的是，原为褒义的"愚不可及"，如今大多用作贬义。

5.21　子在陳曰："歸與！歸與！吾黨之小子狂簡，斐然成章，不知所以裁之。"

上章说像宁武子这样的成熟政治家，面对大是大非能很好地把握自己；本章讲孔子担心自己的学生只是志向远大、会做文章，却不能很好把握自己。上章宁武子以愚卫道，本章孔子以传学卫道，都是在大变革时代体现自己的执着。

孔子在陈国讲："回家吧！回家吧！家乡的学生志向远大，做事干练，文章写得漂亮，但不知怎样把自己的才志用在正道上。"

与：叹词。党：古五百家为党，党即乡党、乡里。狂：志大。简：干练。斐然：有文采。成章：有条理。裁：修治。

文人参政多有激情，常以理想主义行事，如何使之符合现实，正是需要裁制、教导的，这可能是在外流浪多年、屡屡碰壁的孔子此时感触最深的地方。

5.22　子曰："伯夷、叔齊不念舊惡，怨是用希。"

上一章讲孔子打算教导自己学生，不以理想激进的心情看待社会；本章讲伯夷、叔齐清除心中的宿怨，不因积怨而以暴易暴，他们都是代表中国传统文化主流的"反暴力革命"者。

孔子说："伯夷、叔齐不记挂宿怨，心中的怨恨也就少了。"

伯夷、叔齐：并称夷齐，殷代末期的圣贤，孔子心中的仁人。旧恶：宿怨。是用：因此。怨：自己心中的怨，不是被别人所怨。

激进的思想是革命的火种，积怨的心态是革命的薪柴。在托克维尔看来，法国大革命多少有"不知所以裁之"的法国文人意气用事的成分。这两章合在一起，是要清除以暴易暴的思想与心理因素，让人面对现实、脚踏实地，宽容他人、宽容社会。

5.23　子曰："孰谓微生高直？或乞醯焉，乞诸其邻而与之。"

上章赞夷、齐无积怨之心，本章贬微生高有造作之情。两者形成鲜明对照，一个仁心率真，一个心有机巧。

孔子说："谁说微生高这个人率直啊？有人向他讨醋，他（自己没有而）向邻居讨来送人。"

微生高：复姓微生，名高。醯：音昔，醋。

在孔子看来，社会应少怨气，但不能以乡愿的方式消除怨气。微生高的借花献佛、刻意博誉，败坏了率真的名声，让伪善之气盛行，助长了政客以空头支票骗取民众的信任，许多当权者以"人民"名义干着害民的勾当。

5.24　子曰："巧言、令色、足恭，左丘明耻之，丘亦耻之。匿怨而友其人，左丘明耻之，丘亦耻之。"

接上章贬微生高的乡愿式做法，本章列举孔子所不齿的丑行，两章都旨在针砭伪善之举。

孔子说："花言巧语、善其颜色、曲意逢迎、过分恭敬，左丘明引以为耻，我孔丘也觉得可耻。隐藏自己对某人的怨恨，而表现出朋友般热情，左丘明引以为耻，我孔丘也觉得可耻。"

足：音巨，过分。友：动词，与……为友。

孔子所耻行为，均有不诚之共性。如果人与人不能坦承相对，总要披上伪装，自己累别人也累。这样的人多了，社会也就病了。

政客不做实事，却以此骗选票，博好感，为害尤甚。

5.25　颜渊、季路侍。子曰："**盍各言爾志？**"子路曰："**願車馬、衣輕裘，與朋友共。敝之而無憾。**"颜渊曰："**願無伐善，無施勞。**"子路曰："**願聞子之志。**"子曰："**老者安之，朋友信之，少者懷之。**"

上一章讲病态社会的丑行，本章讲孔门师生心中美好社会的善行，两相对照，凸显君子应有的人格特质。

颜渊、季路陪侍身边。孔子说："你们何不讲讲自己的志愿？"子路说："愿与朋友共用车马、皮衣，弄坏了也不遗憾。"颜渊说："愿不夸自己能耐，不表自己功劳。"子路说："也想知道您的心愿。"孔子说："（让）老人得安顿，朋友相信任，少年得关怀。"

季路：子路。侍：老师坐，学生侍立在一旁。盍：音何，何不。衣：音艺，作动词，穿衣。裘：皮衣。轻：衍字当删，唐代以前的文本无此字。敝：坏。伐：自夸。施：展，夸大。

本章描述的子路重义轻财，颜回谦虚内敛，孔子人道情怀，这些形象的背后都有一颗真诚的心，其间的差异体现愿望的层级逐渐提升，由物质到精神、由个人人格到弱势关怀，实足一幅中国古代版的"马斯洛需求表"，如果政治人物施政时能逐层满足这些需求，当然就是在建设美好社会。

5.26　子曰："**已矣乎！吾未見能見其過而内自訟者也。**"

上一章讲孔子师生心目中的美好愿望，本章暗示建设美好社会需要每个人内心深切反省自己的过错，让自己更真诚，让社会更融洽。

孔子说："算了吧！我还未见过那种看到自己的过失，便在内心有所悔悟者。"

已：成也，作动词，了结。矣乎：句末语气词连用，表感叹。讼：音颂，责备；内自讼：内心自责，就是省身、不诿过。

美好社会里，不会官司遍地；人人内自讼，社会也就少了许多诉讼冲突。只有内自讼，才能不贰过。或许能"不贰过"的颜回此时已去世，而让孔子有此感叹。

5.27 子曰："十室之邑，必有忠信如丘者焉，不如丘之好學也。"

上一章讲"内自讼"让自己更真诚，本章讲"好学"让自己不贰过，二者都是君子应追求的，更是"可使南面"的统治者所必需的。

孔子说："只有十户人家的小地方，也必有像我孔丘一样忠信之士，（但都）不像我这样好学。"

丘：孔子名丘，古自称己名，表示自谦。好：音浩，喜欢。

本章暗示，孔子时代民风淳朴，忠信之人遍及乡野。但孔子对自己的评价不会只以普通人为标准，他自豪自己是个"好学"者。[①] 孔子的"好学"者，有特定的含义，即能"不迁怒、不贰过"，也就是能做到"内自讼"。本篇以此结尾，是想让每个读书人都能成"好学"者、"内自讼"者，这也是一个好的政治家所必需的素质：能不耻下问，能及时接受教训，乃至下"罪己诏"。如果"可使南面"的各级官员均能如此，肯定有助迈向孔子所期盼的美好"大同"世界。

---

① 按钱穆先生的理解，本章的主旨类于（17.8），但表述更简洁：有美质者众，但不"好学"终不能"益美其忠信之质"，见《孔子与论语》，第194—195页。还有学者据此章提出，孔子论"学"不以具体知识为重，也不注意知识活动的规律，这与那些寻求知识规律者有很大不同，见劳思光《新编中国哲学史》，生活·读书·新知三联书店2015年版，第115页。

雍也第六

6.1　子曰："雍也可使南面。"仲弓問子桑伯子。子曰："可也簡。"仲弓曰："居敬而行簡，以臨其民，不亦可乎？居簡而行簡，無乃大簡乎？"子曰："雍之言然。"

从上篇末的"好学"到本篇首"可使南面"，二者的连接其实就是"学而优则仕"。更具体地说，民之长官要能好学、知过、不贰过，要做到内自讼，不要诿过于人、迁怒于人。

孔子说："（冉）雍啊，有做官的才德。"仲弓问（孔子）子桑伯子（这个人如何）。孔子回答："可以，（但有些）粗简。"仲弓说："态度敬畏，行事简练，以（这种方式）统治民众，还会不行吗？但如果态度简慢，行事求简，不就太过简了？"孔子说："冉雍之言正确。"

雍：冉雍，孔子弟子，字仲弓。南面：坐北向南，有"向明而治"（《周易·说卦传》：圣人南面而听天下，向明而治）、"正大光明"之义。可使南面：可主政一方，不一定就是成为君王。子桑伯子：复姓子桑，或为当时的大夫。临：监察，统管。居：采取；居简：采取粗略的态度。大：音义太。

本章说明外在表现不是本质所在。"行简"没有"心敬"作前提，就是草率行事；"居敬"反映态度上存有敬意，而内心敬慎之下的"行简"才是负责的简。有的版本将首句单列一章，朱熹并为一章较合理：用后半部分冉雍对"简"的诠释，来说明孔子对其才德的肯定不是随便做出的，而是有根据的。

6.2 哀公問:"弟子孰爲好學?"孔子對曰:"有顔回者好學,不遷怒,不貳過。不幸短命死矣!今也則亡,未聞好學者也。"

本章主旨有三:一是接上章,暗示真正做到"居敬行简",需要"好学";二是实现"可使南面"需要机遇,大多数人可能无此幸运,但好学是自己可以把握的;三是好学不只限于好读书,更重要是有好修养。

鲁哀公问孔子:"哪个弟子好学?"孔子恭答:"有个叫颜回的好学,不会借机出气,不犯同样过误,可惜活得不长(先父母而亡),现在没了。没听到说谁好学了。"

短命:先于父母离世,短是相对父母而言。亡:音义无。

孔子之好学,是学会自制(不迁怒),学会悔过(不贰过),没有学好这些就去治民,老百姓就要遭殃了。而颜回等到有了这些功夫,却没机会治民就离世了,岂不可惜。

6.3 子華使於齊,冉子爲其母請粟。子曰:"與之釜。"請益。曰:"與之庾。"冉子與之粟五秉。子曰:"赤之適齊也,乘肥馬,衣輕裘。吾聞之也,君子周急不繼富。"原思爲之宰,與之粟九百,辭。子曰:"毋!以與爾鄰里鄉黨乎!"

上一章说到颜回为人有自制、不撒气,本章讲孔子付酬有原则,不乱撒。上章说的是不能一错再错,本章讲的是不能富上加富。[①] 过失不可累积,善举也应有度。两章相接,编者可能是要将孔颜并举,交相辉映。

子华(替孔子)到齐国办事,冉有请求(孔子)给子华母亲一

---

① 西方基督教文化为最大限度发挥个人能力,提出与"周急不继富"相反的财富分配观。《圣经·马太福音》第25章讲:"凡有的,还要加给他叫他多余;没有的,连他所有的也要夺过来。"1973年,美国学者莫顿以此概括一种社会心理现象并命名为"马太效应":"对已有相当声誉的科学家作出的科学贡献给予的荣誉越来越多,而对那些未出名的科学家则不承认他们的成绩。"这里,基督教侧重"效率优先",儒家更看重"兼顾(结果)公平"。

些谷子（作口粮）。孔子说："给六斗四升。"（冉有）请求再加点。（孔子）说："给到十六斗。"（结果）冉有（自作主张）给了八百斗。孔子说："（公西）赤前往齐国，乘的是肥马拉的车，穿的是轻柔的皮衣。我听说，君子雪中送炭，接济穷困，而不是锦上添花，富上加富。"原思出任孔子的家宰，孔子付他九百的谷子（作酬劳），（原思）推辞。孔子说："不要推辞！可以分给你的乡邻嘛！"

子华：孔子学生，复姓公西，名赤，字子华。依古礼，老师可直呼学生名。使：出使，（被）派遣。釜、庾、秉：均为当时的计量单位，究竟精确地换算为现在度量是多少，与本章主旨关系不大。冉子：冉有，子为敬称，说明冉有的学生在论语编辑过程中扮演重要角色，有若、闵子骞、曾参的学生也是如此，故此四人均被称"子"。与（之）：给。（与）之：指代子华母。益：增。适：到……去。衣：音艺，作动词，穿衣。周：通"赒"，接济。继：增补。原思：原宪，孔子出任鲁司寇时，担任孔子的家宰（总管）。尔：你。邻里：左右邻居。乡党：乡里乡亲，范围远大过邻里，邻（五家）、里（二十五家）、党（五百家）、乡（一万二千五百家）。

本章重点有二：一是周急不继富。二是不能让学生给老师白干活，孔子在学生面前不以老板自居，师生关系不是雇主与雇工的关系。老师不给，是老师不义；老师给了学生不要，是陷老师于不义；东西多了可以送人，但不能坏了规矩。

6.4 子謂仲弓曰："犁牛之子騂且角，雖欲勿用，山川其舍諸?"

上一章讲的"财物报酬"属私利，儿子与上辈不可分，孔子因儿子富有而不予其母更多；本章讲的"人尽其才"乃公义，儿子应与上辈分开，不受牵连，孔子反对因父亲原因埋没儿子才德。如此编排是要说明，孔子是如何做到公私分别对待的。

孔子对仲弓说："犁牛（毛色杂乱而下贱，只能用作耕地，但它）生下的犊，长着赤色周正的角，虽想不把它用作祭祀，山川之

89

神难道会嫌弃它吗?"

谓……曰:对……说。骍:音辛,纯赤色。骍且角:红毛正角,是用作祭祀的好材料。用:杀牲作祭品。其:岂,难道。诸:之,指代犁牛之子。

周人尚赤色,喜正角,如果因小犊出身低贱而弃之,神灵也不会答应的。这里孔子安慰仲弓,不要为自己出身(据说其父"贱而行恶")而苦恼。本章主旨在反世袭血统论,[①]倡导选贤与能,其中所暗含的平等政治参与权的思想尤有意义。

6.5 子曰:"回也,其心三月不违仁,其餘则日月至焉而已矣。"

本章由上章的"公义"回到"私德",暗示修身应除私欲,否则虽被用之,也不会为山川神灵所佑。另外,两章都强调坚持:逆境中要有信心,不要自弃;平日里要有恒心,不能松懈。

孔子说:"(颜)回啊,他能长时间地不违背仁德,其他人则只是某日某月有此念头而已。"

三:多;三月:泛指长时间。至:志,[②]记得。

好花不常开,好品行难坚持。颜回能独享孔子厚爱,源自其在平凡生活中不放松对自己的要求,属"安仁"之人,其他学生也只是"利仁"之人。做一天圣人容易,天天做圣人,难!

6.6 季康子問:"仲由可使從政也與?"子曰:"由也果,於從政乎何有?"曰:"賜也,可使從政也與?"曰:"賜也達,於從政乎何有?"曰:"求也,可使從政也與?"曰:"求也藝,於從政乎何有?"

---

① 有学者认为,孔子的这一观点是革命性的,"它完全取消了祖先在早期宗教中所处的中心地位",见 [美] 顾立雅《孔子与中国之道》(修订版),大象出版社 2014 年版,第 124 页。反血统论,柏拉图也有类似的说法:"铜铁当道,国破家亡。"柏拉图:《理想国》,商务印书馆 1986 年版,第 129 页。

② 《故训汇纂》,第 1883 页。

接上章，其他学生虽不如颜回那样安仁，但都有自己的长处，都有从政之专才。

季康子问："仲由可以从政吗？"孔子答："（仲）由啊，果断决绝，从政有什么问题？"又问："（端木）赐可以从政吗？"答："赐啊，通达事理，从政有什么问题？"再问："（冉）求可以从政吗？"答："求啊，多才多艺，从政有什么问题？"

也与：句末助词，无义。子路、子贡、冉求：先后做过季氏家宰。

本章主旨：第一，只要用人所长，人皆为才；第二，从政不能只为世袭贵族独享，平民也可介入；第三，果、达、艺，都是从政的重要能力，这里也反映孔子对自己学生能力的自信。

6.7　季氏使閔子騫爲費宰。閔子騫曰："善爲我辭焉。如有復我者，則吾必在汶上矣。"

上一章讲孔子把自己的学生推荐给季康子，本章讲孔子学生闵子骞不愿同流合污而远离季氏。两章相接，编者可能想说明：一要做好从政的准备，二要选准出仕服务的对象。

季氏要请闵子骞做费邑的家宰。闵子骞说："好言替我推辞了，如果再来找我，我必定要逃到汶水北边去了。"

騫：音迁。费：音闭。复：再。汶（音问）上：汶水北岸（山南水北称为阳，上亦为阳），在齐境内；在汶上：逃到齐国。

闵子骞以孝闻名（见11.4），他可能也有"友于兄弟，施于有政"的思想。本章也说明孔子学生的志向多种多样，不都是奔着"将来好做官"而来。

6.8　伯牛有疾，子問之，自牖執其手，曰："亡之，命矣夫！斯人也而有斯疾也！斯人也而有斯疾也！"

上一章讲闵子骞洁身自好，辞官不就；本章说伯牛身染重病，不久人世。如此编排可能是要说明，辞官与辞世都是人生要面对的重大问题，一个关乎政治生命，一个关乎自然生命。终结不义的政治生命，不足惜；遭遇无妄的身体灾变，足可惜。

伯牛重病在身，孔子（前去）问候，从窗外拉着他的手，说："完了，真是命啊，这样的好人也会得这种病！这样的好人也会得这种病！"

伯牛：孔子弟子冉耕。疾：重病。牖：音友，窗。

本章主旨是说天命无常，善人不一定有善报，灾祸来临只能坦然接受。上章面对的问题是人可以主动选择，本章讲的灾难则是人无能为力的。将这两章放在一起，编者或是要传达"尽人事、听天命"的思想。

6.9　子曰："賢哉，回也！一簞食，一瓢飲，在陋巷。人不堪其憂，回也不改其樂。賢哉，回也！"

上一章讲死生有命，本章讲乐天知命。两章相接，编者是要暗示人生有限，只有不息奋斗，才能不枉此生。

孔子说："贤德啊，（颜）回！一竹篓饭，一瓢生水，住在狭窄巷弄，别人无法忍受这样的忧苦，（颜）回却仍以此为乐。贤德啊，（颜）回！"

簞：音单，古盛饭用的圆形竹器。陋：窄小；陋巷，犹今日的贫民窟。

既然"生死之命"不能把握，把握当下的每一天总是可以的，而如何把握则有了不同的人生观。孔子称赞颜回有一个积极进取的、以闻道为乐的人生观。在孔子看来，这种乐天知命无忧的人生是最有意义的，也是最幸福的。

6.10　冉求曰："非不説子之道，力不足也。"子曰："力不足者，中道而廢。今女畫。"

上一章孔子称赞颜回努力进取，本章孔子批评冉求画地自限。另外，颜回为人所忧，冉求让孔子担忧，但其背后的意义完全不同。《论语》常以其他弟子反衬颜回的贤德，本章也是如此。

冉求说："不是我不喜欢夫子之道，是能力不足。"孔子说：

"能力不足的人，只会半途而废（无力续行），而你却是画地自限（裹足不前）。"

说：音义悦。女：音义汝。画：限定。

多才多艺的冉求，缺少奋发向上的精神，还要找借口，这是孔子所不满意的。相反，他评论颜回是"未见其止"，参见（9.20）。

6.11　子謂子夏曰："女爲君子儒，無爲小人儒。"

上章孔子批评多才多艺的冉求不能奋发向上，本章孔子勉励子夏不要满足于做多才多艺的小人儒。如此编排可能是要说明：有艺不足恃，不进令人忧。

孔子对子夏说："你要做君子型的儒，不要成为小人型的儒。"

女：音义汝。君子儒、小人儒：区分在广狭，不在正邪。

儒，从人从需，能满足人的需要即为"儒"。传统上，儒以六艺服务于社会，在孔子看来，这只是有才能的小人儒，需要提升至君子儒：重视道德修养，能担当国家大任。① 君子儒，德艺双馨；小人儒，德不济能。推而广之，君子儒有现世关怀，小人儒独守书斋；君子儒推陈出新，小人儒墨守成规；君子儒重义，小人儒重利。

6.12　子游爲武城宰。子曰："女得人焉爾乎?"曰："有澹臺滅明者，行不由徑。非公事，未嘗至於偃之室也。"

接上章"君子儒"概念，以实例说明像澹台灭明这样的公私分明、从不投机之人就具有君子儒的品格。

---

① 有学者认为，"士"作为"辅治阶级"，孔子是要将其从以技能辅佐治者，提升到"以心术（品德）从事辅佐"，而合资格者即成为君子，见张东荪《思想与社会》，岳麓书社 2010 年版，第 156—157 页。在古希腊也有相应的认识："治邦之材并非一门技艺……统治者灵魂的力量比他身体的力量更重要"，见［美］郝岚《政治哲学的悖论：苏格拉底的哲学审判》，华夏出版社 2012 年版，第 291 页。还有学者认为，本章的意义在于说明，之所以出现"礼崩乐坏"，根本原因是"作为政治中人的'君子'越来越少，'小人'越来越多"，见赵明《论作为政治哲学的先秦儒学》，《山东大学学报·哲学社会科学版》2005 年第 3 期。

子游做武城的地方长官。孔子问："你（在此处）寻得人才了吗?"子游答："有个叫澹台灭明的，从不投机取巧，不是公事不到我办公室来。"

女：音义汝。澹（音坛）台：复姓。径：便捷小路。

本章主旨在点明，孔门所要培养的人才，是那种实实在在、不坏规矩，公私分明、不谋私利的君子儒。

6.13　子曰："孟之反不伐，奔而殿。將入門，策其馬，曰：'非敢後也，馬不進也。'"

上章讲澹台灭明不投机，本章讲鲁大夫孟之反不夸功，区别在于前者是由他人说出，后者是由自己说出。两相比较，孔子应更赞赏前者。

孔子说："孟之反不夸功，（打败仗）断后掩护，快退回城门时，策马向前，（离开断后的位置，还解释）说：'（此前）不是自己勇于断后，是马跑不快（落在了后面。)'"

伐：夸功。奔：溃奔。军队行进，前为启，后为殿，此处殿为断后掩护，勇者为之。

孔子讲完这话后没有评论，但隐约让人感到，如果孟之反只做不说，可能更加有诚心；否则，多少有点以不夸的方式自夸。此处提示读者：《论语》的语境奥妙无穷，发人深省。另外，如果把孟之反与下章的人物都归作小人儒，而与上章的澹台灭明作对比，似乎对孟之反又太苛刻了一点。

6.14　子曰："不有祝鮀之佞而有宋朝之美，難乎免於今之世矣!"

上章赞：鲁国孟之反国难当头，勇于担当；本章叹：卫国少有实在担当者，在劫难逃。接连三章，人才的品性、作用，等而下之，编者或许是借以抒发孔子对无才之忧的感叹。

孔子说："要不像祝鮀那样口才很好，要不像宋朝那样长相英俊，当今之世，（卫国靠这样的人）很难免于灾难。"

祝：巫祝之祝，这里以掌管宗庙的官职为姓氏，祝鲍（鮀音驼），卫大夫。佞：口才好。而：则。宋朝：宋国公子，英俊小生，据说与卫灵公的南子有染。"不有……而有……"：要么……要么……孔子素不喜佞人，若将"不有"解释为没有，变成"幸亏有祝鮀之佞，否则卫要亡国"，不合孔子一贯主张。

治国安天下，靠的不是英俊、口才好，而是有赖澹台灭明这样的实在人。卫国无治国人才，一定是卫君"举枉错诸直"的结果。另外，本章异解甚多，联系上下文来解，较为可信。

6.15　子曰："誰能出不由户？何莫由斯道也？"

上一章讲治国需有实在之人。本章讲做人需依实在之理、行实在之道。两章相接，编者或许在暗示，治国之理也要回归常识，不可好高骛远。

孔子说："谁能不经大门而能走出去，（可）为何人都不走这条正道呢？"

由（户）：经过。莫：没有谁。由（斯）：遵循。由斯道：行正道，行不由径。

如同人不能逾墙而出，人也不能循着歪门邪道取得成功。这种以生活中浅显实在的道理作比喻，正是《论语》的一大特色。它不像西方元典那样艰涩难读，加之看上去无体系，而被很多西方思想家所轻视，如黑格尔就视之为"善良的、老练的、道德教训"。[①] 就反映现实生活的实在性而言，《论语》肯定更能为普罗大众所接受。

6.16　子曰："質勝文則野，文勝質則史。文質彬彬，然後君子。"

上一章讲人不能走旁门左道，而应行中正之道。本章讲君子应文质合宜，得其中和，不可偏于一端，这比上章的要求更高、更细。

---

① ［德］黑格尔：《哲学史讲演录》，商务印书馆1959年版，第119页。

孔子说："先天的率真本性多于后天的文化熏陶，则显得粗野；后天的文化熏陶多于先天的率真本性，则显得书卷气太重；（只有根据自己的情况，去掉过多的部分，补足不足的部分）将文与质相调和，才能成为君子。"

质：朴实，无修饰。文：修饰，去粗陋。彬：《说文》以彬为古文"份"，意思是"文质备也"，彬从彡（音衫）从林，彡为毛饰画文，与雕、彰同义。俗将份作斌，取文武相半意。现在常把"文质彬彬"理解为过文而不武，不合原意。

若再作推衍，质为感性，文为理性，仁为二者之中和，其现实人格便是仁人君子。[1] 从两害相权讲，宁可"质胜文"，反之则灭质、亡本。浪漫文人出身的政治家、满脑子理性思维的工程师，都属于"文胜质则史"，这些人治理国家，往往理想主义成分较多，容易制定出不切实际的政策。

6.17　子曰："人之生也直，罔之生也幸而免。"

上一章讲君子应文质中和，不可偏颇。本章讲人应走正道，不能心存侥幸而走歪道。这样编排可能是想说明，人的气质可调和，但人的生活态度应严肃。

孔子说："人的生命历程应循直道而行，走歪道的也能侥幸免难而生存。"

罔：音网，不直。幸而免：侥幸免于灾难。

任何宗教都要面临如何解释"好人不长命"的现象，孔子干脆把不能解释的例外归作侥幸。其实，侥幸的人生不是真正有意义的人生。一事投机，一世投机；投机乃是投他人行正道之机，人人投机，正道不再，亦无从投机。皮之不存，毛将焉附。所谓"民之多幸，国之不幸"（《左传·宣公十六年》）。若国民尽是投机客，随时准备弃船而逃，国家岂能不亡？相比之下，政治人物投机性运用手中的权力，很难"幸而免"，结果只会是害人害国也害己。

---

[1] 《论语今读》，第189—190页。

6.18 子曰："知之者不如好之者，好之者不如樂之者。"

上一章讲人生应循直道而行；本章讲直道而行应是快乐之行，如此才能乐在其中，不被诱惑走上罔道。

孔子说："只是一般知晓的人，（其投入程度）不如由衷喜好的人；由衷喜好的人，（其投入程度）不如以此为乐的人。"

知之：知其然。好（音浩）之：欲知其所以然而不断探索。乐之：渐渐了解其所以然而悦乐。①

人生要有寄托，对寄托对象的态度决定其人生动力，当其一生乐在其中，也就能抵抗不当的诱惑，"不改其乐"，至死无憾。

6.19 子曰："中人以上，可以語上也；中人以下，不可以語上也。"

接上章，暗示对"道"的"知—好—乐"者属于"中人以上"，对"器"的"知—好—乐"者属于"中人以下"。

孔子说："中等资质以上的人，可同他谈形而上之道；中等资质以下的人，不可同他谈形而上之道（只可谈形而下之器）。"

（以）上：指在普通人的心智平均水准之上；（语）上：指教学内容属于形而上。

本章中的谈道（可以语上）即告诉"其所以然"，谈器（不可以语上）即告诉"其然"。前者对象是"使知之"者，后者对象是"使由之"者。这里体现孔子"有教无类"思想与"因材施教"思想的统一。

很多人将本章内容简单理解为：对聪明的学生，教他难些，反之易些。这样解释太过平淡，这里的"中"也是划分形而上与形而下的分界线。中人以上，对"道"更感兴趣；中人以下，更关注"器"的层面。做先生的，就要满足他们对知识的不同需求。由此可见，作政治宣传也要看对象，光讲空洞的大道理，平民百姓是很难接受的。

---

① 张岱年认为："乐之，便能安于仁，而为仁者了"，见《中国哲学大纲》，第263页。

6.20　樊遲問知。子曰："務民之義，敬鬼神而遠之，可謂知矣。"問仁。曰："仁者先難而後獲，可謂仁矣。"

接上章，谈如何领导"中人以下"者。

樊迟问什么是智。孔子说："帮助民众去做适宜之事，礼敬但远离鬼神（不做不切实际之事）。可以称作智。"问什么是仁。孔回答："仁者先受苦，后收获，可称得上仁。"

知：音义智。务：提供服务。之：为。① 义：合宜。远：音怨，疏远。难：劳苦。

本章的民就是"中人以下"的代称，大概樊迟亦属孔门中"中人以下"，孔子有针对性回答他的问题。这里的"智"是助民办实事而非替民祈神；"仁"是受苦在先，分享在后。有此两条，"中人以下"当然乐之。反之，亲鬼神，②害民生，百姓自然得不到实惠；自己省事，百姓自然麻烦；自己先取，百姓自然少获。

本章也暗示孔子并不认同口号治国，意识形态造势。这里的鬼神就是孔子当时的意识形态，他告诫官员不要冒犯它，也不要在百姓面前谈它，而要具体帮助民众做适宜之事。

6.21　子曰："知者樂水，仁者樂山；知者動，仁者靜；知者樂，仁者壽。"

上章是针对"中人以下"讲的仁、智，本章是针对"中人以上"讲的仁、智，而侧重点也从上章的利民转入本章的性命。

孔子说："智者喜水，仁者好山；智者主动，仁者守静；智者有乐，仁者得寿。"

---

① 《故训汇纂》，第37页。

② 有学者指出，本章孔子对鬼神的态度，很大程度上使中国在其后的历史中能避免西方宗教的负面作用：无基于宗教的血腥屠杀、无传教的狂热、无对异教徒的偏执敌意，见《轴心时期的儒家伦理》，第249页。有关孔子对鬼神态度的分析，见《先秦儒家政治思想论稿》，第86—88页。日本学者则认为本章告诉我们，"知"的概念的成立是通过自我限定而形成的，即"对不可知、不可测的世界不过问、不关心"，见《孔子的学问》，第232页。

乐（水/山）：音要，喜好；乐：音lè，快乐。知：音义智。

本章分别以水山、动静、乐寿，阐述智者和仁者的各种面相，所论都是形而上之道，全然没有上章的实在物质利益成分。智者心思活络，如水流动，在激荡的思维活动中得到快乐；仁者宅心厚重，如山不迁，在静静的心灵放空中延年益寿。或许只有"中人以上"才能有这种体验，而对忙于生计的普罗大众来说，暂时显得有些奢侈。但政治人物有此修养，会令他胸怀宽广，看淡权力，不再计较凡俗的功名利禄。

6.22　子曰："齊一變，至於魯；魯一變，至於道。"

由上章的"中人以上"所追求之道，切入本章一国政务民俗渐进提升之道，此种提升又有赖该国"中人以上"的占比不断增加，这也符合孔子兴教育、化小人为君子的初衷。

孔子说："齐国政务民俗向上提升，可以达到鲁国水平；而鲁国政务民俗向上提升，就可以达至先王之道。"

变：移（风）易（俗），化而裁之谓之变。齐为霸政，鲁有仁政，最后至于王道。①

孔子认可齐国的富民，但惋惜其因此坏礼。"齐一变"就是去功利，兴礼制；"鲁一变"就是兴人才，复礼制。比较而言，齐之变，需更多仁者；鲁之变，需更多智者。没有仁者和智者的推动，国政是不可能进于道的，而孔子本应成为其中最重要的推动者，无奈时运不济，只能培养自己的学生来推动它了。

6.23　子曰："觚不觚，觚哉！觚哉！"

上章孔子期望齐鲁政制向上提升而进于道，本章孔子假借觚有名无实，悲叹君臣之道、礼仪之制等有名无实。两章相接，编者可能是在暗示：愿望美好，现实痛心。

---

①　对于孔子理想的政治制度，有学者归纳出六点，详见《孔子与中国之道》（修订版），第170页。

孔子说："觚已不成觚，还算什么觚！还叫什么觚！"

觚：音孤，初为四棱之酒器（孤音，取寡义，喻不贪杯），后人沉湎于酒，为增大容积，去棱成圆，遂名存形变、音在喻失。孔子借以感叹当世很多好东西已名存实亡。

本章及上章反映的是，孔子因理想与现实冲突而苦闷，说明孔子也有悲观不悦之时，正是孔子的凡人一面让他显得更富人性，后人将其神化有违事实，也与其本人的意志相悖。

6.24 宰我問曰："仁者，雖告之曰：'井有仁焉。'其從之也？"子曰："何爲其然也？君子可逝也，不可陷也；可欺也，不可罔也。"

从上章孔子面对现实困境的苦闷，切入本章孔子面对假设难题所持原则，勾勒其守仁、有智、权变的形象。

宰我问："如果有个仁者，被告知'井中有仁（人）'，他会随之（下去救吗）？"孔子说："为何要这样（设问）？君子可以去做，但不可因此陷于井中（而救不了人）；（别人）可以给仁者下圈套，（但仁者自己）不可以中圈套。"

虽：若。何为：为何。其然：如此。逝：往，指前去营救。陷：陷入而非被陷害。欺：以合乎常理的方式诱骗。罔：（被）蒙蔽。

"可逝"显其仁，"不可陷"显其智；"可欺"是自己无法阻止别人欺己，"不可罔"是能识破别人之欺，不受蒙蔽，过去多解释为别人不能以不正当的理由设下圈套。

本章之旨：仁者不是老好人，不是不知保护自己、常被人利用的愚人，而是既有仁心，也有针对具体情况解决特定问题的智慧。本章也提醒我们，政治家行仁政，也不能被百姓牵着鼻子走，把百姓崇高化，对百姓的要求照单全收，就成民粹主义了。

6.25 子曰："君子博學於文，約之以禮，亦可以弗畔矣夫！"

上章孔子讲要能识破别人设下的圈套。本章孔子讲不能离经叛道，把学到的东西用在歪处（如给别人设圈套等）。

孔子说："君子在学文上可以博采众长，无所限制。但具体使用所学之文，不能突破礼的规范，这样就不会离经叛道，违背所学之初衷了。"

文：助人修养、使人文明化的所有系统性知识；博学文，以求会通。之：代词，指代"文"。礼：规范约束，对实践加以限制。①畔：音义叛。矣夫（夫音孚）：句末感叹助词。

本章主旨是强调，学"文"无禁区，用"文"有限制。因为"学"属个人行为，不涉及他人；但"用"则涉及他人，引起社会反应，不能不有所规范。博学的行为，不能带来反社会、反人类、害人伦的效果。现代克隆人技术的实际应用若有违人伦，即为例证。从政治哲学层面讲，经典作家对未来社会的美好描述，学者可以研究，但政治家如果头脑发热，想马上照着去做，一定事与愿违。

6.26　子見南子，子路不説。夫子矢之曰："予所否者，天厭之！天厭之！"

上一章讲到知识运用要约之以礼，本章讲人际交往也要谨记礼制之约。相较上章，本章更强调对礼的实质性遵守，而非刻板地不知变通。这也说明，后儒用礼困死人，不合孔旨。

孔子（不得已）去见南子，子路不高兴。孔子向其发誓："我若干了悖礼之事，天打五雷轰！天打五雷轰！"

说：音义悦。矢：发誓。所：连词，表示假设，常用于誓词。否：指对礼的否弃。天厌：不享天寿。

在子路看来，南子或因其淫荡，或因其干预朝政，是个不宜见的危险人物。孔子迫不得已见了，回来后指天发重誓，撇清自己。②

---

① 日本有学者将"约之以礼"释作参照实际行为"对所学到的东西进行概括"，见《孔子的学问》，第178页。

② 有学者指出，本章暗示孔子"同春秋时人一样，在他的心目中也存在一个主宰神"，见邢义田主编《中国文化源与流》，黄山书社2012年版，第276页。

本章告诉我们：守礼要知变通，使小礼合乎大礼；只要自己能把握得住，外人很难让自己离经叛道。孔子的以礼约行，服从于更高的价值标准，而非教条地死守条文。

6.27　子曰：“中庸之爲德也，其至矣乎！民鮮久矣。”

从上章的悖礼之举天厌之，切入本章的中道之行天佑之。两章的共同点都在"不知"上，子路不知礼制之实，百姓不知中庸之德（得）。

孔子说："中人常用的原则，让人受益良多，可长久以来，百姓很少（知道其中的道理）。"

中：中道、中人。庸：常，用，天下之定理。德：得益。至：极多。

百姓（广义的中人）常用之道也是天佑之中道，[①] 民众从中获益，长期以来习以为常，却并不知晓其具体机理，所谓"百姓日用而不知，故君子之道鲜（为人知）矣"（《周易·系辞传上》，"民鲜"是"民鲜知君子之道"的略称），也正是这种不知，使他们看不到常用之道的价值所在，往往易受人蛊惑而有不切实际的幻想。

本章孔子不是感叹民德稀少，而是揭示"天道"即绝大多数人日用之常道，捍卫绝大多数人能从中得益的日常之道，就是"行天道"。反之，违背绝大多数人的利益，别出心裁，另搞一套，才会"天厌之"。

6.28　子貢曰：“如有博施於民而能濟衆，何如？可謂仁乎？”子曰：“何事於仁，必也聖乎！堯舜其猶病諸！夫仁者，己欲立而立人，己欲達而達人。能近取譬，可謂仁之方也已。”

上一章讲百姓少知中庸带来的好处，本章讲子贡不知如何行仁

---

① 清儒戴望注曰："中和之德为常道也。"参见蒋庆《政治儒学：当代儒学的转向、特质与发展》，生活·读书·新知三联书店 2003 年版，第 196 页。有学者将孔子的"中庸"思想概括为执两用中、和而不同、通权达变，见马云志《中庸：一种古典的政治哲学精神——孔子政治哲学的精神追求》，《孔子研究》2006 年第 4 期。而"中庸"的实质是寻求人际关系的和谐，见黎红雷《孔子哲学的逻辑进路》，《孔子研究》1999 年第 3 期。

于百姓。二者都是看不清平凡的道理，看轻平凡的事。

子贡说：“如果能广博地施惠于民而又能接济大众，怎么样，能称作仁者吗？”孔子答：“这哪里是仁者的事功，必定可以称圣了！就连尧舜也难以企及！仁者是那种自己想有所建树就帮助别人也有所建树，自己想显赫富贵就帮助别人也显赫富贵。因此，能因自己想要而明白（别人也有此欲求，推己及人），可称作行仁的方法。”

何：哪里。事：从事；事于仁：从事仁者事业。犹：依然；病：难；诸：之于。夫：音孚，句首语助词。立：有所建树。达：显贵，或明理。近：己身。譬：知晓；取譬：得以理解或明白。

本章主旨有三：一是仁者有德无位，[1] “博济”需有德有位的圣者才能完成，[2] 行仁是从自己身边小事做起，有一点做一点，只要能帮到别人。二是“立人、达人”暗含有“对他人主体的承认与尊重”。[3] 三是“己欲立而立人”，暗示人同此心，心同此理。如果从空间上的人同此心，过渡到时间上的同理心，惠民的基本原理并没随时间流逝而改变，只需对其作具体阐释，本篇末章由此转入下篇首章的“述而不作”。

---

① 张千帆认为，本章说明孔子所主张的“仁”，“不能解释为物质上的仁慈，而是要求将每个人都作为目的而非仅仅是手段对待”，见《为了人的尊严：中国古典政治哲学批判与重构》，第 59 页。

② 本章首现“圣”，“圣”从耳，即“闻道”，最初指与神明相通的巫师，后指担任氏族部落首领所需的品质才能，见李泽厚《说儒学四期》，上海译文出版社 2012 年版，第 118 页。邓国光认为，本章孔子对“圣”的理解，“是以对普天下的实质贡献为衡量。……具有超越性的普世义，跨越定点的时空与特定人物，亦非一般意义的修养和德性”，见《圣王之道——先秦诸子的经世智慧》，第 166 页。

③ 汤恩佳：《论儒家的人权思想》，载陈启智主编《儒家传统与人权·民主思想》，齐鲁书社 2004 年版，第 27 页。张岱年说：“‘立’是有所成而足以无倚；‘达’是有所通而能显于众。”见《中国哲学大纲》，第 256 页。

述而第七

7.1　子曰："述而不作，信而好古，竊比於我老彭。"

前篇末章讲有德无位，难以为圣。本篇首章讲有德无位，难有原创，强调接着做，不搞新花样。

孔子说："只转述而不创作，相信并喜好古人的原创思想，鄙人欲向我先祖老彭看齐。"

窃：自我歉词，鄙人。比：见贤思齐。我：我商人先祖，因老彭为殷商贤大夫，孔子是殷人之后。

有德有位为圣，有德无位为贤。按孔子意思，只有圣人才能"作"，作是原创；"述"是转述，贤人所为。[①] 其实，不考虑有德位这样的前提，在转述的过程中加进自己的思想，或对前人的原创进行重新组合而有新的意蕴，都应算创作。

本章倡导继承历史，[②] 站在先人的肩膀上继续前行，强调先述后作的思想：不充分吸收前人的成果，下功夫做大量的读书笔记，是不可能有自己的创作的。历史经验是宝贵的，有些甚至是先人以生命为代价取得的。不讲历史继承，总想从头再来，是不会有文明

---

① 张岱年认为："述"是有所祖述、推衍，继承前人有所发阐；"作"为开创，即不继承前人而从新开端。见《中国哲学大纲》（序论），第 10—11 页。有学者指出，孔子是有选择地"述"，也就是有选择地继承，比如他就抛弃了殷朝和周朝文化中关于上帝和天的信仰，具体说是用"人本主义"的精神内核改造西周的诗书礼乐，消除了"天""帝"的思想，见郝长墀《政治与人：先秦政治哲学的三个维度》，中国政法大学出版社 2012 年版，第 232、234 页。

② 本章奠定了孔子政治哲学的保守主义性质，关于保守主义与孔子所开创的政治儒学的关系，见《政治儒学：当代儒学的转向、特质与发展》，第 120 页。

之累积的。因此，在转述的过程中强调对前人原作的"信"，并由信而"好"，才能真正做好"述"。

7.2 子曰："默而識之，學而不厭，誨人不倦，何有於我哉?"

接上章，讲对前人思想的"吸收—体会—传授"，是要具体体现"述而不作，信而好古"的精神。

孔子说："心中默记并体会记住所学内容，自己学时不厌烦，教别人时不倦怠，我做到了哪一条呢?"

识：音志，牢记。之：代指所学内容。学、诲：分别指吸收和传授前人思想。

学—记—教，是上章"述"的具体化：述的核心是学，个人要对所学知识的默记与体会；教学相长，教是另一种形式的学。最后自省"学—记—教"三者做得如何。

不厌、不倦是基于上章的"信"及"好"，若厌倦某事就不可能有心情默而识之。只有不断自我反省"述"做得如何，才有可能让自己同老彭看齐。

7.3 子曰："德之不脩，學之不講，聞義不能徙，不善不能改，是吾憂也。"

上一章讲孔子自省，本章论孔子所忧。前者是看有无坚持正面的东西，后者是看有无抵御负面的东西。

孔子说："不能修养德性、不去讨论所学、见义不为、非善不改，是我所忧惧的。"

讲：讲求，讨论。徙：本义移、迁，这里指从观念转变到见诸行动的过程。

在孔子看来，生命要有意义，须在"培德、明学、践义、改过"四个方面日日有新进，[1] 孔子所忧乃不进之忧。这四个方面都

---

[1] 有学者认为，"修身的过程首先要理解为社会化的过程"，见《中国哲学导论》，第29页。

要求有积极性作为，难以苟且，可见，孔子对自己是很严苛的。

7.4　子之燕居，申申如也，夭夭如也。

上章刻画严苛而有忧的孔子，本章描述放松而自在的孔子。张驰相间，方能持久。

孔子在退朝私处时，面容舒展，神情愉悦。

燕：退朝。居：闲处。申申：伸展放松，容舒。夭夭：心气和畅，色愉。

求进君子亦有放松时，家居的孔子自由自在。孔子是人不是神！

7.5　子曰："甚矣吾衰也！久矣吾不復夢見周公。"

上章述孔子放松自在之时，本章则讲孔子悲叹绝望的情形，都是对其真性情的描绘。

孔子说："我真的很衰老了，很久都没再梦见周公了。"

周公：姬旦，周武王姬发之弟，因所封食邑名周，称周公。[①]不复：不再。

这应是孔子去世前不久的感叹，身衰是表象，如果按"日有所思，夜有所梦"的说法，晚年孔子或许对东周的世袭制心存疑虑，不再如早年那般坚信不疑，而想以"选贤与能，天下为公"的公天下取代世袭家天下。若真如此，孔子在这里是感叹周制已衰，难以复行。[②]

7.6　子曰："志於道，據於德，依於仁，游於藝。"

从上一章谈人的身心终有衰落之日，切入本章讲如何才能让人生有意义，以至临终之时，死而无憾。

孔子说："（要让人生有意义，需）立志追求真理走正道，不

---

① 本章首现"周公"。韦政通指出，周公是孔子以降"儒家政治哲学的奠基者或前导者"，相关分析见《中国思想传统的创造转化：韦政通自选集》，第115—118页。

② 《子曰论语》，第268页。

使品德有失，不做违仁之事，精通六艺（谋生贻情）。"

据：执守。依：依照，不违。游：研习，熟练掌握（游刃有余之"游"）。

这四句，既是孔门教学大纲，更是孔子给弟子的人生指南。一个人立志正道；无害德之为；无违仁之举；有谋生之艺、养性之好。[1] 这样的人虽不一定有光辉的人生，但一定有无愧于己的生命历程。

7.7 子曰："自行束脩以上，吾未尝无诲焉。"

上章暗示孔门教学内容，本章明示孔门入学条件。相连两章组成孔子办私学的招生简章。

孔子说："自己准备十条肉干，奉上（作见面礼）。我一定给予教诲。"

束脩：脩，音修，干肉，十条一札为束，束脩为当时的一般性赠礼。上：奉献。诲：教。

束脩为薄礼，以表向学之志，孔门教诲不是强迫灌输，而是学子自愿受教。

礼节性的守信，本是人与人交往的润滑剂，后来蜕变为向有权者贿赂的掩饰，其中的"礼"就变成了赤裸裸的利益交换，这恐怕是孔子所未想到的。

7.8 子曰："不愤不启，不悱不发，举一隅不以三隅反，则不复也。"

从上章的"有教诲"切入本章的"如何教诲"。从学子要主动

---

① 按钱穆先生的理解，本章内容在学的过程中，顺序需要倒置，先学做事谋生的"艺"，再学为人（依于仁），再学美身（据于德），终能思通（志于道），见《孔子与论语》，第181—200页。张岱年则将"艺"视作礼乐，乃为仁之具，见《中国哲学大纲》，第262页。还有学者认为，本章是孔子伦理思想的总纲，这里的"道"指"人道"，即做人的道理，而"德"是"道"见于具体的行动，见童书业《先秦七子思想研究》（增订本），中华书局2006年版，第11页。关于"艺"之养性，使人有优游之心，完整之人也是有兴趣之人，见《孔子的学问》，第116页。

来学，引申到学生的积极主动是老师进一步施教的前提，也是学生进步的条件。同样来学，不同努力，不同结果。

孔子说："不到萦于心而难知其意，不去点拨他；不到知其意而难达其辞，不去提示他；学会一种情形，却不能旁通于其他类似情形，不再重复去讲（而要他自己体悟）。"

愤：求通之思，挥之不去。悱：音诽，求达之辞，即将迸发。

孔门教学重自身省悟，充分发挥学生能动性，[①] 不搞"满堂灌"，更不是把学生教成考试机器。按孔子教学法，最初使人知之，久而让人好之，最终令人乐之。

7.9　子食於有喪者之側，未嘗飽也。子於是日哭，則不歌。

上章讲求取学问的心灵应能触类旁通，本章讲吊丧致礼的心境不可随意变通。前者显智，后者体仁。

孔子在有亲人故去者身旁进餐，不曾饱食。孔子去吊丧那天哭过，便不再唱歌。

人逝有哀，节食以示同情，不歌以示哭丧之诚，这些都是将心比心、仁爱之心的自然流露，但在孔门弟子看来，孔子的举动也是一种特别的修养，让生者在逝者面前，懂得节制自己的自然欲望。本章也给我们启示，政治人物对百姓的仁爱之心是要通过日常小事逐渐培养的。

7.10　子謂顏淵曰："用之則行，舍之則藏，唯我與爾有是夫!"子路曰："子行三軍，則誰與?"子曰："暴虎馮河，死而無悔者，吾不與也。必也臨事而懼，好謀而成者也。"

上章说的是行为要同场合相宜，本章讲的是个人要与时代相协。两者都是强调个人不应背离环境。

孔子对颜回说："得到任用，则行道于庙堂；不得任用，则藏

---

① 钱穆认为，本章说明：下学、习器、游艺，可"上达"于"不贰过"之境界，见《孔子与论语》，第193页。

道于民间。只有我与你能如此!"子路问:"如果您统率三军,会让谁跟您去?"孔子说:"徒手与老虎搏斗,徒步蹚水过河,像这种死到临头不知悔悟的人,我是不会同他在一起的,(跟我的)必定是那种遇事知道危惧,同时又多谋善成之人。"

之:指代我。行:行师征伐。① 与:随行,结伴。暴:赤手搏斗。冯:音凭(凭),蹚水。

能"用行舍藏"者,需有这样的智慧:能把握机遇,又不一厢情愿。行三军,智重于勇,不敬慎戒惧、不好谋善断,就不能打胜仗。相对颜回,子路是该藏不知藏,最后死于非命。如果把本章的"惧"用到审慎决策上,就体现了一种政治上的保守主义:不心血来潮"拍脑袋",不随便搞社会运动,更不能用人的"生命和鲜血"来做意识形态的试验。②

7.11 子曰:"富而可求也,雖執鞭之士,吾亦爲之。如不可求,從吾所好。"

进一步说明上章的"行藏":富若可求,则"行",无论职业贵贱;若不可求,则"藏",做自己喜欢的事。

孔子说:"富有如果可(以道)求之,虽执鞭这样的低贱职业,我也愿去做。如果不可(以道)求之,那就干我自己喜好的事。"

而:如。执鞭:市场守门人,以鞭警示,犹值更者敲打木器;也有解作"执御"。

本章之旨:一是孔子不排斥富有,但要取之有道。二是孔子并无身份职业歧视,却有独立意识。③ 三是富有很大程度上看机遇,属于可遇不可求,即便汲汲求之,也不一定能得到。毕生去求一个不一定可得到的东西,不如去做自己所喜欢的、肯定能有所得的

---

① 《故训汇纂》,第 2043 页。

② 高尔基:《不合时宜的思想——关于革命与文化的思考》,江苏人民出版社 1998 年版,第 209 页。

③ 对本章所含独立意识的说明,见《孔子与论语》,第 33 页。

事。"暴虎冯河",是不珍惜生命;求"可遇不可求"之事,亦非珍惜生命。四是求富有代价,可能要做自己不喜欢做的事,为物所役,并不自在。古代中国商人列"四民"之末,与孔子对财富的消极态度有共同的价值基础。

7.12 子之所慎:齐,战,疾。

上一章讲孔子主张对不可求的富,要慎重,珍惜自己的生命,不要白费功夫;本章讲孔子对不可知的事,很慎重,珍惜国人的生命,不要亡国灭种。"审慎"作为孔子保守主义政治哲学的基本原则,在这两章得到充分体现。

孔子慎重对待三事:斋戒、战争、疾病。

齐:音义斋,祭祀之前斋戒、沐浴以示对神明的虔敬。战争事关国家危亡、百姓生死,不可随意挑起战端。疾:瘟疫之类的传染病。

"国之大事,在祀与戎"(《左传·成公十三》),孔子主张慎重对待,体现其人道关怀,尽量不使国家陷于战乱、瘟疫,尽量减少百姓非正常死亡。孔子所慎,本质是对生命的敬慎。《论语》编者亦借此希望统治者能把人当人,不要让自己的子民生灵涂炭。

7.13 子在齐闻韶,三月不知肉味。曰:"不图爲樂之至於斯也!"

上一章讲孔子主张慎战,本章讲孔子希望去武。如此编排大概是想表达孔子对生命的珍视。

孔子在齐国听《韶》乐的演奏,(痴迷其中)很长时间连肉味都吃不出来,说:"没曾想到音乐能美到如此境地。"

当时食肉为很高级的物质享受,"不知肉味"暗示《韶》给孔子带来的精神享受远甚于其他物质满足。图:预想。

《韶》乐去武,没有血腥味,充满"慎战"思想,属"尽美尽善"之乐,参见(3.25)。这才是孔子"不知肉味"的根本原因,至少《论语》编者是如此理解,才会把它放在"子之所慎"章之后。

7.14 冉有曰："夫子爲衛君乎?"子貢曰："諾。吾將問之。"入，曰："伯夷、叔齊何人也?"曰："古之賢人也。"曰："怨乎?"曰："求仁而得仁，又何怨。"出，曰："夫子不爲也。"

上章借孔子闻《韶》乐后的感叹，暗示孔子希望去武；本章借孔子对夷、齐的评价，预示孔子不赞成以武力争夺政权，是对上章内容的进一步说明。

冉有问："我们老师会留下来帮助卫出公吗?"子贡答："好，我去问问。"遂进去问孔子："伯夷叔齐是什么样的人?"孔子答："古代贤人。"问："他们有怨吗?"答："希望得到仁，果真得到仁，有何怨。"子贡出来说："我们老师不会帮卫君。"

夫子：指代孔子，是学生对其尊称。卫君：指卫出公。诺：应答之声，应允。

本章对话的背景是孔子与学生滞留卫国，恰逢卫灵公死，其子蒯（音 kuǎi）聩由晋回卫与自己儿子卫出公（名辄，卫灵公之孙）武力争夺君位。伯夷、叔齐，或为尊父命，或为敬兄长，礼让国之大位，显不争之大德，可谓求仁得仁（心安），为行孝悌之道而心甘情愿，自然无怨。孔子称夷齐为贤人，实是表明自己不赞成争位害仁，当然不会帮助卫出公与其父争国位。

7.15 子曰："飯疏食飲水，曲肱而枕之，樂亦在其中矣。不義而富且貴，於我如浮雲。"

上章讲"求仁得仁"而不怨，本章讲"舍富取义"而无悔，都是自己作出的慎重选择。

孔子说："吃粗饭，喝生水，曲臂当枕，乐在其中。通过不义手段取得的富贵，对于我来说，（轻）若浮云。"

饭：作动词，吃。疏食：粗食。水：生水，热水称汤。肱：音恭，上臂（由肘到肩）。

本章接上章，离开卫国可能要挨饿，但不离开就要陷于不义。孔子虽不拒富贵，但拒不当得之，本章的选择凸显其价值观：舍不义之富贵，而不改闻《韶》之乐。不义富贵难持久，犹如浮云；相反，可主动追求的精神享受，是孔子更加看重的。如果每个政治人物都能视不义之富贵如浮云，哪有那么多的烦恼，又哪有那么多的贪官。

7.16　子曰："加我數年，五十以學易，可以無大過矣。"

上一章讲孔子视不义富贵如过眼云烟，本章讲孔子盼延寿学《易》保无过晚节，杜绝犯"舍义取富"之类的过错。

孔子说："多给我几年时间，五年或十年，用来学《易》，可以不犯大的过错。"

本章之旨：一是《易》难学，连孔子既要"韦编三绝"，还要"加我数年"；二是学《易》能明吉凶消长、进退存亡，助人趋吉避凶、不取不义之富贵，当然无大过。

本章异解甚多，大致有三类：一是释"加"为假，二是释"易"为亦，三是释"五十"为卒或吾。笔者尝试将五十分开，解作五年、十年，其他不变，以说明学《易》不易、学《易》有益。孔子奉行"为己之学"，是"活到老，学到老"的典范，在他看来，"无过人生"要比"不义富贵"更有意义。[1] 这一点，恐怕已经关进监狱的贪官体会最深。

7.17　子所雅言，詩、書、執禮，皆雅言也。

上一章讲读《易》需要时间，本章讲读《诗》《书》需用雅言。《易》中有传统智慧，雅言是文化传统一部分，"好古"的孔子离不开雅言。

孔子也用文雅之言，在讲《诗》《书》、指挥典礼之时，都用文雅之言。

雅言：正言，俗语之反，俗语即当时的白话语文，雅言即当时的文言文，是正式场合所用的正式语言。《诗》《书》基本以雅言

---

① 按钱穆的理解，本章主旨是学为人，学《易》是"依于仁"之学，见《孔子与论语》，第187页。

写就，而《易》除卦辞、爻辞外，大多以当时的俗语写成。

语言是文化的载体，文化的传承需要具备相应的语言能力。当越来越多的人不识雅言之时，传统文化的延绵也就慢慢中断了。另外，正式仪式上使用非俗语，确实能让人感受到庄严的气氛。

7.18　葉公問孔子於子路，子路不對。子曰："女奚不曰，其爲人也，發憤忘食，樂以忘憂，不知老之將至云爾。"

上一章讲孔子用雅言读古书，古言有用。本章讲孔子不知老之将至，老人有为。那个能讲雅言的好学老人，以老身捍卫老传统，并因此乐在其中。

叶公向子路打听孔子是个什么样的人，子路不知如何应答。孔子说："你为何不说，他这个人啊，（学无所得）会愤而忘食；（学有所得）会乐以忘忧，也没意识到自己已步入老年，如此这般的话啊。"

叶（音社）公：楚国叶县县尹，自封为公，本为楚大夫。女：音义汝。奚：为何。云尔：如此这般。

"发愤忘食，乐以忘忧"，其中有孔子的精神寄托；"不知老之将至"是其人生态度或生命精神；好学是孔子本人最为自豪的品行或特质。本章之旨在倡导，像孔子那样"活到老，学到老"，就会活出有意义的无憾人生，因此，老不可怕，死也不可怕。

7.19　子曰："我非生而知之者，好古，敏以求之者也。"

上一章讲孔子好学，本章讲孔子好古，具体说明上章孔子好学、学什么的问题。

孔子说："我不是生来就有如此知识，而是喜好古代的东西，并勤勉地去探求它。"

好：音浩。敏：勤勉，努力。①

孔子正因为不是生而知之，才会好学；正因为好古，才会述而

---

① 有学者认为，这里可以是（8.17）的"学如不及"作为"敏求"的注脚，见王寿南主编《中国历史思想家·先秦·1》，九州出版社 2011 年版，第 167 页。

不作。求古而有知，其知识得自往圣先贤，并非凭空建立自己的知识体系。如果把好古理解为汲取历史经验，政治人物的好古就不会再犯前人曾经犯过的错误。如果食古不化，梦想把国家社会拉回尧舜禹"三代"，既不可能，也背离本章的主旨。

7.20　子不語怪，力，亂，神。

接上章，孔子好古，不是对古代的东西照单全收，而是有所选择，怪、力、乱、神不在其列。

孔子不谈论异常古怪之事、以力取胜之事、悖乱无治之事、装神弄鬼之道。

不语：不论及，暗示不赞成、不倡导。

孔子倡导中庸，以反"怪"；倡导去兵、去武、去杀，以反"力"；倡导孝敬，以反叛乱、战乱;① 倡导人道，以反神道。② 本章实是对孔子所要否定的东西作了高度概括。

在当今，基于意识形态的所谓创新，就是"怪"；无视民意强推硬上之举，就是"力"；政策变动无常朝令夕改，就是"乱"；热衷个人崇拜树立权威，就是"神"。这些都是与孔子政治哲学相背离的。

7.21　子曰："三人行，必有我師焉。擇其善者而從之，其不善者而改之。"

上一章讲孔子不从"怪力乱神"中汲取知识，本章讲孔子善从现实生活中求得智慧。两章对比，从否定与肯定的两个不同视角，说明其思想资源，体现其反神道、重人道的基本精神。

---

① 美国学者史华慈指出，中国人因为怕"乱"，而不敢挑战社会秩序的深层结构。许纪霖、宋宏编：《史华慈论中国》，新星出版社2006年版，第25—27页。

② 孔子深知，商王朝的灭亡，是神权政治的失败，因此有必要告别神本文化，见马平安《中国传统政治的基因》，新世界出版社2015年版，第81—82页。而在胡适看来，"孔门不用鬼神来做人生的裁制力"，却"情愿自己造出鬼神来崇拜"，而有所谓"孝的宗教"，见《中国哲学史大纲》，第83、85—86页。

孔子说："与多人一起行事，必有可师法之人，选取他们的优点来效仿，别人的不足（自己引以为戒，）改掉类似的坏毛病。"

三：多。从之：见贤思齐。改之：内自省后的效果。

如果说"好古"强调知识汲取的历史性，是学古人；"三人行"则是说明智慧来源于现实的人际交往，是学今人。本章之旨在阐明：学无常师；学亦无时不可；学不局限于书本知识，以他人为鉴也是学。

从政治哲学层面讲，民意是政治人物最重要的"师"，"以百姓心为心"就是"择其善者而从之"，以民众所恶为鉴就是"其不善者而改之"。

7.22　子曰："天生德於予，桓魋其如予何?"

上一章讲个人在知识汲取中的主动性、广泛性。本章讲这种知识汲取的动力是天生的、神圣的。两章相接，编者或许是想暗示，圣人区别于凡人，就在于他有不竭的知识汲取动力。

孔子说："老天爷降德于我，桓魋他能把我怎么样?"

予：我。桓魋（魋，音颓）：宋司马，对孔子有恶意，孔子与弟子经过宋国时被其攻击。其：无义助词。如：奈，奈何；如予何：能把我怎么样。

面对危险，孔子知道怕也没用，不如给自己壮胆，甚至借自我圣化来脱险。他向学生表示，上天赋予自己文德，让自己能获取智慧，代天救世。[①] 因此，自己会得到老天保佑，不会被桓魋所害。这也是孔子对学生的一种身教，这种境况，可遇不可求，如何应对，也是学问，随行学生从中可体会孔子的不忧之仁、不惧之勇。

政治人物要有担当，在关键时刻，有时候也需要以这种方式为自己鼓劲。但若习以为常，就有点自以为是了。其中的分际，需要很好地把握，一旦滥用，也就不灵了。

---

① 有学者认为本章及（2.4）可证明，"孔子亦是主张天与人可以打通的"。而"天人相通"背后的政治思想是想说，"大凡一民族由土地的扩大而致散漫时候，在政治上是需要团结与统一"，见张东荪《理性与民主》，岳麓书社 2010 年版，第 75 页。

7.23　子曰："二三子以我爲隱乎？吾無隱乎爾。吾無行而不與二三子者，是丘也。"

上一章讲孔子之教有身教，本章讲孔子之教无保留。上天所赋文德，或为济民救世，或为传承文脉，前者使之有得天护佑的自信，后者令其无刻意保留的理由。

孔子说："你们这些学生以为我有什么瞒着不愿教授给你们吗？我什么也没隐瞒，我所有的东西都摊在你们面前，孔某人就是这样的啊。"

二三子：对学生或属下的称呼，类似诸位。为：有。行：道行或德行。与：示，公诸或告诉。

孔子施教强调省悟，强调潜移默化、自然而然，不会在具体细枝末节上喋喋不休，有些是在日常生活中，通过身体力行影响学生，而不点明是什么意思，这就让学生以为还有什么绝技，秘而不宣。

从政治哲学上讲，本章会让我们联想到政府运作、政策制定的公开透明，只有透明，才有民众对政府的信任，否则难以消除百姓的疑虑。"公开性"是孔子教育哲学的基本特质，也应是孔子政治哲学的基本要求。

7.24　子以四教：文，行，忠，信。

接上章，孔子传授的不只是具体实在的"文"，还包括可能较少明确言传的"行—忠—信"，说明孔子以"不隐之德"行"不言之教"。

孔子教授的东西分四类：文献典籍，行为德性，忠于良心，恒久而信。

教：音交，教授。学"文"能言，而孔子更重"行"。为人，表里如一为"忠"，言行一贯为"信"。[1]

不学"文"，就没有知识积累，但更重要的是能正确运用这些

---

① 高尚榘：《论语歧解辑录》，中华书局2011年版，第382页。

所学知识，这便是"行"；用心去行便是"忠"；行而有恒便是"信"。这四方面全都做好了，便是孔子心目中可以从政的"躬行君子"了。

学院里的培养，只能让从政者有了"文"，要成为政治精英，一定是通过"行"出来或者说"干"出来的，忠信则保证这种"干"有正确的方向和累积的效应。如果把"忠信"理解为公职人员忠于宪法、履职守信，那就是对孔子政治哲学的创造性转化。

7.25 子曰："聖人，吾不得而見之矣；得見君子者，斯可矣。"子曰："善人，吾不得而見之矣；得見有恆者，斯可矣。亡而爲有，虛而爲盈，約而爲泰，難乎有恆矣。"

上一章讲孔子从哪四方面培养从政君子，本章孔子列出提升在位君子的几个阶段。

孔子说："圣人我算是看不见了，能见到君子也就满足了。"孔子又说："善人我算是看不见了，能看见有恒心的人，也就满足了。原本没有而要表现为有，原本空虚而要表现为充实，原本手头紧而要表现为很有钱，（如此作伪）难常久。"

亡：音义无。约：穷困。泰：宽裕。

孔子叹自己看不到圣君，只能退而求其次，企求有德才的在位君子便可；再其次，有德少才的善人在位也是民之所幸，因为"善人为邦百年，亦可以胜残去杀矣"（13.11）；最后一等，见不到有心施善者，能见到不作伪（不作表面文章，不搞形式主义）、不为恶的在位者也可以。本章之旨，实是要求在位者起码能"不作伪、不作恶"，再从"恒久不为恶"进到"有心施善"，再进到"德才兼备的君子"。

孔子也很现实，"盼明君"的意识与其政治哲学的基本主张不相吻合。政治人物要有底线，如何激励他们向上提升，惩罚向下沉沦、触碰底线者，应当是每个时代制度文明都要解决的问题。

7.26 子釣而不綱，弋不射宿。

上一章讲有恒心不去作恶是在位君子的基本特质。本章讲以仁慈之心对待小动物，是检验无位君子的重要标准。两章主旨都是讲君子要时时想着趋善避恶。

孔子只（用鱼竿）钓鱼而不用细网（滥捕），（用带线的箭）射鸟，但不射栖宿在窝中的鸟。

纲：总领细网的粗绳（所谓"纲举目张"），用纲捕鱼意味一网打尽，不论大小。弋：带线之箭。宿：止，指留在窝中的鸟。不射宿：不破坏雏鸟的生长环境。

本章之旨在孔子杀生有节，取物有度。对动物如此仁慈，对人更应如此，不能绝人后路，搞所谓斩草除根。政治文明的一个重要内容就是以文明的方式搞政治，株连、肉体摧残，都有悖孔子政治哲学。

7.27 子曰："蓋有不知而作之者，我無是也。多聞擇其善者而從之，多見而識之，知之次也。"

从上章不妄杀，切入本章不妄作。前者讲的"杀"是迫不得已才杀，后者指的"作"是知其所以然才作，两者都是强调行事必有限度和前提。

孔子说："或许有那种不知（其所以然）而妄作之人，我不是那种人。多汲取（往圣先贤所论），挑选其中好的而信从；扩大自己的见识而默记在心，便有了（比生而知之）次一等的知。"

盖：或许，大概。多闻：重在"读万卷书"，从历史维度作"知"的拓展；多见：重在"行万里路"，从空间维度作"知"的拓展。识：音义志，牢记。知之次：所知是"学而知之"，是比"生而知之"次一等的知。

"知而作之"是知其所以然而作，"知之次"是知其然。"择善而从"是据历史验证的结果而择，不是要知其所以然才能作抉择。孔子某种程度上承认人的知识的有限性，坦承自己不是那种生而知之、全知全能的人。后人将孔子神化，有违其本人意愿。

政治家也有个多闻多见的问题，既不深入基层，也不出国考察，如何多见？只读本国书，把外国的经验一律视作"不合国情"，如何多闻？其实，各国政治文明成果是全人类的共同财富，只有多闻多见择善而从，才能成为治国理政的智者。

7.28 互鄉難與言，童子見，門人惑。子曰："與其進也，不與其退也，唯何甚！人潔己以進，與其潔也，不保其往也。"

上一章讲对往圣先贤要择善而从，本章讲对浪子回头应与人为善。两者相接，暗示孔子主张人与外部世界的关系是双向的，既有汲取也有给予。

互乡有个很难打交道的少年求见（孔子得允），弟子疑惑不解。孔子说："我称许其有上进之举，不赞同他退回到过去，为什么要那么过分呢！一个人洁身自爱求进步，就要赞许其洁身之举，并不（因此）保证他往后（会怎么样）。"

见：音义现。与：赞许。唯：句首语助词。甚：过分。

择善而从体现"己欲立"，与其进、与其洁便是"而立人"。本章体现孔子"有教无类"、宽容他人、无所成见，不把人看死的处世原则。政治人物如能以此选人用人，当然会有人尽其才、催人奋进之效。

7.29 子曰："仁遠乎哉？我欲仁，斯仁至矣。"

接上章，与人为善、与其进、与其洁，就是"欲仁，仁至"。

孔子说："仁遥不可及吗？我想行仁举，仁便出现了。"

斯：则。

在孔子看来，成为仁人很难，但偶有仁举却很容易，为仁由己（12.1），只要你从身边小事做起，推己及人，便能"求仁得仁"。为仁由己，也说明仁是内在的，不是外加的，你有此心去行动（欲仁），马上就会在你身上得以显现（仁至）。孔子的修身之学并不玄妙，若能坚持，必有成效。

本章的重要意义在于说明，仁"是一个个体性的道德概念"，"强调的是个体的人"，而"承认个体性的人的实在性是实现民主政治的前提"。①

7.30　陈司败問昭公知禮乎？孔子曰："知禮。"孔子退，揖巫馬期而進之，曰："吾聞君子不黨，君子亦黨乎？君取於吳爲同姓，謂之吳孟子。君而知禮，孰不知禮？"巫馬期以告。子曰："丘也幸，苟有過，人必知之。"

接上章的"欲仁"，能"与其进、与其洁"是"欲仁"之举，本章孔子能讳君之恶、代君受过，亦是"欲仁"之举。

陈国的司寇问孔子，鲁昭公知不知礼？孔子答："知礼。"孔子退下后，（陈国的司寇）向巫马期作揖，上前说："我听说君子不会结党偏私，（像你老师这样的）君子也会有袒护吗？鲁昭公娶同为姬姓的吴国女子，称作吴孟子。昭公如果知礼，还有谁不知礼？"（过后）巫马期相告。孔子说："我孔丘很幸运，倘若有过，别人一定知道（并指出来）。"

陈司败：陈为陈国，司败即司寇。巫马期（期音基）：孔子弟子，复姓巫马。党：作动词，结党，袒护，饰非营私。按周礼，同姓不婚，昭公（姬姓）明知故犯，且以孟子（姓孟的宋国女子，正确称呼应是：女子生长国名＋本姓，即吴姬）之称来掩饰。取：音义娶。君：指代鲁昭公。幸：幸运。苟：倘若。

从本章开始的四章，分别讲孔子如何体现其"忠、信、文、行"。本章描述孔子的"忠"，到了可以讳君之恶、代君受过的地步，可是在《论语》编者看来，这正是孔子显其仁心的一方面，或者说，忠君之举是仁心自然表露。另一方面，"忠君"与"从道不从君"，如何把握二者的分际？《论语》好像并没给出明确的答案。

---

① 胡军、杨书澜：《儒家的仁与民主》，《儒家传统与人权·民主思想》，第80页。

7.31 子與人歌而善，必使反之，而後和之。

上一章讲孔子忠君不饰过，本章讲孔子学艺有诚意，以诚取"信"于人，也是从上章对君的诚，切入本章对人的诚，以矫正上章可能引发的误解——孔子不诚实对待陈司败。

孔子与别人一起唱歌，遇有唱得好的，必定请他再唱一遍，再跟着一起唱。

而（善）：表示假设，如果；而（后）：表示承接，然后。反：复、再。和：音贺，跟着唱。

上章暗示孔子承认自己德有亏（有过，其实是代君受过），本章体现孔子在能（六艺）上的欠缺，但他学有诚意，从知之到好之到乐之。在学艺上从善、虚心，也是获得他人信任的重要因素，孔子用自己的行动向弟子说明如何取信于人。

本章给我们的政治哲学启示在于，模仿、跟随是后进国家加快进步的重要手段，而"和"字也说明处于赶超地位的国家与人类主流文明相契合，不主动与头号强国对抗，是使自己不会落入所谓"修昔底德陷阱"的首要战略选择。

7.32 子曰："文，莫吾猶人也。躬行君子，則吾未之有得。"

上章说明孔子在"艺"上有欠缺，本章孔子坦承自己在"文"上并无过人之处，再次表明其诚实的品格。

孔子说："在文献典籍的知识方面，我大概跟别人差不多。但像（有位）君子那样应用这些知识，我还没有什么成就（或心得）。"

莫：疑问词，大约。犹人：与人同。躬：亲身。未之有得：未有之得，"之"代躬行君子，"得"指成就、心得。

知识学了是要用的，但运用知识也是有条件的，如果没有施展的舞台，只能"未之有得"。这可能是孔子在出仕前讲的话，在这方面，他与颜回惺惺相惜，自信"苟有用我者，期月而已可也，三年有成"（13.10）。

"知识就是力量"，力量（power）也是权力，有知有权者能自谦，知道自己不足，不自以为是，这本身就是一种人格魅力。在缺少权力制约的环境下，掌权者有这种人格特质，会谨慎运用手中的权力，最大限度地减少权力的负面效应。

7.33　子曰："若聖與仁，則吾豈敢？抑爲之不厭，誨人不倦，則可謂云爾已矣。"公西華曰："正唯弟子不能學也。"

上一章暗示孔子无机会做从政的"躬行君子"，本章讲孔子努力做施教的"躬行君子"，以自己的"行"来诠释君子之道，并又一次表达自己的诚实——不敢称圣与仁，接连三章修补与陈司败对话的后果。

孔子说："如果论及圣与仁，我哪里敢当？但说到为学不厌，施教不倦，则确实如此。"公西华说："正是在为学不厌、施教不倦上，学生们学不了。"

抑：连词，表示转折。为：学。云：如此。尔已矣：而已矣。正：恰恰。唯：独。

本章之旨，孔子不在意空头名号，而是自强不息、不厌不倦地去学、去教，不能做有位君子，也要力争成为素位君子。这种精神让其弟子自叹难学。

有权固然有做事的优越条件，但没权也不是就无所作为。孔子政治哲学根本上讲，是要创造一种制度环境，让平凡的人不断进取，活出自己的生命意义。

7.34　子疾病，子路請禱。子曰："有諸？"子路對曰："有之。誄曰：'禱爾于上下神祇。'"子曰："丘之禱久矣。"

上一章讲孔子平素自强不息，本章讲孔子反对"临时抱佛脚"，功利地去求天助。如此编排大概是想暗示：自强者自有天助。

孔子得重病，子路请代为向天祷告。孔子问："有这种事吗？"子路（误以为是问可以代祷吗）对答："有的，《诔》上说：'替你向天神地祇祷告。'"孔子说："我孔丘（向苍天）祷告已很久了。"

诔：音磊，为死人作盖棺定论之词，犹今之悼词。尔：你。上下：天地，相应有天神和地祇（音祈，土地神）。丘之祷久矣：孔子是平时用行动来祷，而非临时有事再去祷，前者体现"尽人事听天命"，后者如果"获罪于天，无所祷也"。

孔子没有否定祷之本身，一来子路是好意，二来"敬鬼神而远之"是其一贯主张，因而宽容敬神之祷，但间接暗示这种祷没有用。

7.35　子曰："奢则不孙，俭则固。與其不孙也，寧固。"

上章孔子认为临时祷天，多此一举，本章孔子认为过礼祭天，所费多余。前者平时不知顺天行道，后者期以靡费来求天保佑，孔子反对这种功利式地对待天。

孔子说："（祭天行礼时）铺张的人（平时）不敬天道（想以此方式来掩盖其不敬），节俭的人因固陋寡闻（不知天道为何）。与其铺张而不敬天，宁可固陋。"

孙：音义逊，敬顺。

本章因省去了不逊的对象，变成泛泛而谈，这里结合上下文，作狭义的解释，即孔子针对特定情况而发的议论：他主张"敬鬼神而远之"；与其不敬，宁可远之（因不知天道何用，将天神放在一边）。

7.36　子曰："君子坦蕩蕩，小人長戚戚。"

接上章，讲不畏天命的小人心中忧戚（常需以铺张来舒解），而无愧于天的君子则心中坦荡。

孔子说："君子心胸宽广（面容舒泰）；小人（心底狭窄）经常忧戚满面。"

坦：宽舒。荡荡：广大，这里指心胸宽广。长：经常。戚戚：忧惧。

正因无愧于天，才能对鬼神敬而远之，心中却无忧惧，所谓"心底无私天地宽"。

传统的密室政治盛行，很多是当事者心中有鬼，害怕公开。只有从制度上保证政治的"公开性"，才能让越来越多的从政者成为坦荡君子。

7.37 子温而厉，威而不猛，恭而安。

接上章，讲坦荡君子常有的气质。

孔子温和中透出严肃，有威仪却不显凶猛，恭谨而又安舒。

厉：严肃。

君子气质中和、不偏于一端，本章用三个"而"字来对前述气质加以折中。

政治家的个人气质当然会在其政治风格上有所反映。孔子政治哲学本质上是中和的哲学，它要求制定政策不应走极端、不可"翻烧饼"，以期政策有更广的适应性、更强的可预期性。

本篇首章讲孔子述而不作，述的过程也是对往圣前贤的思想加以折中的过程。末章则讲孔子的气质是对多种良好气质进行折中的结果：既不会令人生畏不敢接近，也不会被人看轻，随意欺侮，遂为弟子称道。从本章孔子气度不具侵略性过渡到下篇首章泰伯不愿为"有天下"发动战争、为臣犯君、百姓蒙难，这是万民难以用语言称道的。

泰伯第八

8.1　子曰："泰伯，其可謂至德也已矣！三以天下讓，民無得而稱焉。"

上篇末章暗示孔子内在中和的德性赋予其阴阳合德的气度，本章讲泰伯的德性是"让"，连天下都能让，有不争之大德。两篇章首尾相接，编者或许是想说：人有中和之性，才有礼让之德。

孔子说："泰伯，可称得上有最为崇高的德行，（经礼辞、固辞、终辞）让出国君大位，民众无法（用言词来）称颂其大德。"

泰伯：古公亶父（亶父音胆斧）之长子，见古公喜欢老三季历之子姬昌（后来的周文王，传说生有圣瑞），便与二弟仲雍出走，以便古公顺利传位季历，再传昌（或说，泰伯无意灭商而与仲雍出走）。无得而称：无法用语言来称颂。焉：之，代指泰伯。

《史记·本纪》以尧舜开始，《世家》以吴太伯（泰伯）开始，《列传》以夷齐开始，所表达的都是不以武力取天下。礼让天下，以息战祸，在司马迁看来，是一种最大的仁德，而在《论语》编者眼中，"让天下"是最大的"礼"，是将礼的精神发挥到极致的结果。

本章点明孔子政治哲学的一个重要观念：取得政权不是最高的价值所在，如果因此损害最高价值，就应舍弃。

8.2　子曰："恭而無禮則勞，慎而無禮則葸，勇而無禮則亂，直而無禮則絞。君子篤於親，則民興於仁；故舊不遺，則民不偷。"

上章主旨：不做国君，礼让天下，百姓受益；不知礼让，兵连祸结。本章的潜台词是做了国君，如果行为处事不以礼节之，终要走向反面，所谓"过犹不及"。

孔子说："（国君）违礼恭己（过度尽职），则劳民不已；谦慎到避用礼制，则畏首畏尾（难于决断）；勇猛到越出礼制，则（挑起战端）扰乱天下；径直力取，无视礼制，则急不可耐。（有位）君子对亲人有深情，则民风向仁；不忘故交旧友，则民俗淳厚。"

葸：音洗，畏惧。绞：急切。笃：厚。遗：忘。偷：薄情，不厚道。

有的版本将本章分为两章：先讲好的品行也不能没有礼的节制，否则会事与愿违；再讲亲亲而兴仁，念旧而使民德归厚。这里按朱熹版本合二为一，两部分是同一主语，前一部分不能作一般性理解，实为后一部分作铺垫，讲国君要懂得以礼来折中，否则后面的亲亲、念旧也就无效了。前一部分讲以"礼"规范，恭、慎、勇、直等不会有负面效果；后一部分再补之以正面举动，终有民德归厚。如此理解就不必把本章分为两章了。

凡事有度，以礼节度，正面品质不会有负面效果。亲情传达，互为激荡，统治者是良风益俗的源头。本章说明孔子政治哲学为何寓教于政，又为何尤重礼教。

8.3 曾子有疾，召門弟子曰："啟予足！啟予手！詩云：'戰戰兢兢，如臨深淵，如履薄冰。'而今而後，吾知免夫！小子！"

上章强调有位君子要受礼的规范，本章暗示无位君子要想保身而没，免于不孝，必须遵守礼制。两章相接，编者可能是想说：无礼无法治国，也无法守身。

曾子重病（卧床，自感不久于人世，遂）把自己的弟子叫来："看看我的脚！看看我的手（还在不在），《诗》上说'战战兢兢，就好像马上要掉进深渊，好像在薄冰上行走（随时有坠陷之虞）'，从今而后，不再有刑戮之忧！孩子们！"

门：在门受业。启：音弃，视。予：我。而（今）：如。而（后）：往。免：免于刑戮，得善终。

《孝经》，相传为曾子所作，开篇有"身体发肤，受之父母，不敢毁伤，孝之始也"，今临终之时检查手足齐全，终能免于刑戮，不再战兢，犹今所谓"软着陆"安全落地。古代惩罚犯罪多有伤害身体器官，从割鼻到车裂，死时能还全身于父母，便被视为大孝之一。无犯上作乱自能免于刑戮，人人毕生小心谨慎，[①] 戒慎恐惧，终有顺民之厚德。

现代社会已废止肉刑，但如何保持晚节的问题依然存在。许多政治人物以入狱的方式离开政治舞台，甚至终老狱中，如果当初用权时能"战战兢兢，如临深渊，如履薄冰"，何至于有如此跌宕人生。

8.4　曾子有疾，孟敬子問之。曾子言曰："鳥之將死，其鳴也哀；人之將死，其言也善。君子所貴乎道者三：動容貌，斯遠暴慢矣；正顏色，斯近信矣；出辭氣，斯遠鄙倍矣。籩豆之事，則有司存。"

上一章讲曾子临终遗言，强调保全身体不受刑戮，以对父母负责；本章讲曾子对官员的临终建言，强调为官修身不败官德，以对社会负责。两章合在一起，构成《论语》对这个世界发出的最后声音。

曾子重病在身，孟敬子前来问候。曾子（郑重地）说："鸟快要死时，发出哀鸣；人快要死时，口出善言。（有位）君子应珍视的礼仪之道有三：容貌端庄，则去除暴躁和傲慢；面色和悦，则拉近（别人对自己的）信任；言辞（高雅），则远离粗俗悖礼。（至于）有关祭祀的具体细节，交给专门人员去处理（不要越俎代庖）。"

孟敬子：鲁国大夫。动：作，这里解作整理，与下句的"正"类似。容貌：容为内在神情，貌为外在形态。斯：则。远：音怨，去除。暴慢：粗暴与怠慢。颜色：颜为眉目间表情，色为脸部神态。出：高出，这里解作高雅。倍：音义背。籩（音边）豆：分别为竹制、木制的祭器。有司：专门人员。存：掌管。

---

① 胡适认为曾子的这番话，其弊病"在于养成一种畏缩的气象，使人销磨一切勇往冒险的胆气"。见《中国哲学史大纲》，第84页。

一举一动、一颦一笑、一言一语，皆有讲究，修身之道是临终曾子最为看重的君子之道。官有官德，官德源自修身，否则难有好的官样。君子之德风，其核心便是让官员从我做起、让百姓向我看齐。本章也暗示，对官员来说，修身比做琐事更重要，否则便是不"讲政治"。"事务主义"不获好评，由来已久。

8.5 曾子曰："以能問於不能，以多問於寡；有若無，實若虛，犯而不校，昔者吾友嘗從事於斯矣。"

上一章讲修身，侧重言谈举止、面貌气象。本章也讲修身，侧重谦逊处人，宽容待人。如此编排也许是想表明：修身需内外兼顾，渐进提升。

曾子说："自己很有能力却向能力不如自己的求教，自己有很多知识却向知识不如自己的讨教；有（能力）却表现出像没有，满腹经纶却表现出空虚无知，别人（无理）冒犯却能不予计较，过去我有个朋友就曾着力于此番修养。"

能：知识的应用能力。多：知识的储备情况。犯：别人无理冒犯。校：音叫，计较。吾友：一般认为指颜回。

孔子弟子多属社会精英，但亦有自己知识能力的盲区，所谓"隔行如隔山""术业有专攻"，需向那些从事某行当的"在场者"补足自己的不足，没有理由不谦逊。律己宽人也是修身的重要内容，是成为君子的必修课。现代政治人物已成公众人物，犯而不校是基本的涵养。这也说明中国并非没有搞"宽容政治"的历史资源。另外，权力不等于知识，掌权者若认为自己无所不知，便是最大的无知。

8.6 曾子曰："可以託六尺之孤，可以寄百里之命，臨大節而不可奪也。君子人與？君子人也。"

上两章讲修身，本章讲修身后担负大任。这三章虽都讲君子，但其内涵逐渐提升，由"举止"到"知能"再到"志节"。

曾子说："可以把幼主托付给他，可以将百里之国的命运交付给他，在大是大非的紧要关头（外力）难改其志，（这样的人）可谓君子？真可谓君子！"

托：托付。孤：丧父幼儿；六尺之孤：相对于成年的"七尺男儿"，代指十五岁以下的未成年，这里特指幼主。寄：寄托；百里：方圆百里，指一定规模的诸侯国；寄百里之命：委托摄理国政。夺：被改变。

本章之旨，君子除了有治国大才，更要值得信任，让人放心，既不会面对幼主取而代之，也不会遭遇强敌变节辱志。这是周公旦的典型人格，也是君子儒的典范。

"临大节而不可夺也"，也是东方政治文化强调忠诚、强调坚定政治立场的重要思想资源。其制度环境是最高权力的私相授受，当被统治者的意志在权力转移中逐步得到体现，忠于宪法就成为最重要的"大节"了。

8.7　曾子曰："士不可以不弘毅，任重而道远。仁以爲己任，不亦重乎？死而後已，不亦遠乎？"

本章是对前面四章曾子所言的总结：尽力为之，终身为之。

曾子说："知识人不能不抱负远大、意志坚强，因其重任在身，征程遥远。他以（弘扬）仁道为己任，难道不是任重吗？他终身为之（直至升天），难道不是道远吗？"

弘：志向远大。毅：意志坚强。[1] 已：止。

"仁以为己任"，就是以天下苍生为念，让每个人都能有尊严地活着，这是极为艰巨的人道重任，毕生为之亦不一定能完成，只能死而后已，有待后来者。上一章讲的是君子儒的典型特质，本章则讲的是君子儒的宏大志向，大同世界的实现有赖每位士人为此而奋斗。知识人的社会担当，是中华文明的优秀传统。当这个阶层溃败了，就不只是亡国，而是"亡天下"了：改朝换代也无济于事。

---

① 也有学者解释为，"弘"为推十，"毅"即合一，见《儒家的社会思想》，第143页。

8.8 子曰："興於詩，立於禮，成於樂。"

上一章讲到士人应有远大志向，本章讲士人经由学习《诗》、礼、乐的成才之道。两章相接，说明远大志向何以确立。

孔子说："《诗》发人向善之心，礼让人自立于社会，乐令人德之有成。"

兴：兴起，产生。乐：音悦。

《诗》可助学子好善恶恶，在朗朗上口的诗句中，自然而然辨别是非善恶。"礼"是外在约束，让学子不会危害社会。"乐"通过陶冶性情，让学子的仁义观和顺于道德，是谓学之有成，用今天的话叫有正确的世界观。①

本篇以下十四章皆为"子曰"，本章有承上启下作用：士与民不同，就在于所受《诗》礼乐的影响有异。

8.9 子曰："民可使由之，不可使知之。"

上一章讲的是"士"之教育路径，本章讲的是"民"之教化范围。如此编排也许是想表明：只有区别对待，才能导民向上，不会失控。

孔子说："平民可以告诉他如何去做，不可以告诉他为何这样做。"

使由之：使知其然。使知之：使知其所以然。之：指道。

可能在孔子看来，未经《诗》礼乐三方面教育的人，难以接受"知其所以然"的教育，也反映了当时的教育还属奢侈品，不可能有真正的全民教育。

---

① 邓国光认为，本章是孔子"经艺成就教化的具体节目"，而"教化被视为拒绝野蛮而走向文明的总纲"，见《圣王之道——先秦诸子的经世智慧》，第213页。韦政通认为，本章是以"三种不同性质的科目，来象征人格发展的三个阶段"，从"青春焕发"到"卓然自立"再到"涵养和乐"，也就是说，"乐代表道德修养的最高阶层，成于乐即成于仁"，见《先秦七大哲学家》，第9页；《中国思想传统的创造转化：韦政通自选集》，第128页。

进一步讲，或许孔子心中，只要有心向学，皆可宽泛地归入"士"，皆可"使知之"，只有困而不学的人，才是本章的"民"，对这些无心主动求学之人，孔子才会提出"可使由之，不可使知之"。[①] 如果将"由"释作自由，并在两"可"字后断句，有点拔高了当时平民的觉悟，当时的民就是氓，即愚昧无知而无意向学的人。

开明专制，民众将信将疑，而做通所有人的工作，费时费力，代价高昂，但起码要让士人有行动的共识。随着教育普及，"使知之"的范围越来越大，民主的条件也就越来越成熟，此时，再只是满足于"使由之"，就要为民所弃了。

8.10　子曰："好勇疾貧，亂也。人而不仁，疾之已甚，亂也。"

接上章，讲如果有民不能听从教导"使由之"，会如何？统治者又应如何对待他们？

孔子说："（不听教化）喜好逞勇，厌恶贫贱（之人），往往作乱。有位者（对这些人如果）不讲仁爱，而是厌恶之极（做出过度反应），也会（逼）出祸乱。"

好：音浩。疾：憎恶。人：有位者。之：指代上句那些好勇慕富的平民。

本章两句，不同主语，前为好勇慕富的平民，后为缺少仁爱之

---

① 有学者提出，本章"反映了保守主义的精义：对于传统（礼俗），人们不需要去知道为什么（知之），只需要遵循它（由之）"，见《中国的自由传统》，第48—49页。郭店楚简《尊德义》篇有"民可使道之，而不可使知之。民可导也，而不可强也"的记载，有学者因此认为本章的本义是"强调对百姓教育应因势利导，而不可搞强制命令"，完全是尊重百姓人格的民主思想，参见《中国政治哲学发展史——从儒学到马克思主义》，第112页。还有学者认为，本章是要强调，"即使是在没有参与构造'道'的时候，每个人也都能在'道'上找到各自的位置"，见［美］安乐哲、罗思文《〈论语〉的哲学诠释：比较哲学的视域》，中国社会科学出版社2003年版，第100页。再有学者指出，本章实际包含"显白教诲"与"隐微教诲"，后者不宜使民知晓，而"实行两重教诲是无位哲人进行自我保护的重要手段"，见王光松《哲人与政治：从孔子与〈论语〉中四类人的关系看孔子的政治哲学》，《现代哲学》2006年第6期。

心的官员，他们都有可能制造社会动乱。孔子看出贫富悬殊极易生乱，而好勇贫民是暴乱兴起的主要群众基础，因此要"富之、教之"才能化解乱源。但富之、教之终归长久之事，短期应对则是以同情心看待因贫作乱者，不能逼人太甚，而要给人出路，否则最后会伤及自身，活生生将乱民逼为"覆舟之水"。

现代社会已无孔子时代的那种贫民，但一些地方政府为了所谓政绩，采取强制手段落实规划，与民争利，侵犯民权，程度不同地在积累官民之间的对立，可能成为社会动乱的重要乱源。官员不仁，民乱不已。

8.11　子曰："如有周公之才之美，使驕且吝，其餘不足觀也已。"

上一章讲有位者不仁，会生民乱；本章讲有才者骄吝，其才黯然。两章都是强调君子要仁德为先，否则难当其任、难任其才。

孔子说："即使有周公（旦）那样令人赞美的才干，若为人骄傲、心胸狭窄，那美才也就没那么美了。"

如：若。骄：恃才凌人；吝：顾惜，固持，指固执己见，自我封闭；骄且吝：无德而失人心。其余：指仁德之外的优才。

骄吝失德，令美才不得善用，当然让人看不下去。本章之旨：德才兼备，以德为先；德不济才，才用失当，反害其才。孔子的人才观提醒后人，仁德不能成为人才的短板，它是最重要的那个1，其他都是0。

8.12　子曰："三年學，不至於穀，不易得也。"

上一章讲到不可恃才傲物，本章讲不可为学谋食，暗示恃才傲物的源头，是求学的出发点有问题。学为谋道，长才是副产品；不为求道而学，容易骄吝，急于兑现。

孔子说："学了三（多）年，还不去求取官位俸禄，实在难得。"

谷：古代官俸以谷计量，遂以谷指代俸禄。

不至于谷，就是不为器用。"君子不器"，古之学者所学"为己"，自得其乐，不是把"学"视为谋取稻粱的"敲门砖"。[1] 相反，今之学者所学"为人"，许多不太在意仁德，遗憾的是，这种人在孔子时代就已很普遍了。

8.13 子曰："篤信好學，守死善道。危邦不入，亂邦不居。天下有道則見，無道則隱。邦有道，貧且賤焉，恥也；邦無道，富且貴焉，恥也。"

接上章，说明是什么信念在支持"不至于谷"。

孔子说："坚定地相信仁道，（不倦地）学得仁道之义，而能毕生择善道而行。（何谓择善道而行？）不进入（将要出乱的）有危险国家，不居住（或出仕）已生乱的国家。政通人和则行道于庙堂，政不通、人不和则行道于江湖。国家有序，仍然贫穷卑贱，令人可耻；国家失序，却能富裕高贵，也令人可耻。"

笃：坚定。好：音浩，喜欢。见：音义现。贱：地位卑下。

所信、所学的是抽象的仁道，守死的是一生根据具体形势择善而行、有所变通的道。前者是最高目标，后者是最后底线。只有坚信才能尽善，唯有好学方能明善。不入、不居，是因失去了行道的条件。"见"是现身庙堂，在体制内行道；"隐"是退入江湖，[2] 在

---

① 针对本章，有学者指出，孔子眼中的教育"不仅是知识的累积，而且也是生命的涵养和人格的塑造"，以防止自我的异化和腐化。参见《轴心时期的儒家伦理》，第111页。

② "乱邦"是指无法无天、道义丧尽、其统治者不知悔改的邦国，见《旧邦新命——古今中西参照下的古典儒家政治哲学》，第144页。有学者指出，本章的"隐"字表明了哲人的坚持与"无道"政治世界之间的紧张关系，"隐"是哲人从政治生活隐退到教诲生活，后者是其藏身之所，也是他从事政治哲学的方式，见王光松《哲人与政治：从孔子与〈论语〉中四类人的关系看孔子的政治哲学》。还有学者认为，"隐"作为孔子的一种智慧，与其所接受的乐教有关，"因中国古乐所特重者，为盘旋回绕，悠扬安和之音，这种音乐，有变化气质之功，对人从容应变能力的培养也有帮助"，见《先秦七大哲学家》，第15—16页。另外，本章的"守死善道"是能"立"，"有道则见，无道则隐"是能"权"，见《孔子与论语》，第199页。至于"天下有道"实际是孔子的王道政治理想，具体就是：政治安定，国家统一，上下有序，德布礼行，和睦平均，天下归服，见王新华《论孔子政治哲学及其特点》，《湖州职业技术学院学报》2008年第2期。

体制外行道，都是择善而行的表现。"有道"使士人能由正道取得富贵，此时入仕行道，得谷而富，有位而贵。反之，或不现身行道而贫贱，可耻；或不以道而有富贵，可耻，皆属不能死守善道。

本章之旨在坚定信念，见机行道，富贵只是行道的副产品。不能把"守死善道"理解为死抱教条不变，也不能把"隐"理解为隐身不为道，而应是退身江湖仍行道不止。

8.14　子曰："不在其位，不谋其政。"

上一章讲无道则隐，本章暗示无位不谋，都是谈行道要看具体条件。

孔子说："不在那个职位任职，就不要考虑那个职位的政事。"

在：任。

有位有责，责无旁贷；无位去谋，越俎代庖。不了解具体情况，不知晓政事背景，所谋难为善谋。[1]

老人干政，不知自己的时代已经过去，是不识时；下级谋上级之政，不知"潜龙勿用"，也是不识时。反之，在其位，谋其政，每个人做好自己本职工作，自然政通人和，天下有道。

8.15　子曰："師挚之始，關雎之亂，洋洋乎！盈耳哉。"

上一章暗示无位谋政，乱政失序；本章说师挚演奏，条理秩然，以乐喻政，当位为要。两章相接，事异理同；编者匠心，令人感佩！

孔子说："师挚开始（奏乐升歌），以关雎篇结束合奏，美轮美奂，气势磅礴，大饱耳福。"

师挚：太师挚，鲁国乐官长。乱：终。洋洋：美盛，即美轮美奂，气势磅礴。

太师挚作为乐官长，始奏升歌，引领整个演奏，犹如"礼征伐

---

① 对本章的精彩解读，以及其中隐含对不受限制的言论自由的关切，参见《旧邦新命——古今中西参照下的古典儒家政治哲学》，第84—85页。

自天子出"，这是整场演奏井井有条的基础，最后多种乐器各当其位、各司其职，才能形成美妙而有气势的合奏，只要有一个位置出问题，就有杂音，就不会有"盈耳"之效。整章从"当其位、司其职"反证上章的"不在其位，不谋其政"。

8.16　子曰："狂而不直，侗而不愿，悾悾而不信，吾不知之矣。"

上一章讲演奏不能失真，本章讲人性不能失真，暗示"政失序、乐失和"，根源都在人性出了问题。

孔子说："狂妄却又不直率，无知却又不忠厚，无能却又不诚信，（这样的人）我真不知道该如何是好。"

侗：音同，无知。愿：敦厚。悾：音空，无能。

人的气质有两面性，所谓"有是病必有是德"。狂妄之人大多率直，无知之人大多敦厚，无能之人大多守信，一体两面，均属纯真人性。如果失去本真，只有毛病而无相应优点，属于失真的人性，这样的人恐怕就连提倡"有教无类"的孔子也拿他没办法。

心浮气躁，心态失衡，不会弹出美妙的乐章，也不会谋划出和谐之政。当制度环境压抑人的个性，就会扭曲人性，官员千人一面，沦为被动执行的工具，这更是孔子无能为力的。

8.17　子曰："學如不及，猶恐失之。"

上章暗示学子不保留本真，老师难以施教；本章则谈求学不把握本质，学生难以学成。教授有难易，学习有方法；教学互依，学生是关键。

孔子说："学（东西）如果不及（于所学之本质，就不能完全掌握它），还会担心失去（所学，得而复失）。"

犹：还，仍。

本章文字过简，传统解释不知所云，应联系上下文来解。上章讲学子失其本真，缺点纯为缺点，要教这种学生，孔子感叹无从下手。本章从学的角度，谈学东西只涉皮毛不及本质，其学不固，仍会担心失去。相反，本真之人学本质之学，教得了，学得成。

从政治哲学层面讲，任何官僚主义、形式主义等弊端，都是没能把握事物本质的表现，都是在做无用功，甚至起负作用。这种风气盛行，已有的那点政绩恐怕也会慢慢失去。

8.18 子曰："巍巍乎！舜禹之有天下也，而不與焉。"

上章说明失去所学，为学子所恐；本章暗示失去天下，不为舜禹所忧。用上章衬托本章，更显舜禹之超然与伟大。

孔子说："巍峨的德行，让舜、禹掌有天下，但并不因此而快乐。"

有：掌有。与：音义豫，① 安乐、安逸，与上章的"恐"相反。

学为明道，"朝闻道，夕死可矣"；学有失，使人生意义贬损。天下为身外之物，得之不乐，失之无忧。其深层思想是，天下应是天下人的天下，将天下视为私物，必然为失天下而忧，当政者只应有为民众服务的意识，而不应有保天下的私意，如果为保天下无所不用其极，必然适得其反。

8.19 子曰："大哉，堯之爲君也！巍巍乎！唯天爲大，唯堯則之。蕩蕩乎！民無能名焉。巍巍乎！其有成功也；煥乎，其有文章！"

上章讲到舜禹有天下，不以为乐。本章讲（唐）尧治天下，无与伦比。

孔子说："真伟大啊，尧作为君主！巍峨崇高！天至为广大，唯有尧取法于它。恩泽浩荡！民众无以名状，难以形容。巍峨高大（可比喻）其事业成功；光彩夺目（可比喻）其制度文明！"

则：法则，取法。② 焕：光明。无：不。文章：指礼乐法度，

① 《故训汇纂》，第 1890 页。

② 《中国思想传统的创造转化：韦政通自选集》，第 106 页。

犹今之制度文明。

本章说明，尧在孔子心中地位，高过舜、禹：其德泽百姓，功高齐天；礼法文明，可媲日月。在孔子看来，尧是效法天道的第一人，[1] 是中华文明的始祖。

8.20 舜有臣五人而天下治。武王曰："予有亂臣十人。"孔子曰："才難，不其然乎？唐虞之際，於斯爲盛。有婦人焉，九人而已。三分天下有其二，以服事殷。周之德，其可謂至德也已矣。"

上章颂扬尧治理天下，功高齐天，制度灿烂；本章称赞舜以能臣治天下，赞颂周臣服殷有文德。两章相连，编者大概是要说明，制度与人才对于治国同等重要。

舜以五位能臣而把天下治理得井井有条。周武王说："我有十位辅我治国的大臣。"孔子说："人才难得，不是这样吗？唐尧传位虞舜时，还人才兴旺，（可到了周武王时）十个有德之才还有一个是女性。（周文王时）占了天下的三分之二，向殷称臣（并无取而代之），周（文王的文）德真可称作至高无上之德。"

五人：禹、稷（音季）、契、皋陶（音高尧）、伯益。予：我。乱：原义以手理丝而有条理，引申为治理。唐：陶唐之省略，相传尧最初居住在陶，后封于唐；虞：舜的部落名。后以唐虞指尧、舜统治时期。际：前后交接时期。斯：指人才。妇人：周武王妻邑姜，也有说是周文王母太姒（姒音祀）。服事：臣服。

才难，是指德才兼备之才，舜的五位能臣均属此类。尧交权于舜时更是人才济济，到了周武王时，地域更大、事业更繁杂，但人才尤其有德之才跟不上。相比之下，西伯昌（后被追为周文王）据殷三分之二土地，并无取代之心，只想着把自己辖地治理好，让百姓得实惠，其德至高无上。本章之旨，明褒文王，暗贬武王，任用

---

[1] 有学者认为本章是体现儒家"法天立道"的最好例证，相关分析，详见《重释传统——儒家思想的现代价值评估》，第251—254页。还有学者据本章提出，"这种以天为出发点的政治论……是根本上反对专制和暴政"，而"法天"就是取法于"天之广施"，见《思想与社会》，第156、138页。

德才兼备之人治理好所辖地域，要比称王更重要；相反，武力取天下，难称至德，加之人才跟不上，难有天下治。

孔子政治哲学更强调治理的有效性，以治理绩效吸引民众，自然而然地扩大统治范围，并不认同以武力扩张版图，弄得生灵涂炭、民不聊生。用今天的话说，以价值观及制度文明等"软实力"来显示自己的强大，让人心悦诚服。

8.21　子曰："禹，吾无间然矣。菲饮食，而致孝乎鬼神；恶衣服，而致美乎黻冕；卑宫室，而尽力乎沟洫。禹，吾无间然矣。"

上章讲（周文王姬）昌称臣有至德，本章讲大禹治国有功德。前者不愿犯上作乱，是"臣臣"的榜样；后者能忍恶衣恶食，是"后获"的典范。"三代"的这些先贤佳话都是孔子的重要思想资源。①

孔子说："禹，我真是无可挑剔。自己饮食很简单，祭奉神祇，敬孝先祖却很丰盛；平常穿的衣服很差，祭祀穿的衣冠却很华美；住的房子很简陋，兴修水利却很尽力。禹，我真的是无可挑剔。"

间：音建，缝隙、弊病，这里指挑毛病。菲：薄。黻：音弗，蔽膝，这里指祭祀穿的礼服。恶：音扼，丑，难看。冕：古代大夫以上所戴帽称作冕，这里指祭祀戴的冠。卑：简陋。沟洫（洫音恤）：水渠。

历史上留美名的政治家，很少是讲个人生活享受的，在物质极不丰富的先古时代，尤其如此。禹，大公小私有"俭德"，对百姓亦有"盛德"，本章作为末章与本篇首章泰伯的"让德"相呼应。禹，重公共事务、轻私人享乐，可谓有仁义、少私利；致孝鬼神，尽力沟洫，可谓敬天命、尽人事。本章由此过渡到下篇首章：孔子罕言利与命，赞许仁。

----

① 《论语》中充满对尧舜禹的称颂，韦政通称为"古帝的理想化"，这是孔子要增强对自己文化理想的可信性，并作为这种文化的承继者与当时的权势阶层相抗衡。当后儒将其作为普遍性的理想，就演成文化传统里的"历史退化观"，也使中国不能摆脱出"传统指导型"的社会，见《先秦七大哲学家》，第17—18页。

子罕第九

9.1 子罕言利與命與仁。

上篇末章孔子赞禹：无私利、敬天命、尽己力、致公义；本篇首章接着谈孔子对于利、命、仁的态度，两章连接，体现从具体上升到抽象的过程。

孔子很少（自）言（私）利，而赞许（知）命、（利）仁之举。

罕：稀。与：赞许。

孔子倡导培育君子，是要将小人提升为君子。"小人喻于利"，把利（尤其是私利）挂嘴边，如何培育君子？"与"释为赞许，而命、仁这两个字本身不是观点和行为，是不能作为赞许对象的。君子知命而行，就是不做违背客观规律的事，就是抓住命运中的偶然机遇。君子利仁而行，就是以天下公义而非私利作为自己的行事原则。

9.2 達巷黨人曰："大哉孔子！博學而無所成名。"子聞之，謂門弟子曰："吾何執？執御乎？執射乎？吾執御矣。"

上一章讲孔子少谈利，本章赞孔子不为名，两章合起来表达孔子对名利的态度。

住在达巷那里的人说："孔子真伟大啊！学识广博，却不能（为世所用）成就其名。"孔子听说后，对自己弟子说："我专做什么呢？专做赶车人？专做射手？我专做赶车人吧。"

党：乡里。执：职守。① 御：驾驭。

在达巷党人看来，有学识就要"志于谷"，如此可名利双收。孔子不曾有此意识，以为那些人说自己广博而不专精，便与弟子讨论自己专于赶马车还是射箭，最后自我认定专于赶马车。孔子取御舍射，是因为后者作为专业乃武士所为，不合其"去兵"的思想；前者讲平衡，其中的道理与治国理政的原理相通。

9.3　子曰："麻冕，禮也；今也純，儉。吾從衆。拜下，禮也；今拜乎上，泰也。雖違衆，吾從下。"

上一章讲到孔子"取御舍射"，本章讲孔子"取俭去骄"，两章均在取舍中体现孔子的价值观。

孔子说："绩麻织冠是古礼，今用黑丝，更节俭，我遵从大众的选择。在堂下向君行拜礼是古礼，现今在堂上拜，太傲慢，我宁愿有违大众，仍旧在堂下行礼。"

纯：黑丝。泰：骄纵，傲慢。从：就。

孔子不是顽固不化、一成不变，也非喜新厌旧、唯命是从。守礼守的是礼之内在精神，而非具体器物。孔子在这里奉行的原则是，只要从俗不害义，可从；反之，不可从。②

9.4　子絶四：毋意，毋必，毋固，毋我。

上一章讲孔子能因时而变，本章讲孔子不固执己见，从更抽象层次上对上章作补充。

孔子绝除四种（不好的心态）：（做到）无臆测心，无必定心，无固执心，无唯我心。

绝：戒，杜绝。毋：音芜，不要，无。意：通"臆"，毫无根据乱猜。必：依过去推断未来，认定未来必定如此。固：跟不上现实变化。我：考虑问题以自我为唯一出发点，行为处事始终突出自我。

---

① 《故训汇纂》，第430页。
② 本章孔子有损有因，具体以道德价值作为取舍标准，见《中国思想传统的创造转化：韦政通自选集》，第113页。

"意、必"常出现在事前，属于超越现实；"固、我"多发生在事后，属于死不认错，唯我为大。需注意的是，不能对本章作极端化理解，事实上，孔子去"意"不是否定事前拟议，去"必"不是否定决策果断，去"固"不是否定坚持真理，去"我"不是否定自我修养。

9.5 子畏於匡。曰："文王既没，文不在茲乎？天之將喪斯文也，後死者不得與於斯文也；天之未喪斯文也，匡人其如予何？"

上一章讲孔子无自以为是，本章讲孔子有天命自信，有他的执着，也正是在这种有无之间，体现其德性、节操。

孔子在被围困于匡地时说："周文王已经不在了，天下的文脉不是在这里吗？若苍天有意断绝这一文脉，（作为比周文王）后死者（我孔丘）就不会被赋有这一文德；若苍天无意断绝这一文脉，这些个匡人能把我怎么样？"

畏：原意拘禁，这里指被围困。文：指周文王所传承下来的文脉及礼乐制度。兹：此，这里孔子指自己。后死者：为承续周文王所留文脉而存世者，孔子自称。与：（被）给予。斯：指代文王。丧：灭绝。其，语词。如：奈何。予：我。

艰困之时最考验人。孔子此时把自己同文王连在一起，让自己担起传承中华文明命脉的重责，这既坚定自己战胜困难的信念，也能有效地凝聚追随者。孔门弟子也是半个信徒，没有这种精神激励，周游列国、颠沛流离，队伍早就散了。讲坚持理想信念，孔子可称得上是祖师爷。

9.6 大宰問於子貢曰："夫子聖者與？何其多能也？"子貢曰："固天縱之將聖，又多能也。"子聞之，曰："大宰知我乎！吾少也賤，故多能鄙事。君子多乎哉？不多也。"牢曰："子云，'吾不試，故藝'。"

上一章讲孔子有文德，本章讲孔子多技能。两章相接，编者很可能是暗示要德能兼备，有德无能也不是真正的人才。

（吴）太宰问子贡："你们的老师是个圣者吧？为何有那么多技能？"子贡说："本是苍天赋予其成为大圣，且多才多艺。"孔子听说后，说："太宰知道我吗！我年轻时没地位，所以能做许多谋生之事。（有位）君子（做过这些鄙事的）多吗？不多吧。"（孔子弟子琴）牢说："老师说过，'我不曾得到官府任用，才会有多种技艺。'"

大：音义太。者与：句末语气词，表示询问。固：本来。纵：赋予，使。（纵）之：指代孔子。将：大。少：音哨，年少。贱：地位低下。鄙（音彼，卑贱）事：谋生之事。乎哉：句末语气词，表示反问。试：用也，这里指被官府任用。

本章之旨，孔子不承认自己因圣而能，强调自己是因位贱而多能，是生活所迫，逼着自己学会各种谋生之道。这一观点再由弟子琴牢的引语所强化，是因得不到官府的任用，才有机会尝试并学得各种技艺。孔子主张"君子不器"，不能只会一种技能，这是当时社会分工水平不发达的反映。其实，只要纳入社会分工体系，就只能做较单一的工作，想有通"艺"就难了。本章强调君子应不断学习成为通才，孔子或许看不起那种除了会做官，其他一无所长的"人才"。这样的人多了，官民比例一定不正常，行政开支一定不合理。

9.7 子曰："吾有知乎哉？無知也。有鄙夫問於我，空空如也，我叩其兩端而竭焉。"

上一章讲孔子之能非天纵，本章讲孔子之知非天生，两章归结一点：孔子是人不是神。

孔子说："我（生来就）有知吗？没有的。有凡夫俗子问我，看上去很无知的样子，我（针对他的问题）从（正反、本末、始终、上下等）两个相反方面去启发他，直到最后（不再有疑问）。"

鄙夫：愚浅之人。空空：通"悾悾"（音平声"空"），无知的样子。叩：音扣，反问，① 这里指启发。

此处的"无知"要联系上章，是说自己既非生而知之，也非无

---

① 《故训汇纂》，第318页。

所不知，不能简单类比苏格拉底的"我知我一无所知"。本章暗示，孔子知识不仅是多闻、多见、好学等学来的，也是循循善诱，启发别人也启发自己得来的，总之不是生而知之。

精英与平民的良性互动，能有知识的互补，也有助民意的上达，增强政府的合法性基础。

9.8 子曰："鳳鳥不至，河不出圖，吾已矣夫！"

上章孔子暗示自己知识是后天获得的，本章孔子悲叹自己生不逢圣君，所得知识不得尽用。如此编排也许是想暗示：孔子与"圣"不沾边，本人不是圣，也不为圣君用。

孔子说："凤凰不再飞临当世，黄河不再浮现祥瑞，（说明圣君难现）我算是没指望了。"

凤鸟河图：据称舜、周文王当政时出现凤凰，伏羲时黄河出现龙马负图，"凤鸟河图"遂为出圣君的瑞兆。已：停止，完成。

本章主旨，一是表达孔子的强烈意识：中国的读书人，不遇圣君，无从启用，难展宏图大志。二是体现孔子也是人，也有悲观之时。也有人将句末感叹号改作问号，暗示自己会自强不息，行道于江湖。

9.9 子見齊衰者、冕衣裳者與瞽者，見之，雖少必作；過之，必趨。

上一章讲孔子对不出圣王明君有伤感，本章讲孔子当遇见特殊人群有仁心，都是孔子真实人性的反映。本章也为下章作铺垫，以凡人的孔子衬托下面的非凡孔子。

孔子见到穿着丧服的、戴礼帽穿礼服的及盲人，（或）这些人来见孔子，尽管对方年少，也必定神情严肃；经过他们时，必定快快走过。

齐衰：音咨崔，丧服。瞽：音鼓，盲。少：音哨，年少。作：作色，变严肃。趋：疾行，（时礼）经过人前，快走为敬。

哀人不幸，给予同情，是孔子的人道情怀，对非自己熟识者亦能如此，体现孔子真诚人性。

9.10　颜渊喟然歎曰："仰之彌高，鑽之彌堅；瞻之在前，忽焉在後。夫子循循然善誘人，博我以文，約我以禮。欲罷不能，既竭吾才，如有所立卓爾。雖欲從之，末由也已。"

上一章讲孔子在特殊场合如何将心比心，本章讲孔子日常教学如何循循善诱，两章都是弟子对孔子形象的刻画：课堂外会做人，课堂上会教学，才是完整的孔子。

颜渊深深地赞叹道："（对夫子之道及其为人）越是景仰越感到其高大，越是钻研越感到其坚实；一会看到其正面，一会看到其背面（飘忽不定），老师循序渐进，善于引导学生，他以文献典籍使我有广博的知识，以礼制规矩来约束我。（夫子之道）让我难以放下，竭尽全部才智去做，（但夫子之道）超然特立、高大卓越，虽想跟随其后，但不知路在何处。"

喟：音溃，叹息。然：……样子。弥：更加，越来越。瞻：往前看，往上看。循循：有序。诱：进。博文：广博学新知。约礼：行动受礼约束。如：而，乃。卓：高。尔：助词，用于形容词词尾。末：无。由：路径。

本章是孔子学生将其神化的重要描述，共分三层：先是讲夫子之道难以把握；再是夫子如何教我把握，而自己也深深好之，竭力为之，有所进步；最后，夫子之道太高大，"欲从"却"末由"，不知如何接近它。"博文约礼"也有释为先使其知其所以然，再使其反躬实践之。

从政治哲学层面讲，本章也让人们联想到威权主义所需要的神秘性，明白何以要借助对威权人物的崇拜，实现全社会向其看齐的效果。只要有崇拜权威的社会氛围，就一定会树立颜渊式的社会模范：既听话，又能干。

9.11　子疾病，子路使門人爲臣。病間，曰："久矣哉！由之行詐也，無臣而爲有臣。吾誰欺？欺天乎？且予與其死於臣之手也，無寧死於二三子之手乎？且予縱不得大葬，予死於道路乎？"

上一章讲颜回如何尊师：欲罢不能，既竭吾才；本章谈子路如何尊师：使门人为臣，给老师挣面子。孔子接受前者，不接受后者，在拒绝中体现其价值追求。

孔子病重，子路让弟子扮作家臣（准备按大夫身份为孔子治丧）。病情好转，孔子说："（我不做大夫）已经很久了！（仲）由是在作假欺诈啊，明明没有家臣还要装作有家臣。我这是欺谁啊？欺天吗？而且我与其（死前）让家臣准备后事，还不如（死后）让你们这些学生来治丧，再说我纵使不能按（从）大夫规格下葬，难道会被抛尸荒野？"

臣：家臣，这里指专作治丧者。间：音健，病愈。谁欺：欺谁。予：我。

时礼，退位大夫死时只能享受士的礼遇。本章之旨，孔子至死不愿行诈欺天，毕生更看重师生关系，并无官本位意识。让孔子万世留名的，不是其做过"从大夫"，而是设教传道的教师身份。

9.12　子贡曰："有美玉於斯，韫匵而藏诸？求善贾而沽诸？"子曰："沽之哉！沽之哉！我待贾者也。"

上一章讲孔子无官本位意识，本章讲孔子有出仕心理准备，两章连读更能凸显：孔子出仕不为个人私利。

子贡说："这里有块美玉，是把它藏在木匣里，还是找个好价钱把它卖了？"孔子答："卖了，卖了，我等待（识货的）买者。"

韫：音义蕴。椟：音独，木匣。诸：问语。（善）贾：音义价；待贾（音股，买）：指择主而事，不是谁出价高就给谁做。沽：音姑，卖。

本章子贡以美玉指代孔子，巧妙问老师是否有出仕之意，孔子表达自己"宁用勿藏"的态度。不同的是，子贡提出"求"善价，孔子只愿"待"善贾，否则，枉道从人亦属欺天。不得善贾者，那就传道至死（"死于二三子之手"）。从"姜太公钓鱼"到"三顾茅庐"，讲究的都是一个"待"字，既要得任用，也不能过多牺牲自己独立人格，否则就不可能坚持"从道不从君"。

9.13　子欲居九夷。或曰："陋，如之何！"子曰："君子居之，何陋之有？"

上一章讲孔子准备出仕行道，本章讲孔子愿意易地行道，两章合读表明，行道是他的人生目的。

孔子打算移居（不开化的）九夷，有人就说："那么落后，怎么行？"孔子说："有君子住的地方，哪里算得上落后？"

九夷：九为泛指，非定数；夷为东方不开化地区。陋：不开化，欠发达，不文明，既有物质上的也有精神文化制度方面的落后。前一个"陋"描述现有状况，后一个"陋"讲未来，君子借行道以化民而不陋。之有：之为助词，表示宾语前置。

等不来"善贾者"，就易地而居，对孔子来说，哪里能行道，哪里就是他的理想世界。孔子不受狭隘民族意识束缚，可谓人类最早的世界主义者。

9.14　子曰："吾自卫反鲁，然後樂正，雅颂各得其所。"

上一章讲孔子欲居九夷，转化其陋；本章讲孔子返回鲁国，梳理典籍。两章主旨相同：现存环境下难以施展抱负，只能或向外拓展，或回望历史。

孔子说："我从卫国返回鲁国，对乐（章和乐音）加以整理，使《雅》《颂》（的内容）回到其应处的位置。"

反：返。正：音证，整理。

鲁哀公十一年冬，孔子结束十四年的周游，回到鲁国，其时礼崩乐坏，本章就是反映孔子如何着力对其抢救。[①] 这是孔子的"整理国故"，并在这种整理中间接加进自己的思想，是一种文明的累积。本章也说明，要让人生有意义，就要在每个阶段做适合自己做的事。从政治哲学角度讲，政治家的最高成就，就是让每个人都能

---

① 关于孔子修《诗》所蕴含的政治哲学意义，参见《论语还原》，第 658 页。所谓"乐正"，就是"摒弃郑声，振兴雅、颂之音"，发挥乐教功能，见《中国思想传统的创造转化：韦政通自选集》，第 127 页。

"各得其所"，在每个适合发挥自己天性和专长的岗位"既竭其才，欲罢不能"。

9.15　子曰："出则事公卿，入则事父兄，丧事不敢不勉，不爲酒困，何有於我哉?"

上一章讲到孔子归鲁后的作为，本章讲孔子离鲁前的（出仕）生活，前者是补救礼崩乐坏，后者是对礼乐之治的身体力行。两章相接，编者可能是想表明，孔子对礼治的追求始终如一。

孔子说："出门上班则事奉自己长官，下班回家则事奉自己父兄，遇丧事尽自己最大能力，不酗酒，（这些）对我有何困难?"

困：乱。① 何有：有何困难。

孔子所提四事，分为处人、办事、律己三个方面，代表日常之事，但坚持下来殊为不易，"何有于我哉"是对自己毅力的自信，其中"不为酒困"说明孔子不放纵、不麻醉自己，但也不是过清教徒的生活。

在岗尽职，在家和睦，尽力治丧，小酌怡情。一个本分的公务员生活，并无雄心壮志，却能让自己平安快乐。每个政治人物都追求这种生活，对社会不见得是坏事。

9.16　子在川上，曰："逝者如斯夫! 不舍晝夜。"

接上一章，寓意孔子的坚守如不息的川流。两章连读，暗示要在日常事务、在所见所闻中激励自己，还要在平淡中有所进取。

孔子在河边，说："（时光）流逝就像这河水一样，昼夜不息奔向前。"

川：河。上：河边。逝：往而不返，指时光流逝。斯：河水。夫：音孚。舍：音社，休息，停留。

孔子此语是自省要如河水不息向前，做到自强不息、求索不断，也是照应上章在日常事务上坚持自我修养。另外，就岁月流

---

① 《故训汇纂》，第397页。

逝，感叹自己推行礼乐之治的梦想难成，本章所起作用是承上；就劝人进学不止而言，本章也有启下的作用。

9.17 子曰："吾未见好德如好色者也。"

上一章暗示君子应如水流般自强不息，本章讲君子应如好色般好德不止，不去好德，不息人生亦无意义。

孔子说："我没见过像喜好外在美那样喜好内在美。"

好：音浩，喜欢。

"好色"属于人的本能，自然而然，不需克己。"好德"却难有好色之强度及能动性、持续性。但在孔子看来，好德的人生更有意义，也更需自强不息。

从现代选举政治讲，对候选人外貌的关注越来越多，其德性如何渐渐被人淡化。此类人性的不完善，古今一样。毕竟，对感官的正面刺激让人舒服，而追问人的德性，费时费神。当大多数人都放弃了自己选贤与能的责任，选票民主的意义就只剩下事后的惩罚——再选个人替换自己以前的选择。可见，民主对选民的责任门槛是很高的，民主的衰败实际是公民参与的责任意识在滑落。

9.18 子曰："譬如爲山，未成一簣，止，吾止也；譬如平地，虽覆一簣，进，吾往也。"

上章讲好德不易，极难坚持；本章讲功亏一篑，前功尽弃。两章都是强调要有坚持到底的品格。

孔子说："比如堆土成山，还缺最后一筐土，就停下来，是我自己停止不进；再比如在平地上，虽只堆起一筐土，只要不断进行，我都是往前走。"

簣，音馈，土筐。覆：倒出。

本章说明：前功尽弃，难以为山；积少成多，终能成山。"为仁由己"，事在人为。孔子勉人自强不息，不要止步不前，俗语"不怕慢，只怕站"就是这个意思。只要有毅力、不懒惰，以"好色"之心，从事"好德"之业，终有成就的一天。

本章强调个人修身、做事要坚持不懈，但从政治人物的决策讲，"方向正确"更重要，关键时刻的方向选择决定一国前途命运，没有凝聚全民共识、及时纠正错误决策的机制，统治者的一味坚持就成了执迷不悟。

9.19　子曰："語之而不惰者，其回也與！"

上一章孔子以比喻勉人不放弃，本章孔子称赞颜回不懈怠。

孔子说："告诉他一个道理而能不懈怠（地去实践来回应），（大概只有）颜回了。"

语：音玉，告诉；若主语为颜回，这里也有领悟的意思。①

颜回有悟性也有恒心，能不懈地实践被告诫（或所领悟）的东西，当然让孔子喜欢。自强不息的核心也是"不惰"，作为好德者的典范，颜回就如中国象棋中的过河小兵，只进不退。当然，这种"进"是精神上的，并不排斥可能基于具体情形的暂时迂回退守。

9.20　子謂颜淵，曰："惜乎！吾見其進也，未見其止也。"

本章接上章的"不惰"，赞扬颜回"只进不止"。

孔子评论（死去的）颜渊，说："可惜啊！我只见他不断向前，未见他止步不前。"

谓：评论。

在自强不息上，②颜回绝对是孔子学生中的榜样。

奋进者早逝，可惜！寄生者长寿，可悲！

9.21　子曰："苗而不秀者有矣夫！秀而不實者有矣夫！"

接上章，相对颜回这个"苗而秀、秀而实"的好榜样，其他弟子还是很让孔子遗憾。

---

① 《汉语大词典》（普及本），汉语大词典出版社2000年版，第391页。

② 本章及（9.18）的"进"字，暗示孔子心中"进取"是比"有所不为"更高的价值，在"狂"与"狷"之间选择，他应是取前者。这点也体现在（7.18）、（14.41）、（8.7）上。《中国思想传统的现代诠释》，第131页。

孔子说："（谷物种子）出苗后，有的不能开花吐穗；开花吐穗后，有的却不能结出谷实。"

苗：青苗，未吐穗。秀：吐穗开花。实：果实。

谷种（种音肿）先出青苗（"青黄不接"之青），再开花有秀，最后结成谷实。孔子以此暗示，人才成长有个自然淘汰的过程，主观努力是一方面，客观环境是另一方面。为不被淘汰，个人能做的只有不断奋进。孔子也是讲竞争的，他认同主观努力不同会有不同的结果，不是结果平等主义者。

9.22 子曰："後生可畏，焉知來者之不如今也？四十、五十而無聞焉，斯亦不足畏也已。"

上一章讲成才过程有淘汰，本章暗示误了成才期就有被淘汰之虞，而在总体上肯定年轻人，表明孔子不是悲观主义者。

孔子说："年轻人（前程无限而）令人敬畏，哪里能知道后来人就不如今天的人？（但）如果四十岁、五十岁还不能有所闻道，也就不会受人重视了。"

后生：年轻人。焉：怎么。来者：后来人，年轻人。闻：闻道，孔子并不太在意声闻远扬，很多内中不实的秕谷却能暴得大名，此种声闻其实是虚名。畏：敬服。

虽说"闻道有先后"，可耽误了成才期，客观因素将起主导作用，个人主观再怎么努力也无用。相反，尽早闻道，肯定能在人才成长的竞争中占得先机，更有助成才。本章暗示孔子并非"九斤老太"，"后生可畏"其实是对社会进步的预期，孔子既有保守的一面，更有乐观的一面。只是对年轮人的鞭策不要变成揠（拔）苗助长：现代应试教育培养出的"状元"，多有声闻，少有闻道，才是值得检讨的。

9.23 子曰："法語之言，能無從乎？改之爲貴。巽與之言，能無説乎？繹之爲貴。説而不繹，從而不改，吾末如之何也已矣。"

上一章讲后生及早闻道而让人敬畏，本章讲后生如何积极利用外部因素，才会有让人敬畏的进步，说明"后生可畏"是有条件的。

孔子说："（老师合乎）礼法之言的告诫，（学生）能不听从吗？（但在行动上加以）改正才可贵。以恭顺委婉的话去称赞，能不让人高兴吗？（但）理解其中的隐喻才可贵。（如果只是）高兴而不能领悟其言外之意，嘴上应承而不（在行动上）改正，我也拿他没办法。"

法语（语音玉）：合乎礼法的正面告诫。贵：可贵。巽（音义逊，谦恭）与（赞许）：谦虚地称赞（实际却是委婉指出不足）。说：音义悦。绎：分析，这里指把握言外意、话外音。（改/绎）之：分别指代"法语之言"及"巽与之言"的实质内容。末：通"莫"。

本章之旨在"悦而能绎、从而能改"，这是后生对老师教诲应有的态度，也是得以"闻道"的重要途径，如此才能"语之而不惰"，才能"苗而秀、秀而实"，才能"有闻而足畏"。本章的"改"字，也可看作对前面的"进"字所作的修正，要边进边改，才能方向正确，事半功倍。

9.24　子曰："主忠信，毋友不如己者，过则勿惮改。"

上一章讲如何对待老师的教诲，本章讲如何结交朋友，都是讲如何在自身成长中积极利用外部因素；上一章讲要"从而能改"，本章讲要"勿惮改"，只有"改"才有"进"，再次暗示"改之为贵"。

孔子说："（与人交）要以忠信为本，不要同与自己不是一类的（志不同、道不合的）人交友，要勇于改正自己（择友不当的）过错。"

毋：音芜，不要。如：类如。惮：音诞，害怕。

本章重出，目的是强化上章内容。忠信之人方能"说而能绎、从而能改"。和那些与自己同类的交朋友，才好相应求、相辅仁。相较前两点，有过不惮改，是对闻道君子更基本的要求，也有启下作用，因为有志者才有改过的勇气。

9.25　子曰："三军可夺帅也，匹夫不可夺志也。"

上一章讲人"内"要有忠信，本章讲人"外"不可夺其志，失志之人难守忠信。另外，与师友交往，要牢记"改""从"，但这也是有底线的，与强权打交道时更是如此。

孔子说："三军之帅可为外力所强夺，凡夫之志外力却无法夺走。"

夺：（被外力）强取。匹夫：平民百姓。

人之为人在于有志，无志之人，行尸走肉，生命难有意义。凡夫俗子亦有不可夺之志，更何况闻道君子，这是孔门弟子抗拒外力的精神支柱，后世史官的坚持、谏官的勇气、文天祥、方孝孺这类人物的气节，均来源于此。

9.26　子曰："衣敝缊袍，与衣狐貉者立，而不耻者，其由也与？'不忮不求，何用不臧？'"子路终身诵之。子曰："是道也，何足以臧？"

上一章讲到"志不可夺"，本章讲"有志不耻"，暗示失志可耻，它是自己投降，比"外夺其志"还不如。

孔子说："身着破棉袍，与穿裘皮者并肩而立，却无任何耻辱之感，恐怕也只有（仲）由能这样吧？（《诗·邶风·雄雉》里说：）'不嫉妒、不贪求，何以不好？'"子路把这句诗（不忮不求，何用不藏）当作人生守则挂在嘴边，说个没完。孔子说："这是求道者应做的，如何算得上足够好呢？"

衣：音艺，作动词，穿。敝：破。缊：音蕴，旧絮、乱麻，新絮为棉，旧絮为缊。貉：音河，外貌似狐狸的哺乳动物，其皮为珍贵裘料。忮：音至，嫉妒。何用：何以。臧：音赃，善，好。

孔子赞子路贫富不能动其志，但这只是进道之始，能做到"不忮不求"固然不错，但对进道君子来说，又怎能止步于此呢？

从政者与富商打交道，要有自己的自信，坚守"不忮不求"，才不会有失格之耻。但光能守身，不能适应时代的需要，不可能成就伟大志业。

9.27　子曰："歲寒，然後知松柏之後彫也。"

上章孔子赞子路"不忮不求"守其志，本章孔子以"松柏后凋"比喻君子坚守其志，一是实写，一是虚写，都是要守住"志于道"的"志"。

孔子说："一年天寒之时，才能显现松柏是最后落叶的。"

知：辨别，显露。① 彫：通"凋"；后凋：最后落叶。

贞节贞节，平日显"贞"，大变显"节"。在孔子看来，岁寒之日就是"临大节"之时，"岁寒"是比上章"不耻"更大的考验，此时光有"不忮不求"是不够的。君子只有经受这种考验，才能体现"不可夺志"。

朝代更替、政治动荡之日，是考验政治人物的"岁寒"之时，何去何从的抉择，既显其志，也显其智。有大智大勇者，才能做出无愧历史的选择。

9.28　子曰："知者不惑，仁者不憂，勇者不懼。"

上章以岁寒隐喻考验；本章讲的是面对岁寒之类极端外部环境，君子应有的基本品格。

孔子说："智者不为（外利）所惑，仁者不为（外变）所忧，勇者不为（外压）所惧。"

知：音义智。

更广义地说，有智乃知前行方向，有仁而不会以私欲扰其前行，有勇而能无惧外界干扰。这是求道君子所应具有的品行。②

---

① 《汉语大词典》，第 1968 页。

② 有学者以此章对"为政以德"作"厚"的理解，统治者要有"无为而治"的治国智慧，还要有公开性的勇气，"为政以德"才能落到实处。聂长建：《"为政以德"的政治哲学解读》。

9.29 子曰："可與共學，未可與適道；可與適道，未可與立；可與立，未可與權。"

接上章，能否做到"不惑、不忧、不惧"，让人与人之间有差别，志同道合的层级也有所不同。

孔子说："可与之共同求学，不一定可与之向道而行；可与之向道而行，不一定可与之守道而立；可与之守道而立，不一定可与之通权达变合乎义（宜）。"

适：往，向。权：权变。

在一起求学，有的是要谋于谷，有的是为谋于道，后者才可与适道；向道而行，有的信道未笃、半途而废，有的能守道而立、不可夺志，后者才可与立。守道而立，有的固守教条，有的能根据具体情形有所选择、有所变通，后者才可与权。①

本章述说进学或交友的四个阶段：首先是共同求学，所谓同学；其次是共同求道，所谓同道；再次是共同守道，不失其志，所谓同志；最后是善用其道，遇有不能两全时，懂得举重废轻，此时不惑、不忧、不惧缺一不可，这是进学的最高境界，能一起走到这最后"可与权"阶段的朋友，也是最值得结交的朋友。

9.30 "唐棣之華，偏其反而。豈不爾思？室是遠而。"子曰："未之思也，夫何遠之有？"

上章讲到进学最难在知通达变，本章讲思念最难在有执着心。前者要变，后者要执，但都与"思"有关，或是思的结果，或是思的过程。

"唐棣的花，翩然摇动。哪里是我不想你？是我们居室相离太

---

① 韦政通提出，"适道"即"志于道"，"立"指修德有成，达到欲罢不能、强立不反的境界，最后是说"行权比修身还要难"。本章首现"权"，与"义"相对应，以处理特殊情况和特殊难题，见《中国思想传统的创造转化：韦政通自选集》，第166—167页。"权"也是对"礼"的超越，或者说不要"执礼过死"，而应"注意到原则性与灵活性的结合"，见《中国政治哲学发展史——从儒学到马克思主义》，第82、84页。

远。"孔子说:"是没有去想,(真要想的话)哪里会远?"

唐棣:蔷薇科。华:音义花。偏:音义翩。其:助词。反:音义翻。尔思:思尔。室:家。是:因。夫:音孚,句首语气词。

引诗来自古诗经,其旨不为孔子接受,可能为其所删除,成为逸诗。更广义地讲,思而后远,有远虑无近忧,不为私利所忧,更能有仁心、知天命,以同本篇首章"罕言利,与命与仁"相呼应。另外,思者无言,不是嘴上说想,而是心中有念,由此切换到下篇首章的"不能言"。

乡党第十

本篇讲孔子的"容色言动"，全篇只有一个主语而归为一章，朱熹将其分为十七节，再加上重出一节，共十八节（下面将分节序号放在小括号内，以同分章序号相区别）。笔者试着分为七部分，每部分以一个至两个中心字（词）来概括。

（一）言

10.（1）孔子於鄉黨，恂恂如也，似不能言者。

本节讲孔子为官居家时，为人谦卑，言词木讷，与上篇末章的"无言之思"相衔接。

孔子同乡里乡亲在一起时，看上去很谦恭，似乎不是个很会说话的人。

恂恂：音旬，谦恭的样子。如：词尾状语，然。

孔子官居下大夫（从大夫），约相当于现在的副部长，但修养极好，平易近人，不盛气凌人，不在乡亲面前摆谱，也没有给人能说会道的印象。

10.（2）其在宗廟朝廷，便便言，唯謹爾。

上一节讲孔子在乡亲面前的表现，本节讲孔子在官场上的表现。两相对照，凸显人格。

孔子在（祭祀的）宗庙及（论政的）朝廷上，说话晓畅，但也谨慎有节（不会恣意放言）。

便便：音胼胼（pián），辩辩，健谈的样子。

156

在其位，谋其政。在官府，孔子尽职进言，据理而辩，不在大官面前做小媳妇，但也不会无所节制。这两节说明孔子不在百姓面前颐指气使，也不在领导跟前低三下四。

10.（3）**朝，與下大夫言，侃侃如也；與上大夫言，誾誾如也。君在，踧踖如也。與與如也。**

接上节，描述孔子与官员谈话及应对国君的神情。

（国君上朝）前，（孔子）与自己平级的下大夫交谈，从容和乐；跟自己的上级说话，和悦而诤。国君临朝后，恭敬局促，威仪适度。

侃侃：音砍，理直气壮的样子。誾誾：音银，以和悦的语言规劝。踧踖：音促及，恭敬中有些局促。与与：威仪合礼。

官场礼仪是官德的一部分，更是权力秩序的象征，孔子深谙其理，不卑不亢，应对有度。

（二）色

10.（4）**君召使擯，色勃如也，足躩如也。揖所與立，左右手。衣前後，襜如也。趨進，翼如也。賓退，必復命曰："賓不顧矣。"**

上一部分主要描述孔子说话的神情，本节开始的三节描述孔子在官场的行事风格及面部表情。

孔子受国君召命，去做迎接外宾的（上）傧，（领命后）面容马上变得庄敬，走路加快。向身旁站立的其他傧者作揖，左边的用左手，右边的用右手。（作揖时）上衣下摆前后摆动，整齐不乱。小步快进时（两臂）如舒展的鸟翼。宾客告退后，必（以上傧身份）向国君报告说："宾客没再回头（自己完成了为傧的任务）。"

擯：音义傧，接引宾客者。勃：（脸色）突变。躩：音攫，快走。襜：音搀，衣整齐。趋：小快步。

本节之旨是孔子接受君命，高度重视，庄敬不苟，有始有终，不辱君命。

10.（5）入公門，鞠躬如也，如不容。立不中門，行不履閾。過位，色勃如也，足躩如也，其言似不足者。攝齊升堂，鞠躬如也，屏氣似不息者。出，降一等，逞顏色，怡怡如也。沒階趨，翼如也。復其位，踧踖如也。

上一节讲孔子为君作傧的容貌，本节讲孔子上朝退朝的容貌。

孔子进入朝廷大门，曲身致敬，犹如进入低矮小门，难容己身（而有的自然之举）。不在国君进出的中门站立（快快通过），过中门不踩门槛。走过（国君）座位，面容马上变得庄敬，走路加快，说话似乎中气不足。提着衣服下摆上堂，躬身屏息，呼吸似乎不畅。（从内朝）退堂时，走下一级台阶，面容舒展，和颜悦色。走下全部台阶，小步快走，如鸟展翼。又来到（外朝）国君座位前，面容重变得恭敬局促。

公门：朝廷门的统称，天子五门，诸侯三门（进入朝廷先入库门进外朝，再入雉门进治朝，最后入路门进内朝）。公门高大，象征君威，鞠躬进门以示致敬。阈：音域，门槛。摄：提。齐：音咨，裳下摆。屏：音丙，闭住。逞：放，指面容舒缓。怡怡：和悦。没：音末，尽。阶：台阶层级。踧踖：音促及，恭敬中有些局促。

五个"不"：不容、不立、不履、不足、不息，道尽了孔子对国君的敬，君前、君后，全然不同。但如果君之威全靠臣之敬来树立，多少不合自然人性。

10.（6）執圭，鞠躬如也，如不勝。上如揖，下如授。勃如戰色，足縮縮，如有循。享禮，有容色。私覿，愉愉如也。

上一节讲在本国上朝的举止，本节说出使外国的情形。

（担任国使）手执（国君所授）信圭（晋见他国之君），曲身行进，似重任在身，恐难胜任。（执圭时，与心平齐）上不越过向人作揖的高度，下不低过授物于人的高度。面容庄重，战战兢兢，步伐局促，前行滞重。献礼时，表情和悦。与之私下会面，轻松愉悦。

圭：为出使之信物，犹今之国书。胜：能承担。缩缩：音梭，举足促狭，[1] 这里指步足相接，小步快走。循：脚下寻物，指缓步前行。享：献。觌：音笛，相见。

本节之旨：君命如山，不敢怠慢；公私有别，表情相异。

（三）衣（服）

10.（7）君子不以绀緅饰。红紫不以为亵服。当暑，袗絺綌，必表而出之。缁衣羔裘，素衣麑裘，黄衣狐裘。亵裘长。短右袂。必有寝衣，长一身有半。狐貉之厚以居。去丧，无所不佩。非帷裳，必杀之。羔裘玄冠不以吊。吉月，必朝服而朝。

第三部分共两节，讲衣（服），本节与上节一样，都强调公私两种场合应相区别。

君子不以天青色、燕青色作衣领袖的边饰。不用红色、紫色作居家闲服。暑天，穿精葛或粗葛制的单衣，出门必定要穿外套（以不露肤肉）。（冬天）黑上衣配黑羊皮裘，白上衣配白鹿皮裘，黄上衣配（黄）狐皮裘。居家穿的皮裘长，右手袖短（便于做事）。必定有小被子，长度超出身长一半。狐貉皮较厚，用来做坐褥。治丧期过后，（一切饰物）皆可佩带。除了上朝、祭祀穿的礼服，其他都以拼裁成上窄（下宽）。吊丧不能穿黑羔裘、戴玄色帽。每月初一必穿礼服上朝。

绀：音干，青中透红的颜色。緅：音邹，黑中带红、绛色。亵：内衣，在家便服。袗：音诊，单衣。絺：音痴，细葛布。綌：音戏，粗葛布。表：外罩衣。出：出门。缁（音资，黑色）衣：黑罩衣。麑：音霓，幼鹿。袂：音妹，衣袖。寝衣：小被子，大被为衾（音侵）。居：坐褥。帷裳：朝祭之服。杀：音晒，减少，这里指收窄上腰。玄：素之反，用于吉事。吉月：每月初一，也有说是正月。

本节讲衣服，要旨是公私及场合不同，衣着有别，在家可随

---

[1] 《故训汇纂》，第 1775 页。

便，在外要正式。衣服颜色要和场合相配，也要与其他衣服相配。

10.（8）**齊，必有明衣，布。齊，必變食，居必遷坐。**

本节有承上启下作用，以论"斋衣"承上节，以论"斋食"启下节。

斋戒（沐浴后），必定穿布制明衣。斋戒必定吃素，换个地方过夜。

齐：音义斋。明衣：浴衣，用吸水面料制成以吸干身上水珠。变食：无酒荤（荤特指辛辣，不是指腥膻的鱼及肉）。迁坐：远女色，也有说"不坐主位"。[①]

本节具体描述孔子"慎齐（斋）"，即改变日常所欲，使身心不为外物所污，以显自己的敬神之诚。

（四）食

10.（9）**食不厭精，膾不厭細。食饐而餲，魚餒而肉敗，不食。色惡，不食。臭惡，不食。失飪，不食。不時，不食。割不正，不食。不得其醬，不食。肉雖多，不使勝食氣。惟酒無量，不及亂。沽酒市脯不食。不撤薑食。不多食。祭於公，不宿肉。祭肉不出三日。出三日，不食之矣。食不語，寢不言。雖疏食菜羹，瓜祭，必齊如也。**

第四部分共三节，均与食有关，或食本身、或食之坐席、或饮酒礼仪。"食"放在"衣"之后，反映孔子"去食存信"思想，衣关乎礼，比吃饭更重要。

主食不是太精致，肉菜不是太精细。饭馊而变味、鱼烂肉腐，不吃。（肉）不是正常颜色，不吃；不是正常气味，不吃；烧得火候不够，不吃。不是当季食物，不吃。（牲畜）宰杀不当，不吃。（肉）的酱料不配，不吃。肉虽可任吃，但还是以五谷为主食。喝酒不限量，但不会喝到乱性。过夜的酒及买来的肉，不吃。饭后不

---

① 《毓老师说论语》，第247页。

撤去姜（以助消化）。不多吃。参加公祭分得的肉，当天吃掉。家祭用的肉，三天之内吃完，过了三天不再吃。吃饭不交谈，睡觉不说话。即便只有粗饭菜羹及瓜类为食，（饭前）必祭，其祭必如斋戒那样虔诚。

食：音嗣，作动词，吃饭。厌：极也。①脍：音块，细切的肉。馈：音臆，饭馊。餲：音碍，馊臭味。馁：鱼烂。色恶、臭（音嗅，气味）恶：肉腐败之前不正常色味。失饪（饪音韧）：火候不到或烧糊。不时：谷未熟。割（宰杀）不正：杀不以道。胜食气（音细，食气：饭料，主食）：破坏以五谷为主食的原则。沽（通"酤"）酒：宿酒，可能开坛漏气过久而不食。市脯（脯音辅，干肉）不食：市为买，买来的腊肉，因不知其来源而不食。宿：音速，隔夜，往日。羹：米菜糊。齐：音义斋。

孔子对吃很讲究，体现在九个"不食"上，其长寿，与这种健康饮食习惯有极大关系，具体地说，就是不过量，尤其不多吃肉，不吃有问题的食物。

10.（10）席不正，不坐。

上节讲吃的东西，本节讲吃时的坐席次序，属于中国饮食文化的一部分。

如果（主人不在正席入座，或）席次失序不正，不入席就座。

席不正：或方位或顺次，不合礼制。

吃饭让座，由来已久；等级秩序，无所不在。

10.（11）鄉人飲酒，杖者出，斯出矣。鄉人儺，朝服而立於阼階。

接上节，讲饮酒礼仪，并由尊重老人切入尊重他人信仰。

与乡亲饮酒，（酒毕，先送六十岁以上的）老人离开，再离席散出。乡里人举行傩仪驱鬼，穿上朝服站在（家庙）东台阶上观看

---

① 《故训汇纂》，第298页。

（以护先祖不受惊吓）。

杖者：古代六十杖于乡，此处为老人代称。斯：则，才。傩：音挪，古驱疫鬼仪式。阼（音坐）阶：东面台阶，主人站立处。

官员回乡如何行事，是对其官德的一大考验，孔子在此示范：尊老者为人所尊，敬神者为神所佑。

（五）问（候）

10.（12）問人於他邦，再拜而送之。康子饋藥，拜而受之。曰："丘未達，不敢嘗。"

第五部分的两节以"问"为主题，本节在描述相关礼节的同时，也透过"问"体现孔子的人道情怀及待人诚意。

托人（携礼物）问候他邦之人，再次向所托之人作揖并送别。季康子（向病中孔子）赠药，说："（孔）丘还不知其药性，不敢尝用。"

康子：季康子。达：通晓，这里指对药性的了解。

古人问候人多随带礼物，本节讲孔子如何处理问候人及被人问候，前者要显诚敬，后者要不作伪，实事求是地去处理。

10.（13）廄焚。子退朝，曰："傷人乎？"不問馬。

上一节讲官方场合的问候，本节讲日常生活中的问候。

马厩着火被焚。孔子退朝后，问："有没有伤到人？"不问马有无损失。①

厩：音就，马房。

本节最直接反映孔子的人道情怀，真正体现人命关天，人的生命重于一切。

---

① 另有一种断句：伤人乎不？问马。（伤到人没？马呢？）见《毓老师说论语》，第253页。

（六）受赐（馈）

10.（14）君赐食，必正席先尝之；君赐腥，必熟而荐之；君赐生，必畜之。侍食於君，君祭，先饭。疾，君视之，东首，加朝服，拖绅。君命召，不俟驾行矣。

第六部分三节讲孔子事君交友，其中一个重要方面是如何处理受赐、馈之物。

国君赐予（熟）食，必定先坐在臣位（面对君位）品尝；君赐生食，必定烧熟后献于先祖；君赐生畜，必定畜养起来。陪侍国君吃饭，（饭前）君行祭礼，自己为君尝食以示敬意。重病，君来探视，头朝东（以便君从西方尊位探视自己），身上加盖朝服，并把绅带拖在上面。君有命召见，不等套好马车便徒步先行。

正席：面向君位入座。腥：生肉。荐：献。生：活畜。先饭：为君试吃以尽臣礼。加朝服：臣见君，依礼应着朝服、束绅带，病中卧床便以加盖朝服、拖绅，作变通处理。俟：音祀，等待。

本节之旨，君赐之物，需特别处理；侍食、君视、君命等均需以尊君为第一要务，君威就是如此树立起来的。

10.（15）入太庙，每事问。

本节一是重出，二是强调"问"字，本应放在第五部分（如第十二节之前），置于此处，编者可能是想暗示孔子事君之礼，很多也是问来的。

孔子进入太庙，问个不停。

太庙：鲁国祭祀周公旦的庙。

太庙不仅是供人行祭礼的场所，也是具体文化传承的重要载体，不作详问就没有传承中的互动，在问中能更好理解周公制礼的良苦用心。

10.（16）朋友死，無所歸。曰："於我殯。"朋友之饋，雖車馬，非祭肉，不拜。

上节说孔子去太庙请教周公之礼，本节讲孔子平时依"礼"处理朋友之事，"礼"成为孔子的社交准则。

朋友去世，后事无人料理。孔子说："我来负责丧葬。"朋友向其馈赠物品，虽（贵重如）车马，如果不是祭肉，不会拜谢。

归：归宿，指后事料理。殯：死后入棺待葬。

本节之旨，孔子重义轻财，不会为财而做非礼之事。

（七）处变

10.（17）寢不尸，居不容。見齊衰者，雖狎，必變。見冕者與瞽者，雖褻，必以貌。凶服者式之。式負版者。有盛饌，必變色而作。迅雷風烈，必變。升車，必正立執綏。車中，不內顧，不疾言，不親指。

本节讲孔子独处时也能放松自己，变得不那么一本正经，而在面对具体环境变化时会有所反应。本节讲孔子的"变"，下节隐喻要因时而变。

（侧卧而）不是挺直身子睡觉，在家时面容轻松（没有在正规场合的那种严肃）。见到穿丧服的人，虽很亲密，也会变得神情肃穆。见到穿官服的及盲人，虽相熟，也会礼貌对待。在（马）车上向（不认识的）穿丧服者及携带书籍者致敬。（做客时）见到菜肴丰盛，必定起身（向主人）面露惊喜。雷雨交加、狂风大作，必定面显惊恐。登马车时，必定身体正立，抓紧把手。在车内，不会左顾右盼、高声快语、指指点点（以免分散驾车人的注意力）。

居：居家闲处。容：为官之容。齐衰：音咨崔，丧服。狎：音匣，亲热。亵：音谢，相熟。式：通"轼"，马车前作扶手的横木；式之：这里指扶住横木起立致敬（单个"式"字作动词，与"式之"同义）。凶服：丧服。负版者：携书籍者，泛指读书人。馔：音撰，饭食。绥：音随，登车时手拉的绳。

人要随场合而变，该放松则放松，该严肃则严肃，该惊奇则惊奇，该慎重则慎重。本节再现孔子活生生的人性方面，让人感到亲切。

10.（18）**色斯舉矣，翔而後集。曰："山梁雌雉，時哉！時哉！"子路共之，三嗅而作。**

上节说的是日常生活中的孔子之变，本节以雌雉为喻，暗示君子应能因时而变。上节末尾讲到孔子乘车时的谨慎，本节叙述雌雉择木的谨慎，《论语》编者深知：乱世之中为人处世，谨慎何等重要！

（雉见）情势不对，马上展翅高飞，空中飞翔后择木而栖。（孔子）感叹："山梁上的雌野鸡，真是识时啊！真是识时啊！"子路向其投放食物，它嗅了三次之后，飞走了。

色：景色，这里指周围情况。集：鸟止于木。雌：音慈，母鸟。雉：音稚，野鸡。共：音义供，指供食。

勇退慎进，人要学雌雉的知时而变，人所遵循的礼也要因时而变。本篇以此节结束，并切入下章讲礼乐之变。

先进第十一

11.1 子曰："先進於禮樂，野人也；後進於禮樂，君子也。如用之，則吾從先進。"

从上篇末雌雉"知时而变"，切入本章礼乐"因时而变"，然而这种"变"并不全都是积极的，人要随时代变化而变化，却不能因此丢了自己的好东西。

孔子说："最先（在我这里）学习礼乐的那些门生，（质胜文，好似）野人；现在这些后入门学习礼乐的学生，（文胜质而看上去像个）君子。（但）如果要挑选从政的人才，我还是选先前那些门生。"

进：入，这里指入孔门学礼乐。① 用：任用，举用。从：采用。

晚年孔子认为，当时的礼乐虽是时代变化的结果，但并非没有问题，可能是保留了"文"的外形，而去掉了"质"的内核。可见，孔子不是直线的历史进步主义者，在他看来，进步是迂回曲折的，是有代价的。② 因此，选人才还要先看内德，即便外表看来有些土、有些野，也不要紧。

随着时代发展，花里胡哨的东西也越来越多，搞政治的人为了吸引眼球，做足表面功夫。这样的气氛下，君子往往徒有其表，失

---

① 清儒刘逢禄作注："先进谓先及门，如子路诸人，志于拨乱世者；后进谓子游公华西诸人，志于致太平者。"见《政治儒学：当代儒学的转向、特质与发展》，第191页。具体是以孔子自卫返鲁所收弟子为"后进"，见《孔子与论语》，第170页。

② 有日本学者提出，孔子"吾从先进"，类似于"礼，与其奢也，宁俭"（3.4），见《孔子的学问》，第214页。

去人性本真，尤其那些满脑子浪漫情怀的诗人政治家，不是以人为目的，而是以人为代价，不择手段地实施自己的宏伟蓝图。

11.2　子曰："從我於陳、蔡者，皆不及門也。"德行：顏淵，閔子騫，冉伯牛，仲弓。言語：宰我，子貢。政事：冉有，季路。文學：子游，子夏。

本章孔子对其优秀门生作个归纳，前三类出自上章先进于礼乐的门生，也验证了后进于礼乐者文胜于质。[①]

孔子说："（当年）那些跟我一起周游于陈国、蔡国的（先进）门生，（非死即散）现在都不在这里了。修德力行方面（优秀的有）：颜渊、闵子骞、冉伯牛、仲弓；语言表达方面（优秀的有）：宰我、子贡；从政做事方面（优秀的有）：冉有、季路；礼文博学方面（优秀的有）：子游、子夏。"

及：至；不及门：（此时）不在门下。

本章再次表达孔子重德行的思想，延续了上章对质胜文的肯定，其可谓"以德为先"观念的始创者。

11.3　子曰："回也非助我者也，於吾言無所不説。"

接上章，评述德行第一人颜回。

孔子说："（颜）回（似乎）对我没什么帮助，他对我讲的东西（照单全收，无所疑问），没有让他不高兴的。"

说：音义悦。

"吾爱吾师，吾更爱真理。"颜回好像无此觉悟，这样的人作为德行第一人，其负面的历史影响不言而喻，孔子若真的也有此憾，更能彰显其过人之处。师生有差异，才能互有启发，高度同质，近亲繁殖，于师无益。

---

① 本章的"四科"可与（7.24）的"四教"作比较，南宋王应麟在《困学纪闻》中讲："四教以文为先，自博而约。四科以文为后，自本而末。"见《孔子与论语》，第186页。

167

11.4　子曰："孝哉閔子騫！人不間於其父母昆弟之言。"

接上章，续评德行第二人闵子骞。

孔子说："闵子骞真是孝啊！人们都接受他父母兄弟对他的评价。"

间：音涧，非议。昆：兄。

自己家人说自己好，别人也接受他家人的说法，可谓里外都说好，不会不好；其对家人的孝，让孔子不能不信。可见，德行好的标志之一便是交口称赞，有好口碑。

11.5　南容三復白圭，孔子以其兄之子妻之。

上一章讲闵子骞有好口碑，本章讲南容谨言谨行，两人都没有污点，在德行上无亏。

南容每日多次诵读（《诗经》中那篇）白圭诗（让自己谨言慎行），孔子把自己哥哥的女儿嫁他作妻。

三：多。白圭诗：白圭之玷，尚可磨也；斯言之玷（玷音店，玉斑，这里指失言），不可为也。妻：音器，作动词，以女子为某妻。

关于南容，参见（5.1）。白玉有瑕可磨去，人在言行上不检点，就是德行上的污点，且永远不可磨去。牢记此理，无疑有助修身。①言行检点，当然不会出事，自然是个靠得住的夫君。肥水不流外人田，孔子此举，也体现其所秉持的"爱的等差性"思想，当然是先爱自己家人，上章的闵子骞就是做到了这一点，而得到外人首肯。

11.6　季康子問："弟子孰爲好學？"孔子對曰："有顏回者好學，不幸短命死矣！今也則亡。"

上一章讲南容谨言谨行而无过，本章孔子赞颜回好学而无过，

---

① 在韦政通看来，本章点出了孔子诵诗的目的，是要能"凭诗意导正其行"，见《中国思想传统的创造转化：韦政通自选集》，第120页。

这也是修炼好德行所需要的。

季康子问："哪个弟子好学?"孔子恭答:"有个叫颜回的好学,可惜活得不长(先父母而亡),现在就没有这样的人了。"

好:音浩,喜欢。亡:音义无。

孔子此处的好学,不能片面地理解为死读书,而是要做到"不迁怒、不贰过"。上章的南容是努力避免有"过",本章暗示过失难免,但要像颜回那样正确对待过失:不去找客观原因,怪罪他人,而且能记取教训,不会再犯同样的过失,因此本章重复(6.2)的部分内容,意在防止读者对上章作片面理解。

11.7　顏淵死,顏路請子之車以爲之椁。子曰:"才不才,亦各言其子也。鯉也死,有棺而無椁。吾不徒行以爲之椁。以吾從大夫之後,不可徒行也。"

上一章讲孔子评论颜回好学的感性一面,本章讲孔子处理颜回丧事的理性一面。好的德行,需有感性,也要有理性。

颜渊去世,颜路请求孔子卖掉自己的马车为颜渊置办外椁。孔子说:"(不论)有无才干,各自讲自己的儿子,(我的儿子孔)鲤死后,有内棺而无外椁,我不能为(你儿子置办)外椁而卖车步行,因为我做过下大夫,(依礼)是不可以步行的。"

颜路:颜渊之父,同为孔子学生。椁:音果,外棺。(鲤)也:语中助语。从大夫:下大夫,与上大夫(三卿)相对,"之后"为孔子谦词,犹如"末座""忝列"。

本章再次体现孔子倡导的爱有差等,不能安葬自己儿子时无椁,而要为别人儿子置椁。另外,孔子不是好好先生,不会有求必应,不讲原则。如果马车是公家配给自己的,就更不能擅自处理了,否则,知礼违礼,也对不起死去的"不贰过"的颜回。

11.8　顏淵死 。子曰:"噫!天喪予!天喪予!"

上一章讲孔子理性对待颜回的丧事,本章讲孔子因颜回之死的伤心,体现孔子完整的人性。

颜渊去世。孔子叹道："唉！苍天是要绝我（文脉的传承）啊！老天是要绝我（文脉的传承）啊！"

丧：音 sàng，灭绝。予：我。

如同丧子绝后，孔子哀叹苍天无情，夺走其文脉赖以传承之人，说明孔子更在意人生的历史意义，它超越了具体生理上的生命。

11.9 颜渊死，子哭之恸。從者曰："子恸矣。"曰："有恸乎？非夫人之爲恸而誰爲！"

接上章，再述孔子对颜渊之死的伤悲。上章情境可能是初闻噩耗，本章情境应当是吊丧归来。

颜渊去世。孔子哭得很伤心。跟随的人说："老师太伤悲了。"孔子说："很伤悲吗？不为这样的人去世伤悲，还能为谁伤悲！"

恸：音痛，悲哀过度。夫人之为：为夫人，为这样的人；夫：音浮，指示代词，这。

孔子自己平时讲要节制，不过度，但颜回的死也让他不能自已，说明颜回对他多重要，其逝去对他打击多么大。

11.10 颜渊死，門人欲厚葬之，子曰："不可。"門人厚葬之。子曰："回也視予猶父也，予不得視猶子也。非我也，夫二三子也。"

接上两章，同样是讲颜回去世，本章孔子从极度感性重又回到理性。两章相接，编者大概是想告诉我们：不悲伤，无人性；不能从悲伤中走出，就只能是平凡之人。

颜渊去世，师兄弟们打算给予厚葬，孔子说："不要这样。"（因为这超出了颜家的经济承受能力。结果）师兄弟们还是作厚葬处理了。孔子说："颜回把我看作父亲，我却不能把他当作我儿子（那样去薄葬他），不是我（要厚葬），是你们这些个学生（要这样）。"

犹：如。

量力而行是孔子处理丧事的大原则，孔子既坚持这一原则，又富有人情味，不去强行阻止自己弟子的做法。坚持原则是理性，尊重别人的情感也是种理性。

11.11　季路问事鬼神。子曰："未能事人，焉能事鬼？"敢问死。曰："未知生，焉知死？"

上一章讲孔子在具体处理丧葬上的理性，本章讲孔子在人生哲学层面上的理性。正因为有此哲学认识，才会有具体的理性行为。

子路问如何事奉鬼神，孔子说："不能把人给事奉好，哪能事奉好鬼？"再冒昧问（如何看待）死，孔子说："如果生都没搞清楚，怎么会知道死呢？"

季路：子路。事：事奉。焉：疑问代词，怎么。敢：谦词，冒昧意。

孔子重此岸，轻彼岸；重生前，轻死后。他相信如果能把人给事奉好，鬼神自然不会来找麻烦；如果能把人生的意义搞清楚，并让人生无憾，死也就不足畏惧了。[①]

本章给我们的启示是，政治人物首先要把活着的百姓生活搞好，不能为尊奉已故政治领袖的教导，不顾客观条件，照搬其教条。让当下的民众满意胜过信守任何意识形态的教义。

11.12　闵子侍侧，訚訚如也；子路，行行如也；冉有、子贡，侃侃如也。子乐。"若由也，不得其死然。"

上章孔子对子路谈人生哲学，本章孔子担心子路有不祥人生结局，编者大概是要暗示：信奉什么人生哲学就有什么人生结局。

闵子（骞）侍立（在孔子）身旁，言直颜悦；子路，刚强不屈；冉有、子贡，雄辩滔滔。孔子很开心。（但又说：）"像（仲）

---

① 有学者认为，本章体现中国人"自然而然的"死亡观，它"恰好与犹太—基督传统对死亡的重视和恐惧相反"，见《〈论语〉的哲学诠释：比较哲学的视域》，第112页。更有学者将此章视作"人文主义最明亮的宣言"，见《中国思想传统的创造转化：韦政通自选集》，第110页。

由这样子，恐怕难享天年。"

訚訚：音银，以和悦的语言规劝。如：助词，然。行：音沆，行行，刚强的样子。侃侃：音砍，理直气壮的样子。不得其死：死有不值。

性格即命运，生时不知行藏，死也就不正常，所谓"不作死，不会死"，讲的就是子路这种人（其后在卫国因愚忠而死于非命）。本章也表明孔子弟子各有鲜明个性，不是一个模子铸出来的。孔子的教育不是抹杀个性，而是正面引导每个人的个性化发展。因为孔子对子路的人生结局是有隐忧的，对子路的教育也许孔子自己也不满意。

11.13 鲁人爲長府。閔子騫曰："仍舊貫，如之何？何必改作？"子曰："夫人不言，言必有中。"

上章（暗示）孔子否定子路表现效忠的方式，本章孔子肯定闵子骞表现效忠的方式。一正一反，就能较完整地体现孔子自己这方面的价值观。

鲁人要改建旧君府邸，闵子骞说："仍按原貌作些修整，怎么样？何必（劳民伤财）去改建？"孔子评论道："这个人不说话，一说就能点到关键。"

鲁人：指当权的"三桓"。为：改建。长（音涨）府：指过去的鲁昭公府邸。仍：沿袭；贯：事，例；仍旧贯：按原貌修整。夫，音浮，指示代词，这。中：音仲，得当。

建筑中有政治，此处的改建是要抹去人们对鲁昭公的统治记忆。对此，闵子骞以劳民伤财为由加以否定，实是以特殊方式尊君，却又不会危及自己的生命。

11.14 子曰："由之瑟奚爲於丘之門？"門人不敬子路。子曰："由也升堂矣，未入於室也。"

从本篇11到14章是对子路及闵子骞作交互比较，他们是孔门弟子两种不同人格。上一章讲闵子骞讲话切合于道，一语中的；本章又回到子路，孔子以"鼓瑟"为喻，暗示子路尚未近道，才会有后面的死于非命。

孔子说："（仲）由弹的瑟怎么会出自孔门？"（弟子听了这话）便对子路有所不敬，孔子（解围）道："（仲）由弹的是上道了，但还有待进一步提高。"

奚：为何。（由）也：语气助词，表判断语气。堂：厅房，不住人，外人可入；室：内室，只有非常熟悉的亲朋好友方得入内。登堂是入室的基础，子路的鼓瑟水平还未到炉火纯青的地步，比喻还未掌握"道"的要旨所在，由"升堂"进于"入室"，隐喻更近于道。

常人操瑟，以"和"为要，子路鼓瑟却有杀伐之音，与其刚强的性格相合，孔子不甚满意，但还是以鼓励为主，期待他能有所提高。

11.15　子贡问："师与商也孰贤？"子曰："师也过，商也不及。"曰："然则师愈与？"子曰："过犹不及。"

接上章，从子路的"不及"（未入于室），切入子张的"过"、子夏的"不及"，凸显孔子反"过"的意识。

子贡问："（颛孙）师与（卜）商两人，哪个更贤良？"孔子说："师有点冲过头，商则有些不够。"又问："那是（颛孙）师更好些了？"孔子答："冲过头如同不够。"

师：子张。商：子夏。（师/商）也：语气助词，用在句中，表停顿。犹：如同。

子张志高，子夏谨慎，均不能依中道而行。孔子不走极端，既反对"不及"也反对"过"。[①] 现代人常讲政治上的左右倾向，用孔子的话说，"右"就是"不及"，"左"就是"过"。子贡也以为"过"更好些，可见，左的思维自古有之，"反左"也是任重道远。

---

①　亚里士多德在《政治学》中提出："善德就在行于中庸，而（适宜于大多数人的）最好的生活方式就应该是行于中庸，行于每个人都能达到的中庸。"按该书译者吴寿彭的理解，中庸便是各种品德的"没有过无不及"，见亚里士多德《政治学》，第204页。

11.16 季氏富於周公，而求也爲之聚斂而附益之。子曰："非吾徒也。小子鳴鼓而攻之，可也。"

上一章讲应中道而行，不可偏于一端。本章讲锦上添花、富上加富不合道。这两章都是反对"过"，做事不可过，赋税也不可过。

季氏比周公（的后人）还富有，可（冉）求还为其聚敛财富，使之富上加富。孔子（很生气，对众弟子）说道："（这个人）不是我的门徒。你们可以大张旗鼓地声讨他。"

季氏：季康子。周公：指周公旦在鲁之后，鲁哀公。季氏富于周公：富可敌国。经文不点出季康子是要为尊者讳。

儒家讲"藏富于民"，这与法家讲的"富国强兵"不同，后者是以损害百姓利益来达到富国目的。另外，孔门弟子本应主持公正，冉求却助纣为虐，有违孔子基本伦理，令其强烈不满，说出此番重话。[1]

11.17 柴也愚，參也魯，師也辟，由也喭。

上章孔子点出弟子品行缺失，本章孔子指出弟子性格特质。对前者要攻之，对后者要宽容。

（孔子评论：）（高）柴为人憨厚，（曾）参性格迟钝，（颛孙）师为人偏激，（仲）由过分刚猛。

愚：不智，无心计。鲁：迟钝。辟：偏，远，[2] 偏激。喭：音谚，粗鲁。

人不应是一个模子倒出来的，孔子认同弟子性格特质有差异，点出各人特质是提醒他们不要让这些特质极端化，否则不利于近于道。

---

[1] 有学者提出，本章体现孔子最主要的进步政治思想，即原始民主主义思想，见《先秦七子思想研究》（增订本），第 34 页。

[2] 《故训汇纂》，第 2267 页。

11.18　子曰："回也其庶乎，屡空。赐不受命，而货殖焉，亿则屡中。"

上章孔子指出弟子性格特质有异，本章孔子说明弟子财商悬殊。编者似乎是在暗示：人的禀赋会影响其财富多寡，因此，"认识你自己"很重要。

孔子说："（颜）回，他的道德学问差不多了，却常常穷得空匮如洗。（端木）赐不接受命运安排，经商赚钱，（对市场的走向）每每猜中。"

庶：差不多。空：空匮，贫困。（端木）赐：子贡。不受命：不接受命运安排。货殖：从商赚钱。亿：臆测。中：音仲，符合。

一个屡空，一个屡中；一个不想钱，一个有高的"财商"。自古以来，道德学问就与财富多寡不相关，各自认定自己的使命，也就不在乎过什么样的物质生活了。本章再次说明孔子不排斥财富，只是不把赚钱当作最高的价值追求。

11.19　子张问善人之道。子曰："不践迹，亦不入於室。"

上章表明发财之路靠禀赋，无迹可寻；本章讲善人有迹不践，让人遗憾，暗示行道是有规律的，凭臆测是不行。

子张问善人如何行道。孔子说："不会重复先贤走过的路（仅按自己良知行事），但也不可能近于道。"

践迹：因袭。入于室：比喻近于道。

善人率性而为，知其然不知其所以然，做事顺人性，却未识人性。[①] 本章启示我们，文明是累积的，学习是接受累积文明的重要途径。有善心，不去学，无法借鉴古人，只能从头开始，虽说可能探出不同的路，但层级不可能太高，因为没有站在巨人的肩膀上。

---

① 《毓老师说论语》，第277页。

11.20　子曰："論篤是與，君子者乎？色莊者乎？"

从上章的善人极度自信，切入本章有人讲话非常肯定，这两种自信都不是孔子所认同的。

孔子说："一个人言论（听上去）很笃定，便去赞许他，（你知道他确）是君子？还是装出来的样子？"

是：便。与：赞许。色：外表；色庄：道貌岸然。

有善心，不知学，难近于道。相反，有学问的人说起来言之凿凿，也未必就一定是近于道的君子。在孔子看来，只有听其言、观其行，才能给出准确的评价。孔子认定的理想人格，不是有好心肠的大老粗，更不是夸夸其谈之士。

11.21　子路问："聞斯行諸？"子曰："有父兄在，如之何其聞斯行之？"冉有問："聞斯行諸？"子曰："聞斯行之。"公西華曰："由也問聞斯行諸，子曰'有父兄在'；求也問聞斯行諸，子曰'聞斯行之'。赤也惑，敢問。"子曰："求也退，故進之；由也兼人，故退之。"

上一章暗示讲话不要太决绝，本章说明不要把"马上去做"绝对化，不一定是听到就要做。两章相接，编者也许是要表明，孔子是个适度论者、有条件论者。

子路问"听到了便马上去做吗？"孔子说："你父兄还健在，怎么能听到了便马上去做？"冉有问："听到了便马上去做吗？"孔子说："听到了便马上去做。"公西华问："（仲）由问'听到了便马上去做吗'？您说'你父兄还健在，怎么能听到了便马上去做'？（冉）求问'听到了便马上去做吗'？您说'听到了便马上去做'。我很困惑，能冒昧问一下吗？"孔子说："（冉）求性格退缩，所以要鼓励他向前；（仲）由好逞能，所以要给他泼点冷水。"

斯：则。诸：之乎，疑问词吗。公西华：孔子学生，复姓公西，名赤，字子华。兼：胜；兼人：逞能。

本章详尽描述了孔子的教学情景，它告诉我们：一是因材施教，前提是小班教学，大工业时代规模化的教育，难以照顾到学生不同个性。二是任何论断都不是绝对的，是有适用条件的。孔子重"行"，但也没把"闻斯行之"绝对化。

11.22 子畏於匡，顏淵後。子曰："吾以女爲死矣。"曰："子在，回何敢死？"

上一章讲"有父兄在"使行动受限，本章讲"有老师在"使颜回贵生，都是强调各人因其身份而负有责任。

孔子被匡人围困，颜渊掉队失散，（再会合时）孔子说："我以为你死了呢。"颜回答："老师在，我哪敢死？"

女：音义汝；以女为死：以为女死。

如果说行动有前提，自由也是有前提的：一是法治，二是责任，前者是社会外在约束，后者是个体内在约束，西人重前者，国人重后者。至于颜回，他还有传承老师文脉的责任，可谓责任重大，怎能不珍惜自己生命而逞一时之勇，或只顾自己舍生取义留名历史。历史关键时刻，政治家审时度势，看清自己的历史责任，要比博取美誉更为重要。

11.23 季子然問："仲由、冉求可謂大臣與？"子曰："吾以子爲異之問，曾由與求之問。所謂大臣者：以道事君，不可則止。今由與求也，可謂具臣矣。"曰："然則從之者與？"子曰："弒父與君，亦不從也。"

上一章讲身为弟子的责任，本章讲身为臣子的责任。两章合在一起，表明孔子是多么看重"责任"。

季子然问："仲由、冉求可称得上是大臣吗？"孔子说："我还以为你问别的什么呢，原来是问（仲）由与（冉）求啊。能称得上大臣的，应当是以行道的标准事奉国君，做不到这点就挂官而去。今天的（仲）由与（冉）求，只能说是个具臣。"又问："那是不是属于唯命是从的人？"孔子说："杀害自己的父亲及国君这种事，倒也不会听命去干的。"

异之问：问异，"之"使宾语前置。曾：竟然，原来。止：停止任职。具臣：具有才干的属臣，泛指"有才欠德"者。者与：句末语气词，表示疑问。

本章提出为臣的三个层级：最高是以道助君的"大臣"；其次是有底线地听命，把自己当作国君工具的"具臣"；① 最后是无底线地听命，甚至给国君出坏主意、助纣为虐的"乱臣"。三者区别在于责任意识不同，大臣谋道，具臣谋食，乱臣逢君之恶。孔子此处强调不能唯命是从，而要有自己的价值判断，② 执行命令不是掩饰自己为恶的遮羞布。

11.24　子路使子羔爲費宰。子曰："賊夫人之子。"子路曰："有民人焉，有社稷焉。何必讀書，然後爲學?"子曰："是故惡夫佞者。"

上一章讲身为属臣的责任，本章讲身为师兄的责任；前者对上，后者对下，但如何去做都体现其价值观。

子路推荐（师弟）子羔去费邑做地方官。孔子知道后说："害了人家的孩子。"子路辩解："那里有民众（可以治理），有社稷（可以祭祀）。（这些都可以边做边学）为何只有读书才算是学?"孔子说："这就是为什么我讨厌耍嘴皮子的人。"

费：音闭。宰：地方官。贼：害。是故：所以，为何。恶：音务，讨厌。夫：音孚，那。

孔门讲的是先修身再治人，先学而后政，所谓"学而优则仕"。不学就不知为政的道理，就有可能慢神、虐民，这既害了当地百姓，也害了官员自身。子路身为师兄，未尽到督学责任，还把抽象

---

① 有学者一针见血地指出，中国历代统治者对孔子只是"尊"，而所"用"的都是冉求之流，因为后者能"配合"而不"添麻烦"。参见薛仁明《孔子随喜》，新星出版社 2011 年版，第 158—160 页。

② 有学者提出，本章所反映的"从道不从君"的儒家思想，"跟西人的'国王在上帝和法律之下'的观念，同样具有宪政品质"。见《中国的自由传统》，第 51 页。

的学与具体的学校之学混为一谈，① 以此掩饰自己失责，更令孔子生气。

11.25　子路、曾皙、冉有、公西華侍坐。子曰："以吾一日長乎爾，毋吾以也。居則曰：'不吾知也！'如或知爾，則何以哉？"子路率爾而對曰："千乘之國，攝乎大國之間，加之以師旅，因之以饑饉；由也爲之，比及三年，可使有勇，且知方也。"夫子哂之。"求！爾何如？"對曰："方六七十，如五六十，求也爲之，比及三年，可使足民。如其禮樂，以俟君子。""赤！爾何如？"對曰："非曰能之，願學焉。宗廟之事，如會同，端章甫，願爲小相焉。""點！爾何如？"鼓瑟希，鏗爾，舍瑟而作。對曰："異乎三子者之撰。"子曰："何傷乎？亦各言其志也。"曰："莫春者，春服既成。冠者五六人，童子六七人，浴乎沂，風乎舞雩，詠而歸。"夫子喟然歎曰："吾與點也！"三子者出，曾皙後。曾皙曰："夫三子者之言何如？"子曰："亦各言其志也已矣。"曰："夫子何哂由也？"曰："爲國以禮，其言不讓，是故哂之。""唯求則非邦也與？""安見方六七十如五六十而非邦也者？""唯赤則非邦也與？""宗廟會同，非諸侯而何？赤也爲之小，孰能爲之大？"

上章讲学子不应过早为政，本章讲为政不应是学子的唯一选择，为政与否要看主客观条件是否成熟而定。

子路、曾皙、冉有、公西华陪坐在（孔子）身边。孔子说："我虽比你们稍年长一点，但你们不要在意，平日里你们说（老师）'不了解我'，如果现在要了解你们，（你们打算）怎样做？"子路赶忙对答："国有战车千辆，夹在大国之间，外有重兵环伺，内有饥荒所困，让我仲由来主政，保管三年后，可使民众有勇有义。"孔子微笑以对。"（冉）求，你呢？"回答是："方圆六七十里，或五六十里，让（冉）求来主政，保管三年后，可使百姓丰衣

① 本章的"读书"，即（1.6）的"学文"、（6.25）的"博学于文"。见《孔子与论语》，第182—185页。

足食，至于礼乐教化，就要等待（高明）君子。""（公西）赤，你呢？"回答是："不敢说有多大能耐，但愿意去学。宗庙祭祀、迎来送往时，穿礼服、戴礼帽，做个小司礼官。""（曾）点，你呢？"瑟声渐稀，铿然而止，（正在鼓瑟的曾点）放下瑟起身施礼，答道："我和他们说的有些不同。"孔子说："有什么关系？也就是谈谈各人的志向。"（曾点说:）"暮春时节，穿上新制春衣，五六个年轻人，带上六七个小书童，在沂水边洗手洗脸，春风拂面漫步来到舞雩台，过后唱着歌回来。"孔子长声叹息："我赞同（曾）点（的志愿）。"（稍后）其他三人离开，曾皙拖后，问："这三个人讲得怎么样？"孔子说："也就是各述其志罢了。"问："那为何老师要笑（仲）由？"答："以礼治国，而他说话一点不谦让，因此而笑他。""那（冉）求说的不是治理邦国的事？""哪里有主政方圆六七十里或五六十里的地方还不算治理邦国的？""那（公西）赤说的不是治理邦国的事？""参加宗庙祭祀，会见外国政要，不是诸侯国事务又是什么？如果说（公西）赤只能做个小司礼官，谁能做大司礼官？"

　　曾皙（皙音析）：孔子学生，名点，曾参之父。长：音涨，年长。（乎）尔：你们，你；（率）尔：形容词词尾。以：通"已"，止，这里指不敢说，欲言又止。毋吾以也：毋以吾也，不要在意我（年长于你们）。居：平常家居。率：率先或轻率。摄：通"镊"，夹。加：外加，外兵环伺。因：受。饥：谷不熟。馑：音谨，菜不熟。（由也）为：治理。比：音闭，近。（知）方：道义。哂：音审，露齿而笑。如（五）：或。如其：至于。俟：音祀，等待。会同：设坛会诸侯。端：玄端，礼服。章甫：礼帽。小相（音象）：小司礼官。希：通"稀"。铿：音坑，象声词，如琴瑟声。舍：放。作：起身行礼。撰：述。伤：妨害。莫：通"暮"。冠者：成人，古时男二十行冠礼，迈入成年。沂：音怡，沂水。雩：音于，舞雩台，祈雨处。喟：音匮，深叹。与（点）：赞同。夫（三子）：音孚，指示代词，彼。唯：句首语气词。也与：表委婉的问语。（为）之：其。

四个学生讲自己的志向，前三个分别是带兵安邦、使民富足、礼乐助君，孔子均无非常表示，独对曾皙描述的自由自在生活加以肯定。或许在孔子看来，前三者都是手段，或不能作为君子追求的最终目的，只有全体国民过上自由自在的生活才是为政的最高境界，这也是"天下归仁"的境界，本章由此切入下篇首章。

颜渊第十二

12.1　颜渊問仁。子曰："克己復禮爲仁。一日克己復禮，天下歸仁焉。爲仁由己，而由人乎哉？"颜渊曰："請問其目。"子曰："非禮勿視，非禮勿聽，非禮勿言，非禮勿動。"颜渊曰："回雖不敏，請事斯語矣。"

上篇末章讲孔子以"吾与点"表明向往自由自在的生活；本篇首章讲"克己复礼"，自由自在生活不是不受任何约束，这也许是中国人最早意识到"自由是约束下的自由"，后来在西方变成"自由是法律下的自由"。

颜渊问如何求仁。孔子说："约束自己言行，使之合乎礼的要求，这就是仁，（每个君子）每天都这么做，天下便渐趋于仁，求仁行仁靠的是自己，靠别人行吗？"颜渊问："请问它的主要内容是什么。"孔子说："不合乎礼制要求的不去看，不合乎礼制要求的不去听，不合乎礼制要求的不去说，不合乎礼制要求的不去做。"颜渊说："我虽不很聪慧，但是愿按您讲的去做。"

己：自身。归：往。目：细则，原为网眼，与"纲"（统系网的大绳）相对。敏：聪慧。事：奉行。斯：指示代词，此。

本章的克、复，均有两义。当"克"作"约束"讲，"复"为"重叠"（吻合）义，即自己言行要能合乎礼的具体条文（或不成文规矩），所谓"不逾矩"；当"克"作"能动"解，"复"为

"践履"，即主动让自己言行合乎礼的抽象精神。[1] 前者守成，后者创新。"克己复礼"是"己立、己达"，"天下归仁"是"立人、达人"。先有正己，再有天下归仁，因此，颜回知道自己先照着做，比什么都重要。本章之旨，循礼得仁，先己后人，并无所谓"天理人欲"一说。

12.2　仲弓問仁。子曰："出門如見大賓，使民如承大祭。己所不欲，勿施於人。在邦無怨，在家無怨。"仲弓曰："雍雖不敏，請事斯語矣。"

接上章续谈为仁，孔子所作要求比上章的"四勿"更加具体，在上章沟通"仁"与"礼"的基础上，再将"仁"与"敬""怨"相关联。

仲弓（冉雍）问如何求仁。孔子说："出门在外要像见到贵宾般（对人恭敬），使唤民众要像主持祭祀大典般（不误时辰）。自己不想要的，不强加于人。官场上也好，居家也好，都能做到不怨天尤人。"仲弓说："我虽不很聪慧，但是愿按您讲的去做。"

承大祭：大祭重时，喻使民要不误农时。在：担任，居处。无怨：不是别人不怨己（这点难以控制），而是不怨别人，广义说不怨天尤人。

恭敬对人，体谅民难，是主敬；将心比心，与人无怨，是行恕，这同样是要自己先做起来，所谓"为仁由己"。本章与上章异辞而同旨：勿施不欲，即"克"；大祭大宾，即"复礼"；邦家无

---

[1]　子安宣邦认为"行仁"要以民众共同的立场为立场；所谓"仁"，就是能深入思考他人状况的心理活动及能力，即"能近取譬"，见《孔子的学问》，第113、140页。而"为仁由己"，讲的就是"只要自己发挥主体能动性，就一定可以实现仁"，见《重释传统——儒家思想的现代价值评估》，第199页。还有学者指出，本章其实要"把自然人社会化，把自然欲望的表达礼仪化"，见《政治与人：先秦政治哲学的三个维度》，第93页。

怨，即"天下归仁"。①

12.3　司馬牛問仁。子曰："仁者其言也訒。"曰："其言也訒，斯謂之仁已乎？"子曰："爲之難，言之得無訒乎？"

接上章续谈为仁，侧重说明求仁在行不在言。

司马牛问如何求仁。孔子说："仁者说话（谨慎而显得）笨嘴笨舌。"又问："说话笨嘴笨舌就可以称作仁吗？"孔子说："（说来容易）做起来难，那么说话是不是（要谨慎而显得）笨嘴笨舌？"

訒：音刃，言语迟滞。斯：连词，则。已乎：用于加强疑问，了吗。（言）之：连词，则。

连续三章问仁，本章孔子给出的要求最低，也最具体、最常见，即不要讲到做不到，可见求仁在行，不在言。说得再漂亮，如果做不到反而害仁，或许在孔子看来，夸夸其谈鲜矣仁。

12.4　司馬牛問君子。子曰："君子不憂不懼。"曰："不憂不懼，斯謂之君子已乎？"子曰："内省不疚，夫何憂何懼？"

本章接于上章，暗示仁人君子，一体两面。两章均由司马牛求问，而针对孔子的回答，似觉得不够，皆以"斯谓之……已乎？"表示怀疑：就这么简单？这体现孔子教学由浅入深，从学生最习以为常之处入手。

司马牛问何以为君子。孔子说："君子没有担忧和害怕。"又问："没有担忧和害怕，就可以称为君子吗？"孔子说："内心反省无愧疚之处，哪里会有担忧和害怕？"

疚：心哀，这里指因自己过失而惭愧。夫：音浮，句首语气词。

"仁者不忧，勇者不惧"，内不忧己私，外不惧人势，② 孔子此

---

① 《论语还原》，第139、937页。从政治哲学层面讲，本章的"己所不欲，勿施于人"，有学者认为"有助于提醒当权者认识到被统治者也和他们一样具有情感和欲望，应该被当作人来对待"，见《轴心时代的儒家伦理》，第177页。

② 《毓老师说论语》，第296页。

处以仁和勇界定君子，其实是很高的要求，但又并非高不可攀，只要做到每日反省无愧于心便可。君子尽力而为，不能左右环境，无法决定结果，问心无愧便是心安，便能远离忧虑与恐惧。

12.5 司馬牛憂曰："人皆有兄弟，我獨亡。"子夏曰："商聞之矣：死生有命，富貴在天。君子敬而無失，與人恭而有禮。四海之內，皆兄弟也。君子何患乎無兄弟也？"

上章孔子告诫司马牛"不忧"，本章谈论司马牛之忧，并且再次强调做好该做的，所忧自消。

司马牛担忧地说："别人都有兄弟，独独我没有。"子夏说："我听说'死生有命定，富贵在天意'，君子（对事）敬业而不草率，对人恭敬而有礼节。（做到这些）天下处处有兄弟。君子哪用得着担心没兄弟？"

亡：音义无。商：卜商（子夏）。失：音义佚，放纵，随便。四海之内：指整个华夏。

本章之旨，不要去忧自己无法决定的事，如死生、富贵，只要尽力做好自己能做的，如敬事业、与人恭，就到处都会有人把你当兄弟，[①] 能解忧的只能是自己不懈地努力。

12.6 子張問明。子曰："浸潤之譖，膚受之愬，不行焉。可謂明也已矣。浸潤之譖膚受之愬不行焉，可謂遠也已矣。"

上一章讲先做好自己，自然能得到兄弟之谊，化解己"忧"；本章讲只要冷静观察，自然可增强己"明"，处惊不变。两章相接，一正一反：敬业乐群则少"忧"，不受干扰则能"明"。

子张问（如何才能称得上）明察。孔子说："谗言如水浸润物细无声，控诉如感同身受切肤痛，都不能打动他，可称得上明察。（做到这些也）称得上远蔽。"

---

① 关于中国学者张彭春借助本章思想起草《世界人权宣言》第一条，详见《中国的自由传统》，第68页。

谮：音 zèn（怎去声），讲人坏话。愬：音诉，诽谤。

孔子眼中的明察、远蔽，是秉持理性，不为他人煽情所感染：不管是润物细无声式的，还是暴风骤雨式的，都不为之所动。如此方能防谄、听讼，做到明察秋毫、远蔽不塞。本章也启示我们，执政理性依赖于依法治理、按规则办事，不能纵容闹事者。用牺牲法律规则来平息民众不当情绪，只会激起对政府更多的不满，让政府失信，令法律蒙羞。

12.7 子贡问政。子曰："足食。足兵。民信之矣。"子贡曰："必不得已而去，於斯三者何先？"曰："去兵。"子贡曰："必不得已而去，於斯二者何先？"曰："去食。自古皆有死，民無信不立。"

上章论"明"，本章接着强调"信"。由明而信，能察远更令人可信，短视终为民所弃；偏听信、纳谗言，昏昧不明，都难取信于民。"民信之"也是统治合法性的终极来源，只有长远地为民所信才有稳固的统治。

子贡问为政之道。孔子说："有足够的粮食，有充足的军备，得到百姓信任。"子贡问："如果迫不得已一定要去掉一个，三者中先去哪一个？"答："去掉军备。"子贡问："如果迫不得已一定要再去掉一个，二者中先去哪一个？"答："去掉粮食。自古以来人都要死，但得不到民众信任，（统治者）难以立足。"

必：假使。斯：这。民无信：民（对统治者）不信任。

在孔子看来，统治者统治权威不是来自足食，更非来自足兵，不能以军队守护自己的政权，也不能只是保证百姓有口饭吃。统治权威来自被统治者的同意，即得到百姓的信任。本章所指向的不是个人的道德品格，而是一种政治伦理。[1] 参见（13.11）。

---

[1] 《中国的自由传统》，第 56 页。也有学者从本章读出：统治者一旦失去人民的信任，就无法继续在这个国家生存下去，"政治也就崩溃了"，见《孔子的学问》，第 78、122 页。

12.8　棘子成曰："君子質而已矣，何以文爲？"子貢曰："惜乎！夫子之説，君子也。駟不及舌。文猶質也，質猶文也。虎豹之鞟猶犬羊之鞟。"

上章的子贡从孔子那里知道不可失信于民，本章的子贡针对棘子成信口开河，暗示失言会有失信之虞。相对于硬（"质"）的食与兵，软的信也是不可缺少的"文"。

棘子成说："君子具备好的内质就可以了，礼文有什么用？"子贡说："可惜啊！这位先生是这样理解君子啊。舌动话出，速度快过四马套的车（说话怎能不小心），文是质的一部分，质也是文的一部分，去毛后的虎豹皮与去毛后的犬羊皮有何差别？"

棘（音集）子成：卫大夫。夫子：指代棘子成，当时称大夫为夫子，驷：音四，四匹马拉的车。犹：可，同样。鞟：音廓，去毛的皮，皮革。

子贡以为，去掉文，质不成其为质；去掉质，文不成其为文。君子能借"礼文"升华其内质；统治者可由取信于民，或能众志成城，或能赈贫济困，渡过危机。礼文作为外在的软实力，其作用不可小视，它是制度文明的重要内容。

12.9　哀公問於有若曰："年饑，用不足，如之何？"有若對曰："盍徹乎？"曰："二，吾猶不足，如之何其徹也？"對曰："百姓足，君孰與不足？百姓不足，君孰與足？"

从上章的文质一体切入本章的君民一体，文质适度则文质彬彬，税赋有节则政通人和。

哀公问有若："收成不好，（财政）支出不够，怎么办？"有若恭答："为何不行什一税？"公说："取两成的税，我还不够用，怎么能只取一成？"答："百姓富足了，国君怎会不足？百姓不足，国君怎会富足？"

饥：谷物不熟，荒年。用：费用，这里指公共开支。盍：音何，何不。彻：古代十取一的税制，什一税。二：指抽取两成的税收。犹：尚且。孰与：怎么。

哀公讲的"用"是现有之用，有若讲的"足"是未来的税源，只有通过减税扩大生产才能扩充税源，这也是奉行"供给学派"教义的"里根经济学"之重要政策主张。本章之旨，"君用"不能以损害"民足"为代价，否则君民一体瓦解，君用之源干涸。

12.10　子張問崇德、辨惑。子曰："主忠信，徙義，崇德也。愛之欲其生，惡之欲其死。既欲其生，又欲其死，是惑也。'誠不以富，亦祗以異。'"

从上章的税赋有常（专行彻法）切入本章的情感有常，税收无常失信于民，情感无常失去爱情。另外，两章都有"惑"：惑于君用足否，惑于爱恶情感；两章都需"明"：应明白究竟先满足谁，应明白究竟是谁错了。

子张问如何才能做到积聚德行，辨惑去疑。孔子说："以忠信为本，切合时宜，这就是积聚德行。喜爱一个人就想其永生，厌恶一个人就想其死掉，既要其生，又要其死，这就是有惑啊。（如同《诗经》所言）'确实以为（婚姻）不幸福，亦只好离异收场'。"

崇：积聚。① 徙：改变。诚：确实。以（富）：以为；富：通"福"。祗：音支，通"嗜"，② 止。《四书章句集注》写作"祗"似有误。

所引《诗经·小雅·我行其野》中的诗句，讲两个人分手非嫌贫爱富，而让人不可理解。旧注多以此句为错简，其实，人有惑而失去理智，其行为也让人不可理喻。本章之旨，崇德之人理智战胜情感，不受感情左右。

民意如流水，现代选民对政治人物的态度会有很大波动，真可谓"爱之欲其生，恶之欲其死"，从政者一味地按民调行事很难称得上"辨惑"，这是他个人的悲哀，也是现代民主政治的悲哀。

---

① 《古代汉语词典》，第208页。
② 雒江生：《诗经通诂》，三秦出版社1998年版，第504页。

12.11 齊景公問政於孔子。孔子對曰："君君，臣臣，父父，子子。"公曰："善哉！信如君不君，臣不臣，父不父，子不子，雖有粟，吾得而食諸？"

上一章讲"崇德不惑"，本章讲"政在有序"，如果有争位之惑、越权之惑，则天下大乱，包括君王在内都没有饭吃。

齐景公问孔子施政之道。孔子恭答："君守君的本分，臣守臣的本分，父守父的本分，子守子的本分。"景公说："很对！果真若君不守君的规矩，臣不守臣的规矩，父不守父的规矩，子不守子的规矩，即便有粮食，我也食不甘味。"

君君：前一个"君"为名词的君；后一个"君"为动词，担负君责。① 信：果真。诸：之于。

"君君"就是君要担负其社会职责，这也是将君王之"身"与君王之"位"相区别，君王个人与其社会角色相区分；"君君、臣臣"也把君臣的权力界定清楚，互不侵越，这种分权体现责任，也是权力相互制约的基础。遗憾的是，中国古代缺少本质上的权利意识，这种分权始终不能循着法治轨道形成稳定的制度性规则。

12.12 子曰："片言可以折獄者，其由也與？"子路無宿諾。

上一章讲君臣间的职责分工应明断，本章说子路在判案时有明断，能明断的前提是"民信之"，否则要么不信其言，要么上告不断。如此编排也许是想暗示：臣要在自己职权范围内敢于担当，不

---

① 本章词组中的"第一个字指的是既定的社会角色，第二个字则是针对经验世界混乱无序所树立的理想形态。具有特定称谓的各类人等，并不一定就符合那些称谓所包含的理想意涵"，参见《轴心时期的儒家伦理》，第64页。而在胡适看来，本章的主旨是讲"须尽人道"，人要在各自具体的岗位上尽人道，见《中国哲学史大纲》，第74页。还有学者指出，本章的"正名"就是"正身"，"正名"也与百姓的命运联系在一起，"正名"因而是"己欲立而立人，己欲达而达人"的过程，见《政治与人：先秦政治哲学的三个维度》，第100—102页。子安宣邦则认为本章是"为政以德"的根本，即"君主要像个君主""执政者要像个执政者"，而不是说用道德来执政，见《孔子的学问》，第102页。

可推诿，把麻烦上交了事。

孔子说："能够三言两语就把案子断了，是不是只有（仲）由才有这种能耐？"子路事前不给人作什么承诺。

片言：非长篇大论，也有指涉案双方之一的片面之词。折狱：断案。宿：音素，预先。

子路为人轻言重行，断案也是要言不烦，关键是如此断案能让人信服，不会喊冤，这取决于子路平日能取信于人，没有这方面的修养，就会有所谓"轻诺必寡信"，不事先给人什么承诺，才不会有反悔失信之举。

中国古代社会较简单，是非曲直容易判定，子路这样断案减少社会成本，但多少会以牺牲正义为代价。

12.13 子曰："聽訟，吾猶人也，必也使無訟乎！"

上一章说子路能够明断判案，让人信服；本章讲孔子期望以礼治国，使民无讼，以"道"胜"术"才是正道。

孔子说："听诉讼（判案的才能），我没有过人之处，（但我追求的是百姓和睦，）用不着打官司！"

讼：音颂，官司。犹：如。

在孔子看来，子路那样好的断案本领属于消极的能力，如果百姓之间不轻易兴讼，而让这种能力闲置未尝不好。因此，如何做到不起争端、和平调解争端，是统治者应追求的目标。毕竟司法是有成本的，熟人间上法庭解决纠纷，对社会资本伤害尤大。美国那种讼棍遍地、律师收钱辩歪理等，是否也算现代法治社会的负面现象或现代文明的必要代价？值得思考。

12.14 子張問政。子曰："居之無倦，行之以忠。"

上一章讲孔子以无讼社会为施政目标，本章暗示从政君子如何去做，才有无讼社会。无讼有赖善政。

子张问从政之道。孔子说："在位不懈怠，忠实履行使命。"

居：得位。行：得任用，指具体使命。

居之无倦，守位不倦勤，不会因自己怠惰而引发民众的兴讼；行之以忠，竭尽全力，凭良心办事，无偏私、民信之而无兴讼之心。本章之旨，使民无讼，君子行为至关重要，无讼是"风行草偃"的自然结果。

12.15 子曰："君子博學於文，約之以禮，亦可以弗畔矣夫!"

本章重出，别有深意。上一章讲君子如何使民无讼，本章讲君子如何使己远讼，又一次体现孔子"反求诸己"的思想。

孔子说："君子广博地吸收各种知识，以礼制约束自己，也就可以不违背法律（而远离官司了）。"

畔：违背。

"博文"使人明智，"礼约"使人谨慎，自然不会做违法背礼、犯上作乱之事，不会吃官司。如此解读，不难理解为何有此重出。

12.16 子曰："君子成人之美，不成人之惡。小人反是。"

上一章讲到博文、约礼，旨在"己立"；本章讲成美不成恶，旨在"立人"，两者补全而使社会趋于无讼。

孔子说："君子成全别人的好事，不会促成别人的坏事。而小人反过来做。"

成：成全，助成。

君子不是"自了汉"，成人之美，美美与共。君子还有一个重任：让小人受到熏陶，渐渐成为君子。最后，君子越来越多，谦谦相让，无以成讼。

12.17 季康子問政於孔子。孔子對曰："政者，正也。子帥以正，孰敢不正?"

上一章讲到无位君子如何立人，本章讲有位君子如何正人。身教重于言教，身教有从，言教不能远讼。

季康子向孔子请教施政要诀。孔子恭答："施政便是行正，你自己率先行得正、走正道，（属下）谁还敢行斜走歪？"

子：代词，相当于"您"。① 帅：通"率"。

正人先正己，自己行得正，才有资格去要求别人，也才能体现领导力。② 在孔子看来，领导者的人格魅力首先来自"率以正"，只有"从我做起"，才能让别人"向我看齐"。

12.18　季康子患盜，問於孔子。孔子對曰："苟子之不欲，雖賞之不竊。"

本章是上章内容的延伸。百姓出了问题，官员要从自己身上找原因，这是另一形式的"率以正"。

季康子苦恼民盗四起，向孔子求教。孔子恭答："如果你自己无贪欲，（则民风淳朴。）就是你奖赏偷窃，也不会有偷窃发生。"

患：忧虑。苟：如果。子：您。

官员贪欲不止，窃得非分之财，使民众起盗心，强征暴敛也会逼良民为盗民。相反，官员寡欲而只取其应得之财富，通过自己的行动教导百姓：以盗而富为耻。上章是"不敢"不正，本章是"不愿"行窃，治理的境界更高一层。

12.19　季康子問政於孔子曰："如殺無道，以就有道，何如？"孔子對曰："子爲政，焉用殺？子欲善，而民善矣。君子之德風，小人之德草。草上之風，必偃。"

上两章说明百姓不愿为恶，胜过百姓不敢为恶；本章继续阐明这一思想，教化优于刑杀。另外，从"无意为恶"，到"有意为善"，皆为身教教化之效。

季康子向孔子请教施政之道："如果杀了为恶之人，以成就行

---

① 《汉语大词典普及本》，第 1322 页。

② 有学者认为孔子的"教化之道"也就是现代政治学意义上的政治社会化过程，即一个人从"自然人"变为"政治人"的过程，见王小丁、张宗明《孔子政治哲学思想中的人文主义》。还有学者提出，本章的"正"或谓"政治"，"不是将私党认为的正确性强加于人民，而是必须实现民众所追求的公正"，见《孔子的学问》，第 120 页。

善之人，怎么样？"孔子恭答："你施政，哪里用得着杀人？你向善则民向善。君子的品行如风，小人的品行如草，有风加在草上，草必随风倒。"

无道：不行正道的坏人。君子、小人：分别为在位、无位者。偃：音眼，面朝天倒下。

孔子主张"去杀"，反对以杀人的方式治国。在他看来，以德治国的关键是，有位者以其身教形成一种社会风尚，引领无位者向善。自上而下的严苛政令，不如自上而下的崇德风尚更能影响社会。因此，治国也是教化的过程，① "化人"更人道，更能长治久安，而"杀人"实属弃民之举：弃民之君，终为民所弃。

12.20 子張問："士何如斯可謂之達矣？"子曰："何哉，爾所謂達者？"子張對曰："在邦必聞，在家必聞。"子曰："是聞也，非達也。夫達也者，質直而好義，察言而觀色，慮以下人。在邦必達，在家必達。夫聞也者，色取仁而行違，居之不疑。在邦必聞，在家必聞。"

上一章讲君子品行关系社会风尚，本章进一步说明君子能正面影响社会风尚的，是其"达"而非其"闻"。

子张问："士子如何才可称作'达'？"孔子说："你的那个'达'是指什么？"子张恭答："在诸侯邦国必定名气很大，在卿大夫家邑必定名气很大。"孔子说："那是'闻'不是'达'。能称作'达'的，质朴正直，讲求信义，察言观色，与人谦卑。在诸侯邦国必定成为人们的好榜样，在卿大夫家邑必定成为人们的好榜样。

---

① 有学者认为，孔子眼中的官民关系，不是一种强制的"统治"关系，而是"一种具有人道色彩的交互性的感化互动关系"，参见林存光主编《儒家式政治文明及其现代转向》，中国政法大学出版社2006年版，第40页。另有学者指出，与《论语》其他处不同，本章的"君子"是指"位"而言，孔子及其传人是要尽量把"君子"从古代专指"位"的旧义中解放出来，而强调其"德"的新义，见《中国思想传统的现代诠释》，第121页。再有学者提出，本章表明孔子的理想政治秩序，是一种基于"典范—模仿"关系的审美秩序，见王光松《哲人与政治：从孔子与〈论语〉中四类人的关系看孔子的政治哲学》。

而被称作'闻'的，外表看很仁厚，行为举止却与仁德相背，久而久之自己也深信不疑（自己是个达人），这种人在诸侯邦国必定欺世盗名，在卿大夫家邑必定欺世盗名。"

达：显贵，这里指给人以正面示范。闻：音问，名声，这里指有名无实的声誉。色：外表。取：采取。居之：安然受之，自居。

孔子眼中的"达"者，先"己达"再"达人"，表里如一，因向社会传递正面的影响，成为社会楷模而显达。其"达"是求诸己的自然外溢，并非其主动追求的结果。因此显达之后也能顾及别人感受，与人谦卑，从不颐指气使。相反，所谓"闻"者，表里不一，欺世盗誉，暴得大名，如雷贯耳，但对社会并无实质性贡献，甚至误导社会风气向不好的方向变化。①

12.21　樊遲從遊於舞雩之下，曰："敢問崇德、脩慝、辨惑。"子曰："善哉問！先事後得，非崇德與？攻其惡，無攻人之惡，非脩慝與？一朝之忿，忘其身，以及其親，非惑與？"

上一章讲要"达"不要"闻"；本章讲如何做，才可有"己达"。先"己达"再"达人"，就有了"君子之德风"。

樊迟跟随孔子在（祈雨的）舞雩台下游览，问："冒昧请教，如何才能积聚德行，修除邪念，辨别疑惑？"孔子说："问得好！先做该做之事，其后再讲利得，这不是积聚德行吗？改正自己的过错，而不是以别人的过错为自己的过错作辩解，这不是修除内心的邪念吗？一时气愤，（鲁莽行事，而）忘掉自身安危，甚至累及双亲，这不是受迷惑了吗？"

雩：音谀，（谀天以）祈雨。慝：音特，匿恶于心，邪恶。其：己。攻：攻错，用外在的力量改变自己，常作正面使用，此处似为负面引用。朝：音招，早晨，这里指"一时片刻"。忿：音愤，怒。

---

① 也有学者从仁义角度来解释本章，说"闻名者心居仁不疑，却无行动上的显露"，是有仁无义（义为仁的外现，所为"行义以达道"），而"达"则是有仁有义，参见《中国政治哲学发展史——从儒学到马克思主义》，第89—90页。

德者，得也。不纯为己利做事，就是孔子眼中的"德"，这样才会有比私利更大的德，即知识人的社会担当。无攻人之恶，是反义的"见贤思齐"，即不以他人恶行掩饰自己恶迹。人若以不如己的人作标杆，自己不可能进步，社会也无法形成好的风尚。带来不良后果的泄愤之举，是无责任的表现，此种情绪不能及时制止，社会就充满暴戾之气，随时把明天当世界末日，文明风尚何以累积？

12.22 樊遲問仁。子曰："愛人。"問知。子曰："知人。"樊遲未達。子曰："舉直錯諸枉，能使枉者直。"樊遲退，見子夏。曰："鄉也吾見於夫子而問知，子曰，'舉直錯諸枉，能使枉者直'，何謂也？"子夏曰："富哉言乎！舜有天下，選於衆，舉皋陶，不仁者遠矣。湯有天下，選於衆，舉伊尹，不仁者遠矣。"

上一章讲如何"己达"，本章讲如何"达人"。达人要义在化人：使小人越来越少，君子越来越多。

樊迟问如何行仁，孔子说："爱人。"问何谓智，孔子说："知人。"樊迟表示不解，孔子又说："举直错诸枉，能使枉者直（提拔正直谨慎之人，以他们作为榜样，并领导及感化心思不正、自欺欺人的人，而能使后者变好）。"樊迟退下来，见到子夏，说："刚才我见到老师，问他何谓智，老师说：'举直错诸枉，能使枉者直'，什么意思？"子夏说："这种讲法真是蕴意丰富啊！舜在治理天下时，从民众中选用皋陶，不仁者远离不仁（而化枉为直）。汤在治理天下时，从民众中选用伊尹，不仁者远离不仁（而化枉为直）。"

（问）知：音义智。达：通晓，理解。乡：音向，先前，这里指"刚才"。有：治理。① 皋陶：音高尧，舜之臣，掌刑狱。汤：成汤，商代开国国君。伊尹：汤之臣。

孔子间接回答樊迟的问题：智者知道何为直者、何为枉者，仁

① 《汉语大词典普及本》，第 1705 页。

者举用直者以感化枉者。"达人"就是转化人，让不仁者远离不仁。①成功的统治不是单纯为民众提供物质幸福，更重要的是提供让人能有自我提升的大环境，这是统治者所应提供的最重要公共品。相反，物质丰富、人心颓废，不算是成功的治理。孔子看到这一点，但他只能想到让自己弟子努力由"己达"而"达人"，没办法从制度层面保证这种努力能够有成效，这也是当时制度文明的软肋所在。

12.23　子貢問友。子曰："忠告而善道之，不可則止，無自辱焉。"

上一章讲如何"达人"，本章讲"达人"有度，个人无法承受其无限代价。

子贡问交友之道，孔子说："提出忠告，善加劝导，不起作用就及时打住，不要自取其辱。"

道：音义导。

君子化枉固然是其社会责任，但能否成功，取决于枉者有无向善之心。若彼无意，却屡屡劝导不止，不仅自讨没趣，也有干涉他人自由之嫌。行善有度，才不致破坏社会的有序运转，否则，本欲送人上"天堂"却反让人入"地狱"。

12.24　曾子曰："君子以文會友，以友輔仁。"

从上一章的劝友向善，切入本章的与友共进，境界更高了。具体说，从"助人"到"互助"，前者是单向的、有限度的，后者是双向的、无止境的，最后臻于"天下归仁"。

曾子说："君子通过文章讲学来聚友，再通过文友相辅共进于仁。"

以：用。会：聚，交结。

---

①　有学者认为，本章有"贤者以类相聚的意思，其中也有贤者以身作则的意思"，结论是"经由政治的途径来提高教化的力量"。《儒家的社会思想》，第377页。

君子共进于仁是"天下归仁"的一部分，本篇以此结束，可与篇首章相呼应。另外，虽说"为仁由己"，若能"以友辅仁"则收效更大。君子进于仁并不是最终目的，而将这种仁心用在施政上，才是君子更高的追求，并为此有更为积极主动的作为，实现更大范围的辅仁，由此切入下篇首章"子路问政"。

子路第十三

13.1　子路問政。子曰："先之，勞之。"請益。曰："無倦。"

上篇末章论交友，属私人范畴，友朋之间是对等的，其交互影响具双向性。本章论施政，属公共范畴，官民之间是"引领—追随"的关系，官员率先垂范是单向的，两章对照，凸显为政者的责任。

子路问施政之道。孔子说："先自己带头做，（以身教示范，民众做成）再犒劳他们。"再问还有什么，答："不倦怠。"

（先）之：代词，指事。劳：音酪，犒劳。也有解作"君子信而后劳其民"（19.10）的"劳"。（劳）之：代词，指民众。益：增，另外。

"先之"就是"子帅以正"。孔子虽然没有官民平等意识，但为官者地位高、责任大，要先之，要无倦。劳作在先、不容有倦怠，这种官员做起来恐怕真的有些辛苦。用现代的术语来讲，"官不聊生"民有幸；相反，精英蜂拥进官府，生活惬意，百姓的日子不会太好过。

13.2　仲弓爲季氏宰，問政。子曰："先有司，赦小過，舉賢才。"曰："焉知賢才而舉之？"曰："舉爾所知。爾所不知，人其舍諸？"

上一章谈为政，讲如何处理与普通民众关系；本章也谈为政，讲如何处理与下级官员关系。本章也是对上章的补充，说明不但要自己先做，还要努力发挥部下的作用，在任用贤才上，也要"先之"。

仲弓担任季氏的总管，问施政之道。孔子说："先让在具体职位的人负责，宽赦他们的过失，任用贤德的能人。"又问："怎么知道谁是贤德的能人而任用他？"答："任用你所知道的，你不知道的，别人难道会舍弃他（而不向你举荐）？"

仲弓：孔子学生冉雍。宰：卿大夫家的总管。赦：免予追究。焉：如何。尔：你。其：副词，表反诘，难道。① 诸：第三人称代词，他。

做事担责，不会无过，赦其小过才能有大功，否则下级无担当、有推诿，信奉"少做少错，不做不错"，怎会有大的事功？自己用人的导向就是活广告：你用贤才，自有人向你推荐贤才，② 这就是用人上的"先之"之效。这里其实涉及如何让人才脱颖而出的机制，也暗示不能在小圈子选人，不能盯住熟人选人，要广开进贤之门。

13.3　子路曰："衞君待子而爲政，子將奚先？"子曰："必也正名乎！"子路曰："有是哉，子之迂也！奚其正？"子曰："野哉由也！君子於其所不知，蓋闕如也。名不正，則言不順；言不順，則事不成；事不成，則禮樂不興；禮樂不興，則刑罰不中；刑罰不中，則民無所措手足。故君子名之必可言也，言之必可行也。君子於其言，無所苟而已矣。"

继续谈为政。上章着眼于"用人"这一形而下层面，本章转入"正名"这一形而上层面。上章讨论对象是由具体到抽象，本章内容的展开则是由抽象到具体。

子路问："如果卫国国君打算请您主政，您准备首先做什么？"孔子说："必定先要纠正混乱名称（以使名实相符）！"子路说："有这样的吗，您这样恐怕太过迂回（远水救不了近火）！从何正

---

① 《古代汉语词典》，第1190页。

② 有学者认为，孔子提出的"举贤"主张，是要弥补其"正名"主张的不足，也体现其政治思想中的平民精神，"这种平民政治精神，可以说与中国后世科举制度的产生有着直接的联系"，见《中国政治哲学发展史——从儒学到马克思主义》，第74—75页。

起?"孔子说:"(仲)由啊,你真是粗野!君子对于自己不知道的,大概阙疑(不言才是)。名实不符,则讲起来不顺合情理;不顺合情理,则做事不能有成效;做事不能有成效,则借助礼乐的德治难以兴起;借助礼乐的德治难以兴起,则刑罚之治也会不得当;刑罚之治不得当,则百姓手足无措,不知如何适从。因此,君子的名分必定要在情理上讲得通,所讲的必定能(让别人接受而)行得通。君子对于自己所讲的,不能苟且马虎才对。"

待:打算。(待)子:您。奚:疑问代词,何。正名:使名实相符。迂:绕弯子。盖:大概。阙:音缺,空缺,这里指对自己不知的东西缄口不作妄言。(阙)如:动词后的助词。刑:肉刑。罚:罚金。措:放置。中:音仲,切中,得当。苟:苟且,随便。

本章是孔子对自己政治哲学的总概括。"正名"关系执政的合法性,关系施政的价值导向。[①] 孔子的解释是要说明,自己的施政逻辑,最终可落到实处,并不是徒劳无功地绕圈子。"正名"实际是当时对权力合法性的确认,它要求应天理、合人伦,这样发出的号令才能易为人接受,才能办成事,有执行力。事功彰显礼乐,刑罚补充礼乐,作为最后的规制手段,刑罚不得当,百姓不知该如何守规矩。"必可言",所言能放到台面上,合乎天理人情;"必可行",所言能为别人接受,具备可行的客观条件;"言无苟",不乱讲话,不言不可言、不可行之言。

13.4 樊遲請學稼,子曰:"吾不如老農。"請學爲圃。曰:"吾不如老圃。"樊遲出。子曰:"小人哉,樊須也!上好禮,則民莫敢不敬;上好義,則民莫敢不服;上好信,則民莫敢不用情。夫如是,則四方之民襁負其子而至矣,焉用稼?"

上章讨论为政的形而上之道,本章讲具体职业技能属于形而

---

① 有学者指出,"正名"即在弘道,提出"正名"问题本身就说明孔子自始即关怀终结价值信念的"道"。参见赵明《论作为政治哲学的先秦儒学》。

下，为政者不应太过关注，再次说明孔门所教授的不是专门谋食之术。

樊迟请教如何种庄稼，孔子说："我比不上老农。"请教如何种菜，答："我比不上老菜农。"樊迟退出。孔子说："樊迟真是个（好器）的小人！主政者好施礼，那么百姓不敢不敬；主政者好行义，那么百姓不敢不服；主政者好守信，那么百姓不敢作伪。如果这样，周边邦国的百姓会背负幼子前来投靠，（自己）哪里用得着知道如何种庄稼？"

稼：音嫁，种庄稼。圃：音浦，种菜种瓜果者，这里代指相关技艺。樊须：樊迟，名须，字迟，古礼长辈及老师称人名，其他人称字、自称己名为谦称。情：实；不用情：作伪。夫：音孚，句首语气词。襁：音抢（qiǎng），背负小儿用的宽带。

本章孔子提出三个重要思想；一是主政者应做好制度建设，并身体力行以为榜样；二是制度的优劣决定了一国能否吸引外人，在国与国竞争中胜出；三是基本制度是因，物质财富是果，不能因果倒置。在孔子看来，百姓具体的谋生技艺，不是准备从政的学子应学习的内容，[①] 那样容易沦为"小人（儒）"，他不愿看到自己的学生成为谋食不谋道的小人（儒），用现代学者的话来说，即"精致的利己主义者"。至于当政者具体指挥农民如何搞农业生产，按孔子的讲法，更是天大笑话。

13.5 子曰："誦詩三百，授之以政，不達；使於四方，不能專對；雖多，亦奚以爲？"

上一章谈不学形而下的谋生技艺，本章讲对所学形而上的知识，要能做到学以致用，以避免上章可能引起的误解，说明孔子并非教弟子不食人间烟火。

孔子说："诵读《诗经》三百篇，命其行内政，却不能通达

---

① 亚里士多德也提出，了解各种致富方法，是从事各种职业者的本分，而不是"政治家的本分"，见氏著《政治学》，第30页。

(理解诗中的民志政事)；（命其办外交）出使四方邻国，却不能独当一面（在外交辞令上灵活运用《诗经》内容。如此）读得虽多，又有何用？"

专：独。亦：又。奚：何。以：用。为：句末语气词，用作加强语气。①

《诗经》所述治乱得失和民情倾向，在当时就是一部施政宝典；《诗经》的语言艺术也为华夏各国所遵奉，是国与国之间交流的通用语言。因此，孔子要求学生学以致用地读《诗经》：熟悉其中的民意民志，使之成为自己施政的参考；掌握其中的隐喻诗句，使之成为自己外交应对的武器。这一理念在当代又以新的形式出现："学马列要精，要管用。"透过这一章，我们不难理解，为何孔子不可能成为苏格拉底那样的纯粹思想家，两人追求不同，无法简单类比。

13.6　子曰："其身正，不令而行；其身不正，虽令不从。"

上一章讲学以致用，本章暗示最有效的"用"是身正，或者说，"用"要首先着眼自身而非仅用于治人。

孔子说："（主官）自己行得正，部属无须命令，就会（仿效）而行；自己行不正，即便有命令，部属也不会遵从行事。"

其：如果。身：发令者自身。

本章之旨，"令"的效率取决于发令者自身能否以身作则，"政之效"有赖于"身之教"，这或许可称为孔子的"政—教合一"。依令而行，是人治的本质特征，而人治之"治"本身又有着丰富的内涵，不是一个令所能完成的，孔子这里点出了通过"正己"所塑造的人格力量在其中所起的作用。但如果过分注重正己而忽视领导者的能力，也可能在选人上出现偏差，以致民众在关键时刻不知向何方行，或许简单的、循环往复的农业社会并不存在这样的问题（其实，孔子眼中，行仁政是其唯一的方向），才更加凸显了"身正"的效能。

---

① 《四书语言分析》，第168、155—156页。

13.7 子曰："鲁卫之政，兄弟也。"

上章讲到"令行"与"身正"，如影随形，有如兄弟；本章讲鲁、卫之政有相似的来源、类似的结局，亦如兄弟。本章也是解决"令行"的方向问题，即"行仁政"。

孔子说："鲁、卫两国的政治，有如兄弟（般的相似）。"

政：政制。兄弟：鲁、卫两国，开国者周公旦和康叔，均为姬昌（后被封为周文王）之子。

鲁、卫政制始创者确为兄弟。历史上两国都曾奉行仁政，现如今都陷于衰乱之中，确有兄弟般相似。本章之旨，孔子想首先恢复鲁、卫过往的仁政，而两国如能相互支持，就有"兄弟同心，其利断金"之效。

13.8 子谓卫公子荆，"善居室。始有，曰：'苟合矣。'少有，曰：'苟完矣。'富有，曰：'苟美矣。'"

上章孔子叹鲁、卫之政均由盛而衰，成了难兄难弟；本章孔子赞卫公子荆晓得居室财富，毕竟是身外之物。两章相接，编者似乎在暗示：追求行仁政者不应迷恋私产，这是卫国复兴仁政的基础。

孔子评价卫公子荆，"真正懂得如何持家。刚有一点财产，就说：'大致够了。'稍多一点财产，就说：'基本不缺什么了。'有了富余财产，就说：'接近完美了。'"

居室：居家过日子，持家。有：有财。苟：粗略。合：足。①少：音义稍。富：有富余。

欲壑难填，永无厌足。如能明白财产终有自己不能把握的一天，也就不会为物所累了。君子留存于世的，不是其府邸财产，而是其政声事功。求富不止，君子不为；求财害仁，君子耻为。为官不贪财，也是正身的一个重要内容。

---

① 《故训汇纂》，第325页。

13.9 子适卫，冉有仆。子曰："庶矣哉！"冉有曰："既庶矣。又何加焉？"曰："富之。"曰："既富矣，又何加焉？"曰："教之。"

上章称赞卫公子荆不贪财的私德，本章倡导富民有教的仁政，两章都在强调求富适度，要超越于对物质财富的追求。

孔子前往卫国，冉有赶车。孔子说："好多人啊！"冉有问："既然有了这么多人，下一步做什么？"答："使他们富裕起来。"又问："富了以后，又该做什么？"答："使他们受教育。"

适：往。仆：音葡，赶车。庶：众多，这里特指人多。[1]

人之为人，除了填饱肚子，还要充实脑子，前者靠"富之"，后者靠"教之"。在孔子看来，做到这两点，可谓治理有成。[2] 两相比较，"教之"比"富之"更重要。富了以后，如何更好地消费财富，体现消费者的受教育程度。没有"教之"，"富之"常会有适得其反的结果。如果富人因其财富而做出害人、害己、害社会的事，其致富就失去了任何意义。因此，倡导正确的财富观是国民教育的重要内容，历史上真正强大的国家，其国民一定是以挥霍为耻、以行善为荣。

13.10 子曰："苟有用我者。期月而已可也，三年有成。"

上一章讲孔子以富之、教之为治国理念，本章讲孔子叹无处施展其治国理念。如此编排也许是想暗示：孔子周游列国，就是想找个地方实践自己的治国理念。

孔子说："如果有人任用我，一年就可见效，三年功成。"

---

① 本章的"庶"字，不太引人注意。有学者就认为孔子"仁"的本意是"人道"，而"人道的本意就是最大限度地养活人"，见北野《中国文明论：中国古代文明的本质与原理》，中国社会科学出版社 2001 年版，第 105 页。

② 史华慈认为，"孔子的美好社会不像柏拉图的理想国是通过系统的演绎推理过程，再与所有单纯是'传统'的社会秩序相比较，这样一步步建立起来的理想构筑。他那美好的社会已经是在历史的长河中实现过的"，见《史华慈论中国》，第 54 页。

苟：如果。期：音基，通"朞"，一周年；期月：月份循环一遍，一周年。而已：助词，表示仅止于此。[①]

富之，一年便可；教之，三年方成。这是孔子给自己施政才能做的广告，也合乎基本规律，"教之"确比"富之"更难。后世就有人说过，富起来问题会更多。对于小国寡民的农业文明，其政或可三年有成，但对于现代国家，治国难度无疑要大得多，寄望三年，只能欲速则不达。毕竟广告语言，不可太计较。

13.11　子曰："善人爲邦百年，亦可以勝殘去殺矣。誠哉是言也！"

上章暗示善治的初步效果，本章讲善政的终结目标。作为对上章的补充，本章强调善政的长期性和复杂性，说明孔子还是实事求是的，并没被自己的才能冲昏头脑。

孔子说："性善之人（接续）治理邦国百年，也可以教化残暴之人，而可去除刑杀手段。这话的确有道理。"

为：治理。胜残：化除残暴。[②] 诚：确实。是：指示代词，此。

本章之旨，"胜残去杀"是比"富之、教之"更高的治理目标，也需更长久的时间渐进取得。事实上，两千多年后中国仍未做到"去杀"，或许绝对"去杀"多少有些乌托邦的意味，但"去杀"所体现的人道主义、所预示的人类政治文明发展方向，无疑应予肯定。因此，现代中国大幅减少死刑罪名，不只是受现代人权思想的影响，也吻合中华文明自身所追求的理想。

13.12　子曰："如有王者，必世而後仁。"

上一章讲善政的终结目标是"胜残去杀"，本章讲实施"王道仁政"需先有三十年的教化。孔子肯定"善人"，但更期待"王者"，他毕生要找的就是那个"王者"。

---

① 《汉语大词典普及本》，第 2106 页。
② 《故训汇纂》，第 253 页。

孔子说："如有行王道的君主（来统治），必定要用三十年的时间（去教化），方可实行仁政。"

王：音旺，动词，行王道。世：三十年，一代人。

"三年有成"不是孔子的最终目的，他也看不到"为邦百年"，孔子追求的是"世而后仁"。三十年的教化，让民众有了行仁政所需的觉悟，仁政才能深入人心，为民接受。可见，仁政虽好，也不能强行推行，更不能搞"己所欲，施予人"。

13.13　子曰："苟正其身矣，於從政乎何有？不能正其身，如正人何？"

上一章讲即便圣王行仁政，也需先有三十年的教化，本章讲教化正人还需从正自身做起。两章相接，编者可能要暗示在"正其身"这一点上，圣王也不例外。

孔子说："如果自身行得正，施政有何困难？自身行不正，如何去匡正别人？"

苟：如果。有：有困难。如正人何：如何正人。

在孔子看来，教化更在身教，反映当时小国寡民的实情，也是"修齐治平"的逻辑所在。现代大社会的治理恐怕主要依赖制度建设，身教只能起到补充作用，任期制也只能保证淘汰"不能正其身"者，如果过分强调身教，会给庸才太多的机会。

13.14　冉子退朝。子曰："何晏也？"對曰："有政。"子曰："其事也。如有政，雖不吾以，吾其與聞之。"

上一章讲到正其身，可以私德助公务；本章讲不正其身，会以私利坏公务，从反面强化上章的论点。

冉有退朝回来。孔子问："为何这么晚？"答："有国政（要讨论）。"孔子说："是（季氏家的私）事吧。如果是国政，我虽不在位，也会知晓的。"

冉子：记录此章的冉有弟子对其尊称。朝：季氏家的私朝（议事之处），冉有作为家宰不朝国君。晏：晚。其（事）：作代词，表示"他的"。以：用；虽不吾以：吾虽不以，我虽不被任用。（吾）其：作副词，表示"大概"。与（音予）闻：参与而知情。

本章之旨，国政为公，家事属私，当以严分。孔子反对以公谋私，借助对"政"与"事"的正名，① 是要提醒冉有应知道自己的身份，不可帮季氏谋私利，损害鲁国国政。这也是另一种意义的正身。

13.15　定公問："一言而可以興邦，有諸？"孔子對曰："言不可以若是其幾也。人之言曰：'爲君難，爲臣不易。'如知爲君之難也，不幾乎一言而興邦乎？"曰："一言而喪邦，有諸？"孔子對曰："言不可以若是其幾也。人之言曰：'予無樂乎爲君，唯其言而莫予違也。'如其善而莫之違也，不亦善乎？如不善而莫之違也，不幾乎一言而喪邦乎？"

由前两章的正"身"、正"事"，切入本章的正"言"。三章都涉及两方面或两种结果：或官、民，或国、家，或兴、衰，如有不正，或者害民，或者毁国，或者丧邦；反之，三个"正"都做到了，政治也就做好了。

（鲁）定公问："一句话就能振兴邦国，有这回事吗？"孔子恭答："这话不完全对，但也大致不差。有人讲：'做国君难，作为大臣也不容易。'如果知道做国君的艰难（而能临深履薄，这句话的效果）不几乎是一言而兴邦吗？"又问："一句话就能搞砸了整个邦国，有这回事吗？"孔子对答："这话不完全对，但也大致不差。有人讲：'我做国君没什么快乐，唯有讲话没有人敢违抗。'如果说得对而没有人违抗，不是很好吗？如果说得不对也没有人敢违抗，（这句话的效果）不几乎是一言而丧邦吗？"

诸：疑问词，之乎。是：此；不可以若是：不完全如此。几：近；其几也：大致不差，如果将此处的"几"释作"冀（期望）"反显迂曲难解。莫予违：莫违予（我）。

语言是思想的表达，如果其中含有积极的因素，就能产生正面

① 张岱年认为本章是孔子正名的实例，见《中国哲学大纲》，第561页。

的效果；如果语言表达了不正确的思想，也很可能产生负面的效应。位高权重者，其语言的影响力远超过常人，更应慎言，不可信口开河，说话之前，一定要先在脑中"正言"。现代传媒对政治人物言论的放大作用显著，一时冲动说出不得体的话，马上就会沦为笑柄。更要警惕的是，如果领导人治国理念不当，其致命的一言，确有可能将国家推向"丧邦"的边缘。

13.16　葉公問政。子曰："近者説，遠者來。"

上一章讲国君言论会影响邦国的政治，本章讲为政绩效表现在能否悦民、聚民。作为对上章的补充，本章暗示"说什么"固然重要，但"做什么"更重要。靠讲得好听来吸引人，其实是骗，不可能长久。

叶公问施政之道。孔子说："让所辖民众（受惠而）高兴，吸引他国的民众前来归附。"

叶：音社；叶公：楚大夫，时为叶县县尹。说：音义悦。

在孔子看来，哪里统治者有惠泽，百姓就往哪里去，如水之就下。事实上，好的施政让臣民（所谓近者）开心，形成利益的洼地，其政风远播，吸引更远处民众会聚此洼地。"近悦远来"实际是测量一国的制度竞争力最直观指标，如果一国民众拼命要偷渡国外，无论其统治者如何宣传，都不能改变其国民用脚投票，否定其统治绩效的事实。

13.17　子夏爲莒父宰，問政。子曰："無欲速，無見小利。欲速，則不達；見小利，則大事不成。"

上一章讲施政目标：近悦、远来；本章讲施政手段：渐进、抓大，否则"近者"今天高兴，明天就可能扫兴，"远者"今天来了，明天就可能离开。

子夏担任莒父的地方官，问施政之道。孔子说："不要想着速成，不要盯住小利。想着速成，反而达不到；盯住小利，反而做不成大事。"

莒父：音举釜，地名。宰：地方长官。

渐进才能有长效，舍小利才能获大利。施政不在一时一地得失，扎实的制度建设才有持续的竞争力，"世而后仁"讲的就是这个道理。同样，小利惠民，靠"派糖"取悦民众的所谓福利主义，往往极大地弱化了民众的进取心、责任心，会误了"做大蛋糕"这一施政大事。

13.18 葉公語孔子曰："吾黨有直躬者，其父攘羊，而子證之。"孔子曰："吾黨之直者異於是。父爲子隱，子爲父隱，直在其中矣。"

上一章讲如果求快反慢，求小利反失大利；本章讲如果为求"此直"反而有害"彼直"。两章讲的都是事与愿违的道理。

叶公对孔子说："我们这里躬行正直之人，父亲偷了别人的羊，做儿子的去举告作证。"孔子说："我们那里正直之士不是这样，父亲替儿子隐瞒，儿子替父亲隐瞒，这中间就有某种直。"

语：音玉，告诉。党：集居区域，古代五百家为一党。直躬：行为率直。攘：盗。证：告发。直（者）：行事不枉。直（在）：恰当的准则。是：此。

父子亲情是维系家庭的重要纽带。父子相告，人与人之间的信任基础瓦解，社会将因此失序。在孔子看来，这是因小失大之举，"父子相隐"体现了人类真诚的自然情感，这种真诚本身就是一种"直"，其社会正面意义远甚于为抑制偷盗而表现出的"直"，这就是为什么中国文化传统强调合情、合理、合法，"情"是排在第一位的。① 当然，父子相隐也是有限度的，它只是隐小过；当犯大恶，父子相隐至多只能

---

① 有学者引用美国的例子，说明这不是特例。在美国，"正当程序"所推演出的隐私权已涵盖夫妻关系，而按美国联邦最高法院的解释，"宪法禁止任何法律要求夫妻对有关性生活的问题出庭作证"，见《为了人的尊严：中国古典政治哲学批判与重构》，第175页注①。无独有偶，柏拉图的《游叙弗伦篇》也有与本章类似的说法，苏格拉底对游叙弗伦说：为子者"告发己父杀人，这做得对"？［古希腊］柏拉图：《游叙弗伦·苏格拉底的申辩·克力同》，商务印书馆1983年版，第23页。

拒绝作证，如果积极主动隐大恶，则构成包庇罪。

13.19　樊遲問仁。子曰："居處恭，執事敬，與人忠。雖之夷狄，不可棄也。"

上一章讲对"直"的理解无普适性，因为它基于各地具体文化习俗，对相关社会利益和代价作不同预期。本章讲修身守仁是无条件的，不论夷夏，无须考虑地域差异而有普适之效。如此编排也许是在暗示：孔子思想是绝对论与相对论的统一、无条件论与有条件论的统一。

樊迟问守仁之道。孔子说："平素谦恭，当差敬业，对人忠信。（这几条）即使去了野蛮不开化的地区，也不可丢弃。"

居：居常。执事：当差。之：往。

孔子教导樊迟总是从具体可操作处着手，这三点分别是对己、对事、对人应采取的态度，而且他相信，这样做在任何文化背景中都是行得通的，因为这是基于共同的人性，必定是普适的。本章暗示，人性相同，基本价值标准不会有太大差异。

13.20　子貢問曰："何如斯可謂之士矣？"子曰："行己有耻，使於四方，不辱君命，可謂士矣。"曰："敢問其次。"曰："宗族稱孝焉，鄉黨稱弟焉。"曰："敢問其次。"曰："言必信，行必果，硜硜然小人哉！抑亦可以爲次矣。"曰："今之從政者何如？"子曰："噫！斗筲之人，何足算也。"

上一章讲仁人品格不能失于"（相对华夏的）野"，本章讲志士品格多见于"（相对庙堂的）野"。两章相接，编者可能是要表明：孔子寄望于仁人志士，选人还须求诸"野"。

子贡问："怎么样才可称之为士（的人格)？"孔子说："立身行事保持知耻之心（而有所不为）；出使四方各国，未曾有负国君使命。这就可称作士了。"问："冒昧请教，次一等的是什么呢？"答："本族同宗称赞他孝顺老人，乡里乡亲赞扬他敬重兄长。"又问："冒昧请教，那再次一等呢？"答："说话算数，做事有结果，属于执着而识浅者，也可算作再次一等的了。"再问："今日那些个从政者如何?"孔子说:"噫! 那些个小里小气的家伙,如何能算。"

斯:连词,则,就。弟:音义悌。硁硁:音坑坑,固执(不知权变)。然:助词,表示状态。小人:此处指见识短浅者,不与君子相对立。抑亦:转折连词,却也。筲:音稍,古盛饭的竹器;斗筲:比喻器量狭小之人。算:作数。

行动知耻而有德,不辱使命而有能,德能兼备,属第一等士(大丈夫)。被熟悉的人交口称赞,但有德少能,属于第二等士(大孝子)。能守住基本操守的普通人,属于第三等士(实在人)。相比之下,那些个政客则是等外之人,不值一提。社会所能提供的舞台是有限的,不可能每人都符合第一等士。因此本章之旨在于,所提及的三类士,其活动范围、贡献大小都在递减,其闻达也在递减,但其社会意义都是正面的,而那些政客所传递的却是负面的东西,当然让孔子看不起。另外,如果那些从政者都是"何足算"的"斗筲之人",是不是逆向淘汰机制的结果?

13.21 子曰:"不得中行而与之,必也狂狷乎! 狂者进取,狷者有所不为也。"

上章讲德能兼备属第一等士,本章讲如果德能不可兼备,可采一端。另外,从上章须在现实社会中选贤与能,到本章要立足于社会现实选人择友,都表达了选人不可理想化的思想。

孔子说:"不能结交有中和品行的人,必定也(只有选择)狂、狷之人。狂者积极有为,狷者(能为而)有所不为。"

与:交往。狷:音绢,怯也;狷者:守节无为。

本章必须联系上章才能有较合理的解释。中行释为品行中和,不偏于一端:或无过无不及,或德能兼备。① 狂者是那种"使于四方,不辱君命"、才能超出德性之人,狷者是那种"行己有耻"、

_____

① 有学者认为孔子所讲的"中行",是"天生就能实行中庸之道的人","狷者能约而不能博,能经而不能权,狂者与此相反"。再从政治哲学层面讲,保守党人近乎狷,自由党(工党)人近乎狂,英国政府建筑在这两个类型之上,"稳时不失诸静止,不妨碍进步,健而不失诸过激,不妨碍和谐",见《儒家的社会思想》,第320、201、323页。

德性超出才能之人。前者为完成使命，可以使些手段；后者行事耻为先，尽管也有做事的才能，但不会做不耻之事。可见，孔子看重的还是有做事能耐的人，并不求全责备，但也不会把自己有限精力去结交那些熟人皆说好的老好人（"宗族称孝，乡党称弟"），以及格局有限的"硁硁然小人"。后两类人显然属于"无（毋）友不如己"的范围。另外，"与"读作"举"，作推举解，亦通。

当权者多患"权力傲慢症"，表现之一便是喜欢谄媚小人，本能排斥有能耐的不羁狂者、清高狷者。本章孔子所表达的人才观非常可贵，使用人才不能非要让人才先折腰，维护他们的人格独立才能吸引更多的人才为己所用。

13.22 子曰："南人有言曰：'人而無恆，不可以作巫醫。'善夫！""不恆其德，或承之羞。"子曰："不占而已矣。"

上一章讲"择狂狷"而不应求全责备，本章讲"需有恒"而不论狂者狷者。完人难求，"有恒"可补常人之不足。

孔子说："南方人有这样一种讲法：'人如果没有恒心，不可以去求巫医。'（这话）说得好啊！"（《易·恒·九三》：）"无恒德者，常招羞辱。"孔子说："（这样无恒德的人）（巫士）用不着给他占卜了。"

作：为，求。巫医：古代巫以祈祷鬼神给人治病请福，故"巫""医"合一。承：迎也，这里指招致。占：占卜，推测吉凶。

趋利避害，人之常情。但上苍只青睐长期坚持不懈的人，"持之以恒"是成功的行道者必须具备的品行。以"有恒"弥补其不足的人，将成为命运的强者；而无恒者行为无常，《易》所不占，正所谓"《易》为君子谋，不为小人谋"。① 狂者也好，狷者也好，要做成一件事，都要持之以恒，如果在挫折面前退缩，马上就会遭人嘲笑。相反，如补之以有恒之心，狂或狷也不算什么大的问题，照样能担行道大任。

---

① 《毓老师说论语》，第 344 页。

古希腊德尔斐神谕讲"认识你自己"，苏格拉底认为，如果进神庙求拜的人不愿听从"认识你自己"的忠告、发现最能发挥自己才能的工作，那么无论他从女祭司那里得到什么建议，都不会有实际价值。中国文化讲自我坚持，希腊文化讲自我认识，两者差异，耐人寻味。

13.23　子曰："君子和而不同，小人同而不和。"

上章暗示人要以"有恒"弥补其所缺，本章讲君子能够彼此互补，两章的主旨都在强调一个"补"字。

孔子说："君子（共处）相互调和，优长相济，不会苟同；小人（共处）彼此无异，苟同于人，不成谐和。"

和：和合，相异而协。同：无异，混同不协。

君子不器，各有所长，彼此契合，不失自我，是谓"和而不同"。小人谋利，目标共同，你争我夺，难有和合，是谓"同而不和"。君子在长期的自我追求中，不放弃自己的个性；小人相互同化，成为"一袋马铃薯"[1] 不分彼此，更组合不成绚丽多彩的画面。人类的进步就是增加"和而不同"，减少"同而不和"，即有所谓"每个人的自由发展"，[2] 它有赖君子持之以恒、努力不懈。在这点上，马克思与孔子有共通之处。

13.24　子贡问曰："乡人皆好之，何如？"子曰："未可也。""乡人皆恶之，何如？"子曰："未可也。不如乡人之善者好之，其不善者恶之。"

上章讲君子和而不同，本章讲君子不可能被所有人认同，否则就是同流合污。这是对上章内容的引申。

子贡问："乡邻都说某个人好，怎么样？"孔子说："不能因此就说他好。""乡邻都说某个人坏，怎么样？"孔子说："不能因此

---

① 《马克思恩格斯文集》（第二卷），人民出版社 2009 年版，第 566 页。
② 同上书，第 53 页。

就说他坏。不如乡邻中的好人说他好，不那么好的人说他坏。"

好：音浩，喜欢。恶：音务，讨厌。

同声相应，同气相求，得善人称赞方为真善。期望所有人都说你好，不切实际，也不值得。君子和而不同，就是有自己独立人格，不会为得别人好话而曲意逢迎；相反，为不善者忌，可看作对自己的褒奖。如果乡人多为不善之人，面对来自这些人的负面评价，只能采取孟子的态度："虽千万人，吾往矣！"①

从政治哲学层面讲，本章启示我们：政治家要有自己的意志，不能完全为民意所左右，不能屈从于民粹。

13.25　子曰："君子易事而難説也：説之不以道，不説也；及其使人也，器之。小人難事而易説也：説之雖不以道，説也；及其使人也，求備焉。"

上一章讲君子只看重善人好评，本章讲君子只接受合道好评，都是强调不为花言巧语所惑。

孔子说："君子当领导，手下容易做事，却难以取悦他：取悦他的方式不合正道，他不会喜悦；到了他分派别人工作，也是用人所长（而不会让人什么都干）。小人当领导，手下难做事，却容易取悦他，取悦他的方式虽不合正道，他也接受；到了他指派别人干活，就想人什么都能干（或对别人干的活吹毛求疵）。"

事：事奉，这里指被其领导。说：音义悦。使：指派。器：有才能，作动词，指用人所长，器重。求备：求全责备，求全才，责瑕疵。

君子对事不对人，让人有机会发挥专长，当然容易共事；除非好好工作，否则休想通过拍马屁方式得到他的欢心，当然难以被取悦。本章之旨，君子重成事，小人重己悦。把个人好恶、私人情感同公务搅和在一起，自然而然就有党同伐异的结果。办公室里解决

---

① 有学者认为本章及（12.20）都是要把"善"与普遍认同的事物加以区隔，并怀疑公众道德判断的可靠性，参见《轴心时期的儒家伦理》，第67—68页。

不了的问题，到了酒桌上就能解决，同样不是好风气。

13.26　子曰："君子泰而不骄，小人骄而不泰。"

上一章讲君子重视成事，无意结党；本章讲君子宽人律己，豁达有度，对上章内容作原则性概括。

孔子说："君子豁达而不放纵，小人放纵而不豁达。"

泰：宽裕，此处指豁达。骄：骄横放纵。

对君子来说，豁达是对人，不放纵是对己，"泰而不骄"就是"躬自厚而薄责人"。或者说，放纵是豁达过度，豁达则是恰如其分，"泰而不骄"近似"从心所欲不逾矩"。对小人而言，"不泰"（不豁达）就是"求备"，"骄而不泰"也表现在对自己的同党不讲原则，豁达过度，放纵其为恶。本章表明孔子道德论的对象只有人己之分，并无其他标准，如阶级、阶层意识等，把阵营意识纳入道德范畴，就有了自己人为恶也不是恶，久而久之，当然是非不分。

13.27　子曰："刚毅、木讷，近仁。"

本章是对上章"不骄"的具体延伸，从否定性的不放纵，扩展到肯定性的刚毅木讷，达到比君子更高的境界。

孔子说："（如果能做到）刚强、坚毅、质朴、慎言，那就近乎仁（的境界）。"

刚：不纵欲；毅：不纵情；木：不纵伪；讷：不纵言。

刚毅无令色，木讷不巧言。"刚毅、木讷，近仁"就是"巧言令色鲜矣仁"的反面。"刚"能克己复礼，天下归仁；"毅"能任重道远，以行仁为己任。"木"为质朴不作伪；讷者，"其言也讱"而为仁。

本章暗示，否定性标准只能作为底线，人格的提升还要有正面肯定性标准。另外，肯定性标准应符合社会共识，随着社会发展自然而然地提升，如果人为拔高到无人能及或只有极少数人能及，那就只能是人为造神，助长"假、大、空"的社会风气。

13.28 子路問曰："何如斯可謂之士矣?"子曰："切切、偲偲、怡怡如也,可謂士矣。朋友切切、偲偲,兄弟怡怡。"

上一章讲比君子更高的境界——近仁,本章讲比君子稍低的境界——为士。上一章强调自我修养,本章着重善与人交。两章相协,才无偏颇,否则或不食人间烟火,或多交狐朋狗友。

子路问:"怎么样才可称作士?"孔子说:"相切磋、相勉督、相和悦,可称作士。(具体说)朋友间相切磋、相勉督,兄弟间相和悦。"

斯:就,则。切切:如切如磋。偲偲:音思思,相互勉励督促。怡:喜悦,快乐。

不像普通人,士是有担当的,是要推进社会进步,阻止社会向下沉沦。为此,他要同朋友切磋学问,相互勉励,督促提醒,不失其志;他要与兄弟和睦相处,同心断金,不失其情。这种人有志有情,高出常人,可谓社会中坚,他们之间的交往之道能为社会提供正面示范,其温文尔雅的人格,不大可能以激进的方式推动社会变革,温和而渐进的改良更符合他们的人格特质和利益诉求,对社会的冲击也相对较小。

13.29 子曰："善人教民七年,亦可以即戎矣。"

上章论士的人际交往之道,属于出仕前的修养;本章论士的身份超越:当士提升到善人的层级,将担负起更大的教民之责,属于出仕后的担当。

孔子说:"善良的官员教导民众七年,基本能(把他们训练成保家卫国的)士兵。"

即:就;戎:军队,战争;即戎:从军作战。定州汉墓竹简《论语》作"節戎",[1] 有不可好战之意。

民的社会层级比士更低一等,士有自觉的社会担当,而民则要

---

① 《论语歧解辑录》,第 739 页。

有人去教。善人教民，是启发其觉悟，增长其才能，也就是"保存自己，打击敌人"。这是官员对百姓生命负责任的态度，也是其善心的自然流露。本章是孔子的国防观，在他看来，以提升民众军事素养为核心的军训是战备的重要内容，只有军训中做到寓爱于教，敬畏生命，才能不轻启战端，同时有备无患。

13.30 子曰："以不教民戰，是謂棄之。"

上一章讲善人参战前教民便是爱民，本章讲君王参战前不去教民实为弃民，两相对照，强调珍视百姓生命。

孔子说："用未曾训练的民众去作战，可以讲是弃其民。"

不教民：不曾获得（军政等）教导的民众。

去兵、去杀，是孔子未来的理想，现实中还不能做到这一点，还要对百姓作军训教育。否则，用这些人打仗，就是让他们去送死，这种弃民之君将终为民所弃：战败后，其君位也难保。本章之旨，保民是国君的天职，是国民奉其为君的前提。国君不能保民，是君之耻，也是国之耻，由此切入下篇首章"问耻"。

宪问第十四

14.1　憲問恥。子曰：“邦有道，穀；邦無道，穀，恥也。”

上篇末章暗示弃民之君乃国之耻，本章讲只知食禄不讲原则者可耻。君使民战、士取俸禄，均有其原则，舍弃原则就有耻。

（原）宪求问什么是耻。孔子说：“邦国的政策合乎他的原则，他出仕为官领取俸禄；邦国的政策不合乎他的原则，他也出仕为官领取俸禄，这就是耻。”

谷：古代以谷物支付俸禄，所谓实物报酬。

公义高于私利，不讲公义地逐私利就是可耻之举。君臣合道而聚，君道合于臣道，就是臣的“邦有道”，臣为君服务就是献于道，领取俸禄也名正言顺。反之，为取俸禄出卖自己的原则，就是谋食不谋道的可耻行为。当然，孔子的讲法是有前提的：臣能用脚投票，到别处谋食。如果天下只有一个雇主，你要再讲原则，就可能要像伯夷、叔齐那样为守道而饿死了。

14.2　“克、伐、怨、欲不行焉，可以爲仁矣？”子曰：“可以爲難矣，仁則吾不知也。”

上章暗示，知耻只是消极地守住原则；本章提出，为仁不只是消极地不做什么。“扬善”难于“抑恶”，为仁的难度远超出知耻。

（原宪又问：）“逞强好胜、自吹自擂、怨恨别人、贪欲不止，这些毛病都得到抑制，可以算仁吗？”孔子说：“可以讲做到也难，但算不算仁我就不知道了。”

克：好胜。伐：夸耀。

218

为仁不只是抑恶，更要扬善，要向社会传递自己的正面影响，做到立人、达人。因此，为仁的层级超出修身齐家，更具社会意义，其境界不能止于克制自己，而要向外拓展，这是本章对"克己复礼，天下归仁"的升华，也验证了克己复礼之"克"，更深层解释是"能"（克己，令己有能），意思是要发挥自我能动性。

14.3 子曰："士而懷居，不足以爲士矣。"

接上章，暗示想要为仁，先走出小家，以克服自己的"小我"意识。

孔子说："读书人怀恋小家，不配称为读书人。"

居：安乐窝。

小家即小我，不能走出小我，必然有"克、伐、怨、欲"，纵能使其"不行"，也只能是暂时的，时间久了会把你困死在安乐窝中不能自拔。读书人或知识人这些所谓的"士"，本质上不是有知有识，而是有超越个人利益的社会担当。作为社会中坚，士"病"了，社会不会健康。儒家过往在农业文明中的作用或贡献，就是要让"士"能够打起精神，不要垮掉。

14.4 子曰："邦有道，危言危行；邦無道，危行言孫。"

上一章讲"士"要走出小家，本章紧接着讲"士"走出小家后如何去做，核心是审时度势，顺势而为。

孔子说："邦国政治开明，讲真话行正道；邦国政治昏暗，则行为端正，说话谦逊。"

危：正，直。孙：通"逊"；或通"巽"，顺。言孙，不讲逆耳之言，以免祸从口出。

离家报国之士，不能不看国家形势。政治开明，可光明磊落无须遮掩；政治昏暗，则保身为要，以待"雨过天晴"重新出山。毕竟能"成仁"而可"杀身"的机会少之又少，况且要都成仁了，日后谁来重整河山。此时，等待是最高的智慧，也是最高的人（仁）道。

14.5 子曰："有德者必有言，有言者不必有德；仁者必有勇，勇者不必有仁。"

上一章讲政治形势不好时要收敛自己的言行，本章暗示这种收敛不是因为缺德少仁，以此维护上一章做法的正当性，"鸡蛋碰石头"并不能体现有仁有勇。

孔子说："有德者必有中肯之言，有中肯之言者不一定有德；仁者必有勇气，而勇敢者不一定有仁。"

不必：不一定，不能释作"不必要"。

本章之旨，不能凭外在的东西去判断一个人的内在品格。仁德之士在特别环境中的表现，不能用常态的标准去衡量，更不能以常人平时的类似表现，去类同此时的仁德之士。因此，从一个人的说话不能认定其道德，从一个人的勇气也不能推出其仁爱。

14.6 南宫适問於孔子曰："羿善射，奡盪舟，俱不得其死然；禹稷躬稼，而有天下。"夫子不答，南宫适出。子曰："君子哉若人！尚德哉若人！"

上一章讲"仁"胜过"勇"，本章讲"德"胜过"力"，由此暗示：被压服不是真服，被仁德所打动才会心服。

南宫适问孔子："羿善于射箭，奡勇于舟战，却都死于非命；大禹、后稷都是亲自去种庄稼，却能得天下。"孔子没有回答，南宫适出去后，孔子说："这样的人真是君子啊！这样的人真是尚德之人啊！"

适：音括。羿：音异。奡：音傲，传说中的大力士。荡：摇动，这里指水战冲杀。不得其死：不能寿终正寝。稷：音际，周族始祖后稷，名弃，做过尧舜时的农官，相传由他开始种植稷及麦，被后人奉为谷神。躬：亲身。稼：种庄稼。有：取得，得到。若：代词，如此，这样。

在南宫适看来，江山不可力取，只能德取；换言之，江山是修德修来的，不是凭武力夺来的。这点与孔子的认识相同，而得其夸奖。君子尚德不尚力。在取江山上，崇尚暴力者常事与愿违，不得好死。江山只有厚德者才能承载得了，消受得起。

中国历史早熟，很早就认识到"打江山"与"坐江山"不同，前者倚力，后者靠德。但只要江山能以"打"得来，武力就不会退场，用武力保政权的意识也不会绝迹。人类政治文明的进步，这里就体现在人们越来越认识到，把江山同武力挂钩，其隐患实在太大，各种降低武力权重的制度设计都是有益于天下苍生的，恐怕这也是孔子的愿望。

14.7　子曰："君子而不仁者有矣夫，未有小人而仁者也。"

上章孔子赞南宫适为尚德君子，本章孔子谈君子偶有不仁之举，暗示尚德君子也非完人，也有无心之过。

孔子说："君子也会（无意）做出不仁之事，但小人不会（有意）行仁。"

不仁：违背仁义的言行举止。

尚德君子不是完美无缺，但不会有意为恶；而平民百姓也有自己的闪光一刻，但不会始终以仁者的标准要求自己，否则就不是凡人了。所谓"做好事不难，难的是一辈子做好事"，讲的就是这个道理。可见，孔子对人的评价没有绝对化，不会认为好人绝对好，连其缺点也说成是其个性表现。同样，芸芸众生也有其可爱的一面，通过其自身的努力，可以成为君子。

顺此思路，我们或许可以推论，尚德并不能保证万事大吉，必要的制度建设，让不仁之举"不能为"，才是保护尚德君子声誉的根本之道。

14.8　子曰："爱之，能勿劳乎？忠焉，能勿诲乎？"

上章暗示君子偶有不仁之举，本章列举君子具体不仁之处：爱而不劳、忠而不诲，均为片面理解仁爱、忠诚而走向反面的表现。

孔子说："爱护一个人，就能让他不用劳作吗？忠于一个人，就能不规劝其过错吗？"

焉：代词，相当于"之"。诲：教导，这里指规劝。

"劳"不是惩罚，"诲"不是忤逆。爱而不劳，忠而不诲；一个对下，一个对上；一个家内，一个家外。这都是老好人常犯的毛病：只知仁之形，不知仁之质，欲行仁却害仁，成了"君子而不仁者"。本章之旨，孔子不讲溺爱，不讲愚忠，讲应担之责，讲长远考虑，讲大仁大义。

14.9　子曰："爲命：裨諶草創之，世叔討論之，行人子羽脩飾之，東里子產潤色之。"

上章指出对"人"不当的爱与忠，本章说明对"事"恰当的爱与忠，两相对照，有助加深理解其中的真谛：一是要让人改过上进，一是要令事臻于完美。

孔子说："（郑国）制定外交文书：先由裨谌撰写草稿，世叔对草稿作检讨论证，主管外交的子羽增删修饰，（来自）东里的子产润色文字（最后成文）。"

为：作。命：辞命，专指外交文书。裨谌：音啤辰，郑国大夫，善谋。行人：掌出使之官。

外交无小事。四位郑国大夫本着对邦国的爱、对职责的忠，各尽所长，通力协作完成外交文书。孔子在此暗示，国之栋梁在合作中有大爱、有大忠。

从政治哲学层面讲，本章启示我们：政治是合作的艺术，也是妥协的艺术，妥协是为了更好地合作。如果各执己见，寸步不让，最后原地踏步，政策空转，原本为制衡权力的制度设计变成党争的工具，政党利益凌驾国家利益之上，不是国之幸，更谈不上对国家的爱与忠。

14.10　或問子產。子曰："惠人也。"問子西。曰："彼哉！彼哉！"問管仲。曰："人也。奪伯氏駢邑三百，飯疏食，沒齒無怨言。"

从暗示子产能与他人合作，切入子产有惠人之心，隐约说明其为何能与他人合作。两章相通还在于：一个讲外交文书之撰写，一个讲外交辞令的表达；一个讲良臣可化解难题，一个讲良臣可化解怨恨，能解难题、化怨恨，则有国治。

有人问子产（这个人如何）。孔子说："是个能施惠的人。"再问子西。回答："那个人呀！那个人呀！"又问管仲。回答："是个人物啊，夺取（齐大夫）伯氏的骈邑三百（户的采地，弄得后者）只能吃粗菜淡饭，但却到死都没怨言。"

子西：子产的同宗兄弟，也是子产的前任。彼：他。骈（音pián）邑三百：采邑有三百户，在齐国属于下大夫之制。没：音末；齿，年；没齿：终生，尤指寿终正寝。

本章体现孔子为人的厚道，不愿说人坏话，就用外交辞令表达对人的负面看法；也体现孔子的讲话艺术，用利益受损者终生无怨，间接赞扬管仲的杰出成就。这样既保持了自己的人格，也更好地表述所评论对象的真实情况。既不口出恶言，也不自说自话。的确，针对个人，口出恶言，侮人实自辱，也容易结怨。

政治人物不结怨相当困难，能做到让利益受损者无怨，难上加难。本章用"惠人"与"无怨"并列的手法，凸显管仲有化解怨恨的特殊才能。

14.11　子曰："貧而無怨難，富而無驕易。"

上章具体地讲贫（"饭疏食"）而无怨，本章抽象地讲"贫而无怨"，这种编排可能在暗示："脱贫"是化解怨恨的根本之道。

孔子说："贫困却不会心生怨恨，难得；（相比之下）富有却无骄傲之气更容易些。"

贫：乏财。怨：忿恨。富：多财。骄：原意"马高六尺"，后比喻"人自高大"。

动态地讲，个人境遇不同，人的心境也不同，不因境遇改变而改变，体现了个人修养。贫而无怨，或安心去做比改变贫困更重要的事，或自我奋发改变贫困，这样的贫困者不会因富而骄傲起来。相反，原先富而不骄者，若陷入贫困，不使其心生怨恨就困难得多，君子处约更能考验其品格。常说"自己被自己所打倒"，实际就是被消极情绪所困扰，沉溺于怨恨之中。人可能会遇到政治变幻、处境改变、经济困窘等打击，如何在人生低谷中不怨天尤人，这是政治家东山再起所必需的品格。

14.12　子曰："孟公綽爲趙魏老則優，不可以爲滕薛大夫。"

接上章，当把一个人放在不适合他的岗位上，其才贫，要想无怨，难！这不是个人道德修养所能解决的。

孔子说："孟公绰统领赵、魏（这样大国的卿大夫）之家臣长，可以游刃有余，但却不能胜任滕、薛（这样的小国）的大夫。"

孟公绰：鲁国大夫。老：家臣长。优：有余。滕：音腾。

国之大夫与家之家臣，需有不同的才能，放错位置，误人误事。某人在甲岗位做得好，把他提拔到难以胜任的乙岗位，不是褒奖他而是让他出丑。本章是孔子的人才观，中心思想是，"德"在各岗位上可相通，"才"却不能。一个人可以在"德"上无大亏，但一定在"才"上有明显的短板，不可能放到任何位置都能最好地发挥其才干。用人所长，方有人才；用人非长，荒废人才，还会生出不应有的怨。

14.13　子路問成人。子曰："若臧武仲之知，公綽之不欲，卞莊子之勇，冉求之藝，文之以禮樂，亦可以爲成人矣。"曰："今之成人者何必然？見利思義，見危授命，久要不忘平生之言，亦可以爲成人矣。"

上章暗示没有适合各种岗位的全才，本章讨论孔子理想与现实中的完人。如此编排大概是要说明：全知全能、没有缺点，这只能是上帝，不可能是人。

子路问如何才算是完整之人。孔子说："如果兼有臧武仲的智慧，（孟）公绰的寡欲，卞庄子的勇敢，冉求的才干，再用礼乐加以修饰，亦可以成为完整之人了。"又说："今天的完整之人何必那样？见到利益能想到取之合不合义；见到危难能挺身而出乃至献出生命；久处困境也不忘平生所许诺言。（像这样的人）亦可以称为完整之人了。"

成人：完人，德才兼备，[1] 不是指成年人。若：《说文》释为"择菜"，这里指挑选，还有"且"（兼及）意。臧武仲：鲁大夫，以智闻名，曾预见到齐庄公将被杀。公绰：孟公绰。卞庄子：鲁国大夫，著名勇士，卞为食邑名，谥庄。艺：才能。文：音问，修饰，增添文采。然：指示代词，那样。授命：献出生命，拼命。要：约也，这里指穷困。

世上并无这样拼凑出来的完整人格，但它体现了孔子心目中的理想人格，至于现实中，只要有仁、有勇、有信，也算是完整人格了。与上章一样，孔子此处还是着眼于每个人的长处，而不论其短处如何短，如臧武仲。本章之旨：完人难有，只要大节不亏就可以了。

14.14 子問公叔文子於公明賈曰："信乎夫子不言、不笑、不取乎？"公明賈對曰："以告者過也。夫子時然後言，人不厭其言；樂然後笑，人不厭其笑；義然後取，人不厭其取。"子曰："其然，豈其然乎？"

接上章的世无完人，人也很难做到不让人生厌！即便自身如何努力也在所难免。

孔子向公明贾求证有关公叔文子（的传言）："确实这样吗？这位先生不苟言笑，不占便宜？"公明贾恭答："讲这样话的人有点言过其实了。这个人是时机合适才讲话，人们不会讨厌他的话；真正快乐了才笑，人们不会讨厌他的笑；合乎道义才去取，人们不

---

① 《古代汉语词典》，第182页。冯友兰先生解释"成人"为"成为国家和社会的栋梁之材"，见《中国哲学简史》，第65页。还有学者认为"成人"兼具"知、勇、艺、礼乐"，只欠仁道，见《先秦七子思想研究》（增订本），第25页。另有学者指出，本章的"成人"实际是"希望把人从自然欲望状态中解放出来，以进到真正属人的世界"，见《论作为政治哲学的先秦儒学》。

会讨厌他的取。"孔子说:"这样啊,难道真的是这样吗?"

公叔文子:卫国大夫,卫献公之孙,谥文子。公明贾:卫国人,复姓公明。问……于……:"问"是问内容,"于"是向谁问。信:果真。夫子:指公叔文子。以:代词,相当于"这"。① 岂:副词,表示反问,难道。

追求不让人讨厌,时时处处以别人的感觉来约束自己,这或许也是乡愿的一种。如果虽有让人讨厌的小缺点,却有真实自我,也许更合人性。德治必然是企求完人,但孔子看得很清楚,现实中没有这种人,只能退而求其次。如果试图以塑造"高大全"式的完人来净化社会道德,将会适得其反。

14.15 子曰:"臧武仲以防求爲後於魯,雖曰不要君,吾不信也。"

从上章不信公叔文子无人厌,切入本章不信臧武仲没挟国君,表明孔子有不同于常人的独立判断。

孔子说:"臧武仲向鲁君提出,在防(这个自己的封地上)立个继承人(作为离开该地的条件,他)虽说不是以此要挟国君,但我不信。"

以:用,凭借。防:臧武仲封地。为后:确立继承人,这里特指立本姓氏的后嗣。要:音腰,要挟(音腰胁)。于鲁:针对鲁国国君,也有释作"为鲁国大夫"。②

此事发生在孔子三岁时,③ 防地本为鲁君所封,离开即应归还鲁君,以自己离开为条件,干预鲁君对防地管辖人的任命(潜台词是,不合我要求,我就不离开,甚至据邑造反),这在孔子看来,就是要挟,如此请求,表明其心术不正。臧武仲的做法很可能是受中国传统上禅让的负面影响,禅让实际就是让位于自己属意的人,指定继承人就成为其退位的某种条件,这种做法在当时或许有可取

① 《汉语大词典普及本》,第196页。
② 《四书语言分析》,第186页。
③ 《论语还原》,第637页。

之处，但本质上多少有些公私不分：天下公器，怎可私相授受？《孟子》虽对此有辩护，但其合法性随着历史的发展早已荡然无存。

14.16 子曰："晋文公谲而不正，齐桓公正而不谲。"

由上章臧武仲的心术不正，切入本章齐桓公和晋文公的正与不正。正与不正，看目的，也看手段。

孔子说："晋文公搞诡计而不行正道，齐桓公行正道而不搞诡计。"

谲：音厥，诡。①

对上阳奉阴违，对下坑蒙拐骗，皆属为政不正的表现。用兵要诡诈，所谓"兵以诈立"，但不能把打仗的手法用于治国，这正是晋文公与齐桓公的差别。本章之旨，为政要光明正大，要走人人皆知的正道，让民众对未来可预期，有安全感；相反，"钓鱼"执法、"阳谋"设局，均为谲而不正，贻害无穷。

14.17 子路曰："桓公杀公子纠，召忽死之，管仲不死。"曰："未仁乎？"子曰："桓公九合诸侯，不以兵车，管仲之力也。如其仁！如其仁！"

接上章，具体说明管仲帮助齐桓公做到"正而不谲"。

子路说："（齐）桓公杀了公子纠，召忽以死尽忠，管仲却不去死。"问："（管仲这个人）还未够得上仁吧？"孔子说："桓公多次把诸侯召集在一起，却不是凭借军事手段，（依赖的是）管仲的能力。这乃是管仲的仁德啊！这乃是管仲的仁德啊！"

召：音邵。九：多次（释作"纠"，有贬义，不取）。以：凭借。如：乃。

桓公（公子小白）与公子纠争夺齐国君位，后者被杀，召忽殉忠，管仲偷生，时人疑其不仁。孔子无愚忠意识，他称赞管仲助桓

---

① 还可解作：正为守经，谲为行权，既能守经又能行权才是王道之主，只行一种为霸道之主；晋文公能行权，不能守经，齐桓公能守经，不能行权。见《毓老师说论语》，第360—361页。

公不搞"兵车之会"，和平会盟其他诸侯，谋求天下太平，让齐桓公有"正而不谲"的历史定位，也让自己成就"于民有大仁"的事功，这种仁不是愚忠殉死的召忽所能比拟的。本章之旨，救民于水火，才是孔子所认同的忠，① 动用兵车解决问题是迫不得已的最后手段，统治者要想在历史上留有仁名，切不可轻率使用这一手段，更不能动不动以生灵涂炭为代价成就自己的所谓功业。

14.18 子貢曰："管仲非仁者與？桓公殺公子糾，不能死，又相之。"子曰："管仲相桓公，霸諸侯，一匡天下，民到于今受其賜。微管仲，吾其被髮左衽矣。豈若匹夫匹婦之爲諒也，自經於溝瀆而莫之知也。"

接上章，续谈管仲帮助齐桓公实现"一匡天下"。

子贡问："管仲不算仁者吧？桓公杀了公子纠，他没有殉忠，却去辅助桓公。"孔子说："管仲辅佐桓公，称霸诸侯，使天下合一，百姓到今天还受其恩惠。没有管仲，我们都披头散发穿夷服。怎能比之男女百姓那种守小信，自缢于荒野而无人知晓。"

相：音项，辅佐。（相）之：指桓公。霸：作为诸侯盟主，称霸。匡：原为盛饭器物，这里作动词，指疆域不失，华夏文明得到卫护。微：无。被：音义披。左衽（衽音认）：指夷服，比喻被不开化的外族统治。谅：小信。经：作动词，上吊；自经：自缢。沟渎（渎音犊）：荒野水沟。莫之知：莫知之。

孔子从捍卫华夏文明的高度评价管仲的大仁，这是只知守小信的平民百姓所难以理解的，甚至连孔子的高足也认识不清。"一匡天下"就是让国土不分裂、让先进文明不为相对后进文明所取代。不同文明之间应当有平等的交流，进而取长补短，实现文明的渐变。但以一种外来文明完全取代既有文明，最后只让一种文明存在，这或许就是人类文明衰退的开始。我们既不应从狭隘民族主义出发，恐惧与外部文明的交流，也不应将古老的中华文明弃如敝屣。

① 《毓老师说论语》，第361页。

14.19 公叔文子之臣大夫僎，與文子同升諸公。子聞之曰：
"可以爲文矣。"

上章孔子赞管仲有不为世俗理解的大仁，本章孔子赞公叔文子
有提携下属的难得胸襟。两章都是通过孔子肯定异于时俗的举动，
表达其非同寻常的见解。

公叔文子（推荐自己的）家臣僎，与自己同入公朝（议事）。
孔子听说后说："的确配得上'文'的谥号。"

臣大夫：家臣。僎：音撰。升：升迁。诸：之于。公：公朝
（音潮），公室。文子：公叔拔死后的谥号，以褒奖他对卫国的贡
献，据《谥法解》："锡（赐）民爵位曰文"。

为国荐贤不困难，但举荐自己的家臣与己并列于公朝，是要有很
大气度的。这除了表明文子对君（国）有大忠外，也说明其珍惜人才：
上章是桓公重用自己从前对手的部下，本章是文子推举自己现在的部
下，都属于"不拘一格降人才"。按部就班、一个台阶一个台阶地上，
这种拔擢人才的做法，保险是保险，但也容易把人才磨成庸才；另外，
各种各样条条框框，也限制了人才的脱颖而出。后世用人问题上，搞
得越来越复杂，而在孔子看来，只要做到"唯才是举"就够了。

14.20 子言衛靈公之無道也，康子曰："夫如是，奚而不
喪？"孔子曰："仲叔圉治賓客，祝鮀治宗廟，王孫賈治軍旅。夫
如是，奚其喪？"

从发现人才需不拘一格，切入使用人才勿求全责备，宗旨相
同，都是"才难"（8.20）。

孔子说起卫灵公本人没有德性，（季）康子说："如果是这样，
为何还没失掉君位？"孔子说："仲叔圉（替他）管外交，祝鮀
（替他）主持祭祀，王孙贾（替他）统率军队，既如此（用人），
怎么会失掉君位？"

夫：音孚。是：此。奚：为何。丧：失去君位。圉：音宇。
鮀：音驼。

即便人治社会，国君不像样，如果得到能臣辅佐，也照样可坐在那个位子上。孔子暗示，国之栋梁何等重要。只是这种情况多属偶然，如果有竞争性发现人才、使用人才的制度，国君就可以完全是个象征，即所谓"虚君"，① 就不会让国家命运系于某个人。此外，在《论语》其他章节，这三位能臣都有诸多毛病，但孔子这里把他们列作股肱之臣，显然是想强调要唯才是举、用人所长，不因其德舍其才。

14.21　子曰："其言之不怍，则爲之也難。"

上一章讲如果选对人，可勉强维持；本章表明光说大话，将难以落实。如此编排也许是想暗示："虚君"慎言很重要，否则，即便用人适当，也很难支撑下去。

孔子说："讲起来大言不惭，做起来不能不难。"

其：如果。怍：音作，惭愧。

讲起来容易，做起来难。看别人吃豆腐牙齿快，说话不给自己留后路，大话连篇不脸红，最后一定不能兑现，出大洋相。因此，要有几分能耐说几分话。政治人物如果对上负责，向上汇报可能讲得天花乱坠；如果对下负责，竞选演说可能乱开支票，这些在孔子看来都是"言之不怍"，但现代人已经见怪不怪了。那些政客之所以敢如此大胆，信息不对称、监督成本高是重要原因。

14.22　陳成子弑簡公。孔子沐浴而朝，告於哀公曰："陳恆弑其君，請討之。"公曰："告夫三子！"孔子曰："以吾從大夫之後，不敢不告也。君曰'告夫三子'者。"之三子告，不可。孔子曰："以吾從大夫之後，不敢不告也。"

上一章讲要根据自己能力，言其所能之言；本章讲善尽自己职责，为其所当之为。前者自己可以负责，不能愧于己言；后者自己

---

① 本章讲的情况，其实际结果好似"统而不治"的英国维多利亚女王，政治哲学家将其称作"名义上的主权"，见［英］托马斯《政治哲学导论》，中国人民大学出版社2006年版，第114页。

不能负责，只能努力做到心中无愧。两章以一个"愧"字相接：一个是不愧其言，一个是无愧于心。

陈成子杀了（齐）简公。孔子沐浴更衣上朝，禀告（鲁）哀公："陈恒杀了他的国君，请求派兵讨伐他。"哀公说："你告诉（掌兵权的孟孙、叔孙、季孙）那三人！"孔子说："因为我曾经做过下大夫，不敢（弃责）不来禀告，君却说'跟那三个人讲'。"（孔子又）跑去向那三个人禀告，（出兵请求却）不（被）认可。孔子说："因为我曾经做过下大夫，不敢（弃责）不来禀告。"

陈成子：名恒，齐大夫。朝：音潮，上朝。从大夫之后：表示曾任"下大夫"的谦词，此时孔子已致仕（离职回家）。之（三）：往。

本章体现了孔子国际政治学的核心价值观。孔子没把讨伐陈恒看作"武力干涉他国内政"，在他看来，维持稳定的政治秩序，使最高权力有合乎正义的程序性更迭，要比"不干涉他国内政"重要得多。这关系到天下秩序的维护、国与国之间关系的大义，为此奔走呼吁，孔子认为是尽自己的职责。

14.23　子路问事君。子曰："勿欺也，而犯之。"

上一章讲"臣弑君"，大逆不道，应予讨伐；本章讲"臣事君"，犯颜直谏，应予肯定。上章凭良知而屡谏，本章凭不欺而犯谏，都是尽心尽责。

子路问如何事奉国君。孔子说："不要违背事实，蒙骗国君，而要冒犯君颜，径直劝谏。"

事：事奉。之：指代君。

"欺"就是隐瞒事实，乃至逢君之恶。"犯"就是坦陈真相，不护君短；据理力争，不畏龙颜。人治社会最缺的就是"犯谏、不欺"，而在孔子看来，这是处理君臣关系最基本的准则，其中体现统治者的雅量，也能间接推断其可能的统治成就，乃至历史定位。当"犯颜直谏"受法律保护，"欺君邀宠"受制度制裁，就有了制度文明的进步，也就无须过分称颂"不欺"之美德、"犯颜"之勇气。

14.24　子曰：“君子上達，小人下達。”

接上章，讲事君的两种表现——“欺”与“犯”，背后的价值观或人生观。

孔子说：“君子追求更高层次的价值实现，小人满足较低层级的物质利益。”

达：显达。

君子谋道不谋食，小人谋食而不在乎道。谋道上达，追求价值实现层面的显达；谋食下达，追求物质利益层面的显达。要求全社会所有人都去谋道，不现实；但全社会人人都去谋食，更可怕。孔子赞成犯颜直谏，因为它体现了君子更高的价值追求。他不反对小人谋食，反对的只是欺君式的谋取利益：为求利益可以不择手段。或许孔子时代就有制假贩假，而让他反感以欺诈的手段实现的“下达”。

14.25　子曰：“古之學者爲己，今之學者爲人。”

上章暗示君子谋道，小人谋食；本章暗示“君子儒”重视自己修身，“小人儒”看重为人所用。两章都是批评人的过分世俗化。

孔子说：“古时的学者是为自己而学，今天的学者是为别人而学。”

为己：为自我进步，不是为自己私利。

在孔子看来，古之学者大多不是功利地去学东西，而是把“学”当作自我实现的手段，因此基本类同于“君子儒”。相反，今天的学者异化了，把学东西当作“敲门砖”，“门”开了，“砖”也丢了。如果“学”是为了更好地为人所用，让自己沦为别人的“器”，有违“君子不器”，这样的学者当然只能称作“小人儒”。

我们可从本章推断，古代中国学者比古希腊学者更早放弃了纯粹的学术探究。孔子去世后十年（公元前469年），苏格拉底诞生，苏氏还生活在为学术而学术的年代。其原因或许可部分归结为，中国的学术也更早从贵族走入平民，平民却没有物质条件去做“为己之学"。期望今天富起来的中国，能够复兴"为己之学"，最终通过"学"使自己可以"全面自由发展"。

14.26 蘧伯玉使人於孔子。孔子與之坐而問焉，曰："夫子何爲?" 對曰："夫子欲寡其過而未能也。" 使者出。子曰："使乎!使乎!"

上章孔子称赞为自己而学，本章孔子褒奖使自己少过，隐约表达"为己之学"的目的所在。两章关联：学即修身，旨在寡过。

蘧伯玉让人去看望孔子。孔子同使者坐下来，(孔子)便问道："老先生在做什么?"回答："老先生想减少自己的过失，却不奏效。"使者退出后，孔子说："真是个好使者!真是个好使者!"

蘧(音渠)伯玉：卫大夫。焉：指示代词兼句末语气词，相当于"于是"。寡：减少。

孔子称赞使者，因为他深知自己主人的最大追求是什么，而一个老臣还能如此律己，更让人钦佩。结合上章讲的学为修身，蘧伯玉真可谓"活到老，学到老"。一个一直在想如何少犯错的人，一定不会有晚节不保问题，也不会像机器人那样不假思索地执行指令。这样的人格也感化了自己的使者，确有"己立"而"立人"之效。后世高官身边的人，不乏仗势欺人者，甚至有把主人拖下水，或成为替主人干坏事的"白手套"。位高权重者如何影响身边人，蘧伯玉是个好榜样。

14.27 子曰："不在其位，不謀其政。"

接上章，说明努力让自己少过错的老臣，最重要的是要做什么——不越位谋政。

孔子说："不在那个职位，就不要考虑那个职位的政事。"

位：职位。

有位有责，责无旁贷。无位去谋，越俎代庖。不了解具体情况，不知晓政事背景，所谋难为善谋。

老臣事新君，尤其易越位。越位则坏了"君君臣臣"的规矩，就有了"过"。臣欲"寡过",不作其本职之外的"谋"是关键,这是当时政治伦理的写照,也反映彼时政务简单,能清晰分出彼此,不必节外生枝,乱了政治秩序。(8.14) 首现,重出此章,《论语》编者或许是想由此提示上章的蘧伯玉何以"欲寡其过而未能"。

14.28　曾子曰:"君子思不出其位。"

接上章,要想避免出位之"谋"的乱政,首先要没有出位之"思","思"为"谋"之始。

曾子说:"君子不要超出其职位思考问题。"

思不出其位:《周易·艮》讲"君子以思不出其位"。

思为谋之始。曾子比孔子更谨慎,为免有出位之谋,干脆不去作"出位之思"。另外,每个在位者,就是在场者,其考虑与职位相关事务,肯定比思考与职位无关问题更具信息优势。因此,不能说这句话无任何道理,纯为避过。然而,在现代社会,这句话的消极意义也是明显的:至少百姓的公共参与意识将无从培养,为免于此,我们不妨将该句反过来作积极理解:"其"为"他人的",[1] 要换位思考,站在他人的位置上想问题,理解他人的苦衷。思想活跃本身,终究不是坏事!千万不能把它当作钳制思想的教条。

14.29　子曰:"君子耻其言而过其行。"

上一章讲不能思过其位,本章讲不能言过其行,编者是想以此强调:思与言均有其限度。

孔子说:"君子耻于说出自己做不到的话。"

而:助词,相当于"之"。

管住自己的"言"比管住自己的"思"更容易,却更有意义,毕竟人的行动能力有限,不能夸海口坏了自己做人的基本信誉。在孔子看来,不记住此耻,就可能触犯君子的最后底线。因为紧接上章,似乎提示我们:孔子只讲限"言",并没提出限制人的思想,

---

① 《古代汉语词典》,第 1190 页。

那是曾子讲的，孔子不是思想解放的障碍，倒是他的徒子徒孙越来越"左"，把儒学搞得越来越僵化。

14.30　子曰："君子道者三，我无能焉：仁者不忧，知者不惑，勇者不惧。"子贡曰："夫子自道也。"

上章暗示君子的最低标准，本章讨论君子的最高追求，编者大概是想告诉读者：光做到上章的要求是不够的。另外，这两章以一个"谦"字相关联：一是不能夸海口，一是坦承自己有所不能。

孔子说："君子所追求的三种境界，我还达不到：（成为）不忧的仁者、不惑的智者、不惧的勇者。"（对此）子贡说："这是先生自谦之词。"

道者：以……为得道，即通过修身行道成为仁者（或智者、勇者）。知：音义智。自道：自谦之说。

本章中"仁者不忧，知者不惑，勇者不惧"，属于重出内容，只是前两句顺序有变，这三句是要说明：君子毕生所作的修身之行，是个上达的过程，也是"君子儒"的追求，它不是下达的小人所能理解的，也不是"小人儒"所能评价的。一句话，这是个无终点的终身之旅，因而孔子才说："我无能焉。"本章说明，孔子没有对其本人搞崇拜的思想。事实上，后来捧他的人，很多时候是为了捧自己。

14.31　子贡方人。子曰："赐也贤乎哉？夫我则不暇。"

上一章讲君子要自我谦虚，因为修身永无止境。本章讲子贡喜论人长短，不知自己还有不足。师徒相对照，律己与责人相对比，如此衬托，凸显孔子非凡的修身之功。

子贡喜欢评论别人。孔子说："（端木）赐啊，你就比别人强吗？我则没那闲工夫。"

方：比拟，亦有认为通"谤"。贤：胜过。① 暇：闲暇。

君子修身，应多关注自己，老评论别人并不厚道，会破了自己

---

① 也有人释"贤"为"多"，意指"时间多，闲得慌"，见《论语辑释》，第201页。

修身之功，误了自己修身之时。本章之旨，孔子认为修身的动力在自身而非外界批评，没有自觉意识，外部因素是不能转化为自己前行的推动力的。上升到更高层面，我们可以把这个思想理解为：抓住机遇，努力办好自己的事；韬光养晦，不要对别国指手画脚。

14.32 子曰："不患人之不己知，患其不能也。"

从君子不要随便评论别人，到君子不要担心别人不知道自己，两章都是强调要心无旁骛，一心内修。

孔子说："不要担心别人不知道自己，而要担忧自己不能名副其实。"

患：担忧。其：己，旧读记。①

常人评论别人，多顺便夸奖自己，这都是孔子所不认同的。"今之学者为人"首先是想让别人（尤其是有身份的人）知道自己，以"求名"代替"内修"，由此暴得大名，往往名实不符，这或许是小人儒的通病。《论语》编者四次提及孔子类似警告：不要急于求名！当君子立人及达人到一定程度，必然有其相应的"闻"，此时，名声不待求而自来，这样的名声必然更坚实，不会昙花一现。

14.33 子曰："不逆詐，不億不信。抑亦先覺者，是賢乎！"

不要担心别人不知道自己，不要担心别人欺诈自己，相连两章都是强调尽力做好自己，不要为自己不能决定的事分心。

孔子说："不事先猜度别人可能有欺诈，不臆测别人可能不诚信。不过也有能率先发觉（这种情况）的，算是有过人之处吧！"

逆：宾未至而先迎，这里指先去猜度。亿：通"臆"。抑：连词，表示转折，相当于"不过"。贤：胜过。

建立社会信任，需要更多的人能与人为善。如果人人都把别人往坏里想，社会交往成本将极高，结果人人感到累，都是受害

---

① 《故训汇纂》，第198页。

者。孔子这里是要君子首先为百姓做出榜样，率先信任别人，即便利益偶尔受损，也是对社会整体进步做出的必要牺牲。还有，个别人有坏心，自己也防不胜防，为此操心实在得不偿失。若有此方面先天直觉也是上天赐予的能力，不是单纯的后天努力所能得来的。

14.34 微生畝謂孔子曰："丘何爲是栖栖者與？無乃爲佞乎？"孔子曰："非敢爲佞也，疾固也。"

上一章讲防人之心不可有，能识人更好；本章讲巧舌谄媚不可为，能澄清就好。两章相接，编者是想说明：能早些看清别人，当然更好，但与其提防人，不如感化人。

微生畝（倚老卖老地）对孔子说："你这个孔丘为何栖栖惶惶地，恐怕是（到处）耍嘴皮子吧？"孔子说："哪里敢耍嘴皮子，只是憎恶有人固陋不化。"

微生畝：复姓微生，能对孔子直呼其名，应较孔子年长。栖栖：音西西，忙碌而不能安居的样子。无乃：用于委婉表达自己看法，相当于"只怕"。佞：音泞，用巧言奉承人。疾：憎恶。固：固陋。

不少统治者总担心别人害自己，疑心很重，相对保守，听不进别人的建言。孔子周游列国，苦口婆心劝说当地的统治者行仁道，却屡屡碰壁，栖栖惶惶如丧家犬而遭人嘲笑，甚至被人误为靠耍嘴皮子混饭吃，光知道讨好人。对此，孔子坦承自己也有憎恶之情，但追求的不是自身利益，而是天下有道。为此，最有效的做法就是感化一国的统治者，使其转变观念，不再固陋不化。本章给我们的启示，想做大事者，总能听见闲言碎语，不可太在意。

14.35 子曰："驥不稱其力，稱其德也。"

从上章的人不能顽固不化，转到本章的马不能顽固不听话，编者强烈地暗示：人、马均不可使性子。

孔子说："好马不是因为其力大，而是因为其温驯听人使唤。"

骥：音绩，千里马，多比喻贤才。称：为人所称赞。

"德才兼备，以德为先。"马之德在听话，不驯之马，谁能用其力？后世有人给人才定的标准是听话、出活，不知是否受此章影响。本章之旨同于"射不主皮"，喻"人才"在其才更在其德。但不能因此就把德固化为"听话"，其实，孔子眼中的人才之德可概括为，一是从道不从君，二是不做乱臣贼子。现代政治人物最重要的德是忠于宪法，忠于职守，而不是忠于上司，这与孔子的观点有相似之处。

14.36　或曰："以德報怨，何如？"子曰："何以報德？以直報怨，以德報德。"

上一章讲马之"德"在于绝对温驯干活、回报主人，本章讲人与人之间回报的具体情形。马的回报应无前提，人的回报当有前提。

有人说："以德行报答施怨者，怎么样？"孔子说："那用什么报答施德者？（应该是）以自己的真性情回应施怨者，以德行报答施德者。"

直：真情无伪。

人与人之间交往应该有是非标准，孔子反对老好人的处世哲学，或许"以德报怨"就是他心目中的乡愿做法。如果这种怨是出于误解，应直言相告具体真相；如果是有意为之，亦无须"热脸贴冷屁股"，相反，直截了当表明自己的不快，也能促其反省不善之举，这本身就是一种"以直错诸枉"。

14.37　子曰："莫我知也夫！"子貢曰："何爲其莫知子也？"子曰："不怨天，不尤人。下學而上達。知我者，其天乎！"

接上章，讲如何加强自我修养，从根本上弘"德"去"怨"，达到"明天理、知天命"的境界。

孔子说："没有人了解我啊。"子贡问："为什么竟然没有人了解您？"孔子说："不埋怨老天，不怪罪他人。由（谋食的）形而下的技艺之学而悟达（谋道的）形而上的哲理。了解我的，只有老天了！"

莫我知：莫知我。也夫（夫音浮）：句末语气词连用，表示感叹。（为）其：竟。① 子：您。尤：抱怨，指责。

怨天尤人者会给人留下很深的印象，但孔子不是消极地对待外在环境，遇事多从自己的身上找原因，善于从具体的事务中悟出一般性的道理，这种能力亦非常人所能理解，或许上天只让少数人有此悟性。"不怨天、不尤人"的修养高于"以直报怨"，它使"怨"无从起，从而更有效消弭人与人之间的争端。

下学上达，过去多解作"下学人事、上达天理"，较为玄妙。这里似应理解为从具体生活经验中悟出更高的人生体验，而只有有道者才能达到这一境界，类似于宗教开创者的"天启"（达天德）。② 此处孔子不经意间流露出其自负之情。另外，孔子多次讲"不患人之不己知"，本章却也感叹"莫我知也夫"！孔子表达自负的同时，表露出他所批评的那种不良情绪，这样的孔子才是令人又爱又敬的。

14.38 公伯寮愬子路於季孫。子服景伯以告，曰："夫子固有惑志於公伯寮，吾力猶能肆諸市朝。"子曰："道之將行也與？命也。道之將廢也與？命也。公伯寮其如命何！"

上一章讲到努力修德知天命，本章讲天命既定难改变。两章合在一起可能是要表明：对天命的自信也是一种重要的道德修养。

公伯寮在季孙（氏）面前讲子路的坏话。子服景伯告诉孔子并说："（季孙）夫子必定是受到公伯寮的蛊惑，我还是有能力（向季孙氏陈述实情，使其诛杀公伯寮）陈尸于市。"孔子说："天道

---

① 《四书语言分析》，第195页。

② 按钱穆的理解，本章的"下学"与个人既定时空下的现实有关，而"上达"则是"透达人类文化大体之本原与意义与价值之所在"，是超越时空的，见《孔子与论语》，第145页。还有学者认为，这里体现孔子从"学"到"思"的认知路径，即从粗浅的学起，而上升出道理来，见《先秦七子思想研究》（增订本），第39页。

能行是天命，天道不能行亦是天命，公伯寮怎能左右天命？"

公伯寮（寮音燎）：鲁国士子，复姓公伯。愬：音义诉，诽谤。子服景伯：鲁国大夫，复姓子服，谥景，字伯。夫子：指季孙氏。固：必也。志：心意；有惑志：心受迷惑。犹：还，仍。肆：陈尸。诸：之于。市：集市。朝：音潮，朝堂。也与：表假设语气，相当于"吧"。

孔子讲的天命就是大势所趋，[1] 这不是个别人所能改变的。尤其可贵的是，他不赞成以消灭肉体的方式清除不同意见者，这是对上章"不尤人"思想的深化。可见，孔子不主张搞舆论一律、统一思想之类的专制做法。事实上，真正对自己主张有自信的人，是不在意反对意见的，更不会以诛杀反对者的方式强制实施自己的政策主张。

14.39　子曰："賢者辟世，其次辟地，其次辟色，其次辟言。"

上一章讲孔子看淡恶人告状，体现一种道义上的藐视；为预防上章可能带来的误解，本章讲孔子具体如何避恶，体现一种权变上的重视。这样编排大概是要启示读者：当天下无道或恶人逞凶，能避则避，若已经发生，就坦然面对。

孔子说："（当天下无道，不合自己意志时）（首先是）贤者隐避不露面；其次是避开危乱之地；再次是别人不给好脸色时，自己避开；最后是别人说话难听时，自己避开。"

辟：音义避。

孔子心中的贤人不是不讲原则的老好人，他不会主动侵害别人，但当环境对己不利时，也会权衡变通，知避让。[2] 本章前两个

---

[1]　冯友兰将本章的"命"解释为"朝着一定目标前去的一股力量"，见《中国哲学简史》，第73页。

[2]　有学者具体指出，"危邦不入，乱邦不居"就是"避地"，以"未之学也"回答卫灵公问阵，就是"避言"。参见《哲人与政治：从孔子与〈论语〉中四类人的关系看孔子的政治哲学》。

"辟"是战略性地避，此时，蹲下是为了跃起；后两个则是战术性地避，如此，可避开莫名之辱。当贤者皆避去，只剩小人，与其留下来怨天尤人，不如一避了之。当冲突出现时，一方以避的方式来淡化，正是其有贤德的表现。

14.40　子曰："作者七人矣。"

上章一般地讲贤者有四避，本章点明这种贤者有七人，暗示上章的观点是有依据的。

孔子说："（像上章那样）去避的贤者有七人。"

作：起，这里指起身避开。

七个贤者具体是谁，无考。笔者大胆猜想，有可能是（18.8）提到的七位逸民：伯夷、叔齐、虞仲、夷逸、朱张、柳下惠、少连。本章重点是说明孔子此处不是空发议论，而是有历史事实作为根据。

14.41　子路宿於石門。晨門曰："奚自?"子路曰："自孔氏。"曰："是知其不可而爲之者與?"

上一章讲有七个古代贤者知其不可而避世，本章讲孔子知其不可为而为之。前者做事重结果，后者则不管结果如何，更多关注应当与否。如此编排可凸显孔子奋进有为的精神。

子路在（城外）石门借宿。（次日）晨早，开城门的问："（这么早）从哪里来?"子路回答："自孔家。"问："是那个知其不可还要去做的人吗?"

宿：过夜，这里指借宿。晨门：守城门者，这里指早晨当班开城门者。奚：何处。氏：放在姓后，表示尊称。

当时天下无道，贤者皆已避去，独孔子没有完全避去，仍尽力让天下回复有道，为此努力寻找能让自己可为之地，而为世人所知。本章旨在说明，孔子有自己不同于常人的行事价值标准：有价值的、值得去做的，就应该去做，而不论是否成功，更不管别人有什么看法。这种行事风格比但丁的"走自己的路，让别人去说吧"

要早上一千多年。

14.42 子擊磬於衞。有荷蕢而過孔氏之門者，曰："有心哉！擊磬乎！"既而曰："鄙哉！硜硜乎！莫己知也，斯己而已矣。深則厲，淺則揭。"子曰："果哉！末之難矣。"

上一章讲有人认为孔子不知避世，本章讲有人认为孔子不知深浅，都是用以反衬孔子的坚忍不拔。

孔子在卫国击打磬乐器。有个担草筐的人从孔子门前路过，说："这击磬声别有用心啊！"过了会又说："真天真啊！声音那么干脆，没人了解自己，那自己也就罢了。（《诗经》不是讲了吗：）水深就趟过去，水浅就提起衣过去（何必那么固执不知变通）。"孔子说："真自以为是啊！让我无话可说。"

磬：音罄，古乐器。荷：音鹤，动词，肩挑。蕢：音馈，草筐。既而：不久。鄙：质朴，此处指天真。硜硜：音坑坑，击石声，暗指击打者浅薄固执。莫己知：莫知己。斯：则。（斯）己：自己。而已：罢了。厉：湿衣蹚水。揭：提衣涉水。果：断定，这里指自以为是。末：通"莫"，无。难：音 nàn，论说。

言为心声，磬声也显心声。干脆利落的磬声让荷蕢者听出其中的失意与决然而然，从而感叹：既不为人知，也就不要再去做什么；过河要知深浅作相宜处理，不能只是一根筋不知变通。对于这种自以为是，孔子感叹难以沟通。"守善道不死心"是孔子与当时那些个"识时务者"最大的不同，面对这些误解，他也不愿多做解释：人各有志，何必解释。本章之旨：大家都死心了，国家就没希望了，挺过最黑暗的时候，就会有黎明的曙光，人对光明的追求和期盼，是人活下去的意义所在。

14.43 子張曰："書云：'高宗諒陰，三年不言。'何謂也？"子曰："何必高宗，古之人皆然。君薨，百官總己以聽於冢宰三年。"

上一章讲孔子面对误解之言，却不愿多辩；本章讲君王居丧不愿自己发号施令,却未有国乱。表面看,两章讲的都是"无言",实际是特殊时期的特殊作为。不同的是,前者执着于"为",有为却无功;后者着眼于"功",无为却有功。

子张问:"《尚书》说:'(殷)高宗(武丁)守丧,三年不下达政令。'什么意思?"孔子说:"不但高宗,古代的人都是如此,国君去世,三年里百官代行己职并听命于太宰。"

高宗:商王武丁,殷中兴之主。谅阴:原为守丧所住窝棚(梁闇),① 这里指守丧。何必:不但。薨:音轰,君亡。总:聚而缚之;总己:(由他人)总摄己职,将自己职责统统交人署理。冢(音肿)宰:太宰,百官之长。

新君亲政要有一个过渡期,名为守丧,实际是在一旁观察权力中枢的运作机制,"不言"是为了摒除自己影响,以便看到真实的结果。本章之旨:政令多,效果不见得好;权力下放,国家不见得就乱。这里也可以想见,中国历史上有实现"虚君"政治的可能,此时权力中枢更多依赖既有的制度机制在运作。本章或许暗示,"三年不言"也正是孔子所寄望的"天下有道",至少可以说,繁苛政令不是善政的必要条件。

14.44　子曰:"上好禮,則民易使也。"

接上章,具体解释何以能不言而国不乱:让"礼"在治国中起作用。②

孔子说:"居上位的人好行礼治,则百姓容易统治。"

好:音浩,喜欢。

好礼者以身作则,身教重于言教,民有可效仿的榜样,亦步亦趋,井然有序,不令而从,是谓"易使"。礼的功能在定分而不争,礼治也是规则之治,相比人治,有更多的可预期性,并因此降

---

① 《论语本解》,第 208 页。
② 有学者提出,"为国以礼""为政以德""为礼以仁""为礼以孝",这四方面的有机统一构成孔子政治哲学思想的基本内涵,也体现其价值取向及精神特质。余卫国:《孔子的政治哲学思想》,《南通大学学报》(社会科学版)2011 年第 4 期。

低了统治成本，这才是"易使"的本质，而不能将其望文生义为
"容易使唤"（参见（13.4）、（17.4））。

14.45　子路问君子。子曰："脩己以敬。"曰："如斯而已
乎?"曰："脩己以安人。"曰："如斯而已乎?"曰："脩己以安百
姓。脩己以安百姓，堯舜其犹病諸!"

接上章，讲如何成为一个好的上位者，这也是其能"好礼"的
前提。

子路问（如何做好有位）君子。孔子说："修身而敬慎自己的
工作。"问："如此而已?"答："修身而安抚手下的人。"问："如
此而已?"答："修身而安顿百姓，这点怕是尧舜也难以做到!"

以：连词，表示结果，因而。斯：此。病：难；病诸：于……
为难。

修己是己立，安人、安百姓是立人、达人；前者是齐家，后者
是治国平天下。孔子眼中的修身不是做个圣洁无瑕的完人了事，而
是为了他人有所安：修己是手段，① 安人是目的。官员能安人、安
百姓，百姓当然"易使"。

本章告诉我们，孔子的治理观就是一个"安"字，平安无事、
安居乐业、安度晚年等，治国并无更多玄奥的东西。

14.46　原壤夷俟。子曰："幼而不孫弟，長而無述焉，老而
不死，是爲賊!"以杖叩其脛。

上一章讲君子修己，本章及下章分别讲老者及少年的不修，作
为衬托。

原壤一屁股坐在地上等候（孔子过来却不出迎）。孔子说：
"年幼时，不行逊悌之礼；年纪大了也没向晚辈传述礼规。（你这
种人）老而不死，是在残害礼义!"（说罢）用拐杖敲他的小腿。

---

① 有学者指出，本章的"修己"道出了"古之学者为己"的实质，"为己"即
"修己"，这是"安人""安百姓"的原点，见《孔子随喜》，第156页。

原壤：鲁人，孔子旧友。夷：屁股着地，席地而坐。俟：音似，等待。孙：音义逊；弟：音义悌。述：传述。贼：害。叩：音扣，敲打。胫：音竞，膝以下，小腿。

原壤不知一个人应有的礼数，而为孔子痛斥。在孔子看来，修身践礼是人之为人的基本要求，败坏礼规之人给社会带来的是负面示范，而让自己生命无积极意义，即所谓"行尸走肉"。"老而不死"有其特定含义，不能乱用，更不能误以为孔子歧视老人。

14.47　闕黨童子將命。或問之曰："益者與?"子曰："吾見其居於位也，見其與先生並行也。非求益者也，欲速成者也。"

上章讲不修身的老者，本章讲不修身的少者，两章相接，编者大概想暗示：修身是每个人都要做的，无论老幼。

（有个来自）阙党（这个地方）的小孩替主人传话。有人问："（那小孩）是不是很有上进心？"孔子说："我看见他坐在应该是客人坐的位子上，看见他与长者并列行走。不是有上进心，而是想马上有成就（的投机者）。"

阙党：孔子故里，《荀子·儒效篇》有"仲尼……居于阙党"。将命：替他人传话。或：有人。益：进益，指有上进心。居位并行：按当时礼节，小孩应隅坐（不与成人并坐）随行（跟在主人身后），此处刚好相反，指行为不依礼规。

孔子观人，不是看他能做什么，而是看他应做什么：该守之礼不行，就是不知修身，不能修己以敬，其上进只能是投机性的；试图使自己迅速成就，反而会害了自己。本章之旨，孔子不只强调有位君子要修己，他对百姓也是有要求的，不是事事迁就，暗示孔子并无民粹意识，不是说百姓就没毛病。修身及礼治是个"润物细无声"的漫长过程，本篇末章以小童"失礼速成"过渡到下篇首章，说明卫灵公试图通过军旅成就霸业，是想"弃礼速成"。

卫灵公第十五

15.1　衞靈公問陳於孔子。孔子對曰："俎豆之事，則嘗聞之矣；軍旅之事，未之學也。"明日遂行。在陳絕糧，從者病，莫能興。子路愠見曰："君子亦有窮乎？"子曰："君子固窮，小人窮斯濫矣。"

上篇末章讲童子最重要的是要学会循礼而行，不可寄望速成。本篇首章讲国君最重要的是要学会依礼治国，不可黩武称霸。做人、治国，"依礼"才是正道；想有成就，速成不行，不择手段也不行。

卫灵公问孔子如何排兵布阵。孔子恭答："祭祀礼仪方面，以前倒是有所涉及；带兵打仗则没学过。"没多久便离开了卫国。（孔子一行）在陈地断粮，跟随者都饿得爬不起来。子路怒气冲冲地面见孔子问："君子也会有如此困穷之时？"孔子说："君子穷困时能有所守（而不失自己底线），小人穷困时便（不顾礼义廉耻地）乱来。"

陈：音义阵，指排兵布阵。俎（音祖）豆：礼器。则：连词，表转折，反倒。遂：副词，于是，便。兴：起身。见：音现，自下朝上。[①] 愠：音蕴，气愤。固：守。斯：于是，便。滥：放滥而无约束。

本章之旨：一是礼为本、战为末，以礼治国才能够长治久安，穷兵黩武虽有一时之效，但非长久之计；二是君子、小人之分别就

---

① 《故训汇纂》，第2086页。

看能否在穷困之时守住"礼"的底线。另外，战争不讲礼，讲礼的宋襄公为人笑话；战争能让小人快速得势，而将士大夫边缘化；打下来的江山会延续战争时的残酷，而将礼乐规矩抛在一边。这些都是战争对文明积累的摧残。

15.2　子曰："賜也，女以予爲多學而識之者與?"對曰："然，非與?"曰："非也，予一以貫之。"

上章点明孔子主张去战、守礼，本章暗示"去战、守礼"是孔子思想中一以贯之的那个"一"。如此编排，也许是要凸显孔子追求"外王"的"一贯之道"，以区别于（4.15）那个着眼"内圣"的"一以贯之"。

孔子说："（端木）赐啊，你以为我是因为学得多而记得住的吗?"（子贡）答道："是啊，难道不是吗?"（孔子）说："不是，我是有一个主线把它们贯穿起来。"

女：音义汝。识：音志，记住，悟达。予：我。

（4.15）与本章，孔子两次谈到"一以贯之"，但他自己都没明确指出这个"一"的具体内容。首先，《论语》编者将此章置于（15.1）之后，或许有把上章的"去战、守礼"当作这个"一"的意思，这也是孔子政治哲学的基本思想。其次，多学能记，大多为形而下的"学"，更重要的是有一个形而上的"道"，将它们贯穿在一起才能成体系，否则，只能是"散落的铜钱"。[①]（4.15）是讲"吾（有关'内圣'之）道"，强调始终不变而表现为"一"以贯之；本章是讲"予"，暗示我的（有关"外王"）学识有一个道，将它们一以"贯"之，无"道"加以贯之的识，不是系统之识。

15.3　子曰："由! 知德者鲜矣。"

上一章讲能将所学一以贯之，才可有识。本章讲能使所行无愧

---

① 清儒孔广森对本章"一以贯之"的理解是："执一理以贯通所闻，推此而求彼，得新而证故。"《论语辑释》，第 206 页。

良心，才算知德。能从有"心得"进到知"行德"者，并不多见，这样编排是否要表达孔子的"知易行难"？

孔子说："（仲）由！知道（何谓）德的人很少。"

鲜：音显，少。

德，古作惪，"直心为德"暗示：知识的义理入于心（知其所以然，参见6.27），才有得；行为的根据合于心，才有德。一以贯之，才能入于心，才能记住不忘。不违良知，才能笃实力行，才算真正知德。光"学有识"不行，还应"行有德"。学识是要用的，更是要用在正道上的！

15.4 子曰："無爲而治者，其舜也與？夫何爲哉，恭己正南面而已矣。"

上一章讲能知德者寡，本章讲能无为者少，这都是因为私心在作怪，或昧良心行事，或行利己之为。

孔子说："（能）无为而治的，怕只有舜了吧？他做了什么，端正言行，自修其德，不作非职之为罢了。"

其：语助词。夫：音孚，代词，指舜。恭：谨守其职。南面：面朝南，君王背北面南而坐；"正南面"就是"君君"，就是尽到为君之责。

无为是"无以私为"的简称，即其为：不为己利、不执己见、不越己职。孔子德治的一个重要内容就是君王自修其德，在此基础上，舜无为而治就抓住了德治的根本而成为知德者。①

---

① 关于"无为而治"与孔子的政治哲学，参见毛国民《他山之石：孟旦的中国人论与政治哲学研究》，暨南大学出版社2011年版，第131—138页。还有学者评论孔子的"无为"，其基础是对百姓能力的信任："无为而治作为一种德性就是一种认识能力，政府不仅认识到老百姓有自我生存的能力，也认识到政府自身的能力也是有限的。"参见聂长建《"为政以德"的政治哲学解读》。

15.5 子張問行。子曰："言忠信，行篤敬，雖蠻貊之邦行矣；言不忠信，行不篤敬，雖州里行乎哉？立，則見其參於前也；在輿，則見其倚於衡也。夫然後行。"子張書諸紳。

接上一章的君王"无为"——安居其位不乱动，本章讲君子"无妄"：行走天下不逾矩，谨守忠信笃敬。两章虽有动静之别，却都离不开修身。

子张问如何才能行（走天下而无碍）。孔子说："说话出自本心，言而有信，行事踏实，敬谨不衰，（做到这些）就是到了不文明的蛮荒之地也行得通；相反，做不到这些，即便在你自己的老家，能行得通吗？立定时，就看见这几条好似前面的骖马；行车时，就看见这几条犹如车前行所需的横轭。（只有这样时刻浮现在脑海中）才能行走天下而无碍。"子张（用笔）把它写在绅带上。

蛮：南蛮。貊：音沫，北狄。里：二十五家；州：二千五百家。参：音义骖，喻以这几条为骖（马车动力来源）。衡：喻以这几条为轭（马与车连接要件）。诸：之于。绅：腰带。

车是行走天下的硬件，但在孔子看来，行走天下更重要的是软件，那便是"忠信笃敬"，前者只能改变你的空间位置，后者则决定能否融入新空间的人群中。不能融入就是行而"不通"，就是失败的行。可见，"言忠信、行笃敬"就是孔子眼中的普世价值，适用各个地域的不同文明。

15.6 子曰："直哉史魚！邦有道，如矢；邦無道，如矢。君子哉蘧伯玉！邦有道，則仕；邦無道，則可卷而懷之。"

上章抽象讲出行要"行笃敬、言忠信"，本章具体讲写史的"行笃敬"、出仕的"言忠信"。前者是绝对的，后者是相对的；而从抽象到具体，活学活用，会令人印象深刻。

孔子说："史鱼真是正直啊！邦国政治清明，（行事）如箭般地直；邦国政治昏暗，（行事也）如箭般的直。蘧伯玉真是个君子啊！邦国政治清明，就出来为官；邦国政治昏暗，就隐身不现。"

史鱼：卫大夫，《韩诗外传》记载其尸谏卫灵公，以使蘧伯玉得重用。矢：箭。蘧：音渠。卷：收。怀：藏。

蘧伯玉"卷而怀之"（出国避祸），事发于公元前547年，此前12年就曾有一次。[①]史官秉笔直书，无可避祸，只应如矢般的直，这是其职位要求的"行笃敬"，否则难有信史，更难让不愿史上留恶名的君王所畏惧。蘧伯玉作为言官，其职位要求是"言忠信"，如果做不到，他可以选择隐身不仕来保护自己。可见，孔子眼中的君子不是无原则、无条件地去"行笃敬、言忠信"，做所谓的忠臣；而是识时有智慧的，不逞一时之勇，不做无谓牺牲。有时，时间是暴君最大的敌人，等待是最有效的抗争。

15.7 子曰："可與言而不與之言，失人；不可與言而與之言，失言。知者不失人，亦不失言。"

上一章讲懂得何时该"隐"，是一种智慧。本章说知道何时该（不该）"言"，也是一种智慧，宗旨都是保持自己的人格尊严。

孔子说："可与他谈话却未谈，错失（可交之）人；未可与他谈话却谈了，谈话失去应有的意义。智者不会错失可交之人，也不会讲不该讲的话。"

知：音义智。

谈话可交友，更能检验谈话对象的人品学识，总是拒人千里之外，不会得到可交之友、可用之才。此外，谈话也是有代价的，或者对牛弹琴，或者自取其辱，如此就是失言，讲了不该讲的话。后学为了成为孔子眼中的智者，遇人先讲客套话来试探对方，再决定是否讲下去、讲到什么程度，因此"一见如故"就显得难能可贵，所谓"人生得一知己足矣"。

15.8 子曰："志士仁人，無求生以害仁，有殺身以成仁。"

上一章讲何时该说话、何时不该说话，本章讲何时该求生、何

[①] 《论语还原》，第652—653页。

时不该求生，都是强调说话、求生这些本能要符合更高的价值标准。

孔子说："以行仁为远大志向之士，不会为了活命而妨害仁，而会舍弃生命来成就仁。"

志：志向（远大）。

在孔子看来，生命诚可贵，成仁价更高。以妨害仁为代价活下去，其人生是可耻的；相反，舍命成仁，其人生却是不朽的。普罗大众不会成仁亦不害仁，虽够不上志士仁人的标准，[①] 但也不能说其人生是完全无意义的，没有这些平凡人也无法衬托出志士仁人的伟大。孔子在《论语》中所说的，很多是针对精英的，如果无条件地扩大化，并不合适。

15.9　子貢問爲仁。子曰："工欲善其事，必先利其器。居是邦也，事其大夫之賢者，友其士之仁者。"

上一章讲到行仁的价值高于生命，本章暗示行仁的效率在于择友，是对前章内容的具体实践。

子贡问如何行仁。孔子说："做工的人想要把事情做好，首先要想办法把工具变成利器。居于某邦国，就要做那里贤大夫的部下，与那里有仁德的士人交友。"

善：（变得）容易，改善。事：事奉，成为部下。

本章之旨，为更有效地行仁，不可独自行动而需好好利用外在的力量，要多结交好人，效命于德高望重的官员，否则不但得不到正面帮助，于成功无益，反而可能受其牵连或被其拖下水。从政者交什么样的人，决定其机遇，也说明其格局。

---

① 有学者认为"仁人"泛指人的所有德性，此时"仁"的含义是"品德完美"，见《中国哲学简史》，第69页。还有学者提出，为"仁道"而牺牲自我是"克己"的更高层次要求，见黎红雷《孔子哲学的逻辑进路》。对于本章的"杀身成仁"，钱穆先生以晚清同光年间在台湾任通事的吴凤"以身劝杀"来说明，见《孔子与论语》，第41—42页。

15.10　顏淵問爲邦。子曰："行夏之時，乘殷之輅，服周之冕，樂則韶舞。放鄭聲，遠佞人。鄭聲淫，佞人殆。"

上一章讲应主动接受当下仁贤之士的影响，本章讲应尽量采行前代有效的制度设计，都是强调择善而从。

颜渊问如何（通过制度建设）治理一个邦国。孔子说："采行夏代历法，乘坐殷代马车，穿着周代礼服，乐取《韶》《武》。弃郑曲，远奸人，郑曲萎靡，奸人危险。"

为：治，作，作即制礼作乐。辂：音路，木车，只漆而无华饰。冕：指代礼服。韶舞：《韶》《武》，分别指象征舜及周武王统治的乐曲（类似现今国歌）。放：放逐，舍弃。远：音院，远离。佞：能说会道的奸人。殆：音怠，危险。

本章说明孔子治国极重制度建设。他认为制度建构不是凭空想象而来，而是采用历史已证明较为成功的经验；不是复制某一朝代，而是博采众长。制度的关键在"富之""教之"，前者通过采行合农时的夏历，后者通过施行周礼、取舜武之乐。最后，建立起来的制度一定要遵守，为此需去除妨碍制度遵守的因素：郑声、佞人。

孔子时代以华夏为天下中心，其制度建设资源的汲取只有时间维度，没有空间维度，没有超越华夏，作开放性吸纳的意识。事实上，向世界各国先进政治文明学习，在制度演进过程中显得更为重要。

15.11　子曰："人無遠慮，必有近憂。"

接上章，暗示制度功效在长远，制度建设更需久久为功。只有立足长远，建立好的制度，才能长治久安；如果只顾眼前，郑声、佞人之害立竿见影。

孔子说："人如果不作长远考虑，忧患必定很快迫近。"

虑：谋划。

制度管长远，否则只能忙于补漏、不断救急。政治家能名垂青史，不在开疆拓土，而在创立佳制，推进制度文明才是其不朽功业。当代不丹国王改行君主立宪，国民不理解，国王告诉他们，我不能保证我的子孙能像我一样做个好国王，只有君主立宪才能维持你们的长远幸福。这便是政治家的远虑，类似还有华盛顿拒绝第三度出任美国总统等。自我限权、主动下台，表现了杰出政治家的"知止"特质，不去破坏制度，而让自己成为制度的荣耀，是他们留给人类的最大遗产，也是真正的与日月同辉。

可见，政治家最重要的远虑体现在政治变革上，这需要主事者有历史眼光、有决断力。得过且过、击鼓传花，不是一个负责任政治家的表现；畏首畏尾、举棋不定，不可能成为一个有担当的政治家。

15.12　子曰："已矣乎！吾未见好德如好色者也。"

接上章，暗示只有好德者才有远虑。好德者志向远大，好色者贪图近利，眼光不同，品位也不同。

孔子说："算了吧！我未见到像好色那样去好德的人。"

已：止。好：音浩。

本章重出，接上章之后，旨在说明人何以无远虑：普通人（特别是被郑声、佞人包围的有位者）不愿克制自己的本能，大多崇尚声色犬马最惬意。"远虑"意味要牺牲今天的幸福，正所谓"节欲"，这只能是少数人才有的品行，他们重视自己的道德修养，知道什么才是有意义的人生。但无论如何，孔子感叹的好色者众、好德者寡，才是人性的基本现状。

好德的政治家在乎历史定位，好色的政客求及时行乐。前者理智战胜本能，后者不知"计利当计天下利"，不懂"后天下之乐而乐"。

15.13　子曰："臧文仲其窃位者与？知柳下惠之贤，而不与立也。"

接上章，举例说明好德不易，举荐贤才本应是在位者最大职责，有才不举难称作好德者。

孔子说："臧文仲是不是不够称职？知道柳下惠有贤德，却不加以举荐。"

臧文仲：鲁大夫，历仕鲁庄公、闵公（在位两年）、僖公（在位三十三年）及文公四朝，本章记述的大概是在鲁僖公当政时。窃位：在其位不谋其政，举贤是其职。柳下惠：鲁大夫，食邑柳下，谥惠。与立：与之并列于朝；或曰立通"位"，"与立"即举荐就位。

人才难得，有责举贤者，若失职不荐，人才将更难得。或因己好色而为佞人所包围，不知贤人在何处，或识贤人但有"武大郎情结"而不去举荐，遂难见好德者。没有人才保证，再好的制度也会人亡政息。如果说君王伟业在创制，那么大臣有德在举贤，选出千里马的伯乐同样可以青史留名。倘若人人尽职举贤，君王身边无佞人，他想好色也难。

15.14　子曰："躬自厚而薄責於人，則遠怨矣。"

上一章讲举贤是尽职好德，本章讲远怨是修身好德。好德远怨、德高望重，这样的人举贤更具公信力。

孔子说："自责多、责人少，则远离人怨。"

躬自：自身，自己对自己；躬自厚：反躬自身，多检讨自己。远：音院，远离。

窃位有愧，自躬无怨。别人有怨若是自己引发，远怨在己。孔子的消怨之道就是多责己、少责人。每有政策不当，怨声载道，读了圣贤书的君王就要下"罪己诏"，至少好过明明错了，还死不认错。更坏的是，开动宣传机器作颠倒黑白的辩解、粉饰，这样做反使其政权合法性一点点地丧失。

15.15　子曰："不曰'如之何如之何'者，吾末如之何也已矣。"

接上章，说明不能只会责己，却拿不出具体有远见的办法，这样是不能从根本上消除怨声的。

孔子说："不讲'如何去做，如何去做'的人，我也拿他没办法了。"

如之何：（事先想好）如何去做。末：无。

慎始多谋者能成事。大而化之，走到哪儿算哪，以为"船到桥头自然直"，这样无远虑的人做领导，出了事自然部下会怨。本章暗示，高瞻远瞩是领导力的重要特质，否则三番五次地责己，其威信也就所剩无几。

15.16 子曰："羣居終日，言不及義，好行小慧，難矣哉！"

接上章，讲得过且过的具体表现，说明有格局才能有成就。

孔子说："整日聚在一起，说话不涉道义（不合时宜），好耍小聪明（谋小惠），（要想有所成就）很难、很难！"

好：音浩。慧：惠，古相通。

学人聚在一起，如何把握自己言行；是辅仁并传递积极的影响，还是相互有负面影响？将成为能否学有所成的重要外在因素。政客聚会如果光是讲些不着边际的话，甚至热衷于分赃，只对普通百姓搞些小恩小惠装门面，又如何能成大事！

15.17 子曰："君子義以爲質，禮以行之，孫以出之，信以成之。君子哉！"

本章是对上章之病（以利为质）的矫正，不仅言要及义，礼节操守均要及于义。

孔子说："君子以义为（言行的）本质：以礼行义，谦逊谈义，守信成义。（做到这些）真乃君子啊！"

义以：以义。孙：音义逊。之：指代义。

行公义还是谋私利，是君子与小人的分野，也是政治家与政客的区别。行公义也要辅之以礼、逊、信，行公义不可超越客观条件，需以礼来节制，它确保原本好事不会做成坏事；不可自以为真理在手而傲慢施行，它关乎眼下别人是否会接受；亦不可不先取信于民，信守先前做出的承诺，它关乎今后他人是否会响应。一句话，行公义是个系统工程，不是光凭热心就能做好的。

15. 18　子曰："君子病無能焉，不病人之不己知也。"

上章开始一连六章论君子。前面讲君子之本，到本章讲君子之能，有本无能，其"本"难现。

孔子说："君子担心自己无能，而不是担心别人不知道自己。"

病：担忧。不己知：不知己。

孔子也重才能，不是"唯道德论"者。在他看来，个人只管提升自己，包括增长才干，至于能否被举贤，不是自己所能左右的，只想着如何推销自己反倒走入歧途，如后世跑官者所为。本章让我们认识到，关键是确立让人才脱颖而出的机制，人才自身也应勇于展现自己的能力，否则难免会埋没人才，要知道伯乐比千里马还稀缺。这里孔子劝诫不要只想着推销自己，忘记提高自己，不能因此误认为有才能就一定会有人知。此外，现代市场经济确实比孔子时代有更广泛施展才干的舞台，但诱惑也更多，从这一点讲，孔子的教导还是很有意义的。

15. 19　子曰："君子疾沒世而名不稱焉。"

上章暗示君子不求生前虚名，本章讲君子看重身后留名。这个"名"应是对其人生的客观总结，是自然而然的，而不是刻意为之。

孔子说："君子痛惜死去没有让人称颂之名。"

疾：痛惜。没世：去世。名不称：无名为人所称颂。

死后仍被人称颂，谓之"不朽"，中国古代有"立德、立功、立言"三不朽之说。本章是要告诫读者：虽不求无法长存的生前虚名、不留死后恶名，但也不能浑浑噩噩一辈子，没做一件为人称道之事。君子应追求盖棺定论有美谥，有才能却无缘入"庙堂"，亦可在"江湖"做有益之事，"有位"不是有为的必需前提，毕竟"位"是少的，而有为的机会多得多。本章倡导的积极人生态度，是中华文明生生不息的动力所在。

15.20 子曰："君子求诸己，小人求诸人。"

接上章，暗示君子要不断自我进取，才能有身后留名。

孔子说："君子求之于自己的努力，小人求之于他人的帮助。"

求：寻求，也有解作"苛求"。诸：之于。

"行事在人，成事在天"，只要自己努力了，也就无憾了，况且"天助自助者"。如果将成功立足于他人的帮助，就容易怨天尤人甚至不择手段。本章之旨，"天行健"的进取精神才是孔子眼中君子的本质特征。

15.21 子曰："君子矜而不争，群而不党。"

上一章讲君子要立足于自己努力，本章讲君子如何与他人相处。两章相连，编者可能在暗示：君子绝不是孤家寡人，而是要自助为主、人助为辅。

孔子说："君子自重而不与人争利，与众人和睦相处而不结党营私。"

矜：音今，庄重。群：与人为伍，指合群。党：偏私。

君子行公义，为此要能把持住自己，不与人争一己私利。能合群才能做事，但合群不能不讲原则，追求小团体利益，干出结党营私、党同伐异的勾当。

本章是孔子的"群己分界论"，但它是道德上的而非法律上的，后者才能生出严复所论及的自由主义核心理念。

15.22 子曰："君子不以言举人，不以人废言。"

接上章，孔子讲"君子不党"的具体表现，也是扩充"不党"的范畴。

孔子说："君子不能因为某人说了什么话而举荐他，也不能因为某人地位低下（或人品不好）而不采纳他的进言。"

以：因。举：推举。废：弃。

本章暗示，"不党"的本质是讲原则："举贤"有举贤的原则，

"纳言"有纳言的原则，前者就人论人，后者就言论言。换言之，要人言相分："举贤"不能因为他说得漂亮，否则便可能把佞人举上来；"纳言"不能只看说话者的地位，不能谁的地位高谁就代表真理。可见，不讲原则地举人、纳言，结果是奸人当道、言路堵塞。如果按某种意识形态来规定何为真理，更是禁锢人的思想，伤害尤甚。

15.23　子貢問曰："有一言而可以終身行之者乎？"子曰："其恕乎！己所不欲，勿施於人。"

接上章，孔子暗示"君子不党"不能理解为独往独来，是"群而不党"，而如何"合群"的规则也是人生准则。

子贡问："有一个能让人终身奉行的字吗？"孔子说："那就是'恕'！自己不想要的，不要施加于别人。"

一言：古以一字为一言。恕：仁爱，推己及人。

本章体现了孔子的抽象能力，他把人与人之间交往的准则归结为将心比心（如心为恕），由己推人，终身奉行，不必因人而异，是上章不以人废言精神的扩展。

本章也暗示，人与人交往更重要的是遵循某种否定性原则，人人奉行它，人人都有相应的消极性自由，① 且不能因此推出反论：己所欲，施与人，至多只能是己所欲，荐于人：别人是否接受，由他自己做主。

15.24　子曰："吾之於人也，誰毀誰譽？如有所譽者，其有所試矣。斯民也，三代之所以直道而行也。"

接上章，孔子以具体事例说明自己不把个人好恶强加于人。

孔子说："我评价人，（无端）赞誉过谁？（无端）诋毁过谁？如果对谁有所赞誉，也是已经历史检试的，（就像当时做这种检试

---

① 本章所说的"恕道"，与称作"忠道"的"己欲立而立人，己欲达而达人"，分别与西学的"消极自由""积极自由"相通，见《中国的自由传统》，第67页。

的）民众，使（夏商周）三代能实事求是（地评价人物）。"

之于人：对于人，这里特指评价人，尤其是评价历史人物。谁誉：誉谁。试：检试。斯民：（当时做出评价的）这些民众，[1]《论语》中"人"与"民"对举，人乃有位者，民是平民，因此，这里的民不是被评价的对象。三代：一般认为是指夏、商、周，也有人提出，孔子说这话时，周还未亡，不好盖棺定论，应指尧、舜、禹才是。[2] 直道而行：据实评价无私曲，实事求是。

本章孔子提出评价历史人物不能基于自己的好恶，而要更多根据那个时代民众的看法。民众是政治人物的最后评判者，这一观念难能可贵。遗憾的是，中国历史上的普通民众还只能口头表达对从政者的不满，少有制度性权利不流血地将其赶下台。

15.25 子曰："吾犹及史之阙文也，有马者借人乘之。今亡矣夫！"

上章暗示三代史录反映民意，实事求是，较为可信；本章点明其后史录残缺不全，原始记录还算真实。这样的编排大概是想强调，不要按自己意志褒贬人物、删改历史。就此而言，它与今天的历史唯物主义主张多少有些共通之处。

孔子说："我还能看到史书上有空缺的文字（而不敢随意增补，记载）'有马借人乘之'（这类寻常事，也不敢随意删除）。今天（像这样忠实记录的事情）没有了。"[3]

犹：还。及：触及，这里指"看到"。阙：音义缺。亡：音义无。

本章之旨：一是对于历史记载本身不应随意增删；二是历史也

---

① 有人怀疑原经文有误，似应为"斯亦三代之民所以直道而行"；也有人认为，从"斯民也"开始的内容，应属下章，见《论语歧解辑录》，第835页。

② 《论语歧解辑录》，第835页。

③ "有马"句，也有解作"有马者自己不能驾驭而借助别人驾驭"，不必自己硬来，比喻"不必强不知以为知"（《论语本解》，第222页），但没解决全章上下文意统一，及与前章和后章的贯通问题。

包括个人的生活史，生活琐事反映当时民俗风尚，并非完全无意义。因此本章体现了孔子的史学态度，那种御用史学所倡导的，甚至不惜篡改历史真相的宏大叙事，不是他所赞同的。

15.26 子曰："巧言亂德，小不忍則亂大謀。"

从上章讲旧史书不因事小而不录，切入本章讲现实中不因事小而随性，都是强调个人好恶要服从自己的职责，不因其"小"而失职。另外，两章还有个共同点就是要"不乱"：不能乱了历史史实，不能乱了社会良俗，不能乱了战略谋划。

孔子说："说话投人所好会扰乱公德，小事上（稍微）不作隐忍会搅乱大的布局。"

巧：虚浮不实。谋：谋划。小：小事，也可解作"稍微"。①

孔子反对花言巧语、小事不忍，主张谨言慎行，有益公德良序。因自己喜好而巧言，属不讲是非；因自己厌恶而不忍小事，则难为大事。个人把主观好恶掺入自己的职守，会妨害履职。因此，不宜从权谋角度理解本章。② 事实上，伟大的政治家大多有着不同凡人的隐忍功夫，有坚强的毅力克制自己的本能，努力实施所谋划的大局。

15.27 子曰："衆惡之，必察焉；衆好之，必察焉。"

上章孔子暗示要摒弃本人好恶对自己履职的影响，本章孔子点明要摒弃他人好恶对自己的影响，坚持独立判断，不受民意左右。两章相接，编者也许是想说明：一个人具有客观理性素养，非常可贵。

孔子说："大家都说某人不好，一定要再观察一下；大家都说

---

① 《古代汉语词典》，第 1724 页。
② 也有人解"忍"为"忍心"，"小不忍"就是小小的仁慈。参见杨逢彬《向古代大师学习"审句例"——以〈论语〉中易误读的词句为例》，《光明日报》2017 年 4 月 30 日。笔者不取此解，因为按本章行文逻辑，"小不忍"应和"巧言"一样，是负面的、应加以克服的东西。

某人好，（也）一定要再观察一下。"

恶：音务，厌恶。好：音浩，喜好。察：详审，细究。

真理不一定掌握在多数人手里，公众也会暂时被人蒙骗，也会受舆论影响。现代公民教育的一个重要内容，就是增强每个人的独立判断意识和能力。大众不盲从，民粹政治难行，希特勒式的野心家难成气候。

15.28　子曰："人能弘道，非道弘人。"

上一章讲人要有独立判断，本章讲人应有主动进取。二者互补，缺一不可：有判断无进取，是知而不行；有进取但无判断，属无头苍蝇，不知往何处行。

孔子说："人能弘扬大道，而非大道弘扬人。"

弘：光大。

本章暗示：真理的价值在实践，其内容也随人的实践活动而改变，人不应教条地对待真理，真理更不能赋予某人以绝对权力，孔子应该是不赞成用意识形态棍子打人的。人能弘道，就是对传统之道进行创造性转化、创新性发展。能弘道者的人生最有意义。

15.29　子曰："過而不改，是謂過矣。"

上章暗示，人如果教条地对待道，其弘道可能失当而有过。本章暗示，弘道之过不是谋私之过，改了就好；或者说，既知道"非道弘人"，还是自己不努力，光想凭借"道"的光环抬高自己，真的是种过错。

孔子说："如果有过错而不改正，那就真成了过错。"

过：过错。谓：算作。

探求真理必定是一个试错的过程，犯错是不可避免的，只要不为己利，只要接受教训，不再犯相同错误，就不算什么。因此，孔子是宽容人犯错误的，只要不是有错不改。

人类社会的发展殊途同归，主政者宽容他人的不同选择，其结果有可能会增进人类的共同财富；相反，若执迷于被历史证明为错误的道路，就将犯下不可饶恕的大过。

15.30　子曰："吾尝終日不食，終夜不寢，以思，無益，不如學也。"

接上章，讲自我调整属另一种形式的改过。

孔子说："我曾经终日不进食，整夜不睡觉，用来思考，却没什么效果，不如去学。"

以：用。益：益处。

孔子反对离开"学"去"思"，主张思有本，这是他基于自身经验所作的体悟，而对不当之思作自我调整是种广义上的改过。因此，本章实际是暗示：任何形式的主动改进都可称作"改过"，这是个人成长、事业成功所必需的。改过不是什么没面子的事，不用遮遮掩掩。

从政治哲学层面讲，"学"重在汲取历史经验，"思"重在创新。少学多思，思便无依凭而沦为空想。乌托邦就是想当然，就是抛去既有历史传统，不汲取古今中外的深刻教训，做不切实际的事，这也是"左"的表现。如果把学到的书本知识当作教条，再闭门造车，冥思苦想，搞所谓创新，那危害就更大了。

15.31　子曰："君子謀道不謀食。耕也，餒在其中矣；學也，禄在其中矣。君子憂道不憂貧。"

上章谈到为思而思，无所获益，可谓"事与愿违"；本章暗示"有意栽花"可能花不开，"无心插柳"也许柳成荫。关键是要搞清本末关系："学"为"思"之本，"道"为"食"之本。

孔子说："君子谋求能闻道而非谋求有饭吃。（为谋食而）耕田，（结果可能是）吃不饱肚子；（为谋道而）求学，（结果可能）有经济收入。君子担忧道（之不存）而不担忧自己无钱财。"

餒：音 něi，饥饿。禄：俸禄，当差收入。贫：无财。

本章原意是劝勉读书人，谋"天下为公"之大道，不求个人温饱之私利。不谋道而谋食，食不见得能谋到，所谓"有意栽花花不开"；相反，不谋食而谋道，食可能不谋自来，所谓"无心插柳柳成荫"。

另外，孔子似乎看到"道"为"食"之本：制度好了，粮食自然就有了；制度不好，再多的人搞农业，再多的田种粮食，可能也吃不饱饭。因此，知识人作为社会精英，应以"忧道"为己任，如果只想着自己如何早日脱贫致富，就失去应有的责任担当。

15.32　子曰："知及之，仁不能守之；雖得之，必失之。知及之，仁能守之。不莊以涖之，則民不敬。知及之，仁能守之，莊以涖之。動之不以禮，未善也。"

上一章讲如何方为善"谋"，本章讲如何才是善政，两章都是强调要抓住根本，不能短视。

孔子说："凭智慧取得政权，（如果）不以仁爱去守护它，虽得到政权，也必定会失去。凭智慧取得政权，能以仁爱去守护它，（如果）不严肃地掌管政权，则不会得到百姓的敬重。凭智慧取得政权，能以仁爱去守护它，能严肃地掌管政权，（如果）不能依照礼的约束来动用权力，就未达到善治。"

知：音义智。之：指政权、权力，也有说指代民、官等，但释为"政权"可"一以贯通"全部十一个"之"。及：触及，这里指"得到"。涖：驾驭，掌管。

孔子的善政分三步：一是仁守，心存爱民之心；二是庄涖，不失管治权威；三是动（权以）礼，用规则约束权力。有"仁守"无"庄涖"，可能政令难以贯彻；有"仁守"无"动礼"，可能好心办坏事；有"庄涖"无"动礼"，可能滥用权威、无法无天。因此，本章是对孔子仁政思想的重要补充。仁政是出发点，善政才是落脚点，而要有善政，最重要的便是让权力受规则约束，这是达致善政的根本。[①]

---

① 有学者据此章提出，在孔子眼中，"意志本身之纯化，远较认知重要"。相比苏格拉底的"道德即知识"，忽视意志本身的问题，"孔子则以意志本身为主，而不重视认知"，见《新编中国哲学史》，第113页。

15.33 子曰："君子不可小知，而可大受也；小人不可大受，而可小知也。"

上一章讲善政在限权以礼，本章讲善治在用人以长，也是对上章内容的补充：用好权、用对人，当然就能施好政。

孔子说："君子不可放在需具备琐碎知识的岗位，而应让他担当大任；小人不可担当大任，而可做些需要具体知识的工作。"

可小知：也可释作"可使由之，不可使知之"，而君子担大任，需"使知之"，这种知是大知，是知其所以然。受：承受，授予（后作"授"）。

孔子眼中的君子是国之栋梁，不可浪费在"为稼、为圃"之事上，小知谋食，非担当谋道大任的君子所应为。小人是知识上的凡人，知其然、不知其所以然，以谋食为先，若授以大任，必不可担当。善治的用人应是任小人谋食、授君子大任。本章暗示，孔子不赞成由那种只掌握具体知识的工程师来治国。

15.34 子曰："民之於仁也，甚於水火。水火，吾見蹈而死者矣，未見蹈仁而死者也。"

接上章，暗示小人为何不可大受：不愿亲仁难当大任，担大任需德才兼备。

孔子说："百姓对于仁德（的害怕）胜过水火。我见过身陷水火之中而死去的，却还没看过因行仁而死的。"

蹈：踏入，奔向。

本章的意思，（15.3）已经讲过。平民在满足温饱之前，是不可能关注道德提升的，尽管它相比水火，有益无害。在孔子看来，政治就是"化人"的事业，由正己而正人。相较于为百姓提供基本的物质需要，君子或统治者更大的重任是，促进百姓精神层面的提升，有更多民众从谋食小人变为谋道君子。用现代政治术语来说，政治之鹄的就是使民众从臣民变为市民，再变为公民。

15.35　子曰："當仁不讓於師。"

接上章，说行仁机不可失，以此暗示读书人应奋勇蹈仁，做百姓的榜样。

孔子说："遇到有行仁的机会，即便老师在场，也不必谦让。"

当：正值……之际。

在孔子看来，行仁是绝对的、无条件的，可以杀身成仁，可以不顾谦让之礼、师道之尊，目的只有一个，那就是劝勉每个人为"天下归仁"做贡献，每个知识人都要走在前面，成为百姓行仁的表率。"青出于蓝胜于蓝"此处就是学生可以在行仁上超出老师，并以此报答老师的教诲之恩。

15.36　子曰："君子貞而不諒。"

上一章讲君子行仁是绝对的，本章讲君子守信是有条件的。两章相连，编者可能是想强调：仁在价值层面上高于信，守信是为了行仁。

孔子说："君子应固守正道而不应拘守小信。"

贞：正。谅：小信，小节。

在孔子看来，固守正道是原则性问题，而对小信的遵守则属于灵活性问题。为了实现更高层级的价值，为了坚持大是大非的原则性问题，是可以变动处置乃至放弃既有的承诺。问题是具体判定何为"小信"，各人可能有不同标准而起争议，"不谅"也可能被欺世之徒用来辩护自己的欺世之举，因此，对"不谅"的谅解，最好只用于回顾历史而不应宽恕现实中的"阳谋"。

15.37　子曰："事君，敬其事而後其食。"

接上章，暗示"敬事"才是"事君"之"贞"，这是个原则性问题，而"食禄"应是有弹性的、灵活性问题。先讲报酬再做事，是守小信的"硁硁然小人"的做派。

孔子说："事奉国君，以敬慎之心做其交办的事，然后再想到自己的俸禄报酬问题。"

（敬）其：指国君。（后）其：指自己。食：俸禄。

这是"先难后获"的另一种表述，核心是先把事做好，其次才是报酬，前者是义，后者是利，义高于利。孔子暗示，政治家应以义为重，把事君（报国）看作自己行仁的机会，这也是对自己最重要的回报，所谓"施就是受"，若为利而从政，鲜有不贪。

15.38 子曰："有教無類。"

上章暗示不以利区别"事公"，本章讲不以类区别"施教"，都是强调无差别地对待原则性问题。

孔子说："（每个人都）有受教育的权利而无所分别。"

类：类别，这里指"分门别类"。

"因材施教"是指具体教学内容而言，"有教无类"是就受教权利来说，孔子是"教育均等化"的最早倡导者。[1] 受教无特权，施教不为利，教育尤其是基础教育不应作为一种产业，沦为牟利工具。

政和教都是为了"化人"，这是中国文化内涵"政教合一"的本质：政与教在根本目的上是相同的。遗憾的是，儒家没能从"有教无类"的论述中发掘出平权意识，进而形成系统的权利学说，甚至没能从制度上确保"有教无类"的实施。

15.39 子曰："道不同，不相爲謀。"

上一章讲的"施教"是老师传递自己的价值观，指引学生上正道，不必选择对象。本章讲的"谋道"必须选择对象：它要求双方价值观相近，强调从道不从君，将"谋"服从"道"作为最高原则。古代读书人的出路大致有二：或教书，或从政。如此编排大概是想表明学子未来应遵守的基本职业准则。

---

① 孔子自己很好地示范了什么叫"有教无类"，其学生来源之庞杂、聪慧之悬殊，让人感叹不已。南郭惠子曾不解地对子贡道："夫子之门，何其杂也？"（《荀子·法行》）。关于孔子弟子来源的具体说明，参见《轴心时期的儒家伦理》，第62页。

孔子说:"价值观不同,不参与其咨议谋划。"

道:道义,这里指"价值观"。为:与,参与。谋:谋划,咨议。

孔子主张"同声相应,同气相求"。如果价值观(对道的理解)不同,双方的出发点及落脚点相异,无法谈得拢,与之相谋纯属浪费时间。

需要特别指出的是,孔子本章也仅限于"不相谋",而没有因"道不同"就对其他门派大加挞伐、唯我独大、唯我为真理化身。

15.40. 子曰:"辭達而已矣。"

上一章讲"谋"要择道,本章讲"辞"要达意,否则最后都难有实在效果。另外,只有"辞达",才能清楚表达自己的价值观。

孔子说:"我们所说所写,都只是为了表达我们想要表达的意思。"

辞:言辞,文辞。达:达意。

政治是"化人"的事业,政治家的演讲及文稿首先要让普通民众明白其所要表达的意思,其文风也影响其政风:行文简明扼要,即施政大道至简。只有把握治国理政的精髓,才能写出达意简约的文字,这也可减少人与人之间的沟通成本。

15.41 師冕見,及階,子曰:"階也。"及席,子曰:"席也。"皆坐,子告之曰:"某在斯,某在斯。"師冕出。子張問曰:"與師言之道與?"子曰:"然。固相師之道也。"

上一章讲文辞要达意,本章讲助残要到位,都是想他人所想,为他人考虑。

(盲人乐)师冕到孔子这里来,在台阶边,孔子说:"这有台阶。"到座席边,孔子说:"座席在这儿。"都坐下后,孔子向他介绍:"这位是某某,那位是某某。"师冕离开。子张问:"跟(乐)师讲这些,也是一种道吗?"孔子说:"是的,这本来就是帮助(盲人乐)师应有的礼数。"

见:音现,往见。固:本来。相:音项,助。

本章之旨，一是出于人道关怀，帮助盲人乐师就位；二是不势利、不冷落来客，助失明乐师融入谈话；三是不失时机身体力行，示弟子以助残之道，可谓"传有习"。

钱穆认为本章之章旨无类可从而编入篇末，① 其实，本章核心是对盲人应尽礼，由此而切入下篇首章，讲对君侯应尽礼，盲人是公认的弱者，君侯可谓强者，但在孔子看来，对其尽礼之心则无二致，可见《论语》此处编排并非随意而为。

---

① 《论语新解》，第 425 页。

季氏第十六

16.1　季氏將伐顓臾。冉有、季路見於孔子曰："季氏將有事於顓臾。"孔子曰："求！無乃爾是過與？夫顓臾，昔者先王以爲東蒙主，且在邦域之中矣，是社稷之臣也。何以伐爲？"冉有曰："夫子欲之，吾二臣者皆不欲也。"孔子曰："求！周任有言曰：'陳力就列，不能者止。'危而不持，顛而不扶，則將焉用彼相矣？且爾言過矣。虎兕出於柙，龜玉毀於櫝中，是誰之過與？"冉有曰："今夫顓臾，固而近於費。今不取，後世必爲子孫憂。"孔子曰："求！君子疾夫舍曰欲之，而必爲之辭。丘也聞有國有家者，不患寡而患不均，不患貧而患不安。蓋均無貧，和無寡，安無傾。夫如是，故遠人不服，則修文德以來之。既來之，則安之。今由與求也，相夫子，遠人不服而不能來也；邦分崩離析而不能守也。而謀動干戈於邦內。吾恐季孫之憂，不在顓臾，而在蕭牆之內也。"

上篇末章讲相（盲乐）师之道，本章讲辅助君侯之道，前者是助生理上的盲者，后者是助认知上的盲者，两者都是要讲人道，都是要以人为本。

季康子将要讨伐颛臾。冉有、子路去见孔子，说："季康子要对颛臾动武。"孔子说："（冉）求啊！这就要责怪你了。这个颛臾国，过去鲁国先君把它封在东蒙这个地方，既处鲁国之内，又为鲁之功臣，用得着去讨伐它吗？"冉有说："是季康子要伐它，我们两个做臣子的并不想这样做。"孔子说："（冉）求，（古良史）周任曾说过：'全力以赴地劝谏，不听劝就辞官走

269

人。'（如对盲人）临危不去夹持，遇颠不去搀扶，那还要你们这些助手干什么？而且你这样讲是不对的。老虎、野牛从笼子里跑出来，龟甲、美玉在盒中损毁，（不是看守者，还能）是谁的过失？"冉有说："现今颛臾，城池坚固，毗邻（季邑）费，如果不把它占了，会给后世子孙带来忧患。"孔子说："（冉）求啊！君子憎恶那种不直接说自己想要，却为此找各种理由的。我也听闻，治理（诸侯）国、（大夫）家，不愁人少而忧其不能各事其业，不愁贫乏而忧其不能相安无事。这是因为各事其业，就不会贫乏；人人和睦，就不会有寡不敌众的感觉；相安无事，就不会彼此倾轧。如此这般，若邦外之人不愿臣服，则通过内修文德（礼乐制度）慰抚他，他既然来了，就将他安顿下来。现在（仲）由与（冉）求你们两个，辅佐季康子，当邦外之人不愿臣服，却不能慰抚他；邦国分崩离析却不能守护维续，反而谋划在邦内兴兵动武。我担心季康子的忧患，不在颛臾那里，而在（有可能得到颛臾支持的）鲁君。"

将：将要。颛臾：音专俞，鲁附庸国。有事：有战事。尔是过：过（怪罪）尔（你），"是"为助词，使宾语前置。为东蒙主：被分封在东蒙，"主"为主祭（境内东蒙山）。社稷之臣：于国有功而参与国之大祭，喻国之重臣。何以伐为：为，语助词；以，用，用得着去讨伐它？夫子：指季康子。（不能）者：则。将（焉）：又，副词，加强反问语气。[1] 相：音项，扶助。兕：音似，野牛。柙：音匣，关猛兽的木笼。椟：音犊，木匣。今夫：句首语气助词，相当于"夫"。费：音闭，季康子私邑。今（不取）：如果。疾：憎恶。舍：放弃，不做。有国有家者：掌管着国或家的人。均：过去大多释作"均贫富"，如此还要相应改变后面经文语序，若解为"国人均布各业，各事其业"，则不必改动经文。[2] 盖：连词，大概因为，带有推测意味。安：安分不攀比。和：人和。

---

① 《四书语言分析》，第218页。
② 还有人将"均"释作"上天所赐，人人应得的权利"，见《毓老师说论语》，第211—212页。

倾：彼此倾轧（音亚）。远人：邦域外之人。（以、能）来：音睐，慰抚（使之归顺）。萧墙：屏风，家内外的区隔，这里用"萧墙之内"指代鲁君。

本章是孔子政治哲学的重要篇章，它告诉我们：统治成功与否，不在占有多大地域，而在能否吸引远人、安定内部。没有后者，占了再多的地，也会失去；有了后者，则无内忧，也能众志成城抵御外患。可能是受这个思想的影响，中华民族不具对外扩张性，但片面强调修文德，而没有一定程度的武备（如北宋），也会走向另一极端。应当是不主动挑起对外战争，但也能做有效自我防卫。

16.2 孔子曰："天下有道，则禮樂征伐自天子出；天下無道，则禮樂征伐自諸侯出。自諸侯出，蓋十世希不失矣；自大夫出，五世希不失矣；陪臣執國命，三世希不失矣。天下有道，则政不在大夫。天下有道，则庶人不議。"

上一章讲不用武力对付不愿归附者，本章讲硬实力（武力）和软实力（礼乐）都应高度垄断于天子一人。两章都旨在少用暴力，让人心服口服。

孔子说："天下太平、政治清明时，礼乐的制定、征伐的决策都出自天子；天下混乱、政治昏暗时，礼乐的制定、征伐的决策都出自诸侯。若出自诸侯，其权力大概很少能传承十代；若出自大夫，其权力很少能传承五代；如果由家臣来执掌国家命令，其权力很少能传承三代。天下太平、政治清明时，政权不会掌控在大夫手中，天下太平、政治清明时平民也用不着非议朝政。"

希：稀。失：易手。陪臣：家臣。庶人：平民。

现代政治哲学认为，国家的一个重要功能是对暴力工具的垄断，即所谓"国家化"。孔子也看到，暴力作为必要的恶，当然要慎用，为此需要由天子代表国家加以垄断，这或许是中国对"武装力量国家化"的最早认识，所谓"国之重器，不可假手他人"，这个意义上的"大一统",是有一定道理的。① 在孔子看来,政治清明的一个表现就是,大夫按分工只负责具体行政,不插手大政方针的制定,而普通民众也是"使由之",无须再议论这些合乎民意的政策。但如果政不通、人不和,政策背离实际,民情无法上达,庶民自然非议不断。"天下有道,庶人不议"也暗含了孔子对民众言论自由权的维护,② "天下有道"时,民众用不着行使其议论权。这与他肯定"子产不毁乡校"(《左传·襄公三十一年》)是一致的。

16.3 孔子曰:"禄之去公室,五世矣;政逮於大夫,四世矣;故夫三桓之子孙,微矣。"

上章一般地讲天下无道,大权旁落;本章具体说鲁国的道失政衰。两章相接,暗示这也许是时代变化的趋势。

孔子说:"官员的任命不能由鲁国国君决定(从宣公开始)已经五代了,而由大夫决定大政方针(从季武子开始)也有四代了(而后者亦为阳货所取代)。因此,恒公(鲁国三家)的后代,其权力也式微了。"

禄:指决定官员俸禄,即用人权。逮:达及。微:式微,衰败。

"三桓专政"始于孔子出生前十年的鲁襄公十一年(公元前562年)。③ 本章讲鲁国失道,突出国君的用人权及执政权的旁落,已经是"君不君、臣不臣"了,公室作为邦国的代表,其公权力,变成大夫的私权力,进而变成大夫家臣的私权力。孔子暗示,这种

---

① 有学者评论,"孔子所提倡的是一条人文主义的、和平的理性统一路线",其历史影响比"法家的战争兼并路线要深刻和持久得多",见《中国政治哲学发展史——从儒学到马克思主义》,第73页。还有学者认为,孔子的政治目标是设计一种君主政体,君权至上的国家主义是其政治哲学的一个重要特征,见王新华《论孔子政治哲学及其特点》。

② 在胡适看来,这里是"要建设一种公认的是非真伪的标准",它是"孔门政治哲学的根本理想"。见《中国哲学史大纲》,第63页。

③ 《论语还原》,第644页。

"管家变东家"式的权力下移，必然是公属性减少、私属性增加。但从政治学角度讲，这其实是更多人参与权力归属的博弈中来，当它发展到该国的每个成人和平地决定，也就与现代民主制度的核心理念相吻合了。

16.4　孔子曰："益者三友，损者三友。友直，友谅，友多闻，益矣。友便辟，友善柔，友便佞，损矣。"

接上章，暗示执政权旁落的一个重要原因是用人不当，而会用人要先会交友，近益友才能远佞臣。

孔子说："（对自己）有益的交友有三种，有损的交友有三种。交正直之友、交诚信之友、交博闻之友，就是交益友。交谄媚之友、交伪善之友、交巧言之友，就是交损友。"

谅：信。便辟：音骈（pián）必，足恭。善柔：令色。便佞：音骈泞，巧言。

近朱者赤，近墨者黑。交什么样的友是基于价值观的契合，进而强化既有的价值观。交益友会补强自己的政治品格，而行阳光政治、诚信政治、开放政治，政治事业就会蒸蒸日上。损友则成事不足、败事有余，自己的政治权威会因此慢慢耗尽，甚至最终被损友拉下水。

16.5　孔子曰："益者三乐，损者三乐。乐节礼乐，乐道人之善，乐多贤友，益矣。乐骄乐，乐佚游，乐宴乐，损矣。"

上一章说交什么样的友，本章讲有什么业余爱好，这些生活旨趣都关乎君子修身，不可小视。

孔子说："（对自己）有益的爱好有三种，有损的爱好有三种。喜好受礼乐节制、喜好称道别人的好处、喜好多交贤友，都是有益的爱好。喜好放纵欢乐、喜好懒惰游荡、喜好醉生梦死，都是有损的爱好。"

本章共十一个"乐"，有三种读音。乐：音药（共有八处），喜好。（礼）乐：音岳。（骄/宴）乐：音lè。

在孔子看来，对自己有损的爱好大多是满足感官刺激，有益的爱好则使自己有所节制、有向善之心、愿以友辅仁。爱好什么，追求什么，可以体现其人生观，只有"益者三乐"才能形成促进社会向上提升的君子之风。有位者的个人爱好不是小事，也不全是道德自律就能解决的，他律很有必要。

16.6　孔子曰："侍於君子有三愆：言未及之而言謂之躁，言及之而不言謂之隱，未見顏色而言謂之瞽。"

上一章谈个人爱好，本章讲说话时机，两者都不能由着自己的性情，为所欲为。

孔子说："事奉（有位）君子常有三种不当：发言时机不到（或还没轮到你）就讲，称作急躁；发言时机到了（或轮到你）却不讲，称作隐瞒；说话不看人眼色，称作没长眼。"

愆：音千，过错。及：至，指时机、顺序等条件具备。瞽：音鼓，无目。

下级如何向上级进谏，在官场上是个大学问。人都有情绪波动，如何适应上级情绪来进言，孔子这里给出了基本原则，目的是既尽职责，又能使自己讲的东西更易为上级所接受，达到事半功倍之效；否则，事倍功半，甚至因言获罪。现代社会中，建言虽不致带来牢狱之灾，但领导者的人性依然，孔子的说法仍旧有效。

16.7　孔子曰："君子有三戒：少之時，血氣未定，戒之在色；及其壯也，血氣方剛，戒之在鬥；及其老也，血氣既衰，戒之在得。"

上一章谈进言不可任性而为，本章讲人生要控制本能冲动，都是强调要加强修养，使自己更有理性。

孔子说："君子应戒备自己的三种冲动：年少时血气还未止定，要注意不可沉湎女色；到了壮年，血气旺盛刚烈，要注意不可逞强好斗；到了老年，血气已经衰弱，要注意不可贪得不止。"

戒：警惕。既：已。

常言道："冲动是魔鬼。"人生不同阶段有不同的冲动，[1] 如何戒除冲动就成为人生修养的重要内容。在孔子看来，冲动源自血气的变化，克制血气作用，就是培育理性意识，让人有更多人性、更少兽性。西方政治学说不把政治人物当天使，就是充分认识到人性的弱点，而用制度加以约束，并非奢望人有此自律。

16.8 孔子曰："君子有三畏：畏天命，畏大人，畏聖人之言。小人不知天命而不畏也，狎大人，侮聖人之言。"

接上章的自律，本章用特定的敬畏作为他律，克制自己需要警惕的负面人性。如此编排也许是想暗示："戒""畏"双修，相辅相成。

孔子说："君子存有三方面的敬畏：敬畏上天的安排，敬畏官员的权威，敬畏圣贤的教导。平民不知不可违抗上天的安排而无所敬畏，取笑官员，轻视圣贤的教诲。"

狎：音匣（峡），轻慢。侮：音武，轻视，戏弄。

孔子讲的敬畏，[2] 其核心是不挑战既有秩序，在行动上要守法，有其积极意义。但在思想上要求顺从圣贤的观点，不可能不禁锢人的思想。怀疑一切，固然不对；不加分析地盲目接受也有问题。然而真正危险的是，位高权重者不畏天命，崇信"人定胜天"，去做最终要受上天惩罚的事。在现代社会，官员要接受社会监督，"大人"已成为少人敬畏的"公仆"，甚至可以用"官不聊生"来形容。

16.9 孔子曰："生而知之者，上也；學而知之者，次也；困而學之，又其次也；困而不學，民斯爲下矣。"

上章暗示有知者知畏，无知者无畏；本章讲如何有知，人因求

---

① 一般认为，人生三阶段按年龄划分如下："少"为二十九岁以下，"老"为五十岁以上，中间为"壮"。见《论语辑释》，第226页。

② 有学者认为，本章的"三畏"是出自"对于超越的原理性、本源存在的敬畏"，见《孔子政治哲学的原理意识：思辨儒学引论》，第245页。

知态度不同而有分别。两章相接，编者暗示越学越觉自己不足，越是有所敬畏，越能提升自己的人生格局。这与苏格拉底的"我知我一无所知"有相似的意蕴：知识边界越扩展，所接触的"无知"界面也越大。

孔子说："天生就知（其所以然），属于最上一等；学了才知（其所以然），属于次一等；遇到问题才去学，属于再次一等；遇到问题也不去学，（愚）民因为这个就属于最下一等。"

知：上达而知形而上之道，知其所以然。困：遇到困难。斯：连词，则。

生而知之，不用学就晓得事情的所以然，不用"下学"便能"上达"，只属于极少数聪明绝顶、悟性极高的天才。常人都是学而知之，"学"便成了人的本质属性；不学之人，向下沉沦，也就失去了生命的意义。去除功利性因素，让年轻人牢记"唯有读书高"不是完全无道理。

官员职位提升，并不意味其知识也相应提升，反倒需要更主动地去学。当然，为解决问题被动地去学，也好过抱守残缺、顽固不化。困而学之，就是"吃一堑"（困）、"长一智"（学）；困而不学，就是不吸取教训，"在同一个地方摔倒两次"。因此，政治领袖的"困而学之"，就是知道适时"改弦更张"，否则难以带领民众走出困境而终为民所弃。

16.10　孔子曰："君子有九思：视思明，听思聪，色思温，貌思恭，言思忠，事思敬，疑思问，忿思难，见得思义。"

本章是上章的延续，"思"是把学到的一般原理条件反射式地运用到具体生活中，借以巩固、深化所学。只学不思，所学不能灵活运用，等于没学，仍然受困。由"知"到"思"，人的修养上了一个大台阶：没有这一步，饱学之士可能只是个"精致的利己主义者"；有了这一步，就可成为国家栋梁之材。

孔子说："君子要在九处用心：目视要想着看清细节，耳听要想着听话外音，脸色要想着温和待人，体貌要想着恭敬有礼，言语要想着出自良心，做事要想着敬慎不懈，遇疑要想着求问解惑，发怒要想着灾难后果，见利要想着该不该得。"

明：清楚。聪：听清楚，这里指听话听音。忿：音愤，怒。难：灾难。

在孔子看来，学的成果要能体现上述九种为人处事能力的提升，并以此作为自己的行为准则，这才算智者。视、听是接受信息，强调全面；色、貌为内心对外界的即刻反应，强调适度；言、事是言行对外界的响应，强调发自本心、忠于职守；疑、忿是如何面对不合己意的外部刺激，强调求得真相、顾及后果；最后是利益要服从道义。君子做到这些，当然可以说是"独善其身"，不会弄出什么丑闻了。

16.11 孔子曰："'見善如不及，見不善如探湯'，吾見其人矣，吾聞其語矣！'隱居以求其志，行義以達其道'，吾聞其語矣，未見其人也。"①

本章前半部分接上章，讲要能明辨善恶，迅及反应，还是属于自我修养，"独善其身"；后半部分暗示君子光"独善"还不够，"行义达道""兼济天下"才是更高的追求。

孔子说："见善人善事，奋力追赶唯恐不及，见不善之人与事，如手探沸水，避之不及。我见到这样的人，我也听到（有人）这样说。'（乱世）隐居不仕，力求其志（不变）；（治世）履行义务，以助达致王道。'我听见（有人）这样讲，未见有人这样做。"

汤：沸水。求：务，持守。

不能该隐不隐、该行不行，但说来容易做起来难，它要求有比"独善其身"更高的个人修养和责任担当。② "行义以达其道"是"兼济天下"的最高境界，为的是实现君子"立人、达人"的理想。

---

① 本章标点参考《毓老师说论语》，第427页。
② 夷、齐兄弟逊立，舍国而逃，是隐居以求其志也。扣马而谏，耻食周粟，是行义以达其道也，见《论语辑释》，第228页。

辨善易，守志难；独善易，行义难。个人难以决定相关外在偶然因素，能把握的只是不降志、不辱身，知其不可而为之。也因为难以践行，才显得极为可贵。政治人物尤其在面临历史性选择时，是需要有此勇气和智慧的。

16.12 齊景公有馬千駟，死之日，民無德而稱焉。伯夷叔齊餓於首陽之下，民到于今稱之。其斯之謂與？

上一章谈行义不易，本章讲留名不易，都是说不能止步于己立、己达，而要立人、达人。

（孔子说：）齐景公有四千匹马（的财富），死后百姓（却对他）无所感激和称颂。伯夷、叔齐（穷到）饿死在首阳山下，民众到今天还在称颂他们，讲的就是（财富不足以留名）这个道理吧？

驷：量词，四匹马为一驷。德：报德，感激。称：称颂。其：语首助词，无义。

有马千驷，就是千乘之国，当时属于武力强盛的大国。本章暗示如果只是追求国富兵强，却不能让百姓有幸福生活，甚至以损害百姓利益而为之，就不会得到百姓的认可。民众希望藏富于民，需要有人站出来卫护他们的利益，安民去暴，远离穷兵黩武，即便其身无分文、穷到饿死，也会留名后世，永垂不朽。本章告诉我们，政治人物蓄财多无好结果，休养生息不扰民，才能得到民众称颂，铭刻于历史。

16.13 陳亢問於伯魚曰："子亦有異聞乎？"對曰："未也。嘗獨立，鯉趨而過庭。曰：'學詩乎？'對曰：'未也。''不學詩，無以言。'鯉退而學詩。他日又獨立，鯉趨而過庭。曰：'學禮乎？'對曰：'未也。''不學禮，無以立。'鯉退而學禮。聞斯二者。"陳亢退而喜曰："問一得三，聞詩，聞禮，又聞君子之遠其子也。"

上一章讲齐景公"厚其财"而得不到民众的认同，本章讲孔子

"远其子"而得到陈亢的称赞，都是暗示人只有"无私厚"才能取得外界的正面评价。

陈亢问（孔子之子）伯鱼："您（从父亲那里）有无接受不一般的指导？"答："没有。曾经有一次他独自站在庭中，我小步经过。他问：'学《诗》了吗？'我答'没有'，'不学《诗》，无从说话'，我便退下学《诗》。再一天，他又独自站在庭中，我小步经过。他问：'学《礼》了吗？'我答'没有'，'不学《礼》，无从立身'，我便退下学《礼》。我就得到这两次指导。"陈亢退下后很高兴，说："我问了一个问题，却知道了三件事，知道要学《诗》，要学《礼》，还知道君子并无特别地对待自己的儿子。"

子（亦）：您。鲤：伯鱼名（自称其名，以示谦敬）。尝：副词，曾经。趋：小步快走，表示恭敬。远：音院，不亲近。

知识就是力量（权力），权力不能用来谋私利、蓄私财。知识作为公器也应无差别地传授，"秘不示人""传子不传女"等，最终会使知识失传。传授中"厚己薄人"，不是"至圣先师"应有的格局，本章孔子没有"私其子"，就是很好的注脚，这一点好像也超越了儒家所主张的"爱的差序性"。

16.14　邦君之妻，君称之曰夫人，夫人自称曰小童；邦人称之曰君夫人，称诸异邦曰寡小君；异邦人称之亦曰君夫人。

接上章，讲称呼上也不能"厚己薄人"，相反要"厚人薄己"。另外，从上章的"无差异"切入本章的"有差别"，以强化"礼"的本质在于差别性。

邦国国君的妻子，国君称之为夫人，夫人自称小童；本国人称之为君夫人，在外邦人面前称其为寡小君；而外邦人也称其为君夫人。

称：称呼。

中国古代政治文化尚谦，本章讲的就是称呼中的用谦。同一个人有四种称呼，分自称、他称，自称用谦，他称用敬。自称"小童"最谦，在外邦人面前称国君夫人为"寡小君"，次谦；"他称"又分本国人与异邦人，都敬称"君夫人"，不分内外。称呼中有礼节，本篇末章以此结束，切入下篇首章：孔子对阳货，虽不喜欢，但也以礼相待。

阳货第十七

17.1　陽貨欲見孔子，孔子不見，歸孔子豚。孔子時其亡也，而往拜之，遇諸塗。謂孔子曰："來！予與爾言。"曰："懷其寶而迷其邦，可謂仁乎？"曰："不可。""好從事而亟失時，可謂知乎？"曰："不可。""日月逝矣，歲不我與。"孔子曰："諾。吾將仕矣。"

上篇末章谈在称谓上要讲究谦敬，本篇首章暗示要及时出仕，不可过于谦让。前者的称呼有异，是依礼而为；后者的推脱，是因"道不同"而有所选择。两章相接，编者是想说明，尽管不愿相谋，但必要的礼数还是要讲的，就是政敌，也要彼此尊重；尊重别人，就是尊重自己。

阳货想（召）见孔子，（知）孔子不想（来）见，便（趁孔子不在家时）馈赠其蒸小猪（迫使其必依礼回拜自己）。孔子也瞅准阳货离家时回拜，却在半道上遇见了。（阳货）对孔子说："来（我家）！我同你讲：'怀有治国良策却眼见邦国陷于迷乱，算得上仁吗？不算（是吧）。很想出来从政却屡屡失去机会，算得上智吗？不算（是吧）。时光飞逝，时不我待。"孔子说："是，我是要出来从政的。"

阳货：名虎，季氏家臣，孔子反对"陪臣执国命"而不想与之合作。归：音义馈。豚：音臀，小猪。时其亡：时，音义伺；亡，音义无，指不在家。涂：音义途。予：我。尔：你。宝：治国安邦之道。好：音浩。亟：音汽，数次。知：音义智。（我）与：音宇，等待。曰：本章共五个，除孔子曰，其他四个，阳货一气呵成，属自问自答。仕：作动词，出来从政。

本章看点有三：一是孔子既不愿让人说自己不懂礼数，又不愿去见不想见的人，只好用点小手段，显出现实生活中孔子的真性情。二是当与阳货狭路相逢，孔子也不会当面给人难堪，耐心听完他的劝告，体现应有的修养，不会把事情做绝。三是孔子非不愿出仕，而是要选择合适的服务对象，阳货明显属于"道不同，不相谋"一类。此事发生在鲁定公七年（公元前 503 年），两年后孔子出任鲁国中都宰。①

17.2　子曰："性相近也，习相远也。"

接上章，暗示孔子同阳货走不到一起的原因："习相远"。

孔子说："人的本性大致相同，但其习性却相差甚远。"

近：接近。习：因习惯而形成的习性。

人初生不相上下，难分善恶。② 后天的环境及自己的努力决定其具体习性，当环境恶劣令人沉沦时，自己能否把握至关重要。孔子追求"天下有道"，就是要有一个让每个人奋发向上的环境；孔子施教也是要让受教者养成一个好的习性，终生向善，求仁得仁。因此，孔子的政教思想都是要强化人的正面习性，在此基础上，人之习性彼此互补，形成多彩的社会、复杂的分工。

因为"习相远"，就要承认人与人的差别，不搞整齐划一，不搞"拉郎配"，尊重每个人的自由选择，尊重社会的自然演进。这是本章给我们的重要启示。

17.3　子曰："唯上知與下愚不移。"

上章暗示人之习性差异是后天造成的，与每个人的主观能动性很有关系，本章暗示人要通过"学"来主动改变自己，是对上章内

---

① 许仁图：《子曰论语》，第 626 页。

② 有多位学者认为，孔子的"性相近"有性善的暗示，参见《德性与权利——先秦儒家人权思想研究》，第 96 页。

容的补充：一个"移"字，① 充分解释了何以会"远"。

孔子说："只有（生而知其所以然的）最上一等智者和（困而不学的）最下一等愚民，不能改变。"

知：音义智。移：改变。

上智无须学，下愚不愿学。前者天生有智，后者自暴自弃、不求上进，其习性不会得到改进。这两类人为数极少，基本不列入孔子的教育范围，"有教无类"所针对的，是那些"学而知之、困而学之"者。可见，"习相远"在于各人主动求学的程度不同，是否有"学"的觉悟显得至关重要，只要不断向学，就能不断提高，"活到老，学到老"就是这种积极的人生境界，而"不学"才是真正不可救药的愚。

17.4　子之武城，聞弦歌之聲。夫子莞爾而笑，曰："割雞焉用牛刀？"子游對曰："昔者偃也聞諸夫子曰：'君子學道則愛人，小人學道則易使也。'"子曰："二三子！偃之言是也。前言戲之耳。"

上章暗示普通人是可以改变的，本章讲如何通过改变人来改变一个地方的政风民俗，说明施政本质在施教：治理之本在人人学道。

孔子去武城，感受到浓厚礼乐之治的气氛。老夫子微笑地说："杀鸡哪里要用牛刀？"（任武城宰的）子游恭答："过去（言）偃听老师说过："在位君子学习礼乐则对人有爱心，平民百姓学习礼乐则容易被统治。"孔子说："各位！（言）偃讲的是对的，我前面只是开玩笑。"

（子）之：去。武城：鲁邑，孔子学生子游（言偃）为武城宰。弦歌之声：指礼乐之教，下文的"道"亦指礼乐。莞：音皖，微笑。戏：开玩笑。

---

① 日本学者中井积德明确表示，本章"所重在移，不在不移"，见《论语歧解辑录》，第895页。这里也暗含"不是每个人都可以被教育的"，见《旧邦新命——古今中西参照下的古典儒家政治哲学》，第127页。

据《乐记》，乐求同，礼尚异。同则相亲，异则相敬。"礼乐之教"就是要以乐化怨，①以礼息争，最后相敬相爱。本章主旨有三：一是礼乐之治要从基层开始，这样才有累积扩散的效应。二是学习礼乐有助官民良性互动，你有爱、我有敬，一方爱民如子，另一方通情达理，均有降低统治成本之效。特别需要指出的是，"易使"是以礼乐教化百姓，去除其野性的结果，这里要从减少社会对抗的实际效果来看待这个问题，不能超越历史，用今天的民权意识来评判当时的统治理念。三是孔子也有心情大好，跟学生开玩笑的时候，并非总是一本正经、不苟言笑。

17.5　公山弗擾以費畔，召，子欲往。子路不說，曰："末之也已，何必公山氏之之也。"子曰："夫召我者而豈徒哉？如有用我者，吾其爲東周乎？"

上章说孔子跟学生开玩笑，逼得学生急欲澄清；本章讲学生不能理解孔子动机，逼得老师急欲澄清。从上章的武城官民融洽切入本章，旨在说明孔门师生关系融洽，气氛活跃，并没那种令人窒息的师道尊严。

公山弗扰占据费地搞叛乱，请孔子前去，孔子也有心想去。子路不高兴了，说："就没地方去了吗，何必要去公山那里。"孔子说："召我去的人难道是无缘无故的吗？如果有人任用我，我难道会卫护（礼崩乐坏的）东周？"

公山弗扰：复姓公山，费邑宰。费：音闭，季氏邑。畔：音义叛，指叛季氏。说：音义悦。末之：末，无；之，往。也已：作肯定的语气词。之之：前之使宾语前置，后之为往义。夫：音孚。岂徒哉：难道（岂）无缘故；徒：白白地。其为：其，岂；为，助。

本章事发鲁定公时代，孔子还未出仕。其背景是季氏叛鲁定公，公山（以捍卫鲁定公名义）叛季氏。"抑大夫，张公室"是当

---

① 徐复观认为，本章告诉我们：弦歌之声即是"学道"，其下及百姓，可达合理的政治要求，也是孔门实践所传承的古代政治理想，见《中国思想传统的创造转化：韦政通自选集》，第127页。

时的大义所在，孔子需要旗帜鲜明地表达支持，而有"子欲往"。但他也知道公山之叛基本出于私利，助这种叛并不能改变东周礼崩乐坏的现实，他希望能为人所用，但不愿成为强权者争权夺利的工具，"吾其为东周乎"表达其对于现状的深深遗憾，而寄望于能改弦更张。[①]孔子当时已年近五十，仍然"名不称"，其急欲施展抱负的心情当可理解，而子路能当面质疑老师，似乎也有"吾更爱真理"的情怀。

本章启示我们：孔子能根据具体形势做出自己的独立判断，体现他的"统一战线"思想；政治行为是具体的，不能作抽象的道义评判；政治是种妥协，要向自己的理念妥协，也要向自己的敌人妥协，没有妥协就没有政治文明的进步。

17.6　子張問仁於孔子。孔子曰："能行五者於天下，爲仁矣。"請問之。曰："恭、寬、信、敏、惠。恭則不侮，寬則得衆，信則人任焉，敏則有功，惠則足以使人。"

上章暗示孔子不满现时政治，本章孔子谈如何匡正现时政治，施行王道仁政。

子张向孔子问仁（政）。孔子说："能普遍地实行五点，就是在行仁（政）了。"请问是哪五点。答："恭敬、宽厚、诚信、勤敏、施惠。恭己不懈则不会受侮，宽厚待人则可得民心，诚实守信则人人尽责，勤奋审敏则功业有成，普施恩惠则百姓听命。"

任：责任。

本章论仁，实际是谈论外王之道。孔子希望能从五方面着手，让王道仁政通行天下。"恭"是以内修道德来树立权威，"宽"是以宽人律己来收拾民心，"信"是以确定预期来让人尽责，"敏"是以勤勉努力来成就事功，"惠"是以恩惠百姓来合法统治。这是孔子的施政纲领，也是挽救礼崩乐坏之东周政治的根本举措。

---

① 傅斯年认为，孔子的所谓"为东周"者，"正以齐桓管仲为其具体典范"，是种"霸道"，见傅斯年《春秋策：先秦诸子与史记评述》，中国华侨出版社2013年版，第47页。

17.7 佛肸召，子欲往。子路曰："昔者由也聞諸夫子曰：'親於其身爲不善者，君子不入也。'佛肸以中牟畔，子之往也，如之何！"子曰："然。有是言也。不曰堅乎，磨而不磷；不曰白乎，涅而不緇。吾豈匏瓜也哉？焉能繫而不食？"

上章暗示"有仁心"为施仁政之本，本章暗示"有仁心"不惧名誉受损，只有积极入世才有机会施行仁政。

佛肸请（孔子前去），孔子也打算去。子路说："过去（仲）由听老师说过：'（对于那些）亲自去干为非作歹之事的人，君子是不与他们同流合污的。'（现在）佛肸占据中牟搞叛乱，老师却要前去，是何缘故？"孔子说："是的，是讲过这个话。不是也讲过坚硬之物，难以磨薄；不是也讲过洁白之物，难以玷污。我难道是匏瓜吗？只供摆设不可食用？"

佛肸：音必夕，晋大夫赵简子的家宰。亲于其身：亲自。畔：叛。磷：音吝，磨薄。涅：音聶，染黑。缁：音滋，黑色。匏（音袍）瓜：葫芦；匏不食，喻不见用于世。

一般讲君子不应同流合污，但只要自己能把守得住，入污泥而不染，为施展自己抱负，也可与之合作。此时，做事就比清名更重要，要从政却想"不沾锅"是不可能的。在孔子看来，这也是一种牺牲，可以说做任何事都是有代价的。只要自己"坚不可磨、白不可玷"，就能仁行天下。

本章也体现孔子的渐进思想，与陪臣合作，反对大夫专政，先恢复"礼乐征伐自诸侯出"，再恢复"礼乐征伐自天子出"。

17.8 子曰："由也，女聞六言六蔽矣乎？"對曰："未也。""居！吾語女。好仁不好學，其蔽也愚；好知不好學，其蔽也蕩；好信不好學，其蔽也賊；好直不好學，其蔽也絞；好勇不好學，其蔽也亂；好剛不好學，其蔽也狂。"

上一章讲只要自己能把持住自己，就不怕身陷污泥之中；本章暗示要能把持住自己，让自己行为适当，最重要的是"好学"以知

"六言"之所以然。好学也是其他美德的基础,出仕之前的好学不倦就显得尤其重要。与上章相接,编者或许是想说明:孔子因其好学而知美德本质,是做好准备才不惧入"污泥"的。

孔子说:"(仲)由,你听说过'六言六蔽'(六字美德、六种弊病)吗?"(子路起身)恭答:"没有。""坐下,我告诉你。喜好仁而不喜好学,就有被人欺罔的弊病;喜好智而不喜好学,就有钻牛角尖的弊病;喜好信而不喜好学,就有以信害义的弊病;喜好直而不喜好学,就有急不可耐的弊病;喜好勇而不喜好学,就有逞强作乱的弊病;喜好刚而不喜好学,就有狂妄犯上的弊病。"

女:音义汝,你。言:字。蔽:音义弊。居:坐。语:音玉,作动词,告诉。愚:愚昧无知而被人欺罔。知:音义智。荡:偏离中心,这里指认死理。贼:害,这里指以小信戕害大义。绞:急。

本章类似(8.2)。彼一章旨在说明讲美德也要适度,需以礼节之;此一章旨在廓清美德的本质,防止片面理解,走向极端。如果不好学,好仁者会成老好人,好智者会成偏激者,好信者会成钓誉者,好直者会成炮筒子,好勇者会成作乱者,好刚者会成狂悖者。本章之"学"并不全是指读书,更有在人际交往中汲取经验的意思,是在人生实践中去学,以求得一个完整的人格。

17.9 子曰:"小子!何莫學夫詩?詩,可以興,可以觀,可以羣,可以怨。邇之事父,遠之事君。多識於鳥獸草木之名。"

上一章讲以"好学"求得完整人格,本章暗示好学的一个重要内容是学《诗》,它对融入社会、形成孔子所强调的完整人格极有帮助。

孔子说:"诸位!何不去学《诗》?《诗》,可以抒发感情,可以观察社会,可以合群交友,可以诉怨解气。近可知事奉家父(之道),远可晓事奉国君(之理)。(还可借以)记住更多的鸟兽草木名称。"

迩:音尔,近。之:则。

本章孔子以《诗》为例，提出学经典可活学活用。"四可"是其直接功用，"二事"是其最终功用，"多识"是其附带效果。兴、观、群、怨，是为更有效地事父事君，为父亲或领导办事就是尽己之责，中国人对上负责的政治意识或许就是由此培养出来的。

17.10　子謂伯魚曰："女爲周南召南矣乎？人而不爲周南召南，其猶正牆面而立也與？"

上一章讲为何要学《诗》，本章讲学《诗》从何入手。

孔子对（儿子）伯鱼说："你学了《周南》《召南》了吗？人不学《周南》《召南》，犹如面壁而立（不得前视、不得前行）。"

女：音义汝。为：学。召：音邵。犹：犹如，好比。正：当。

一般认为，《诗经》开篇的《周南》《召南》，多言夫妇之道，是时可能伯鱼即将成婚，需要懂得如何与新婚妻子相处，做好"齐家"的准备。学习相关《诗》篇，能帮助他更好步入人生新阶段，知道如何观察、如何行事，才是合适的。"齐家"不只带来"家和万事兴"，更可借以增长才干，为今后的"治平"打下基础。修身齐家，始化夫妇，终化天下。

现代社会，新婚夫妇多读这两篇，或有降低离婚率之效，也未可知。从政者读它，培养好的家风，让自己的另一半成为"贤内助"，可能更有现实意义。

17.11　子曰："禮云禮云，玉帛云乎哉？樂云樂云，鐘鼓云乎哉？"

上章强调学《周南》《召南》，暗示夫妇之道在夫唱妇随，有礼有序，琴瑟和谐，和和美美；本章暗示《周南》《召南》的思想与礼乐的本质相契合，相比之下，玉帛、钟鼓等器物只有礼乐的形式，不可本末倒置、舍本逐末。

孔子说："礼啊礼啊，只是施礼所用的玉帛吗？乐啊乐啊，只是奏乐所用的钟鼓吗？"

帛：音驳，币帛，用作聘问或祭祀。乐：音岳。

礼乐本质是内心情感的自然表露，所谓"由仁及礼"，如果只在器物形式上做文章，搞大排场，而内心无敬和之意，也同样是礼崩乐坏。所以，礼乐之治是化人心，而不是显器物、比排场。本章暗示，当只是形式主义地执行制度，制度会慢慢失灵，不再让人敬畏；再发展下去，国家机器基本空转，大的社会动荡也就为期不远了。

17.12　子曰："色厲而内荏，譬諸小人，其猶穿窬之盜也與？"

由上章的礼乐形实不一，切入本章的为人表里不一，强调外在的东西靠不住，难以代表本质。

孔子说："外表很威严，内心却很柔弱，用小人来类比，不是如同穿壁翻墙的盗贼吗？"

色：容颜。厉：威严。荏：音忍，柔弱。譬：音僻，比如。犹：如。窬：音义踰。

不得人心、不具合法性的统治者，内心不可能坦荡，只能以"色厉"掩饰"内荏"，其心境也如翻墙入户的盗贼。

与上章相接，编者似乎是要暗示：不在礼乐之治的实质内容下功夫，只是形式主义搞排场，或倚赖武力支撑国家机器运转，都不会有内心的自信。

17.13　子曰："鄉原，德之賊也。"

接上章，讲色厉内荏不好，色温"和稀泥"也不见得好，装出来的强大、投人所好的伪善，都是"表里不一"的小人做派。两章相接，编者或许还想说，色厉官员的权威往往要靠色温乡绅来维护，但他们都不能形成"君子之德"。

孔子说："媚世伪善，个个都说好的人（其实不讲是非原则），却是败坏道德者。"

原：音义愿，恭谨；乡原，成为乡人心目中的恭谨者。①

孔子不讲民粹，不赞成无原则地讨好民意。现代选票民主，以民意为唯一依归，要想不培养乡原，真的很难。因此，票决本身，要求民众有相当觉悟，能超越个人眼前利益，行使自己的投票权。

17.14　子曰："道聽而塗説，德之棄也。"

上章暗示伪装有德是"德之贼"，本章暗示伪装有知是"德之弃"，虽都是于德有亏，但前者的恶果更甚于后者。

孔子说："道上听来的，（不去验证）就在半路上说出去，是自弃其德。"

涂：途。

"道听途说"就是"传不习"，其听无心得、其说不合德。驷不及舌，每个人应对自己说的话负责，只说经过自己理性思考的、验证的和亲眼所见的，也就是传递真实的信息。现代社会传播手段发达，道听途说的危害也更大，以讹传讹更增加社会甄别信息真伪的成本，已成社会公害。另外，这也要求政府增加透明度，及时发布权威信息，这可能是减少道听途说危害的最好办法。

17.15　子曰："鄙夫可與事君也與哉？其未得之也，患得之；既得之，患失之。苟患失之，無所不至矣。"

接上章，相比"道听途说"之弃（个人私）德，辅助国君时"患得患失"的弃德更甚，是要"得"不要"德"，是以个人小得损害社会大德。

孔子说："庸陋之人，能与他一起事奉国君吗？（显然不能，他想得到一种东西）没有得到，便老想着要得到它；已经得到它，又担心会失去它。如果怕失去它，就什么事都能做得出来。"

---

①　有学者指出，本章是要"通过对'乡原'这种伪善的人物形象，将普遍接受与真正合理的价值区别开来"，参见《轴心时期的儒家伦理》，第67页。还有学者认为，合乎"权"的"中庸"才是真"中庸"，是合乎时宜的"中"（"时中"），而"小人之中庸"就是"乡原"，见《先秦七子思想研究》（增订本），第12—13页。

鄙：庸俗，浅陋。患：忧虑。苟：倘若。

人治社会，国君身边是些什么人，关系国君会受何种影响。在孔子看来，面对个人富贵，患得患失者，不可与之共辅国君。如果不敢直谏，或昧着良心说话，都不是尽职之举。受其感染，国君也不能果断决策，着眼于"天下利"去决策。如果怕失去富贵而无所不用其极，就是为达目的不择手段，其权位越高，危害越大。

17.16　子曰："古者民有三疾，今也或是之亡也。古之狂也肆，今之狂也荡；古之矜也廉，今之矜也忿戾；古之愚也直，今之愚也诈而已矣。"

从上章"士之德"对上的影响，转到本章"士之德"对下的影响，暗示何以社会风尚今不如昔：患得患失之士太多，人人失本真，社会失淳朴。

孔子说："古时的民众有三种偏失，今天的民众（就连这种过去被认作缺点的气质）也没有了。古人的狂只表现在不拘小节，今人的狂却是放荡不羁；古人的矜持还透出威严，今人的矜持就只有逞忿暴戾了；古人的愚笨还透出耿直，今人的愚笨就只有巧伪欺诈了。"

疾：气质偏斜失正。亡：音义无。矜：音今，庄重。廉：有棱角。戾：音利，凶狠。诈：通过伪装愚蠢的样子来欺骗。

古之民还有仁，其性情偏失还不至太过分，甚至还让人感到可爱。今之民多缺仁，其偏失不再是其个性特征，而成为一种德性缺失。狂放，从小节无拘扩散到不分场合；矜持，从不苟言笑变成怒气难消；愚笨，从心无城府变成装愚诈人。孔子暗示社会在发展，但纯朴之民却越来越少；可以原谅的个性特征，质变为令人遗憾的民风颓化。世风日下让孔子感叹，但他不知道，淳朴伴随的是民智不开，人类发展不是无"代价"的，表现之一便是民众越来越差异化、复杂化，不复有先民的单纯特质。

17.17　子曰："巧言令色，鲜矣仁。"

接上章，暗示仁之缺失是民风不正的根本原因。

孔子说："花言巧语、满脸谄媚者，几乎无一是仁者。"

巧：虚浮不实。令：美，好。鲜：音显，少。

世道变了，原来视为缺点的花言巧语变成情调高、有人缘。早先的熟人社会，大家相互了解，无须做表面功夫讨人欢喜。现在生活节奏快、接触面广，但接触时间大幅减少，巧言令色确有事半功倍之效。巧言与愚直相反，令色与矜廉相反。本章重出，编者是要告诫：勿以巧言令色欺骗别人，与其巧言令色，不如"狂也肆、矜也廉、愚也直"，因为仁者无敌。

17.18　子曰："惡紫之奪朱也，惡鄭聲之亂雅樂也，惡利口之覆邦家者。"

接上章，暗示仁的缺失，让国君周围邪气上升，危及国家根本。或者说，一国巧言令色盛行，最终会动摇邦本，应为仁人志士所恶。

孔子说："憎恶紫色取代朱色（作为国君服装颜色），憎恶靡靡郑声扰乱雅正之乐，憎恶能言善辩之人倾覆国家。"

恶：音务，憎恶。夺：使之改变。利口：能言善辩。

服色、音乐关乎礼乐，其不正即礼乐不治；利口近臣可能将国君引向邪路。这些在孔子看来，都是应极力避免的，以净化国君周围的环境，少受不良影响。其实，即便在现代社会，国家领导人的自我检点也很重要，这本身就是在扶正压邪，培育正气；否则，上有所好，下必甚焉。

17.19　子曰："予欲無言。"子貢曰："子如不言，則小子何述焉？"子曰："天何言哉？四時行焉，百物生焉，天何言哉？"

接上章，通过孔子欲无言，强化其反对利口的观点；同时也暗示，自己无欲才能行健拒腐。

孔子说："我不想作更多说教了。"子贡说："您如果不说教，那我们这些学生如何记述啊？"孔子说："上天说了什么？（春夏秋冬）四季依旧运行，百物依旧生长，上天说了什么？"

言：言论，这里指说教。述：记述。

无言而功著，孔子强调身教重于言教，讲得天花乱坠，其行有悖，亦不能有好的教育效果。这里也暗示，那种不细品、寻绎老师的思想，只会记笔记的学生不是好学生。

我们可以从"为教无言"引申到"为政少令"，以文山会海治理国家，其效果会逐渐减弱，以豪言壮语激发民众，百姓会越来越无动于衷。

17.20　孺悲欲見孔子，孔子辭以疾。將命者出戶，取瑟而歌。使之聞之。

接上章的不言之教，本章续谈不屑以教，虽无言却都有教诲之效。

（鲁人）孺悲想见孔子，孔子以有病推辞。（替孺悲）传话的人刚出门，（孔子）就弹瑟唱歌，让传话人听见（表明自己并无病）。

将：传达。户：内室之口，外室之口称门（或一扇为户，两扇为门）。（使）之：指代传话人。

孔子既不想为难办事人，又不愿说谎，只好以这种方式来拒绝，可能是要告诫孺悲，求学要有诚心，非亲自上门不可。学生无此意，老师也就不屑以教。

孔子讲"不往教"，而灌输就是"往教"，就是"己欲之，施与人"，这既无好的教育效果，又可能侵犯别人处置自己时间的权利，常常好心办坏事。

17.21　宰我問："三年之喪，期已久矣。君子三年不爲禮，禮必壞；三年不爲樂，樂必崩。舊穀既沒，新穀既升，鑽燧改火，期可已矣。"子曰："食夫稻，衣夫錦，於女安乎？"曰："安。""女安則爲之！夫君子之居喪，食旨不甘，聞樂不樂，居處不安，故不爲也。今女安，則爲之！"宰我出。子曰："予之不仁也！子生三年，然後免於父母之懷。夫三年之喪，天下之通喪也。予也有三年之愛於其父母乎？"

上章暗示求学要诚，不能让别人代劳；本章暗示守孝也要诚，不能缩短应有时间。另外，本章的长篇说教也能防止读者片面理解"予欲无言"，表明孔子该说教时还是会说教的，其教育方式也是讲道理与不讲道理相结合，始终表达自己的真性情，而不管学生高兴不高兴。

宰我问："服丧要三年，一年就很久了。君子三年不习礼，礼仪程序就会混乱败坏；三年不练乐，乐弹起来就会跑调失谐。旧谷子吃完了，新谷子成熟了，用于钻木取火的树材也转了个遍，（守丧）一年就可以了。"孔子说："（守丧期）吃米饭、穿锦缎，你心安吗？"答："心安。""你心安，就去吃米饭、穿锦缎！君子在服丧期，吃味美的食物不觉得香，听好听的音乐不会感到快乐，坐卧不安，所以不会吃米饭、穿锦缎。现在你心安，你就按你的做！"宰我出去后，孔子说："（宰）予不够仁啊！小孩生下三年，才能脱离父母怀抱。（父母死后）服丧三年，是天下通行一律的丧期。（宰）予难道就没有享受到来自父母（怀抱的）三年之爱？"

期：音基，一年。改火：改换春夏秋冬用作钻木取火的木材，喻一年轮回。坏：衰败。崩：毁坏。（为、闻）乐：音岳。（不）乐：音lè。女：音义汝，你。旨：味美。居处：生活，这里指日常起居。予：宰我名。免：除去，这里指离开。

李泽厚先生认为此章是《论语》"全书最关键一章"，突出了"人性情感"作为儒学第一原则，将外在礼制规范，化为内在心理情感。[①] 远古时代，生活节奏慢，人生变故少，遂将守丧作为重大人生体验，便以小儿脱离父母怀抱需要三年时间为服丧之期，[②] 到了晚清时仍有"丁忧"之例，即仕者辞官归故里守孝三年（如曾国藩，三年为约数，实际是廿五月）。

这里关键是不忘旧恩，从父母之恩到国君之恩，在国家处于变

---

① 《论语今读》，第 523 页。
② 有学者认为，本章是要对"礼"的规则提供理性辩护，参见《为了人的尊严：中国古典政治哲学批判与重构》，第 164 页注②。还有学者认为本章是要揭示，"父为子纲与仁爱道德是融通的，仁不是抽象的，而是以血缘亲情为基础的"，见唐德先《中国古典政治哲学论略》，中国人民大学出版社 2012 年版，第 86 页。

故的重大关头，臣子要能旗帜鲜明，站稳立场，守护既有政治秩序，以不负皇恩浩荡；否则就是乱臣贼子，天下共诛之。

17.22　子曰："飽食終日，無所用心，難矣哉！不有博弈者乎，爲之猶賢乎已。"

上章是讲守孝要"用情"，本章讲平时要"用心"，两相结合，方有正确的人生态度，也暗示父母离世后，无人督促自己，更要有进取之心。

孔子说："成天只是为了吃饱饭，而不用心做事，难有成就！不是有博弈游戏可以动脑吗？去博弈也好过不动脑筋。"

之：指博弈。犹：尚且。贤乎：胜过。已：指示代词，此，①指"饱食终日，无所用心"。

是"吃饭为活着"，还是"活着为吃饭"，这是两种不同的人生观，孔子取前弃后。"为吃而活"无异于动物，"为活而吃"是以取得成就为其人生目标，而不动脑、不用心做事，不可能有成就。退一步，即便不讲成就，也要动脑。在孔子看来，动脑用心是人之为人的本质特征之一。君子用心，或用心向学，或用心惠民。为官者脑肥肠满、大腹便便，非庸即贪，鲜有例外。相反，参与博弈运动是让自己有积极向上、有益身心的业余生活。

17.23　子路曰："君子尚勇乎？"子曰："君子義以爲上。君子有勇而無義爲亂，小人有勇而無義爲盜。"

上章暗示人生要有进取心，本章讲不能乱进取，是要让读者明白，不可误读上章，胡作非为不是进取。

子路问："君子崇尚勇敢、以勇为上吗？"孔子说："君子尚义，以义为上。在位者有勇而不以义节之，就会为乱臣；平民百姓有勇而不以义节之，就会做强盗。"

尚：崇尚。为（乱/盗）：变作。

---

① 《汉语大词典普及本》，第1310页。

有勇，只是解决做事的胆量问题，更重要的是应做适宜之事。义者宜也，以义节勇，就是把"勇"用在正事上，为官不叛乱，为民不行盗。任何时候，是否当为，都重于是否敢为，如果人人都抱有"舍得一身剐，敢把皇帝拉下马"，必将天下大乱。不以义节之的勇，不再是值得称道的好品性。

17.24　子贡曰："君子亦有恶乎？"子曰："有恶：恶称人之恶者，恶居下流而讪上者，恶勇而無禮者，恶果敢而窒者。"曰："賜也亦有恶乎？""恶徼以爲知者，恶不孫以爲勇者，恶訐以爲直者。"

上一章讲君子应崇尚什么，本章讲君子应憎恶什么，两章相接，可从相反两极表达自己的价值观。

子贡问："君子也有憎恶吗？"孔子说："有憎恶：憎恶那种讲别人丑事的人，憎恶那种做下属却讥诽领导的人，憎恶那种勇猛却不节之以礼的人，憎恶那种果敢却不通情理的人。"（孔子）问："（端木）赐，也有所憎恶吧？"答："憎恶那种捡人牙慧却自以为高明的人，憎恶那种不够谦逊却自以为勇敢的人，憎恶那种揭人伤疤却自以为直率的人。"

恶：音务，憎恶；但（称人之）恶的恶，音扼，丑恶。居下流：处下位。讪：音汕，诽谤、讥笑。窒：阻塞，指不通情理；果敢而窒者，即所谓"二杆子"。徼：音郊，抄袭。知：音义智。孙：音义逊。讦：音劫，攻人阴私。

君子不是老好人，他也有憎恶。孔子"四恶"，皆憎恶非礼之举，注重维续既有秩序，提倡与人为善、通情达理。子贡"三恶"，侧重揭露自以为是，纠正对"智、勇、直"的不当理解，提倡谦逊、不投机、无决绝。所有的可恶行径，都扰乱了社会的基本价值标准，败坏了社会良序善俗。因此，本章是抨击当时社会丑恶行径，可视作孔门社会伦理学基本纲要。

17.25 子曰："唯女子與小人爲難養也，近之則不孫，遠之則怨。"

上章暗示，人显可恶是因为行为人自身认识有偏差。本章则是谈旁观者所难以理喻的行为人，只是其不可接受程度比可恶之人要轻。如此编排也许是想说明：人的心理认知正常，才能有正常的行为，才能为社会所接纳。

孔子说："唯有老姑娘与老处男难以相处，亲近他们则对你不谦逊，疏远他们则对你有怨言。"

养：供养，这里指相处，"难养"即难以打交道。孙：音义逊。远：动词，音院，疏远。

本章可两解。一是特指。女人，已婚称妇人，未婚称女子；小人，不是与君子相对的小人，而是专指未婚男子。男大当婚，女大当嫁，到龄却未有婚嫁，会受到社会异样眼光看待，当事人自我心理也有变化，变得不通情理，在人际交往中的变态举止让人难以理喻。二是泛指。以女子和小人泛指普通缺乏教育的群体，[①] 全句表达了对这一群体的一种基本感受，也许有偏颇，但也不是完全没有道理。

如果用父爱主义来宠爱民众，如现代社会中过分的"福利主义"，民众的胃口会越来越大，稍有不及，便心生怨恨，民粹主义情绪日益滋长。[②] 另外，从政者要过分接近这些民众，就要冒着失去权威的风险。因此，从政治哲学层面讲，本章倡导威权主义、反对福利主义的意蕴十分明显。另外，面对无理之怨，用不着太过在意。

---

① 西方哲人从理性角度看待女人与儿童的不成熟，认为女人思考能力弱，儿童思考不充分，他们都可归为不能完备运用理性，而难以打交道，是谓"难养"，见阿奎那《〈政治学〉疏证》，第83页。也有将女子解作小妾，指处理好妻妾关系是君子"齐家"的本领之一。须强调的是，《论语》其他篇章似乎并无轻视妇女的论述。

② 关于孔子学说无法自动开启公共理性的培养，见任锋《当罗尔斯遭遇孔子——评白彤东〈旧邦新命——古今中西参照下的古典儒家政治哲学〉》，《开放时代》2010年第11期。

17. 26　子曰："年四十而見惡焉，其終也已。"

上章暗示，百姓举止古怪者会遭人厌；本章暗示（官员）四十岁后遭人厌恶，差不多就是盖棺论定了。两章相接，编者是想说明：要正视和警惕后一厌恶，它的确是官员失德所导致的，而不同于上章难养者所发无理之怨。

孔子说："到了四十岁的年纪还遭人厌恶，这个人一辈子也就完结了。"

见：用在动词前面表示被动，相当于"被"，不读"现"。①恶：音务，动词，厌恶。终：终生。已：完结。

四十不惑，若有惑而走上歧路，定被人厌恶。古人寿短，人到四十不能迁善改过，人生大局已定。本篇首章讲"将仕"，末章讲"终也"，暗示如果"见恶"，其仕途也就"终也"。现代社会中的官员，很多晚节不保，不能平安着落，其人生可谓"终也已"，历史记住的只是其恶名。由此切入下篇首章，讲"殷有三仁"史留英名，两相对照，暗示人生应以"除恶求善"作为追求目标。

---

① 《汉语大词典》（第十卷），汉语大词典出版社1992年版，第311页。

微子第十八

18.1 微子去之，箕子爲之奴，比干諫而死。孔子曰："殷有三仁焉。"

上篇末章暗示要修德不懈，避免为人憎恶，修身除恶的过程也是近仁的过程，仁人皆经历这一阶段，由此切入本篇首章"殷有三仁"，说明凡人要成仁，"年四十不见恶"只是基础，还要经受各种磨难，乃至失去生命，那样就真的盖棺论定了，无法再见恶。

微子（离开其弟殷纣王而遁）去，箕子（装疯被其侄纣王）收为奴隶，比干（向其侄纣王）强谏而被杀害。孔子说："殷朝有三个'仁人'。"

子：爵。之：指殷纣王。箕：音机。

"三仁"为殷代末期的三个贵族，均反对纣王暴政而欲行仁政，但终未成功，个人也有不同结局：箕子不忍离父母之邦而忍辱留下，比干强谏被杀，微子为让子祀不辍而避去。正义的主张不能得行，甚至要搭上自己的性命，暴政下的政治文明程度是如此之低。但历史的进步离不开"三仁"这样人的推动，孔子也是站在历史前行的高度褒扬三人的功绩。

18.2 柳下惠爲士師，三黜。人曰："子未可以去乎?"曰："直道而事人，焉往而不三黜?枉道而事人，何必去父母之邦。"

上章列举三种与君王打交道的方式，本章叙述第四种方式，既不出走，也不屈服，始终如一，勇往直前，虽不能成仁，也不会那么惨。

柳下惠做典狱官，多次被罢官。有人说："你不可以离去（上别的国家）吗？"答："以正当的方式与长官打交道，往哪儿不会被罢官？以不正当的方式与长官打交道，又何必离开养育自己父母的邦国。"

士师：典狱官。黜：音出，被罢官。子：你。焉：安能。

天下乌鸦一般黑，文化相同，制度相同，同样行事方式的结局也相同。不改变为人处世风格，出走无意义；改变风格，出走也无意义。因此，守在家乡就成为最优选择。可见，只有形成制度洼地，才有人才洼地。如果"大一统"扼制了地区竞争，人才难有大的流动，整个国家死水一潭，难有兴旺景象。

18.3 齐景公待孔子，曰："若季氏则吾不能，以季、孟之间待之。"曰："吾老矣，不能用也。"孔子行。

上一章说柳下惠不愿走，本章讲孔子不愿留。前者是从自己处世态度出发，愿意将就；后者则因别人对自己的态度，不愿将就。两章相接，编者暗示孔子的人生态度要比柳下惠更积极，更想有所作为。

齐景公（跟人谈起）给孔子的待遇，说："如果按季氏所给的待遇，我做不到，就以低于季氏、高于孟氏所给的待遇给他。"（又过了些日子）说："我老了（不想做什么事了），不能用他了。"孔子便离开了齐国。

间：中间，在……之间。

给什么待遇反映对人才的重视程度，但本章重点在"不能用"，孔子来齐国是要谋道而非谋食，不是待遇低而是"不能用"才走的。与之相反，"枉道而事人"看重的是俸禄，所谓"有奶便是娘"。孔子需要找一个器重他而非敷衍他的国君，齐景公的态度让孔子知道"道不同，不相与谋"。其实，孔子还是让人羡慕的，他还可自由离去，不用被迫留下。

18.4 齊人歸女樂，季桓子受之。三日不朝，孔子行。

上一章讲孔子为何离开齐国，本章讲孔子为何离开鲁国，踏上周游列国之路。如此编排，也许是要凸显孔子寻求明主、施展才干的决心，为此不惜"去父母之邦"。

齐国国君馈赠（鲁国）歌姬舞女，季桓子（代鲁定公）接受了。（之后）三天不上早朝，孔子便离开了鲁国。

归：音义馈，赠送。朝：音潮，动词，上早朝。

在孔子看来，玩物丧志、私生活影响公务，都是不行的，这样的长官不值得自己继续追随和辅佐。事实上，远贤、亲色、怠政者，绝对难有大的作为，这在孔子时代就已成为规律，倡导"德治"的孔子更是不能容忍这种败德之举。

18.5 楚狂接輿歌而過孔子曰："鳳兮！鳳兮！何德之衰？往者不可諫，來者猶可追。已而，已而！今之從政者殆而！"孔子下，欲與之言。趨而辟之，不得與之言。

上章暗示在位者不理政事，在岗"归隐"；本章表明不在位的贤人也不愿介入政事，在野归隐。两者相接，编者以此强调孔子"知其不可而为之"的精神难能可贵。

楚国狂人接舆唱着歌走过孔子车旁："凤啊！凤啊！（识时之）德为何如此衰弱？已过去的事不用再讲了，接下来改变还来得及。算了，算了！今天那些个从政者（处境）都很危险！"孔子下车，想同他说话。（他）赶紧跑走避开，没法同他讲话。

接舆：不知姓名的楚国隐士，字面意思是"迎接孔子之舆（车）"，这里以事命名。衰：音崔，减少。追：补救。殆：音怠，危险。趋：疾走。辟：音义避。

上古传说，真正的凤鸟在"天下有道"才会出现。接舆以"凤"指代孔子，讽其"天下无道"时不知退归，缺乏识时之德，劝孔子接下来能及时归隐，不要去掺和危险的政治。孔子想去同他交流却不能。本章之旨，孔子不是悲观论者，他认为现实政治是能够改进的，是可以有所作为的，如果不是确实面对生命威胁，每个人都去归隐，天下何以转为"有道"，读书人的社会责任是不应逃避的，这些可能正是孔子想要对接舆解释的，起码让他理解，济危救世需要更多的人站出来。

18.6 長沮、桀溺耦而耕，孔子過之，使子路問津焉。長沮曰："夫執輿者爲誰？"子路曰："爲孔丘。"曰："是魯孔丘與？"曰："是也。"曰："是知津矣。"問於桀溺，桀溺曰："子爲誰？"曰："爲仲由。"曰："是魯孔丘之徒與？"對曰："然。"曰："滔滔者天下皆是也，而誰以易之？且而與其從辟人之士也，豈若從辟世之士哉？"耰而不輟。子路行以告。夫子憮然曰："鳥獸不可與同羣，吾非斯人之徒與而誰與？天下有道，丘不與易也。"

接上章，讲孔子与隐士的不同，缘自他的救世使命。

长沮和桀溺并肩在田里耕作，孔子从旁经过，让子路去问渡口在哪儿。长沮问："那个驾车的是谁？"子路答："是孔丘。"问："是鲁国的孔丘吗？"答："是的。"（长沮）说："（那他到处跑）应该知道渡口的啊（双关语，应知道乱世出路）。"（子路）又问桀溺（渡口在哪儿），桀溺（反）问："你是谁？"答："我是仲由。"问："是鲁国孔丘的门徒吗？"答："是。"（桀溺）又问："天下乱象，无所不在，跟谁一起去改变？你与其追随躲避恶人的志士，不如跟随躲避乱世的隐士吧？"并未停下手中农活（表示无意回答子路问题）。子路回来报告。孔子怅然地说："人不能和鸟兽同群，我不和人打交道和谁打交道？（如果）天下政治清明，（我孔）丘就不用去改变它了。"

长沮（音常举）、桀（音杰）溺：依外形作代称，长为高个，桀为壮汉。耦而耕：并肩种地。津：渡口。执舆：驾车时抓住缰绳（子路问路，孔子代执舆）。知津：讽孔子走南闯北，应无所不知。滔滔：浊浪翻滚，喻时局纷乱。（谁）以：与。（且）而：你。岂若：不如。辟：音义避。耰：音忧，原为农具，此处作动词，泛指耕作。辍：音戳，中途停止。憮（音武）然：怅然。斯人之徒与：

与人同群；徒：类。谁与：与谁。与易：加以改变。

本章之旨，避世者失人道。仁人志士无法选择自己的时代，只能选择自己的行动，即要以天下苍生为念，弘天道、尽人道，而人要弘道就应相信"否极泰来"，相信自己的努力不会白费，涓涓细流汇聚起来终能推动历史向着光明前行。

18.7　子路從而後，遇丈人，以杖荷蓧。子路問曰："子見夫子乎？"丈人曰："四體不勤，五穀不分。孰爲夫子？"植其杖而芸。子路拱而立。止子路宿，殺雞爲黍而食之，見其二子焉。明日，子路行以告。子曰："隱者也。"使子路反見之。至則行矣。子路曰："不仕無義。長幼之節，不可廢也；君臣之義，如之何其廢之？欲潔其身，而亂大倫。君子之仕也，行其義也。道之不行，已知之矣。"

上一章讲为何不应避世，本章讲为何非要出仕，都是要尽自己在这个世界上的责任。

子路随行（却与孔子走散）落在后面，遇到一个老者，用拐杖挑着竹器。子路问："您见到我老师了吗？"老者说："手脚齐全，不作勤劳；五谷粮食，不懂分辨。谁是你老师？"（你要认谁为师？说罢）将拐杖插地，下田除草去了。子路拱手恭敬地站在一边。（老者）留子路（在自己家）过夜，杀鸡做饭给他吃，叫自己的两个儿子出来见客（行长幼间的礼节）。次日，子路辞行（赶上孔子）并告此事。孔子说："这是个隐士啊。"让子路再回去找他。（子路）到了那里，（老者）却外出了。子路（代孔子留话）说："（读书人）不出来从政是没有道义的。长幼之间的礼节，不可废弃；君臣之间的道义，又如何可以废弃呢？想洁身自好（避世而去），就是乱了（君臣关系这一）大的伦常。君子从政，是践行道义、履行义务。（仁）道行不通，也已知晓。"

丈人：古代对老人的尊称。荷：音贺，担负。蓧：音掉，竹器。子（见）：您。植：插入地中。芸：耘，除草。拱：拱手，两手相合胸前，表示恭敬。止：留。黍：音薯，小米。食：音嗣，供食。见（其）：音现，介绍。反：返。大伦：人与人之间基本关系，所谓"五常"，此处指"君臣有义"。[①]

本章之旨：君子之仕，行其义。本已"道之不行"，如果君子出仕，时局可能转向"天下有道"；反之，不出仕可能加剧"天下无道"。[②] 君子的作用，不是体现在从事具体的谋食之业上，而体现在其道义所在的谋道上。不出仕，难谋道，逼得孔子"知其不可而为之"。自孔子以降，这也成为中国知识人的宿命：不到万不得已，不愿和统治者撕破脸皮，反而要争先恐后让自己这个细"毛"附着在权力这张"皮"上。面对自己的人格牺牲，总是以"行其义"来宽慰自己，而想"洁其身"，又要面临"乱大伦"的良心自责。要走出这一怪圈，只能寄望新的制度文明。

18.8　逸民：伯夷、叔齊、虞仲、夷逸、朱張、柳下惠、少連。子曰："不降其志，不辱其身，伯夷、叔齊與！"謂："柳下惠、少連，降志辱身矣。言中倫，行中慮，其斯而已矣。"謂："虞仲、夷逸，隱居放言。身中清，廢中權。我則異於是，無可無不可。"

前面连续三章讲外人质疑孔子出仕救世的执着，本章孔子回应外界这一质疑，说自己有很大灵活性，并非固执之人。

隐身民间的贤者：伯夷、叔齐、虞仲、夷逸、朱张、柳下惠、少连。孔子说："不降低自己的志向，不辱没自己的身份，伯夷、叔齐就是这种吧！"又评论："柳下惠、少连，其志向有所降，其身份有所辱，但言语合乎伦常（不悖常理），行事合乎思虑（切合人心），如此而已。"再评论："虞仲、夷逸，隐居起来放弃（在公

---

① 本章首现"伦"，"伦"分动静，前者为人之差别，后者为对差别的调适，对此，有学者提出光有"五伦"还不够，还要有"路人相见的伦"，见《儒家的社会思想》，第138页。另有学者指出，本章体现"孔子坚持循道而行乃是比单纯出仕更高的义务"，见《亚洲价值与人权：儒家社群主义的视角》，第25页。

② 有学者指出，本章子路所鼓吹的是一种责任伦理，为行其义而避免与社会决裂，见《轴心时代的儒家伦理》，第240页。西方古典政治哲学没有把"出仕"放在那么高的位置，而是认为"达到政治生活的终极目的不可能通过政治生活，而只能通过一种献身于沉思和哲学的生活"，见《什么是政治哲学》，第78页。

共场合）说话（的机会）。（远离官场）让身清不污；废弃官职，让自己能作权变（不再身不由己）。我自己则与这两人不同，（对于隐逸或出仕）没有一定可以，也没有一定不可以。"

逸：隐遁。中：音仲，合于，可。伦：常理。虑：思考。其斯：如此。而已矣：仅仅如此。

本章孔子总结前贤如何处乱世，有逃逸、周旋、辞官三种类型。第一种，志向、身心完全自主，自始至终不作任何妥协；第二种，作形式上的妥协，但言行仍凭良心、讲理智；第三种，急流勇退、销声匿迹，还自己清白之身，让自己便宜行事，不受官事羁绊，满足自己心愿（如陈文子"弃官洁身，不预乱事"①）。最后是强调自己的取向，"异于是"放在第三个引语中，着重同虞仲、夷逸的对比，如果说这两人是要铁心走出"围城"，使自己有清白、自由之身，孔子则是两可：为"行其义"，可以蹚浑水污己身，更不用说牺牲自己便宜行事的自由；也可以追随这二人，就像当初离开齐国和鲁国那样。②

无论是三种类型的哪一种，孔子都能给予同情、理解，不愿以自己的价值观来衡量、指责别人应当如何去做或不应如何去做。一句话，理解别人的处境，尊重别人的选择，不能"站着说话不腰疼"，孔子教会我们对前人应有宽容之心。另外，前人的处世有其具体情境，不可作为抽象原则指导后人行事。因此，才有孔子的"无可无不可"，否则就是死守教条的迂腐之士。

18.9　大師摯適齊，亞飯干適楚，三飯繚適蔡，四飯缺適秦。鼓方叔入於河，播鼗武入於漢，少師陽、擊磬襄，入於海。

上一章讲名士如何处乱世，本章讲专业人士如何避乱世，这也是礼崩乐坏的具体写照。两章相接，编者细致刻画了当时的乱世生态学。

_____

① 康有为：《论语注》，中华书局1984年版，第65页。
② 有学者指出，本章表明"孔子不赞同急速的权变，也拒绝严苛的道德主义"，见《轴心时代的儒家伦理》，第236—237页。

（乐官长）太师挚去了齐国，（负责给国君第二顿饭奏乐佐食的）干去了楚国，（负责给国君第三顿饭奏乐佐食的）缭去了蔡国，（负责给国君第四顿饭奏乐佐食的）缺去了秦国。打鼓的方叔去了黄河那边，摇鼗的武去了汉水那边，（乐官佐）少师阳、击打磬的襄去了海边。

大：音义太。适：去。缭：音了。鼗：音桃，有柄小鼓。少（音哨）师：乐官佐。

天子四饭，其间有人奏乐佐食（而鲁君僭用此礼仪），昼食（太阳之始时）、哺食（少阴之始时）、暮食（太阴之始时）分别为亚饭、三饭、四饭（另"平旦食"在少阳之始时）。孔子自卫返鲁，"乐坏"已到了乐师散落各地、避走他乡的地步。

治世下，社会分工有序，不从事直接物质生产的专业技术人员有其生存空间，乐师受尊重程度也标志着一国精神文明的水准。相反，乱世下，人人为维持生计挣扎，像乐师这样的专业人员都不能靠原有的职业生存下来，或放弃专业，或流亡他乡，治世下的"弦歌之声"已成奢望。

18.10　周公謂魯公曰："君子不施其親，不使大臣怨乎不以。故舊無大故，則不棄也。無求備於一人。"

上一章讲专业人才离散各地，本章讲如何留住人才，也间接说明上章的多位乐师何以会流失。

周公（旦）对（自己的儿子）鲁公（伯禽）说："在位君子不能遗弃自己的亲人，不能让大臣埋怨没有很好发挥其才干，老臣若非大逆不道，不能弃用。对一个人不能求全责备。"

施：音义驰，废弃。以：用。大故：指谋反等大恶。

伯禽将去新封地就任，亲人是其基本依靠，不弃亲就是要"亲亲"，这是仁之基本；其次，做到人尽其才而无怨，也就是"贤贤"；再次，不能搞"一朝天子一朝臣"，安排好老臣，所谓"尊老"；最后是对人宽容，不是盯住别人的缺点不放。这是周公旦的施政纲要，其核心是"聚人心"：人心齐，泰山移；相反，失人心，则失天下。

18.11　周有八士：伯達、伯适、仲突、仲忽、叔夜、叔夏、季隨、季騧。

上一章讲周公强调要充分发挥人才的作用，本章暗示周朝的成功就在于有众多的名士相助，期望当下也能有更多有志之士站出来"行其义"。

周代有八位有志之士：伯达、伯适、仲突、仲忽、叔夜、叔夏、季随、季騧。

适：音刮。騧：音瓜。

传说这八人是四对孪生子。"伯、仲、叔、季"是古人的排行，古时男子廿岁及冠后称其字，以"排行＋字"表示，五十为大夫改用"字＋排行"的尊称。

本章重点在"乱世思良才"，编者希望此时也有善士临危受命，力挽危局，以此切入下篇首章"士见危致命"。

子张第十九

19.1　子张曰："士見危致命，見得思義，祭思敬，喪思哀，其可已矣。"

上篇末章暗示周朝，人才济济多义士，由此切入本篇首章，讲义士有四个基本标准。

子张说："士人能在危急关头，奋不顾身；看见利益能想到合不合道义；祭祀时体会到虔敬；治丧时体会到哀伤，也就可以了。"

士：古代的社会精英。致命：极尽性命，捐躯。其：则。

四个标准分为两部分，一是对现世，二是对往生。前者是看一个人如何对待付出和获取："付出"极端到能献出生命，"获取"能首先想到取之有道；一句话，无限付出，依义获取。如此修炼，不会懈怠，更不会贪赃。"丧"是针对刚逝去的生命，表达内心哀痛是一个人应有的同情心；"祭"是针对过世有日的人，人走"茶"却不凉，是此时应有的态度，无虔敬之心去参加祭奠，实际是在亵渎被祭者。"敬"和"哀"基本是单向付出，很能考验一个人诚意，本章强调这一点，是期望通过这种修炼，有助培养力行诚信政治的人格特质。

19.2　子張曰："執德不弘，信道不篤，焉能爲有？焉能爲亡？"

上章说"士"有四项标准，本章讲"士"不达标准会有何表现，两章分别从正反两方面说明"士"应遵行的准则。

子张说："执守善德却不去弘扬光大，信奉善道却不够坚定专注，（这样的人，多一个）能让社会增加什么？（少一个）能让社会失去什么？"

笃：专注，坚定。焉：疑问代词，哪里。亡：音义无。

本章中的"士"就是当时的"公知"，"自了汉"难以称"士"。德在内，须执守；道在外，须信奉。执德不弘，就没有向外传达积极影响，其德没有放大扩散，充其量只是"己立、己达"，维持德的现有存量。守道不笃，就容易受诱惑而偏离正道，或"三天打鱼两天晒网"，难以前行，光阴虚度，无以成就。这样的人难称社会精英，他们对社会的贡献极为有限，尽管也谈不上伤害。

现代社会，众人皆醉于物质生活，需要有传递社会基本价值的公共知识人，他们坚守自己的价值观，笃信之、弘扬之。不懈地推动社会朝正确的方向前行，是社会进步不可或缺的人物。

19.3 子夏之門人問交於子張。子張曰："子夏云何？"對曰："子夏曰：'可者與之，其不可者拒之。'"子張曰："異乎吾所聞：君子尊賢而容衆，嘉善而矜不能。我之大賢與，於人何所不容？我之不賢與，人將拒我，如之何其拒人也？"

上一章讲读书人应弘德、笃信道，本章以交友为例具体说明弘德、笃信道。两章体现，编者意图阐释如何运用抽象原则指导日常生活。

子夏的学生向子张请教交友之道。子张问："子夏如何说？"答："子夏说：'值得交就与他交往，不值得交就拒绝他。'"子张说："这与我从（孔夫子）那里听来的不同：君子既要尊重贤者，也要宽容普通人；既要嘉许善者，也要同情不那么有才能的人。我如果非常贤良，对于别人，哪有我不能宽容的？我如果不那么贤良，人家会（先）拒绝我，我（又）如何去拒绝别人呢？"

与（之）：音宇，交往。其（不）：连词，表假设，如果。（贤）与：音渔，语助词，用于句末，表示疑问、反诘。矜：音今，同情。（何）其：音机，语气词，表疑问。

本章是过渡章，从"子张曰"过渡到"子夏曰"。在子张看来：容众、矜不能，即是"弘德"；尊贤、嘉善，即"笃信道"。"弘"在于宽容、体恤，"笃"在于坚定向善之心。子夏、子张各有所本，但都是把孔子在具体环境下的言论一般化，而偏执一端，这正是教条地看待圣贤言论的通病，结果同门弟子口诛笔伐，却不能认识到各自的缺失。子夏所谈，为结私交，子张所论，旨在教化；前者需契合，后者须包容。包容度越大，其"交"的私人性也就越低；多大程度实现包容，又与自身贤德有关，"交友"因此转化为"修身"问题。

19.4　子夏曰："雖小道，必有可觀者焉；致遠恐泥，是以君子不爲也。"

上一章说子夏交友，拒"不可者"；本章说子夏不为（器用）小道。前为择友，后为择业，但都以否定的方式体现子夏本人的价值观。

子夏说："即使是（各种谋生的雕虫）小道，必定也有可推敲研究的；但要求取其中的深奥，恐怕会滞陷不通，所以君子不去干这种事。"

观：玩赏。① 致：求取。② 远：深奥。③ 泥：音逆，作动词，阻滞。

精于小道，即甘为器用，执着于谋生之道。谋生技艺值得钻研，但子夏认为，相关认知是片面的，思维是局限的：形下之"器"理，终不能指导形上之"道"理。要谋天下大道就要跳出具体谋生之小道，"君子不为"就是不能以钻研小道为满足，更不可

---

① 《汉语大词典普及本》，第 1654 页。
② 同上书，第 2125 页。
③ 《古代汉语词典》，第 1949 页。

能以小道安天下。① 子夏也看到社会分工的合理性，但小道重利，大道重义，致远小道很可能带来"天下交征利"。

本章也暗示，孔门学说中，不以吃饱饭为满足。做人如此，治国亦如此。

19.5　子夏曰："日知其所亡，月無忘其所能，可謂好學也已矣。"

接上章，讲择业后，要以好学的精神对待它，精进其业，同时知道自己的局限。

子夏说："每天新增一点自己不知的，每月不忘自己只能做什么，可称作好学了。"

亡：音义无。能：只能，不是指才能。

子夏眼中的"好学"重在修业，这比孔子以进德（不迁怒、不贰过）为好学，要差一个层级。具体地说，日有新知，只是"博我以文"（智及之），还要能"不贰过"才好；月不忘其所（只）能，只是"约我以礼"，还要能"不迁怒"（仁守之）才好。无忘其所能，释作"温故"太过狭义，解作"不忘自己只能做什么"更为精要。

一个人随着知识的积累，更须"约之以礼"，知道什么是自己不能做的。否则常有能力越大，越不能自我控制，做了不该做的事。单有知识的增加，缺少德性的相应提升，只凭"哲学王"式的多知去治理国家，不知审慎用权，自以为是，极易将国家导入乌托邦。

19.6　子夏曰："博學而篤志，切問而近思，仁在其中矣。"

接上章，子夏再谈其"好学"的方法，强调"好学"关键在

---

① 在钱穆先生看来，"大道亦由会通小道而成"，但只有"层累相通"才可见"大道"。本章主旨在警示"致远"不通，而不是绝对排斥"小道"，见《孔子与论语》，第200页。还有认为，小道谓异端，圣人一贯则其道大，异端执一则其道小，若能旁通则为大，见《论语辑释》，第255页。

抓住学问的核心。

子夏说："广泛地吸收知识，专注地加以识记，切要地给予质疑，联系实际地去思考类推（是否合乎仁道），（学问的）核心（仁）就在这里。"

笃：专注。志：音识，记住。切：音窃，切要地，作副词。问：质疑。近：身边事，指能近取譬，联系实际。思：思索。

学、识、问、思，乃学问四步：第一收进，第二留住，第三甄别，第四反刍，做到这些就把握了学问之本仁（或者说，以合人道作为一切学问的核心）。"学"与"识"涉及基本功，"问"与"思"关系创造力。全盘接受、不加质疑，就会教条盛行；不会举一反三，就不能灵活运用，学问就是死知识，就不会有生命力。"思"就是知识重组，就是将知识背景与当下现实深入对照，酿出自己的心得。

这是学问之法，也是政治家总结古今中外治国经验之法。

19.7　子夏曰："百工居肆以成其事，君子學以致其道。"

上一章谈"学"要得法，本章说"学"为得道，解决"学"的最终目的问题。

子夏说："各行业工匠整日泡在作坊里，成就其事功；君子浸淫于学业，求索天下大道。"

居肆：以厂为家；居：居家；肆：手工业作坊。事：职，职业。致：获取。

"成事"与"致道"是两类完全不同的社会分工，但"只有付出才有收获"的道理是相通的。君子不学，好比百工歇业；不为得道而学，犹如百工生产出残次品。

同样道理，在位君子学习治国理政，就要知道：让百姓安居乐业、自由发展，才是其最大成就，才能算"致其道"，实现执政的终极目标。

19.8　子夏曰："小人之過也必文。"

上一章讲君子要学以致道，本章暗示不文过饰非是能学以致道的重要条件。两相对照，编者作为子夏的弟子，暗示自己老师也是重视修德的。

子夏说："多智少德之人，总是掩饰自己的过错。"

小人：德不济智者。文：音问，掩饰。

成事、致道的过程，必会犯各种过错，关键是如何对待它，有些人"聪明反被聪明误"，以自己的小聪明掩饰自己的过错，又要绞尽脑汁去掩饰此前的掩饰，最后捉襟见肘终于败露。"学以致道"首先要学会认错改过，缺少这点君子德性，其所学，终究还停留在小人层面上的学：所学重利轻义，所学越多，其文过的技巧也越高，其败德也越甚。

本章也暗示"致道"是个不断探索试错的过程，犯错不可避免，当事人要勇于认错，社会也要宽容这种犯错，尽量在制度环境上减少那种逼人"文过饰非"的外在压力。

19.9　子夏曰："君子有三变：望之俨然，即之也温，听其言也厉。"

上章暗示小人会有意掩饰其过，本章暗示君子举止变化，自然而然，并无刻意。两章相接，编者或许想要表明"致道之学"会提升人的修养。

子夏说："（成德）君子有三种不同形象：乍看上去很庄重，一旦接触很温和，听其讲话很犀利。"

变：显现差异。之：代词，指代君子。俨：音掩，庄重。即：接近。

君子既要有凛然正气，又不可让人望而生畏，不敢接近；既要和气待人，又不能让人感到可随意欺侮。其中的尺度，需以"三变"来把握，并以此呈现自己的完整人格。这种"变"不是"变色龙"之变，也绝不同于为文过而做出的变，而是学以致道的结果，是君子学养在其身上自然的散发，无须任何伪装与掩饰，与"巧言令色"正好相反。

政治领袖的人格魅力可能也渗透着这"三变"，这种状态达到极致，就有了德国社会学家马克斯·韦伯所讲的"克理斯玛"（charisma）。

19.10　子夏曰："君子信而後勞其民，未信則以爲厲己也；信而後諫，未信則以爲謗己也。"

上章暗示君子应以何种形象给人以好感；本章讲君子应如何与人打交道，而使人内心认同，更为敬重。如此编排也许是想强调：取信于人更重要，好感不能取代信任。

子夏说："君子取信于民后，再有劳于民，要是未取得信任，民众以为是在虐待自己；取信于长官后，再向其进谏，要是未取得信任，长官以为是在诽谤自己。"

信：作动词，取信于。厉：残害。

"三变"只能让人对自己有好感，但要事半功倍地完成自己使民、事上的职责，只有"三变"是不够的，还要取得对方的信任，否则难以成事甚至遭到误解。取信就是交心，就是让人了解自己的诚意，只有以诚感人，才能取信于人。

现代社会中取信于民，首先是信息公开、决策透明，其次是守法限权，自觉把权力关进法律制度的笼子里。

19.11　子夏曰："大德不踰閑，小德出入可也。"

上一章讲无信难做事，本章讲（类似诚信这样的）大德行不可违反，否则不仅难做事甚至难以在社会立足。前面两章，对君子的要求越来越高，有点让人喘不过气来，本章稍稍放权一下，正视和尊重人性的差异，不要把人逼成伪君子。

子夏说："大的德行不能越过（礼法的）界限，而（不涉及他人及社会的）小的德行差不多就可以了。"

逾：越过。闲：限制，范围。出入：估计约略之词，差不多。

大德如做人的基本原则、职业道德、遵纪守法等，小德如那些不危害他人及社会的个人爱好或习性。大德不逾限，保证社会运转有序，社会成员之间良性互动；小德可出入，确保个人最低限度的自由，其限度是不危害他人的自由。这个限度可能随时代而变，随社会文明程度而变，如大众场合高声喧哗，在中国属小节，在国外则属有碍社会公德。

社会文明进步，反映在原先是大德的（如对家族的责任、对君主的愚忠）开始放松，而原先只是小节的（如随地吐痰，公共场所吸烟）开始不再可以自行其是，整个社会价值标准、伦理规范在改变，而让人有更多法律下的自由。难能可贵的是，子夏看到，不分场合的严酷道德约束并不符合人的天性，"小德出入可也"，其实是在呼唤合乎道德及法律的个性，实现他那个时代的人性解放。

19.12 子游曰："子夏之門人小子，當洒掃、應對、進退，則可矣。抑末也，本之則無。如之何？"子夏聞之曰："噫！言游過矣！君子之道，孰先傳焉？孰後倦焉？譬諸草木，區以別矣。君子之道，焉可誣也？有始有卒者，其惟聖人乎！"

上一章讲要（分公私）有区别地对待大德和小德，本章讲要分阶段有区别地选择教学内容，两章相接，编者大概是要强调子夏是实事求是的，不唱高调。

子游说："子夏门生中的小辈，担当起洒水扫地、应对跑腿、进退礼仪之类的事，也是可以的，不过这都是些末流，根本的东西则没有，这样怎么能行？"子夏听到这种批评，则说："咦！言游这样讲就不对了！君子应当学习掌握的东西，哪个要先传授？哪个要后倦教？好比草木（种植），要区别对待。（如果一概而论地）讲君子学问之道，那不是在骗人吗？（至于）能有始有终全部学一遍的，恐怕只有圣人！"

当：担当。抑：转折连词，不过。过：错。孰：哪个。后：作动词，押后。倦：倦教，诲人不倦地教导。譬：比如。别：不同。诬：欺骗。卒：终。其惟：大概，恐怕。

本章继续上章子夏的宽松思想：不要太过苛求，要因人而异，自由发展。子游重礼乐教化，对子夏要初学者在日常基本规范上下功夫不以为然，认为这是舍本逐末。子夏则强调，因材施教本身就是君子之道，否则就是在骗学生。这其实反映两人的教育理念及目的不同，① 一个是要培养治国精英，另一个是侧重平民教化。现代教育也强调分门别类，不能个个都按精英去培养，少数人上综合性大学，多数人上职业技术学院，更符合社会对人才的需求。否则，一边是高级技工断档，一边是名校毕业生热衷考公务员，热门职位甚至千里挑一，极大浪费了社会教育资源。

19.13　子夏曰："仕而優則學，學而優則仕。"

上一章讲教学内容有选择，本章讲学仕转换有选择。如此编排也许是想暗示："学"是终生的，"学"最终是要"用"的，因而从更高的层级回答子游的责难。

子夏说："从政有余力就要去求学，求学有余力就要去从政。"

优：力有余，不是优秀。

"仕而优则学"就是对"行有余力，则以学文"的具体化，如果官员的业余生活都用于求学，肯定有助于提升从政素质。"学而优则仕"是指先吸收充足的知识，再应用和检验所学知识。本章体现"学而"和"为政"作为《论语》前两篇，二者应有的对应关系。不是做官有成绩送去读书，也不是读书读得好外放做官。事实上，政绩不佳更要学习，而学得好也不代表就有能力做官。

一方面，世袭制下先仕后学，而孔子的平民教育倡导先学后仕，无疑更有利于社会公正；另一方面，中国读书人都是以"从政"作为最重要的选择，形成"官本位"指引下的人力资源配置，沿袭至今仍有很大市场。政学相通保证精英治国，其代价是"学"不能独立于"政"，纯粹科学难以兴旺发达。

19.14　子游曰："喪致乎哀而止。"

上章暗示"学"无止境，求学是终生的；本章讲"哀"有止

---

① 有学者将其称作 "'内外'之争"，即自然的（内在的）道德倾向与（外在的）道德教化，何者更为根本？而通过（6.16）我们可以发现孔子的观点是平衡的，见《中国哲学导论》，第26—27 页。

限，致哀是一时的，毕竟一个是快乐之事，一个是悲伤之事。两章相接，编者是要表明，儒家倡导的是快乐人生观。

子游说："治丧到了尽悲哀之情，便应止住。"

致：达到。

上一章讲"优"，是要尽情发挥余力。本章讲"止"是要及时中止悲伤，所谓节哀顺变，以免伤身毁性。儒家重现世，不提倡为往生之人过多付出，在资源有限的农业社会更是如此，大办丧事、悲哀过度，与原儒的本意不相符合。

19.15　子游曰："吾友張也，爲難能也。然而未仁。"

上章讲到致哀要知止，本章暗示子张"未仁"是因为其"不知止"，"不知止"难有高的境界。

子游说："我友（子）张，有着不同一般的能耐，但够不上仁。"

难：音男，不易。

本章可参考（12.10）（14.1）（15.5）（17.6）。在子游看来，够不够仁，首先要学会适度，凡事不能过分，而子张的毛病正是过分（师也过），不能及时打住而冲过了线。

仁者对人有同情心，但也不能过度关心，让被关心者失去自我、不再奋斗，这种关心实在是"好心办坏事"。政治家最大的"仁"就是提供一个好的制度环境，让每个人在其中尽情发挥自己的聪明才智，在此基础上，保证能力不足者有基本物质生存条件。如果把什么都包下来，搞"人间天堂"，结果是将民众带入人间地狱。

19.16　曾子曰："堂堂乎張也，難與並爲仁矣。"

上章暗示子张"不知止"，本章暗示子张"不包容"。如此编排，编者不经意地透露出子张的气质，这种气质给人感觉多少有些"左"的成分。

曾子说："气度不凡、略显盛气的子张，很难与他一起共修仁德。"

堂堂：庄严而显盛气。为：修为，修炼。

子张有高贵的气度，同时也欠缺包容之心，不易接近。这种孤傲气质只可"共学"，不能同修仁德，这是曾参觉得遗憾之处。本章所描述的子张，个性似乎不够平易近人，加之上一章讲他颇有能耐，说明子张是个不太与常人打成一片的精英，是个急切往前冲的能人，这样的人施政，容易做出脱离群众的决策。

本篇只选取了孔门五个弟子的语录，并以子张开头，《论语》编者基本是以赞赏之情看待他的。由此可想见，《论语》义化熏陶下的中国读书人，其中不乏子张这类"左"倾气质的人，一旦时机成熟，他们就会登上历史舞台表演一番。

19.17　曾子曰："吾聞諸夫子：人未有自致者也，必也親喪乎！"

上章暗示子张为人难以接近，本章讲亲人去世最显真情。两章相接，编者旨在强调不要作伪。

曾子说："我从（孔）夫子那里听说过：人没有让自己难以克制情感的时候，（如果有）必定只是在父母过世之时。"

诸：于，自。自致：尽情而不能自已。亲：父母。丧：音sàng，死亡。

在曾子看来，失去双亲还能克制自己的情感，不是正常之人，而是无仁之人，因为孝悌是仁之本，无孝悌之心难为仁。这里把仁和真诚相联系，作为正常人都有其不能自已的软肋，因丧亲不能自控是体现人性光辉的"软肋"。按儒家思想，对双亲都无真情的人，能指望他爱民如子？此外，"必也"说明当人只在此时才会失去理性，更显这种真情可贵。

19.18　曾子曰："吾聞諸夫子：孟莊子之孝也，其他可能也；其不改父之臣，與父之政，是難能也。"

上章讲到丧亲之人多会难以自制；本章是说表现出这种难以自制，只是尽孝的基本要求，还有比这更高的要求。如此编排也许是想表达，理性尽孝比感性尽孝更可贵。

曾子说："我从（孔）夫子那里听说过：孟庄子的孝，其他方面（别人）还能做到，但不改换父亲所用的人、所定的政策，是别人难以做到的。"

孟庄子：鲁大夫。父之政：父之道。

在孔子政治伦理中，不能人走茶凉，人亡政息。孟庄子的这种孝体现其人情味，更重要的是他看到政策应当有连续性，突然改变让人难以适从。从这个角度讲，孟庄子做法有一定合理性。但若"父之臣、父之政"明显有问题，也不能改，就是愚孝了。

如果把本章内容绝对化而形成某种教条，就有了顽固的"两个凡是"思维，是与快速变化的时代不相契合的。

19.19　孟氏使陽膚爲士師，問於曾子。曾子曰："上失其道，民散久矣。如得其情，則哀矜而勿喜。"

接上章，编者大概是想告诉读者，官员要将对自己父亲的亲情转换为对被统治者的同情，这样才能成为一名好的"父母官"，也暗示任何社会角色都不能缺少人性。

（鲁国大司空）孟敬子任命阳肤为典狱官，（阳肤）向曾子请教。曾子说："上层统治者失去道义，致使民心涣散已很久了。如果掌握了（民众的犯罪）实情，则要以哀怜之心对待，而不能（对自己的办案能力）沾沾自喜。"

阳肤：曾子的学生。士师：典狱官。情：实，指证据。矜：同情。

在曾子看来，上梁不正下梁歪，统治者不讲道义，百姓便不可能受到良好的教化，最终走上犯罪道路，这更多是上层官员的错。有人性的士师就要看到犯罪者也是受害者，同样值得同情。因此，司法官在执法中应体现对"衣食父母"应有的爱心，而不能有除"害"的喜悦之情。

从现代政治哲学层面讲，曾子的这一思想所反映的就是，无人性的制度驱使人犯罪，改变制度，使之更有人性，才是治本之策。

19.20　子貢曰："紂之不善，不如是之甚也。是以君子惡居下流，天下之惡皆歸焉。"

上一章讲对小民犯法要同情；本章实际在警告君子自己不要犯法作恶，否则没人同情你，相反会将所有的污水都往你身上倒。两章相接，暗示君子更要自爱，否则只会留下骂名。

子贡说："（殷王）纣的确不是个好天子，但不像现在讲的这般不堪。因此，君子都厌恶失身污名，（否则）天底下所有的恶名都会加到你身上。"

不如是之甚：如，像；是之甚，作宾语，现在这种评价太过。（子）恶：音务，动词，厌恶。下流：原指污水汇集之处，这里指处在众人唾弃的位置。（之）恶：音扼，污秽。

本章之旨：对历史人物的评价很难实事求是，要么把一切美名加到他头上，要么把所有污水泼到他身上，尤其用恶人做替罪羊，往往皆大欢喜。这样一来，失政多归为人的品德，而不从制度上找原因，人们唯一的期盼就是天赐明君，并以史留恶名来威吓君王不敢作恶，本章的意图也在于此，但要碰上对历史定位无所谓的统治者，就只能祈祷他早日升天。

另外，有无限权力的君王就要面对无限责任，亡国之君更要承担无限恶名，"万方有罪，罪在朕躬；百姓有过，在予一人"，不只是一句谦恭之言。从历史心理来讲，现代人的仇官心态、落井下石做法，自古即有。

19.21　子貢曰："君子之過也，如日月之食焉：過也，人皆見之；更也，人皆仰之。"

接上章，讲君子如何避免"居下流"而承受莫须有污名：要马上改过，这样更能让人敬仰。

子贡说："君子有过错，犹如日食与月食：其过错，人人都能看见；（马上）更改（恢复光明形象），人人都（更加）敬仰他。"

食：蚀，残缺不全，喻人之过。（见）之：代词，指君子之过。

更：音耕，更改。（仰）之：代词，指改过的君子。

上章讲到对历史人物往往刻意污名化，本章的意义在于反对个人崇拜，神化圣贤其实是违反天理的不聪明做法。

现代民主政治，民意如流水，有错快快认、马上改，稍作迟疑辩解，再去道歉更改，已过最佳时机，必在民众心目中留下了抹不去的污点。

19.22　衛公孫朝問於子貢曰："仲尼焉學？"子貢曰："文武之道，未墜於地，在人。賢者識其大者，不賢者識其小者，莫不有文武之道焉。夫子焉不學？而亦何常師之有？"

上一章讲君子改过更受敬仰，本章讲孔子的知识不是来自某一宗派。如此编排可能是要暗示，接受宗派之学的人比较认死理、忌讳改过。

卫（国）公孙朝问子贡："（你的老师）仲尼从哪里学来的知识？"子贡说："周文王、周武王的道德文章未曾坠失（消亡），而是广布人间（被人弘扬），有贤德者能识记其大道，不那么贤德者也能记住其小道，可以说文武之道无所不在。（我的）老师哪里不能学得此道，还用得着专门跟某个人去学？"

仲尼：仲为排行，尼为字，逝后为谥号。公孙朝（朝，音潮）：卫国大夫，复姓公孙。焉：何处。坠：失。在人：流布人间，深入人心。贤、不贤：指人在德智方面的差异。识大、识小："识大"为知晓形而上之道，或知其然也知其所以然；"识小"为知晓形而下之器，或知其然不知其所以然。何常师之有：为何要有固定不变的老师；常，固定不变。

本章之旨："学"不能局限于从书本中学，人类社会就是大课堂，其中可作为老师的很多。事实上，每个人受自身时空限制，其知识都是有限的，但每个人作为自己时空的"在场者"，其知识又是独特的，能以此作为别人老师。善学者就是吸收每个人独特的知识，扩充自己的时空范围，即所谓"读万卷书、行万里路、听万人言"。专门讲师承，排斥其他门派，搞知识上的近亲繁殖，其知只能越来越少。

做学问如此，治国亦如此。任何意识形态的束缚将限制政治家吸收他人治国理政之长，夜郎自大、盲目自信，最后只能贻笑天下。

19.23 叔孙武叔語大夫於朝，曰："子貢賢於仲尼。"子服景伯以告子貢。子貢曰："譬之宮牆，賜之牆也及肩，窺見室家之好。夫子之牆數仞，不得其門而入，不見宗廟之美，百官之富。得其門者或寡矣。夫子之云，不亦宜乎！"

上章从知识来源广泛解释孔子多知，本章用高大宫墙比喻孔子知识深不可测，常人难窥。两章相接，编者可能是想说：知识要深邃，来源必广泛。

叔孙武叔在公朝上对众大夫说："子贡要比（他老师）仲尼更有贤德。"子服景伯把这话告诉子贡。子贡说："以围墙作比喻，（我端木）赐的墙只有齐肩高，（外面）能看清里面有什么好东西。我老师的墙比我的高数倍，除非进得门里，（否则在外面是）看不见里面宗庙之美奂、官衙之富丽。能找到门进入其中的人大概很少，武叔老先生讲的，不是很正常吗！"

叔孙武叔：鲁大夫。语：音玉，告诉。朝：音潮，公朝上。子服景伯：鲁国大夫，复姓子服，谥景，字伯。譬：比如。宫墙：围墙；宫：围绕，屏障。及：达。仞：音刃，八尺，《说文》：仞，伸臂（一寻）八尺；数仞，比肩高数倍。百官：古时官员住所，办事公堂在前，私人住所在后，这里代指官员公堂；官：或通"馆"。夫子：前一指孔子，后一指武叔（武为谥号，叔为排行）。或：或者，也许。宜：得当。

孔子周游列国十四年归鲁，五年后便去世，其贤德之名在鲁国朝中并不显赫，才会有本章武叔之言。子贡以宫墙高度比喻道德才学，孔子是高墙深院中有宗庙、有百馆，而自己是小户人家，难以比及，以讥讽武叔只是凡夫俗子，不得其门而入，自然不能窥到其中的美与富。本章说明孔子去世后，时人对其评价并不统一，孔子并非在当时就有后来的盛誉，成为"大成至圣先师"离不开后来的人为造神，而把孔子拱上神坛并不一定符合他本人的意愿。其实，孔子走下神坛来到人间，其思想更有生命力，否则，大众不得其门而入，他老人家只能孤寂地待在深宫大院中。

19.24 叔孫武叔毀仲尼。子貢曰："無以爲也，仲尼不可毀也。他人之賢者，丘陵也，猶可踰也；仲尼，日月也，無得而踰焉。人雖欲自絕，其何傷於日月乎？多見其不知量也！"

上一章讲武叔因不了解而看低孔子，本章则是讲武叔有意诋毁孔子，子贡在这两章以不同的方式卫护孔子的声誉。

叔孙武叔诋毁仲尼。子贡说："（这样做）是没有用的，仲尼是无法诋毁的。其他的贤德之人（犹如）丘陵，是可以超越的；仲尼（就好比）日月，是没法超越的。有人想要跟日月过不去，对日月有何伤害呢？至多显现其不知（自己有多大）分量！"

毁：诋毁，诽谤。以：用。踰：音义逾，越过。自绝：自我规避。知量：自量。

"天不生仲尼，万古如长夜。"孔子思想给人带来光明，如灯塔、如日月，体现一个伟大思想家在人类文明进程中的重要作用。子贡能在当时就预示了孔子在中华文明中的地位，确实不简单。另外，如果卫护自己的老师，不容许任何学理上的商榷，也是有碍人类思想进步的。事实上，任何人都有局限性，有其本人知识的局限，有其所处时代的局限，肯定其贡献同时，指出其局限，才是客观公正的，人为造神并不能去除任何伟大思想家的固有局限。

19.25 陳子禽謂子貢曰："子爲恭也，仲尼豈賢於子乎？"子貢曰："君子一言以爲知，一言以爲不知，言不可不慎也。夫子之不可及也，猶天之不可階而升也。夫子之得邦家者，所謂立之斯立，道之斯行，綏之斯來，動之斯和。其生也榮，其死也哀，如之何其可及也。"

上一章讲孔子如日月不可逾越，本章解释孔子为何不可逾越，其民间素王的地位也因此确立。

陈子禽对子贡说："你做出谦恭的样子，仲尼哪里比你更有贤德？"子贡说："君子能因他一句话表现其智慧，也能因他一句话表现其不智，说话不可不谨慎。孔夫子（的贤德）别人不可企及，犹如不可以搭梯子登天。他老人家（如果）能得到诸侯、卿大夫任用（而主持国家政务），（其治理就能做到）所谓要建立教化，教化便能建立；要导民以德，民众便依道而行；要安定百姓，百姓便纷至沓来；要鼓动国人，国人便纷纷响应。他在世受民众荣敬，去世令民众哀痛，这样的人又如何可以企及。"

子（为/乎）：你。（子）为：做出。恭：谦恭。阶：梯。邦家：诸侯国与卿大夫家。知：音义智。道：音义导。斯：就，则。绥：音随，安抚。和：音贺，响应。

在子贡看来，孔子的遗憾在于没能被掌权者任用，如果有施政机会，其立立得住、其导国人从、其抚远人来、其动国人应。有了这样的景象，再不会有人质疑他老人家了。其实，孔子的神圣形象很大程度来自这种想象力，真要有机会治理国家，并不那么容易。只有未曾实证检验的东西，才会散发巨大的诱惑力。

接连三章，都是子贡为孔子做宣传，在弘扬孔子之道上，子贡或许应记首功。本章是弟子对老师的盖棺定论，由此切入下章"尧曰"，暗示孔子作为一代素王，[①] 其历史影响可与尧舜文武媲美。

---

① 汉人认为孔子有德无位，空怀素志，而推尊为"素王"，按庄子的说法，素王是"从道的层次推出的根本之王"，因此，孔子是"以其道而成素王"，见《圣王之道——先秦诸子的经世智慧》，第225—226页。

尧曰第二十

20.1　尧曰："咨！尔舜！天之历数在尔躬，允执其中，四海困穷，天禄永终。"舜亦以命禹。曰："予小子履，敢用玄牡，敢昭告于皇皇后帝：有罪不敢赦。帝臣不蔽，简在帝心。朕躬有罪，无以万方；万方有罪，罪在朕躬。"周有大赍，善人是富。"虽有周亲，不如仁人。百姓有过，在予一人。"谨权量，审法度，修废官，四方之政行焉。兴灭国，继绝世，举逸民，天下之民归心焉。所重：民、食、丧、祭。宽则得众，信则民任焉，敏则有功，公则说。

上篇末章讲孔子有"四斯"之功而享"生荣死哀"，其"圣"难以及，由此切入本章，讲孔子赖以成圣的思想资源。

尧（对要继位的舜）说："唉！你（这个）舜啊！上天将统治万民的大任降到你身上，要信守中庸之道，（让其）遍及四海，（效法上苍定下的道统，才可）享天赐之福，绵延不绝。"舜也以此属命（将要继位的）禹。（商汤）说："我后生小子履，斗胆用（夏后氏所尚的）黑色公牛来祭祀，冒昧公开向伟大的天帝报告：（心中记取夏桀之）罪，不敢释除。（天下贤才）皆为天帝之臣，不敢埋没，一定按天帝的心思来检选。如果我自己有什么过错，不要连累天下百姓，而天下百姓有什么罪过，都是因为我自己的过错。"周朝得到（上天）厚赐，贤德善者比比皆是。"（商纣王）虽有众多至亲，却不如（周朝有众多）仁人。请把百姓的过失都记在我（姬发）一人身上。"谨严称量器具（使万国一同），审察法定尺度（使时变适宜），① 配齐所废职官，让四方百姓的纠纷能得到仲裁。复兴被灭的国家，延续已断绝的世祀，② 推举（有贤德的）归隐之士，让天下万民心向往之。（治国侧）重：民生、粮农、丧事、祭祀。待民宽厚则能得到民众拥戴，取信于民则能让民肩负责任，勤勉政务则能助民取得功利，公正行政则能使民欢心愉悦。

咨：感叹词，唉。历数：天运之序，星象之兆，喻天降大任。尔躬：你身。允：信；执：守；其，助词；中：中庸之道。困穷：穷极（困：极）。禄：福。永终：永久（终：穷极）。履：商王汤之名。玄（黑色）牡（音亩，公牛）：夏尚黑，殷尚白，商汤之初未变夏礼，用"敢用"表示乞天恕罪。皇皇：伟大。后帝：天帝。有罪不敢赦：不是"不敢赦免夏桀之罪"，而是要"心中牢记夏桀之罪（作为自己的镜鉴）"，旨在伐桀时向天发誓：自己不会犯他那样的错误。蔽：遮蔽。简在：根据……作选择；简：选择；在：由于。朕躬：我本人。（无）以：连及。万方：天下各地，这里指天下百姓。赉：音赖，赐。富：丰富。（有）周：至。予：我。权：称重之秤。量：度体之斗。法度：法定尺度（也有宽泛解作礼乐制度）。政：主持，此处指仲裁。归心：心诚悦服而归附。说：音义悦。

本章核心是讲儒家道统的永续。

第一是"行中庸之道"：朱子在"允执其中"断句，"四海困穷，天禄永终"就释为"如果天下百姓都处于穷困之中，你的大位也坐不稳"；笔者改为逗号，变成"（让中庸之道，）遍及四海，天赐之福永续"。中庸之治顺合天道，以此为道统，可使万民永享天赐之福。

第二是"记前车之鉴"："敢用玄牡"是讲商初祭祀时照搬夏

① 《论语注》，第301页。
② 关于"兴灭继绝"，《左传·襄公十年》孔颖达《疏》云："《礼》：'天子不灭国，诸侯不灭姓。其身有罪宜废者，选其亲而贤者，更绍立之。'《论语》所云'兴灭国，继绝世'者，谓此也"，见李学勤主编《十三经注疏·春秋左传正义》，北京大学出版社1999年版，第886页。

朝的牺牲，同时又向天帝保证：心中谨记夏桀所犯之罪，以为镜鉴。

第三是"举天下英才"：天下英才皆为天帝之臣，不可埋没，要以天帝的心意加以检选。

第四是"代万民受过"：自己将承担治理天下的一切责任，不必牵连他人；而百姓有罪，归根在己不在民。

第五是"使政通人和"："谨、审、修"旨在政通，"四方之政行焉"就是"天下有道"，政府主持公道；"兴、继、举"志在人和，新政权要有新气象，收拾人心，不念旧恶，如此方能"天下之民归心焉"。

第六是"重宽信敏公"：宽以聚人，信以用人，敏以有功，公以悦民。

前四项是历史经验，后两项是孔子的发展创新。统治者做到这六项，自然可"天禄永终"。

本章暗示道统高于治统，编者是要展示中国文化传统意义上的"王在法下"，因此，这里讲的道统可看作中国的"大宪章"，可惜它只有道德上的劝说作用，若不能以税赋限制乃至革命威胁作硬约束，其功效当然不能与英国1215年的《大宪章》相比。

20.2　子張問於孔子曰："何如斯可以從政矣？"子曰："尊五美，屏四惡，斯可以從政矣。"子張曰："何謂五美？"子曰："君子惠而不費，勞而不怨，欲而不貪，泰而不驕，威而不猛。"子張曰："何謂惠而不費？"子曰："因民之所利而利之，斯不亦惠而不費乎？擇可勞而勞之，又誰怨？欲仁而得仁，又焉貪？君子無衆寡，無小大，無敢慢，斯不亦泰而不驕乎？君子正其衣冠，尊其瞻視，儼然人望而畏之，斯不亦威而不猛乎？"子張曰："何謂四惡？"子曰："不教而殺謂之虐；不戒視成謂之暴；慢令致期謂之賊；猶之與人也，出納之吝，謂之有司。"

上一章谈的是"治统"之上的"道统"，本章可看作孔子的"政治伦理学"，说明好的"治统"需要有什么样的官员来执行，否则难以承续上章所讲的道统。

子张问孔子："从政需要做哪些事?"孔子说："尊崇五种美德,去除四种恶行,这样便可以从政了。"子张问:"五种美德是什么?"孔子说:"君子施惠百姓却不耗费,劳役民众却不怨恨,欲所当欲却不贪婪,宽舒安泰却不骄倨,仪表威严却不凶猛。"子张问:"什么叫君子施惠百姓却不耗费?"孔子说:"顺应民众因地之利给予他们便利,这不是君子施惠百姓却不耗费吗?选择可以劳役民众的季节劳役他们,(民众)有谁会怨?(君子)想要行仁而能得仁,又要去贪什么?君子无论人数多少、事情大小,都不敢怠慢,这不是宽舒安泰却不骄倨吗?君子衣冠端正,使人尊视,庄重得体,令人敬畏,这不是仪表威严却不凶猛吗?"子张问:"四种恶行是什么?""孔子说:"(事先)不教导(何为死罪)就杀人,称作酷虐于民;(事中)不告诫(督促)就检视成果,称作对民施暴;下令怠慢导致贻误期限(却要惩罚别人),称作视民为敌;如此(苛刻)对人,(类同)吝啬的出纳,(只能)称作小官吏(谈不上是在从政)。"

屏:音义摒。谓:称作。利之:对其予以便利。又(谁):有。俨(音掩)然:庄重的样子。致期:导致误期。贼:与之为敌。犹之:如此这般。与:对付。吝:耻辱;出纳之吝:使人受辱。有司:官府中具体办事人员;本章有司行为虽谈不上"虐、暴、贼",但不是从政者应有的格局。

将"因民所利,惠而不费"作些扩展,可看作孔子的经济观:放手让民众追求自己的利益,给予相应便利。授渔不授鱼,当然惠而不费,所谓"造血式扶贫",亦如今日"不给钱,给政策"。如果劳民有度、劳民有时(不误农时)、劳民为民(兴修水利等),民众当然不怨。君子也有欲,但属"有道德的需求",是取其所当取,若只是在精神上想得仁,自然不会有对物的贪欲。君子内心放松,所谓"君子坦荡荡",但不会懈怠职守,恣意骄纵,傲慢无礼,自尊自大;外表庄重,"非礼勿视",先不自侮,才可不被人所侮,但也不会凶猛残暴。

按孔子政治伦理学，从政首先要解决如何对待民众，五个"而不"都是指要把持一个"度"，不致走向反面，这里"不过度"就显得"美"。四个"谓之"都是贬义的，均是对人不宽，但程度逐个减轻。"不教而杀"暗示法律要为人知晓，"不戒视成"暗示要有渐进思想，"慢令致期"暗示不能与民为敌。"犹之"句尤为费解，坊间解本在此处多不知所云，有的干脆以"或有脱误，阙之不讲"带过。笔者认为，结合上文，本句是在作归纳：君子从政，若无惠民之心，难有大格局，最多做个称职的小官吏。

20.3　子曰："不知命，無以爲君子也。不知禮，無以立也。不知言，無以知人也。"

接上章，本章讲即便不从政，学子应如何才可成为君子。上章是"外王"之前提，本章是"内圣"之条件。

孔子说："不知道上天赋予自己的责任，便不能成为君子。不知道礼制规范，便不能在社会上立足。不知道如何听言（察人），便不能知人（善任）。"

命：天命之责。以：依凭，能够。

君子以弘道为己任，这也是君子的天命所在。为此，他不受利益诱惑，不畏艰难险阻，展现自己积极主动的人生。因此，"知命"① 就是知责，这才是自强不息君子的本色。君子自强不息不是蛮干，他要以社会规范约束自己，其奋斗不能以牺牲他人利益为代价，否则就难以在社会立足。君子自强不息也不是单干，他要选择同道共同奋斗，而通过"知言"鉴别同道，② 简便易行，这是君子必须具备的重要能力。一个人做到这三点，其人生大概不会有大的

---

① （清）李中孚《四书反身录》讲"知命"包括安命、立命、凝命、不逆命，是对"知命"作更宽泛的解释，见《论语集释》，第1378页。

② 有学者指出，"知言"也暗含"要给人充分的言论自由以使其有机会表达其言论"，见《德性与权利——先秦儒家人权思想研究》，第158页。另有学者认为，本章的"三知"点出了君子欲行其道所需具备的客观知识，全书终于此颇有象征意义，见《中国思想传统的现代诠释》，第127页。

差池，也基本可从孔门毕业，走向社会。

  《论语》以君子"学而时习、不知不愠"开篇，以君子"三知"结束，全书可谓"君子教程"。因此，孔子政治哲学首重君子养成：不能造就君子，任何政治无从谈起。事实上，只有君子构成一国政治精英，担负治国大任，国家才能兴旺发达，人民才能安居乐业。《周易·象辞》列举"君子以……"对于我们进一步理解孔子政治哲学尤具指导意义。《易》《论》互参，才能在更高层级上读懂这两部中华文明的元典。

附录一 《论语》经文年序脉络①

20.1 尧曰："咨！尔舜！天之历数在尔躬。允执其中，四海困穷，天禄永终。"舜亦以命禹。曰："予小子履，敢用玄牡，敢昭告于皇皇后帝：有罪不敢赦。帝臣不蔽，简在帝心。朕躬有罪，无以万方；万方有罪，罪在朕躬。"周有大赉，善人是富。"虽有周亲，不如仁人。百姓有过，在予一人。"谨权量，审法度，修废官，四方之政行焉。兴灭国，继绝世，举逸民，天下之民归心焉。所重：民、食、丧、祭。宽则得众，信则民任焉，敏则有功，公则说。

18.10 周公谓鲁公曰："君子不施其亲，不使大臣怨乎不以。故旧无大故，则不弃也。无求备于一人。"

18.11 周有八士：伯达、伯适、仲突、仲忽、叔夜、叔夏、季随、季騧。

甲、孔子周游列国之前

一 孔子初仕（鲁昭公九年、公元前533年，孔子始仕，为季氏史②）

3.15 子入大庙，每事问。或曰："孰谓鄹人之子知礼乎？入大庙，每事问。"子闻之曰："是礼也。"

二 孔子授徒设教（鲁昭公十二年、公元前530年，孔子始教

---

① 本脉络旨在依年序重排经文，撰写的基本素材主要依据钱穆先生的《孔子传》及杨义先生的《论证还原》，自感可商榷处甚多，权当抛砖引玉。

② 《论语还原》，第695页。

于阙里，颜路、冉耕、曾点等受教①)

7.7 子曰："自行束脩以上，吾未尝无诲焉。"

2.17 子曰："由！诲女知之乎？知之为知之，不知为不知，是知也。"

7.8 子曰："不愤不启，不悱不发，举一隅不以三隅反，则不复也。"

5.5 子使漆雕开仕。对曰："吾斯之未能信。"子说。（公元前522年)②

三　孔子适齐（鲁昭公二十五年）（季氏乱礼，昭公无奈举兵落败，被逼奔齐，孔子避乱而适齐）

3.1 孔子谓季氏："八佾舞于庭，是可忍也，孰不可忍也？"

8.13 子曰："笃信好学，守死善道。危邦不入，乱邦不居。天下有道则见，无道则隐。邦有道，贫且贱焉，耻也；邦无道，富且贵焉，耻也。"

3.14 子曰："周监于二代，郁郁乎文哉！吾从周。"

7.13 子在齐闻韶，三月不知肉味。曰："不图为乐之至于斯也！"

12.11 齐景公问政于孔子。孔子对曰："君君，臣臣，父父，子子。"公曰："善哉！信如君不君，臣不臣，父不父，子不子，虽有粟，吾得而食诸？"

18.3 齐景公待孔子，曰："若季氏则吾不能，以季、孟之闲待之。"曰："吾老矣，不能用也。"孔子行。

四　孔子自齐返鲁

2.21 或谓孔子曰："子奚不为政？"子曰："书云：'孝乎惟孝、友于兄弟，施于有政。'是亦为政，奚其为为政？"

7.5 子曰："甚矣吾衰也！久矣吾不复梦见周公。"

7.16 子曰："加我数年，五十以学易，可以无大过矣。"

---

① 《论语还原》，第702页。
② 同上书，第670页。

1.10 子禽问于子贡曰："夫子至于是邦也，必闻其政，求之与？抑与之与？"子贡曰："夫子温、良、恭、俭、让以得之。夫子之求之也，其诸异乎人之求之与？"

12.21 樊迟从游于舞雩之下，曰："敢问崇德、修慝、辨惑。"子曰："善哉问！先事后得，非崇德与？攻其恶，无攻人之恶，非修慝与？一朝之忿，忘其身，以及其亲，非惑与？"

11.25 子路、曾皙、冉有、公西华侍坐。子曰："以吾一日长乎尔，毋吾以也。居则曰：'不吾知也！'如或知尔，则何以哉？"子路率尔而对曰："千乘之国，摄乎大国之间，加之以师旅，因之以饥馑；由也为之，比及三年，可使有勇，且知方也。"夫子哂之。"求！尔何如？"对曰："方六七十，如五六十，求也为之，比及三年，可使足民。如其礼乐，以俟君子。""赤！尔何如？"对曰："非曰能之，愿学焉。宗庙之事，如会同，端章甫，愿为小相焉。""点！尔何如？"鼓瑟希，铿尔，舍瑟而作。对曰：异乎三子者之撰。"子曰："何伤乎？亦各言其志也。"曰："莫春者，春服既成。冠者五六人，童子六七人，浴乎沂，风乎舞雩，咏而归。"夫子喟然叹曰："吾与点也！"三子者出，曾皙后。曾皙曰："夫三子者之言何如？"子曰："亦各言其志也已矣。"曰：夫子何哂由也？"曰："为国以礼，其言不让，是故哂之。""唯求则非邦也与？""安见方六七十如五六十而非邦也者？""唯赤则非邦也与？""宗庙会同，非诸侯而何？赤也为之小，孰能为之大？"

7.15 子曰："饭疏食饮水，曲肱而枕之，乐亦在其中矣。不义而富且贵，于我如浮云。"

5.6 子曰："道不行，乘桴浮于海。从我者其由与？"子路闻之喜。子曰："由也好勇过我，无所取材。"

7.10 子谓颜渊曰："用之则行，舍之则藏，唯我与尔有是夫！"子路曰："子行三军，则谁与？"子曰："暴虎冯河，死而无悔者，吾不与也。必也临事而惧，好谋而成者也。"

9.13 子欲居九夷。或曰："陋，如之何！"子曰："君子居之，何陋之有？"

5.25 颜渊、季路侍。子曰:"盍各言尔志?"子路曰:"愿车马、衣轻裘,与朋友共。敝之而无憾。"颜渊曰:"愿无伐善,无施劳。"子路曰:"愿闻子之志。"子曰:"老者安之,朋友信之,少者怀之。"

16.2 孔子曰:"天下有道,则礼乐征伐自天子出;天下无道,则礼乐征伐自诸侯出。自诸侯出,盖十世希不失矣;自大夫出,五世希不失矣;陪臣执国命,三世希不失矣。天下有道,则政不在大夫。天下有道,则庶人不议。"(鲁定公六年、公元前504年,阳虎此年专政①)

17.1 阳货欲见孔子,孔子不见,归孔子豚。孔子时其亡也,而往拜之,遇诸涂。谓孔子曰:"来!予与尔言。"曰:"怀其宝而迷其邦,可谓仁乎?"曰:"不可。""好从事而亟失时,可谓知乎?"曰:"不可。""日月逝矣,岁不我与。"孔子曰:"诺。吾将仕矣。"

17.5 公山弗扰以费畔,召,子欲往。子路不说,曰:"末之也已,何必公山氏之之也。"子曰:"夫召我者而岂徒哉?如有用我者,吾其为东周乎?"(鲁定公八年、公元前502年)

五 孔子再仕鲁 (初仕为小吏,再仕则任中高级官员。鲁定公九年、公元前501年,定公以孔子为中都宰,鲁定公十年、公元前500年,孔子为鲁司寇②)

14.38 公伯寮愬子路于季孙。子服景伯以告,曰:"夫子固有惑志于公伯寮,吾力犹能肆诸市朝。"子曰:"道之将行也与?命也。道之将废也与?命也。公伯寮其如命何!"(据钱穆,时子路为季氏宰。也有学者认为此事发生在孔子晚年居鲁时③)

11.23 季子然问:"仲由、冉求可谓大臣与?"子曰:"吾以子为异之问,曾由与求之问。所谓大臣者:以道事君,不可则止。

---

① 《论语还原》,第793页。
② 关于孔子职位何以能快速提升,见《论语还原》,第808、821页。
③ 王健文:《流浪的君子:孔子的最后二十年》,生活·读书·新知三联书店2008年版,第83页。

今由与求也，可谓具臣矣。"曰："然则从之者与？"子曰："弑父与君，亦不从也。"

6.7 季氏使闵子骞为费宰。闵子骞曰："善为我辞焉。如有复我者，则吾必在汶上矣。"（公元前498年①）

13.2 仲弓为季氏宰，问政。子曰："先有司，赦小过，举贤才。"曰："焉知贤才而举之？"曰："举尔所知。尔所不知，人其舍诸？"

3.19 定公问："君使臣，臣事君，如之何？"孔子对曰："君使臣以礼，臣事君以忠。"

13.15 定公问："一言而可以兴邦，有诸？"孔子对曰："言不可以若是其几也。人之言曰：'为君难，为臣不易。'如知为君之难也，不几乎一言而兴邦乎？"曰："一言而丧邦，有诸？"孔子对曰："言不可以若是其几也。人之言曰：'予无乐乎为君，唯其言而莫予违也。'如其善而莫之违也，不亦善乎？如不善而莫之违也，不几乎一言而丧邦乎？"

18.4 齐人归女乐，季桓子受之。三日不朝，孔子行。（事发鲁定公十三年春、②公元前497年）

16.3 孔子曰："禄之去公室，五世矣；政逮于大夫，四世矣；故夫三桓之子孙，微矣。"

11.24 子路使子羔为费宰。子曰："贼夫人之子。"子路曰："有民人焉，有社稷焉。何必读书，然后为学？"子曰："是故恶夫佞者。"

6.3 子华使于齐，冉子为其母请粟。子曰："与之釜。"请益。曰："与之庾。"冉子与之粟五秉。子曰："赤之适齐也，乘肥马，衣轻裘。吾闻之也，君子周急不继富。"原思为之宰，与之粟九百，辞。子曰："毋！以与尔邻里乡党乎！"

14.1 宪问耻。子曰："邦有道，谷；邦无道，谷，耻也。"

---

① 《论语还原》，第681页。
② 同上书，第833页。

14.2 "克、伐、怨、欲不行焉，可以为仁矣？"子曰："可以为难矣，仁则吾不知也。"

16.13 陈亢问于伯鱼曰："子亦有异闻乎？"对曰："未也。尝独立，鲤趋而过庭。曰：'学诗乎？'对曰：'未也。''不学诗，无以言。'鲤退而学诗。他日又独立，鲤趋而过庭。曰：'学礼乎？'对曰：'未也。''不学礼，无以立。'鲤退而学礼。闻斯二者。" 陈亢退而喜曰："问一得三，闻诗，闻礼，又闻君子之远其子也。"（孔子二十岁生伯鱼，伯鱼享年五十，此段对话当在孔子周游列国之前，返鲁次年伯鱼终）

17.10 子谓伯鱼曰："女为周南召南矣乎？人而不为周南召南，其犹正墙面而立也与？"

乙、孔子周游列国期间

一 孔子去鲁

13.7 子曰："鲁卫之政，兄弟也。"（孔子去鲁，先在屯地思考去路，大概因此语而决定适卫[①]）

二 孔子适卫

13.9 子适卫，冉有仆。子曰："庶矣哉！"冉有曰："既庶矣。又何加焉？"曰："富之。"曰："既富矣，又何加焉？"曰："教之。"

三 孔子过匡过蒲

3.24 仪封人请见。曰："君子之至于斯也，吾未尝不得见也。"从者见之。出曰："二三子，何患于丧乎？天下之无道也久矣，天将以夫子为木铎。"（孔子居卫十月后，过匡过蒲）

9.5 子畏于匡。曰："文王既没，文不在兹乎？天之将丧斯文也，后死者不得与于斯文也；天之未丧斯文也，匡人其如予何？"

11.22 子畏于匡，颜渊后。子曰："吾以女为死矣。"曰："子在，回何敢死？"

17.7 佛肸召，子欲往。子路曰："昔者由也闻诸夫子曰：'亲于其身为不善者，君子不入也。'佛肸以中牟畔，子之往也，如之

---

① 《论语还原》，第834页。

何！"子曰："然。有是言也。不曰坚乎，磨而不磷；不曰白乎，涅而不缁。吾岂匏瓜也哉？焉能系而不食？"（中牟叛，约为定公十四年春）

四　孔子返卫出仕

9.12　子贡曰："有美玉于斯，韫匵而藏诸？求善贾而沽诸？"子曰："沽之哉！沽之哉！我待贾者也。"（子贡卫人，孔子适卫后才从学之）

13.10　子曰："苟有用我者。期月而已可也，三年有成。"

6.26　子见南子，子路不说。夫子矢之曰："予所否者，天厌之！天厌之！"（事发鲁定公十五年、公元前494年）

9.17　子曰："吾未见好德如好色者也。"

15.12　子曰："已矣乎！吾未见好德如好色者也。"

17.25　子曰："唯女子与小人为难养也，近之则不孙，远之则怨。"

3.13　王孙贾问曰："与其媚于奥，宁媚于灶，何谓也？"子曰："不然，获罪于天，无所祷也。"

五　孔子去卫

15.1　卫灵公问陈于孔子。孔子对曰："俎豆之事，则尝闻之矣；军旅之事，未之学也。"明日遂行。（时约鲁哀公元年秋冬。15.1是两个事件合一，有版本将其分作两章，这里分开归入具体事件。）

15.6　子曰："直哉史鱼！邦有道，如矢；邦无道，如矢。君子哉蘧伯玉！邦有道，则仕；邦无道，则可卷而怀之。"

六　孔子过宋

7.22　子曰："天生德于予，桓魋其如予何？"

七　孔子至陈

15.5　子张问行。子曰："言忠信，行笃敬，虽蛮貊之邦行矣；言不忠信，行不笃敬，虽州里行乎哉？立，则见其参于前也；在舆，则见其倚于衡也。夫然后行。"子张书诸绅。①

---

① 据《史记·仲尼弟子列传》。

八 孔子至蔡（入蔡当在鲁哀公三年、公元前492年冬①）

7.18 叶公问孔子于子路，子路不对。子曰："女奚不曰，其为人也，发愤忘食，乐以忘忧，不知老之将至云尔。"

13.16 叶公问政。子曰："近者说，远者来。"（事发鲁哀公五年、公元前490年，自蔡如叶）

13.18 叶公语孔子曰："吾党有直躬者，其父攘羊，而子证之。"孔子曰："吾党之直者异于是。父为子隐，子为父隐，直在其中矣。"

18.6 长沮、桀溺耦而耕，孔子过之，使子路问津焉。长沮曰："夫执舆者为谁？"子路曰："为孔丘。"曰："是鲁孔丘与？"曰："是也。"曰："是知津矣。"问于桀溺，桀溺曰："子为谁？"曰："为仲由。"曰："是鲁孔丘之徒与？"对曰："然。"曰："滔滔者天下皆是也，而谁以易之？且而与其从辟人之士也，岂若从辟世之士哉？"耰而不辍。子路行以告。夫子怃然曰："鸟兽不可与同群，吾非斯人之徒与而谁与？天下有道，丘不与易也。"（事发自叶返蔡途中）

18.7 子路从而后，遇丈人，以杖荷蓧。子路问曰："子见夫子乎？"丈人曰："四体不勤，五谷不分。孰为夫子？"植其杖而芸。子路拱而立。止子路宿，杀鸡为黍而食之，见其二子焉。明日，子路行以告。子曰："隐者也。"使子路反见之。至则行矣。子路曰："不仕无义。长幼之节，不可废也；君臣之义，如之何其废之？欲洁其身，而乱大伦。君子之仕也，行其义也。道之不行，已知之矣。"

九 孔子自蔡返陈

15.1 在陈绝粮，从者病，莫能兴。子路愠见曰："君子亦有穷乎？"子曰："君子固穷，小人穷斯滥矣。"（时约鲁哀公六年、公元前489年。15.1是两个事件合一，有版本将其分作两章，这里分开归入具体事件。）

---

① 《论语还原》，第864页。

9.27 子曰:"岁寒,然后知松柏之后凋也。"

18.5 楚狂接舆歌而过孔子曰:"凤兮!凤兮!何德之衰?往者不可谏,来者犹可追。已而,已而!今之从政者殆而!"孔子下,欲与之言。趋而辟之,不得与之言。

5.21 子在陈曰:"归与!归与!吾党之小子狂简,斐然成章,不知所以裁之。"(哀公六年、公元前489年①)

十 孔子自陈返卫(鲁哀公七年、公元前488年,孔子在卫度过周游经历的最后5年)

6.22 子曰:"齐一变,至于鲁;鲁一变,至于道。"(孔子在卫四年而在齐仅一年,因其更看重与鲁相似的卫政)

7.14 冉有曰:"夫子为卫君乎?"子贡曰:"诺。吾将问之。"入,曰:"伯夷、叔齐何人也?"曰:"古之贤人也。"曰:"怨乎?"曰:"求仁而得仁,又何怨。"出,曰:"夫子不为也。"

13.3 子路曰:"卫君待子而为政,子将奚先?"子曰:"必也正名乎!"子路曰:"有是哉,子之迂也!奚其正?"子曰:"野哉由也!君子于其所不知,盖阙如也。名不正,则言不顺;言不顺,则事不成;事不成,则礼乐不兴;礼乐不兴,则刑罚不中;刑罚不中,则民无所措手足。故君子名之必可言也,言之必可行也。君子于其言,无所苟而已矣。"

14.42 子击磬于卫。有荷蒉而过孔氏之门者,曰:"有心哉!击磬乎!"既而曰:"鄙哉!硁硁乎!莫己知也,斯己而已矣。深则厉,浅则揭。"子曰:"果哉!末之难矣。"

7.34 子疾病,子路请祷。子曰:"有诸?"子路对曰:"有之。诔曰:'祷尔于上下神祇。'"子曰:"丘之祷久矣。"(鲁哀公九年、公元前486年②)

十一 孔子自卫返鲁

14.41 子路宿于石门。晨门曰:"奚自?"子路曰:"自孔

---

① 《流浪的君子:孔子的最后二十年》,第68页。
② 《论语还原》,第890页。

氏。"曰："是知其不可而为之者与？"

9.6　大宰问于子贡曰："夫子圣者与？何其多能也？"子贡曰："固天纵之将圣，又多能也。"子闻之，曰："大宰知我乎！吾少也贱，故多能鄙事。君子多乎哉？不多也。"牢曰："子云，'吾不试，故艺'。"①

丙、孔子晚年居鲁

一　对政事的议论

6.13　子曰："孟之反不伐，奔而殿。将入门，策其马，曰：'非敢后也，马不进也。'"（事发哀公十一年）

6.6　季康子问："仲由可使从政也与？"子曰："由也果，于从政乎何有？"曰："赐也，可使从政也与？"曰："赐也达，于从政乎何有？"曰："求也，可使从政也与？"曰："求也艺，于从政乎何有？"

2.19　哀公问曰："何为则民服？"孔子对曰："举直错诸枉，则民服；举枉错诸直，则民不服。"

2.20　季康子问："使民敬、忠以劝，如之何？"子曰："临之以庄则敬，孝慈则忠，举善而教不能，则劝。"

12.17　季康子问政于孔子。孔子对曰："政者，正也。子帅以正，孰敢不正？"

12.18　季康子患盗，问于孔子。孔子对曰："苟子之不欲，虽赏之不窃。"

12.19　季康子问政于孔子曰："如杀无道，以就有道，何如？"孔子对曰："子为政，焉用杀？子欲善，而民善矣。君子之德风，小人之德草。草上之风，必偃。"

7.30　陈司败问昭公知礼乎？孔子曰："知礼。"孔子退，揖巫马期而进之，曰："吾闻君子不党，君子亦党乎？君取于吴为同姓，谓之吴孟子。君而知礼，孰不知礼？"巫马期以告。子曰："丘也幸，苟有过，人必知之。"（据《公羊传》，吴孟子卒于哀

---

① 杨义认为，此章事件极可能发生在鲁哀公十二年，见《论语还原》，第190页。

公十二年）

14.22 陈成子弑简公。孔子沐浴而朝，告于哀公曰："陈恒弑其君，请讨之。"公曰："告夫三子!"孔子曰："以吾从大夫之后，不敢不告也。君曰'告夫三子'者。"之三子告，不可。孔子曰："以吾从大夫之后，不敢不告也。"（时为公元前481年、鲁哀公十四年六月甲午之后）

二 对弟子的教育及议论

13.1 子路问政。子曰："先之，劳之。"请益。曰："无倦。"（事发鲁哀公十二年、公元前483年①）

13.14 冉子退朝。子曰："何晏也?"对曰："有政。"子曰："其事也。如有政，虽不吾以，吾其与闻之。"

6.10 冉求曰："非不说子之道，力不足也。"子曰："力不足者，中道而废。今女画。"

11.16 季氏富于周公，而求也为之聚敛而附益之。子曰："非吾徒也。小子鸣鼓而攻之，可也。"（事发哀公十二年、公元前483年②）

3.4 林放问礼之本。子曰："大哉问! 礼，与其奢也，宁俭；丧，与其易也，宁戚。"

3.6 季氏旅于泰山。子谓冉有曰："女弗能救与?"对曰："不能。"子曰："呜呼! 曾谓泰山，不如林放乎?"

16.1 季氏将伐颛臾。冉有、季路见于孔子曰："季氏将有事于颛臾。"孔子曰："求! 无乃尔是过与? 夫颛臾，昔者先王以为东蒙主，且在邦域之中矣，是社稷之臣也。何以伐为?"冉有曰："夫子欲之，吾二臣者皆不欲也。"孔子曰："求! 周任有言曰：'陈力就列，不能者止。'危而不持，颠而不扶，则将焉用彼相矣? 且尔言过矣。虎兕出于柙，龟玉毁于椟中，是谁之过与?"冉有曰："今夫颛臾，固而近于费。今不取，后世必为子孙忧。"孔子曰：

---

① 《论语还原》，第901页。
② 《流浪的君子：孔子的最后二十年》，第62页。

"求！君子疾夫舍曰欲之，而必为之辞。丘也闻有国有家者，不患寡而患不均，不患贫而患不安。盖均无贫，和无寡，安无倾。夫如是，故远人不服，则修文德以来之。既来之，则安之。今由与求也，相夫子，远人不服而不能来也；邦分崩离析而不能守也。而谋动干戈于邦内。吾恐季孙之忧，不在颛臾，而在萧墙之内也。"

17.20 孺悲欲见孔子，孔子辞以疾。将命者出户，取瑟而歌。使之闻之。(事发鲁哀公十三年、公元前482年)

7.1 子曰："述而不作，信而好古，窃比于我老彭。"(事发鲁哀公十四年、公元前481年①)

9.10 颜渊喟然叹曰："仰之弥高，钻之弥坚；瞻之在前，忽焉在后。夫子循循然善诱人，博我以文，约我以礼。欲罢不能，既竭吾才，如有所立卓尔。虽欲从之，末由也已。"

11.1 子曰："先进于礼乐，野人也；后进于礼乐，君子也。如用之，则吾从先进。"

11.2 子曰："从我于陈、蔡者，皆不及门也。"德行：颜渊，闵子骞，冉伯牛，仲弓。言语：宰我，子贡。政事：冉有，季路。文学：子游，子夏。

15.10 颜渊问为邦。子曰："行夏之时，乘殷之辂，服周之冕，乐则韶舞。放郑声，远佞人。郑声淫，佞人殆。"

12.1 颜渊问仁。子曰："克己复礼为仁。一日克己复礼，天下归仁焉。为仁由己，而由人乎哉？"颜渊曰："请问其目。"子曰："非礼勿视，非礼勿听，非礼勿言，非礼勿动。"颜渊曰："回虽不敏，请事斯语矣。"

9.20 子谓颜渊，曰："惜乎！吾见其进也，未见其止也。"

6.9 子曰："贤哉，回也！一箪食，一瓢饮，在陋巷。人不堪其忧，回也不改其乐。贤哉，回也！"

6.5 子曰："回也，其心三月不违仁，其余则日月至焉而已矣。"

---

① 《论语还原》，第912页。

11.3 子曰："回也非助我者也，于吾言无所不说。"

11.8 颜渊死。子曰："噫！天丧予！天丧予！"

11.9 颜渊死，子哭之恸。从者曰："子恸矣。"曰："有恸乎？非夫人之为恸而谁为！"

11.7 颜渊死，颜路请子之车以为之椁。子曰："才不才，亦各言其子也。鲤也死，有棺而无椁。吾不徒行以为之椁。以吾从大夫之后，不可徒行也。"

11.10 颜渊死，门人欲厚葬之，子曰："不可。"门人厚葬之。子曰："回也视予犹父也，予不得视犹子也。非我也，夫二三子也。"

6.2 哀公问："弟子孰为好学？"孔子对曰："有颜回者好学，不迁怒，不贰过。不幸短命死矣！今也则亡，未闻好学者也。"

11.6 季康子问："弟子孰为好学？"孔子对曰：有颜回者好学，不幸短命死矣！今也则亡。"

6.1 子曰："雍也可使南面。"仲弓问子桑伯子。子曰："可也简。"仲弓曰："居敬而行简，以临其民，不亦可乎？居简而行简，无乃大简乎？"子曰："雍之言然。"

12.7 子贡问政。子曰："足食。足兵。民信之矣。"子贡曰："必不得已而去，于斯三者何先？"曰："去兵。"子贡曰："必不得已而去，于斯二者何先？"曰："去食。自古皆有死，民无信不立。"

6.28 子贡曰："如有博施于民而能济众，何如？可谓仁乎？"子曰："何事于仁，必也圣乎！尧舜其犹病诸！夫仁者，己欲立而立人，己欲达而达人。能近取譬，可谓仁之方也已。"

15.2 子曰："赐也，女以予为多学而识之者与？"对曰："然，非与？"曰："非也，予一以贯之。"

11.18 子曰："回也其庶乎，屡空。赐不受命，而货殖焉，亿则屡中。"

5.8 子谓子贡曰："女与回也孰愈？"对曰："赐也何敢望回。回也闻一以知十，赐也闻一以知二。"子曰："弗如也！吾与女弗如也。"

11.15　子贡问："师与商也孰贤?"子曰："师也过,商也不及。"曰："然则师愈与?"子曰："过犹不及。"

5.11　子贡曰："我不欲人之加诸我也,吾亦欲无加诸人。"子曰："赐也,非尔所及也。"

1.15　子贡曰："贫而无谄,富而无骄,何如?"子曰："可也。未若贫而乐,富而好礼者也。"子贡曰："诗云:'如切如磋,如琢如磨。'其斯之谓与?"子曰："赐也,始可与言诗已矣!告诸往而知来者。"

2.13　子贡问君子。子曰："先行其言而后从之。"

3.17　子贡欲去告朔之饩羊。子曰："赐也,尔爱其羊,我爱其礼。"

5.14　子贡问曰："孔文子何以谓之文也?"子曰："敏而好学,不耻下问,是以谓之文也。"（时为鲁哀公十五年、公元前480年之后）

6.11　子谓子夏曰："女为君子儒,无为小人儒。"

13.17　子夏为莒父宰,问政。子曰："无欲速,无见小利。欲速,则不达;见小利,则大事不成。"

6.12　子游为武城宰。子曰："女得人焉尔乎?"曰："有澹台灭明者,行不由径。非公事,未尝至于偃之室也。"

17.4　子之武城,闻弦歌之声。夫子莞尔而笑,曰："割鸡焉用牛刀?"子游对曰："昔者偃也闻诸夫子曰:'君子学道则爱人,小人学道则易使也。'"子曰:"二三子!偃之言是也。前言戏之耳。"

4.15　子曰："参乎!吾道一以贯之。"曾子曰："唯。"子出。门人问曰："何谓也?"曾子曰："夫子之道,忠恕而已矣。"

2.7　子游问孝。子曰："今之孝者,是谓能养。至于犬马,皆能有养;不敬,何以别乎?"

2.8　子夏问孝。子曰："色难。有事弟子服其劳,有酒食先生馔,曾是以为孝乎?"

2.18　子张学干禄。子曰："多闻阙疑,慎言其余,则寡尤;

多见阙殆，慎行其余，则寡悔。言寡尤，行寡悔，禄在其中矣。"

3.8　子夏问曰："'巧笑倩兮，美目盼兮，素以为绚兮。'何谓也？"子曰："绘事后素。"曰："礼后乎？"子曰："起予者商也！始可与言诗已矣。"

3.21　哀公问社于宰我。宰我对曰："夏后氏以松，殷人以柏，周人以栗，曰使民战栗。"子闻之曰："成事不说，遂事不谏，既往不咎。"

5.3　子贡问曰："赐也何如？"子曰："女器也。"曰："何器也？"曰："瑚琏也。"

5.7　孟武伯问："子路仁乎？"子曰："不知也。"又问。子曰："由也，千乘之国，可使治其赋也，不知其仁也。""求也何如？"子曰："求也，千室之邑，百乘之家，可使为之宰也，不知其仁也。""赤也何如？"子曰："赤也，束带立于朝，可使与宾客言也，不知其仁也。"

11.21　子路问："闻斯行诸？"子曰："有父兄在，如之何其闻斯行之？"冉有问："闻斯行诸？"子曰："闻斯行之。"公西华曰："由也问闻斯行诸，子曰'有父兄在'；求也问闻斯行诸，子曰'闻斯行之'。赤也惑，敢问。"子曰："求也退，故进之；由也兼人，故退之。"

11.11　季路问事鬼神。子曰："未能事人，焉能事鬼？"敢问死。曰："未知生，焉知死？"

11.12　闵子侍侧，誾誾如也；子路，行行如也；冉有、子贡，侃侃如也。子乐。"若由也，不得其死然。"

11.13　鲁人为长府。闵子骞曰："仍旧贯，如之何？何必改作？"子曰："夫人不言，言必有中。"

11.19　子张问善人之道。子曰："不践迹，亦不入于室。"

20.2　子张问于孔子曰："何如斯可以从政矣？"子曰："尊五美，屏四恶，斯可以从政矣。"子张曰："何谓五美？"子曰："君子惠而不费，劳而不怨，欲而不贪，泰而不骄，威而不猛。"子张曰："何谓惠而不费？"子曰："因民之所利而利之，斯不亦惠而不费乎？择可劳而劳之，又谁怨？欲仁而得仁，又焉贪？君子无众寡，无小大，无敢慢，斯不亦泰而不骄乎？君子正其衣冠，尊其瞻视，俨然人望而畏之，斯不亦威而不猛乎？"子张曰："何谓四恶？"子曰："不教而杀谓之虐；不戒视成谓之暴；慢令致期谓之贼；犹之与人也，出纳之吝，谓之有司。"

三　晚年著述

9.14　子曰："吾自卫反鲁，然后乐正，雅颂各得其所。"

3.9　子曰："夏礼，吾能言之，杞不足征也；殷礼，吾能言之，宋不足征也。文献不足故也，足则吾能征之矣。"

2.23　子张问："十世可知也？"子曰："殷因于夏礼，所损益，可知也；周因于殷礼，所损益，可知也；其或继周者，虽百世可知也。"

9.3　子曰："麻冕，礼也；今也纯，俭。吾从众。拜下，礼也；今拜乎上，泰也。虽违众，吾从下。"

3.3　子曰："人而不仁，如礼何？人而不仁，如乐何？"

15.19　子曰："君子疾没世而名不称焉。"

四　自我评价

9.2　达巷党人曰："大哉孔子！博学而无所成名。"子闻之，谓门弟子曰："吾何执？执御乎？执射乎？吾执御矣。"

5.27　子曰："十室之邑，必有忠信如丘者焉，不如丘之好学也。"

7.19　子曰："我非生而知之者，好古，敏以求之者也。"

7.27　子曰："盖有不知而作之者，我无是也。多闻择其善者而从之，多见而识之，知之次也。"

7.32　子曰："文，莫吾犹人也。躬行君子，则吾未之有得。"

7.33　子曰："若圣与仁，则吾岂敢？抑为之不厌，诲人不倦，则可谓云尔已矣。"公西华曰："正唯弟子不能学也。"

9.7　子曰："吾有知乎哉？无知也。有鄙夫问于我，空空如也，我叩其两端而竭焉。"

14.37　子曰："莫我知也夫！"子贡曰："何为其莫知子也？"

子曰："不怨天，不尤人。下学而上达。知我者，其天乎！"①

2.4 子曰："吾十有五而志于学，三十而立，四十而不惑，五十而知天命，六十而耳顺，七十而从心所欲，不逾矩。"

14.30 子曰："君子道者三，我无能焉：仁者不忧，知者不惑，勇者不惧。"子贡曰："夫子自道也。"

14.34 微生亩谓孔子曰："丘何为是栖栖者与？无乃为佞乎？"孔子曰："非敢为佞也，疾固也。"

7.23 子曰："二三子以我为隐乎？吾无隐乎尔。吾无行而不与二三子者，是丘也。"

7.2 子曰："默而识之，学而不厌，诲人不倦，何有于我哉？"

9.15 子曰："出则事公卿，入则事父兄，丧事不敢不勉，不为酒困，何有于我哉？"

12.13 子曰："听讼，吾犹人也，必也使无讼乎！"

9.8 子曰："凤鸟不至，河不出图，吾已矣夫！"

五 衰老临终（孔子逝于公元前479年、哀公十六年夏四月己丑）

9.11 子疾病，子路使门人为臣。病间，曰："久矣哉！由之行诈也，无臣而为有臣。吾谁欺？欺天乎？且予与其死于臣之手也，无宁死于二三子之手乎？且予纵不得大葬，予死于道路乎？"②

丁、孔子去世之后③

一 弟子对孔子语录的追记

（论学）

1.1 子曰："学而时习之，不亦说乎？有朋自远方来，不亦乐乎？人不知而不愠，不亦君子乎？"

2.15 子曰："学而不思则罔，思而不学则殆。"

15.30 子曰："吾尝终日不食，终夜不寝，以思，无益，不如学也。"

---

① 事发鲁哀公十四年，公元前481年，见《论语还原》，第415页。
② 事发鲁哀公十五年，公元前480年，见《论语还原》，第924页。
③ 以下内容，除极少数外，不能确定具体背景，只能作归类处理。

1.14　子曰："君子食无求饱，居无求安，敏于事而慎于言，就有道而正焉，可谓好学也已。"

1.6　子曰："弟子入则孝，出则弟，谨而信，泛爱众，而亲仁。行有余力，则以学文。"

8.17　子曰："学如不及，犹恐失之。"

（论孝）

4.18　子曰："事父母几谏，见志不从，又敬不违，劳而不怨。"

4.19　子曰："父母在，不远游。游必有方。"

1.11　子曰："父在，观其志；父没，观其行；三年无改于父之道，可谓孝矣。"

4.20　子曰："三年无改于父之道，可谓孝矣。"

4.21　子曰："父母之年，不可不知也。一则以喜，一则以惧。"

2.6　孟武伯问孝。子曰："父母唯其疾之忧。"

（论为政）

2.1　子曰："为政以德，譬如北辰，居其所而众星共之。"

2.3　子曰："道之以政，齐之以刑，民免而无耻；道之以德，齐之以礼，有耻且格。"

1.5　子曰："道千乘之国：敬事而信，节用而爱人，使民以时。"

3.26　子曰："居上不宽，为礼不敬，临丧不哀，吾何以观之哉？"

8.14　子曰："不在其位，不谋其政。"

14.27　子曰："不在其位，不谋其政。"

（论仁）

1.3　子曰："巧言令色，鲜矣仁！"

17.17　子曰："巧言令色，鲜矣仁。"

17.18　子曰："恶紫之夺朱也，恶郑声之乱雅乐也，恶利口之覆邦家者。"

15.26　子曰："巧言乱德，小不忍则乱大谋。"

4.1　子曰："里仁为美。择不处仁，焉得知？"

4.2　子曰："不仁者不可以久处约，不可以长处乐。仁者安仁，知者利仁。"

4.3　子曰："唯仁者能好人，能恶人。"

4.4　子曰："苟志于仁矣，无恶也。"

7.29　子曰："仁远乎哉？我欲仁，斯仁至矣。"

4.6　子曰："我未见好仁者，恶不仁者。好仁者，无以尚之；恶不仁者，其为仁矣，不使不仁者加乎其身。有能一日用其力于仁矣乎？我未见力不足者。盖有之矣，我未之见也。"

13.12　子曰："如有王者，必世而后仁。"

15.35　子曰："当仁不让于师。"

15.8　子曰："志士仁人，无求生以害仁，有杀身以成仁。"

8.10　子曰："好勇疾贫，乱也。人而不仁，疾之已甚，乱也。"

（论礼）

3.2　三家者以雍彻。子曰："'相维辟公，天子穆穆'，奚取于三家之堂？"

4.13　子曰："能以礼让为国乎？何有？不能以礼让为国，如礼何？"

3.10　子曰："禘自既灌而往者，吾不欲观之矣。"

3.11　或问禘之说。子曰："不知也。知其说者之于天下也，其如示诸斯乎！"指其掌。

3.12　祭如在，祭神如神在。子曰："吾不与祭，如不祭。"

6.23　子曰："觚不觚，觚哉！觚哉！"

17.11　子曰："礼云礼云，玉帛云乎哉？乐云乐云，钟鼓云乎哉？"

8.2　子曰："恭而无礼则劳，慎而无礼则葸，勇而无礼则乱，直而无礼则绞。君子笃于亲，则民兴于仁；故旧不遗，则民不偷。"

14.44　子曰："上好礼，则民易使也。"

（论夷夏）

3.5　子曰："夷狄之有君，不如诸夏之亡也。"

（论信）

2.22 子曰："人而无信，不知其可也。大车无輗，小车无軏，其何以行之哉？"

（论君子）

1.8 子曰："君子不重则不威，学则不固。主忠信。无友不如己者。过则勿惮改。"

2.12 子曰："君子不器。"

3.7 子曰："君子无所争，必也射乎！揖让而升，下而饮，其争也君子。"

4.10 子曰："君子之于天下也，无适也，无莫也，义之与比。"

6.16 子曰："质胜文则野，文胜质则史。文质彬彬，然后君子。"

4.24 子曰："君子欲讷于言而敏于行。"

14.29 子曰："君子耻其言而过其行。"

6.25 子曰："君子博学于文，约之以礼，亦可以弗畔矣夫！"

12.15 子曰："君子博学于文，约之以礼，亦可以弗畔矣夫！"

15.17 子曰："君子义以为质，礼以行之，孙以出之，信以成之。君子哉！"

15.21 子曰："君子矜而不争，群而不党。"

15.22 子曰："君子不以言举人，不以人废言。"

15.36 子曰："君子贞而不谅。"

16.10 孔子曰："君子有九思：视思明，听思聪，色思温，貌思恭，言思忠，事思敬，疑思问，忿思难，见得思义。"

16.6 孔子曰："侍于君子有三愆：言未及之而言谓之躁，言及之而不言谓之隐，未见颜色而言谓之瞽。"

16.7 孔子曰："君子有三戒：少之时，血气未定，戒之在色；及其壮也，血气方刚，戒之在斗；及其老也，血气既衰，戒之在得。"

20.3 子曰："不知命，无以为君子也。不知礼，无以立也。不知言，无以知人也。"

（论君子与小人）

2.14　子曰："君子周而不比，小人比而不周。"

13.23　子曰："君子和而不同，小人同而不和。"

4.11　子曰："君子怀德，小人怀土；君子怀刑，小人怀惠。"

4.16　子曰："君子喻于义，小人喻于利。"

7.36　子曰："君子坦荡荡，小人长戚戚。"

15.20　子曰："君子求诸己，小人求诸人。"

12.16　子曰："君子成人之美，不成人之恶。小人反是。"

13.26　子曰："君子泰而不骄，小人骄而不泰。"

14.24　子曰："君子上达，小人下达。"

15.33　子曰："君子不可小知，而可大受也；小人不可大受，而可小知也。"

13.25　子曰："君子易事而难说也：说之不以道，不说也；及其使人也，器之。小人难事而易说也：说之虽不以道，说也；及其使人也，求备焉。"

16.8　孔子曰："君子有三畏：畏天命，畏大人，畏圣人之言。小人不知天命而不畏也，狎大人，侮圣人之言。"

14.7　子曰："君子而不仁者有矣夫，未有小人而仁者也。"

（论君子所患）

1.16　子曰："不患人之不己知，患不知人也。"

4.14　子曰："不患无位，患所以立；不患莫己知，求为可知也。"

14.32　子曰："不患人之不己知，患其不能也。"

15.18　子曰："君子病无能焉，不病人之不己知也。"

（论《诗》）

2.2　子曰："诗三百，一言以蔽之，曰'思无邪'。"

3.20　子曰："关雎，乐而不淫，哀而不伤。"

8.8　子曰："兴于诗，立于礼，成于乐。"

8.15　子曰："师挚之始，关雎之乱，洋洋乎！盈耳哉。"

13.5　子曰："诵诗三百，授之以政，不达；使于四方，不能专对；虽多，亦奚以为？"

17.9　子曰："小子！何莫学夫诗？诗，可以兴，可以观，可以群，可以怨。迩之事父，远之事君。多识于鸟兽草木之名。"

9.30　"唐棣之华，偏其反而。岂不尔思？室是远而。"子曰："未之思也，夫何远之有？"

（论《易》）

13.22　子曰："南人有言曰：'人而无恒，不可以作巫医。'善夫！""不恒其德，或承之羞。"子曰：不占而已矣。"

（论事君）

3.18　子曰："事君尽礼，人以为谄也。"

15.37　子曰："事君，敬其事而后其食。"

17.15　子曰："鄙夫可与事君也与哉？其未得之也，患得之；既得之，患失之。苟患失之，无所不至矣。"

（论过）

9.24　子曰："主忠信，毋友不如己者，过则勿惮改。"

15.29　子曰："过而不改，是谓过矣。"

9.23　子曰："法语之言，能无从乎？改之为贵。巽与之言，能无说乎？绎之为贵。说而不绎，从而不改，吾末如之何也已矣。"

5.26　子曰："已矣乎！吾未见能见其过而内自讼者也。"

4.7　子曰："人之过也，各于其党。观过，斯知仁矣。"

2.10　子曰："视其所以，观其所由，察其所安。人焉廋哉？人焉廋哉？"

（慕古）

2.11　子曰："温故而知新，可以为师矣。"

3.16　子曰："射不主皮，为力不同科，古之道也。"

3.25　子谓韶，"尽美矣，又尽善也。"谓武，"尽美矣，未尽善也"。

14.25　子曰："古之学者为己，今之学者为人。"

4.22　子曰："古者言之不出，耻躬之不逮也。"

17.16　子曰："古者民有三疾，今也或是之亡也。古之狂也肆，今之狂也荡；古之矜也廉，今之矜也忿戾；古之愚也直，今之愚也诈而已矣。"

15.25 子曰:"吾犹及史之阙文也,有马者借人乘之。今亡矣夫!"

(论富贵)

4.5 子曰:"富与贵是人之所欲也,不以其道得之,不处也;贫与贱是人之所恶也,不以其道得之,不去也。君子去仁,恶乎成名?君子无终食之间违仁,造次必于是,颠沛必于是。"

7.11 子曰:"富而可求也,虽执鞭之士,吾亦为之。如不可求,从吾所好。"

8.12 子曰:"三年学,不至于谷,不易得也。"

14.3 子曰:"士而怀居,不足以为士矣。"

4.9 子曰:"士志于道,而耻恶衣恶食者,未足与议也。"

4.12 子曰:"放于利而行,多怨。"

(论道)

4.8 子曰:"朝闻道,夕死可矣。"

6.15 子曰:"谁能出不由户?何莫由斯道也?"

7.6 子曰:"志于道,据于德,依于仁,游于艺。"

15.28 子曰:"人能弘道,非道弘人。"

15.31 子曰:"君子谋道不谋食。耕也,馁在其中矣;学也,禄在其中矣。君子忧道不忧贫。"

15.39 子曰:"道不同,不相为谋。"

9.29 子曰:"可与共学,未可与适道;可与适道,未可与立;可与立,未可与权。"

(论德)

6.27 子曰:"中庸之为德也,其至矣乎!民鲜久矣。"

2.16 子曰:"攻乎异端,斯害也已!"

7.3 子曰:"德之不修,学之不讲,闻义不能徙,不善不能改,是吾忧也。"

4.25 子曰:"德不孤,必有邻。"

17.13 子曰:"乡原,德之贼也。"

17.14　子曰："道听而涂说，德之弃也。"

14.35　子曰："骥不称其力，称其德也。"

14.36　或曰："以德报怨，何如？"子曰："何以报德？以直报怨，以德报德。"

4.23　子曰："以约失之者，鲜矣。"

4.17　子曰："见贤思齐焉，见不贤而内自省也。"

7.21　子曰："三人行，必有我师焉。择其善者而从之，其不善者而改之。"

16.4　孔子曰："益者三友，损者三友。友直，友谅，友多闻，益矣。友便辟，友善柔，友便佞，损矣。"

16.5　孔子曰："益者三乐，损者三乐。乐节礼乐，乐道人之善，乐多贤友，益矣。乐骄乐，乐佚游，乐宴乐，损矣。"

（论智与知）

6.21　子曰："知者乐水，仁者乐山；知者动，仁者静；知者乐，仁者寿。"

9.28　子曰："知者不惑，仁者不忧，勇者不惧。"

16.9　孔子曰："生而知之者，上也；学而知之者，次也；困而学之，又其次也；困而不学，民斯为下矣。"

17.3　子曰："唯上知与下愚不移。"

6.19　子曰："中人以上，可以语上也；中人以下，不可以语上也。"

6.18　子曰："知之者不如好之者，好之者不如乐之者。"

（论正直）

6.17　子曰："人之生也直，罔之生也幸而免。"

13.6　子曰："其身正，不令而行；其身不正，虽令不从。"

13.13　子曰："苟正其身矣，于从政乎何有？不能正其身，如正人何？"

8.16　子曰："狂而不直，侗而不愿，悾悾而不信，吾不知之矣。"

2.24　子曰："非其鬼而祭之，谄也，见义不为，无勇也。"

9.25　子曰："三军可夺帅也，匹夫不可夺志也。"

（论善人及善）

7.25 子曰："圣人，吾不得而见之矣；得见君子者，斯可矣。"子曰："善人，吾不得而见之矣；得见有恒者，斯可矣。亡而为有，虚而为盈，约而为泰，难乎有恒矣。"

13.11 子曰："善人为邦百年，亦可以胜残去杀矣。诚哉是言也！"

15.32 子曰："知及之，仁不能守之；虽得之，必失之。知及之，仁能守之。不庄以莅之，则民不敬。知及之，仁能守之，庄以莅之。动之不以礼，未善也。"

16.11 孔子曰：" '见善如不及，见不善如探汤'。吾见其人矣，吾闻其语矣。'隐居以求其志，行义以达其道。' 吾闻其语矣，未见其人也。"

（论教）

13.29 子曰："善人教民七年，亦可以即戎矣。"

13.30 子曰："以不教民战，是谓弃之。"

15.38 子曰："有教无类。"

（论民）

8.9 子曰："民可使由之，不可使知之。"

15.34 子曰："民之于仁也，甚于水火。水火，吾见蹈而死者矣，未见蹈仁而死者也。"

（论言）

14.21 子曰："其言之不怍，则为之也难。"

15.7 子曰："可与言而不与之言，失人；不可与言而与之言，失言。知者不失人，亦不失言。"

14.5 子曰："有德者必有言，有言者不必有德；仁者必有勇，勇者不必有仁。"

13.27 子曰："刚毅、木讷，近仁。"

11.20 子曰："论笃是与，君子者乎？色庄者乎？"

15.40 子曰："辞达而已矣。"

（论避世）

14.39 子曰："贤者辟世，其次辟地，其次辟色，其次辟言。"

14.40　子曰："作者七人矣。"

14.4　子曰："邦有道，危言危行；邦无道，危行言孙。"

7.35　子曰："奢则不孙，俭则固。与其不孙也，宁固。"

（论谦逊）

15.14　子曰："躬自厚而薄责于人，则远怨矣。"

14.11　子曰："贫而无怨难，富而无骄易。"

8.11　子曰："如有周公之才之美，使骄且吝，其余不足观也已。"

（论用心）

15.15　子曰："不曰'如之何如之何'者，吾末如之何也已矣。"

15.11　子曰："人无远虑，必有近忧。"

17.22　子曰："饱食终日，无所用心，难矣哉！不有博弈者乎，为之犹贤乎已。"

15.16　子曰："群居终日，言不及义，好行小慧，难矣哉！"

（论识人）

15.24　子曰："吾之于人也，谁毁谁誉？如有所誉者，其有所试矣。斯民也，三代之所以直道而行也。"

17.26　子曰："年四十而见恶焉，其终也已。"

15.27　子曰："众恶之，必察焉；众好之，必察焉。"

17.12　子曰："色厉而内荏，譬诸小人，其犹穿窬之盗也与？"

14.33　子曰："不逆诈，不亿不信。抑亦先觉者，是贤乎！"

9.21　子曰；"苗而不秀者有矣夫！秀而不实者有矣夫！"

9.22　子曰："后生可畏，焉知来者之不如今也？四十、五十而无闻焉，斯亦不足畏也已。"

17.2　子曰："性相近也，习相远也。"

13.21　子曰："不得中行而与之，必也狂狷乎！狂者进取，狷者有所不为也。"

（其他）

14.8　子曰："爱之，能勿劳乎？忠焉，能勿诲乎？"

9.16　子在川上，曰："逝者如斯夫！不舍昼夜。"

9.18　子曰："譬如为山，未成一篑，止，吾止也；譬如平地，虽覆一篑，进，吾往也。"

二 孔子评论古人

8.19 子曰："大哉，尧之为君也！巍巍乎！唯天为大，唯尧则之。荡荡乎！民无能名焉。巍巍乎！其有成功也；焕乎，其有文章！"

8.18 子曰："巍巍乎！舜禹之有天下也，而不与焉。"

8.20 舜有臣五人而天下治。武王曰："予有乱臣十人。"孔子曰："才难，不其然乎？唐虞之际，于斯为盛。有妇人焉，九人而已。三分天下有其二，以服事殷。周之德，其可谓至德也已矣。"

8.21 子曰："禹，吾无间然矣。菲饮食，而致孝乎鬼神；恶衣服，而致美乎黻冕；卑宫室，而尽力乎沟洫。禹，吾无间然矣。"

15.4 子曰："无为而治者，其舜也与？夫何为哉，恭己正南面而已矣。"

18.1 微子去之，箕子为之奴，比干谏而死。孔子曰："殷有三仁焉。"

8.1 子曰："泰伯，其可谓至德也已矣！三以天下让，民无得而称焉。"

5.22 子曰："伯夷、叔齐不念旧恶，怨是用希。"

18.8 逸民：伯夷、叔齐、虞仲、夷逸、朱张、柳下惠、少连。子曰："不降其志，不辱其身，伯夷、叔齐与！"谓："柳下惠、少连，降志辱身矣。言中伦，行中虑，其斯而已矣。"谓："虞仲、夷逸，隐居放言。身中清，废中权。我则异于是，无可无不可。"

16.12 齐景公有马千驷，死之日，民无德而称焉。伯夷叔齐饿于首阳之下，民到于今称之。其斯之谓与？

14.16 子曰："晋文公谲而不正，齐桓公正而不谲。"

3.22 子曰："管仲之器小哉！"或曰："管仲俭乎？"曰："管氏有三归，官事不摄，焉得俭？""然则管仲知礼乎？"曰："邦君树塞门，管氏亦树塞门；邦君为两君之好，有反坫，管氏亦有反坫。管氏而知礼，孰不知礼？"

14.10 或问子产。子曰："惠人也。"问子西。曰："彼哉！

彼哉！"问管仲。曰："人也。夺伯氏骈邑三百，饭疏食，没齿，无怨言。"

5.15　子谓子产，"有君子之道四焉：其行己也恭，其事上也敬，其养民也惠，其使民也义。"

14.9　子曰："为命：裨谌草创之，世叔讨论之，行人子羽修饰之，东里子产润色之。"

5.16　子曰："晏平仲善与人交，久而敬之。"

5.17　子曰："臧文仲居蔡，山节藻棁，何如其知也？"

15.13　子曰："臧文仲其窃位者与？知柳下惠之贤，而不与立也。"

18.2　柳下惠为士师，三黜。人曰："子未可以去乎？"曰："直道而事人，焉往而不三黜？枉道而事人，何必去父母之邦。"

14.15　子曰："臧武仲以防求为后于鲁，虽曰不要君，吾不信也。"

14.13　子路问成人。子曰："若臧武仲之知，公绰之不欲，卞庄子之勇，冉求之艺，文之以礼乐，亦可以为成人矣。"曰："今之成人者何必然？见利思义，见危授命，久要不忘平生之言，亦可以为成人矣。"

14.12　子曰："孟公绰为赵魏老则优，不可以为滕薛大夫。"

5.19　季文子三思而后行。子闻之，曰："再，斯可矣。"

5.20　子曰："宁武子邦有道则知，邦无道则愚。其知可及也，其愚不可及也。"

5.24　子曰："巧言、令色、足恭，左丘明耻之，丘亦耻之。匿怨而友其人，左丘明耻之，丘亦耻之。"

16.14　邦君之妻，君称之曰夫人，夫人自称曰小童；邦人称之曰君夫人，称诸异邦曰寡小君；异邦人称之亦曰君夫人。

三　孔子评论时人

5.23　子曰："孰谓微生高直？或乞醯焉，乞诸其邻而与之。"

6.14　子曰："不有祝鮀之佞而有宋朝之美，难乎免于今之世矣！"

13.8 子谓卫公子荆，"善居室。始有，曰：'苟合矣。'少有，曰：'苟完矣。'富有，曰：'苟美矣。'"

14.14 子问公叔文子于公明贾曰："信乎夫子不言、不笑、不取乎？"公明贾对曰："以告者过也。夫子时然后言，人不厌其言；乐然后笑，人不厌其笑；义然后取，人不厌其取。"子曰："其然，岂其然乎？"

14.19 公叔文子之臣大夫僎，与文子同升诸公。子闻之曰："可以为文矣。"

14.20 子言卫灵公之无道也，康子曰："夫如是，奚而不丧？"孔子曰："仲叔圉治宾客，祝鮀治宗庙，王孙贾治军旅。夫如是，奚其丧？"

14.26 蘧伯玉使人于孔子。孔子与之坐而问焉，曰："夫子何为？"对曰："夫子欲寡其过而未能也。"使者出。子曰："使乎！使乎！"

18.9 大师挚适齐，亚饭干适楚，三饭缭适蔡，四饭缺适秦。鼓方叔入于河，播鼗武入于汉，少师阳、击磬襄，入于海。

四 孔子与弟子的互动

（与子路）

10.18 色斯举矣，翔而后集。曰："山梁雌雉，时哉！时哉！"子路共之，三嗅而作。

13.28 子路问曰："何如斯可谓之士矣？"子曰："切切、偲偲、怡怡如也，可谓士矣。朋友切切、偲偲，兄弟怡怡。"

14.17 子路曰："桓公杀公子纠，召忽死之，管仲不死。"曰："未仁乎？"子曰："桓公九合诸侯，不以兵车，管仲之力也。如其仁！如其仁！"

14.23 子路问事君。子曰："勿欺也，而犯之。"

14.45 子路问君子。子曰："修己以敬。"曰："如斯而已乎？"曰："修己以安人。"曰："如斯而已乎？"曰："修己以安百姓。修己以安百姓，尧舜其犹病诸！"

17.23 子路曰："君子尚勇乎？"子曰："君子义以为上。君子有勇而无义为乱，小人有勇而无义为盗。"

17.8　子曰："由也，女闻六言六蔽矣乎？"对曰："未也。"
"居！吾语女。好仁不好学，其蔽也愚；好知不好学，其蔽也荡；
好信不好学，其蔽也贼；好直不好学，其蔽也绞；好勇不好学，其
蔽也乱；好刚不好学，其蔽也狂。"

15.3　子曰："由！知德者鲜矣。"

（与南宫适）

14.6　南宫适问于孔子曰："羿善射，奡荡舟，俱不得其死然；
禹稷躬稼，而有天下。"夫子不答，南宫适出。子曰："君子哉若
人！尚德哉若人！"

（与樊迟）

12.22　樊迟问仁。子曰："爱人。"问知。子曰："知人。"樊
迟未达。子曰："举直错诸枉，能使枉者直。"樊迟退，见子夏。
曰："乡也吾见于夫子而问知，子曰，'举直错诸枉，能使枉者
直'，何谓也？"子夏曰："富哉言乎！舜有天下，选于众，举皋
陶，不仁者远矣。汤有天下，选于众，举伊尹，不仁者远矣。"

13.19　樊迟问仁。子曰："居处恭，执事敬，与人忠。虽之夷
狄，不可弃也。"

6.20　樊迟问知。子曰："务民之义，敬鬼神而远之，可谓知
矣。"问仁。曰："仁者先难而后获，可谓仁矣。"

13.4　樊迟请学稼，子曰："吾不如老农。"请学为圃。曰：
"吾不如老圃。"樊迟出。子曰："小人哉，樊须也！上好礼，则民
莫敢不敬；上好义，则民莫敢不服；上好信，则民莫敢不用情。夫
如是，则四方之民襁负其子而至矣，焉用稼？"

2.5　孟懿子问孝。子曰："无违。"樊迟御，子告之曰："孟
孙问孝于我，我对曰'无违'。"樊迟曰："何谓也？"子曰："生，
事之以礼；死，葬之以礼，祭之以礼。"

（与宰我）

17.21　宰我问："三年之丧，期已久矣。君子三年不为礼，礼
必坏；三年不为乐，乐必崩。旧谷既没，新谷既升，钻燧改火，期

可已矣。"子曰："食夫稻，衣夫锦，于女安乎？"曰："安。""女安则为之！夫君子之居丧，食旨不甘，闻乐不乐，居处不安，故不为也。今女安，则为之！"宰我出。子曰："予之不仁也！子生三年，然后免于父母之怀。夫三年之丧，天下之通丧也。予也，有三年之爱于其父母乎？"

6.24 宰我问曰："仁者，虽告之曰：'井有仁焉。'其从之也？"子曰："何为其然也？君子可逝也，不可陷也；可欺也，不可罔也。"

（与仲弓）

12.2 仲弓问仁。子曰："出门如见大宾，使民如承大祭。己所不欲，勿施于人。在邦无怨，在家无怨。"仲弓曰："雍虽不敏，请事斯语矣。"

（与司马牛）

12.3 司马牛问仁。子曰："仁者其言也讱。"曰："其言也讱，斯谓之仁已乎？"子曰："为之难，言之得无讱乎？"

12.4 司马牛问君子。子曰："君子不忧不惧。"曰："不忧不惧，斯谓之君子已乎？"子曰："内省不疚，夫何忧何惧？"

12.5 司马牛忧曰："人皆有兄弟，我独亡。"子夏曰："商闻之矣：死生有命，富贵在天。君子敬而无失，与人恭而有礼。四海之内，皆兄弟也。君子何患乎无兄弟也？"

6.8 伯牛有疾，子问之，自牖执其手，曰："亡之，命矣夫！斯人也而有斯疾也！斯人也而有斯疾也！"

（与子张）

5.18 子张问曰："令尹子文三仕为令尹，无喜色；三已之，无愠色。旧令尹之政，必以告新令尹。何如？"子曰："忠矣。"曰："仁矣乎？"曰："未知，焉得仁？""崔子弑齐君，陈文子有马十乘，弃而违之。至于他邦，则曰：'犹吾大夫崔子也。'违之。之一邦，则又曰：'吾大夫崔子也。'违之。何如？"子曰："清矣。"曰："仁矣乎？"曰："未知。焉得仁？"

12.6 子张问明。子曰："浸润之谮，肤受之愬，不行焉。可

361

谓明也已矣。浸润之潜肤受之愬不行焉，可谓远也已矣。"

12.10　子张问崇德、辨惑。子曰："主忠信，徙义，崇德也。爱之欲其生，恶之欲其死。既欲其生，又欲其死，是惑也。"

12.14　子张问政。子曰："居之无倦，行之以忠。"

12.20　子张问："士何如斯可谓之达矣？"子曰："何哉，尔所谓达者？"子张对曰："在邦必闻，在家必闻。"子曰："是闻也，非达也。夫达也者，质直而好义，察言而观色，虑以下人。在邦必达，在家必达。夫闻也者，色取仁而行违，居之不疑。在邦必闻，在家必闻。"

14.43　子张曰："书云：'高宗谅阴，三年不言。'何谓也？"子曰："何必高宗，古之人皆然。君薨，百官总己以听于冢宰，三年。"

17.6　子张问仁于孔子。孔子曰："能行五者于天下，为仁矣。"请问之。曰："恭、宽、信、敏、惠。恭则不侮，宽则得众，信则人任焉，敏则有功，惠则足以使人。"

（与子贡）

13.20　子贡问曰："何如斯可谓之士矣？"子曰："行己有耻，使于四方，不辱君命，可谓士矣。"曰："敢问其次。"曰："宗族称孝焉，乡党称弟焉。"曰："敢问其次。"曰："言必信，行必果，硁硁然小人哉！抑亦可以为次矣。"曰："今之从政者何如？"子曰："噫！斗筲之人，何足算也。"

13.24　子贡问曰："乡人皆好之，何如？"子曰："未可也。""乡人皆恶之，何如？"子曰："未可也。不如乡人之善者好之，其不善者恶之。"

15.23　子贡问曰："有一言而可以终身行之者乎？"子曰："其恕乎！己所不欲，勿施于人。"

14.18　子贡曰："管仲非仁者与？桓公杀公子纠，不能死，又相之。"子曰："管仲相桓公，霸诸侯，一匡天下，民到于今受其赐。微管仲，吾其被发左衽矣。岂若匹夫匹妇之为谅也，自经于沟渎，而莫之知也。"

14.31　子贡方人。子曰："赐也贤乎哉？夫我则不暇。"

12.23　子贡问友。子曰："忠告而善道之，不可则止，无自辱焉。"

15.9　子贡问为仁。子曰："工欲善其事，必先利其器。居是邦也，事其大夫之贤者，友其士之仁者。"

17.19　子曰："予欲无言。"子贡曰："子如不言，则小子何述焉？"子曰："天何言哉？四时行焉，百物生焉，天何言哉？"

17.24　子贡曰："君子亦有恶乎？"子曰："有恶：恶称人之恶者，恶居下流而讪上者，恶勇而无礼者，恶果敢而窒者。"曰："赐也亦有恶乎？""恶徼以为知者，恶不孙以为勇者，恶讦以为直者。"

五　孔子评论弟子

2.9　子曰："吾与回言终日，不违如愚。退而省其私，亦足以发。回也，不愚。"

9.19　子曰："语之而不惰者，其回也与！"

5.4　或曰："雍也，仁而不佞。"子曰："焉用佞？御人以口给，屡憎于人。不知其仁，焉用佞？"

6.4　子谓仲弓曰："犁牛之子骍且角，虽欲勿用，山川其舍诸？"

9.26　子曰："衣敝缊袍，与衣狐貉者立，而不耻者，其由也与？'不忮不求，何用不臧？'"子路终身诵之。子曰："是道也，何足以臧？"

12.12　子曰："片言可以折狱者，其由也与？"子路无宿诺。

11.14　子曰："由之瑟奚为于丘之门？"门人不敬子路。子曰："由也升堂矣，未入于室也。"

5.9　宰予昼寝。子曰："朽木不可雕也，粪土之墙不可杇也，于予与何诛。"子曰："始吾于人也，听其言而信其行；今吾于人也，听其言而观其行。于予与改是。"

5.1　子谓公冶长，"可妻也。虽在缧绁之中，非其罪也"。以其子妻之。子谓南容，"邦有道，不废；邦无道，免于刑戮"。以其兄之子妻之。

11.5　南容三复白圭，孔子以其兄之子妻之。

5.2　子谓子贱，"君子哉若人！鲁无君子者，斯焉取斯？"

5.10　子曰："吾未见刚者。"或对曰："申枨。"子曰："枨也欲，焉得刚？"

11.4　子曰："孝哉闵子骞！人不间于其父母昆弟之言。"

六　弟子对孔子的评价

5.12　子贡曰："夫子之文章，可得而闻也；夫子之言性与天道，不可得而闻也。"

19.22　卫公孙朝问于子贡曰："仲尼焉学？"子贡曰："文武之道，未坠于地，在人。贤者识其大者，不贤者识其小者，莫不有文武之道焉。夫子焉不学？而亦何常师之有？"

19.23　叔孙武叔语大夫于朝，曰："子贡贤于仲尼。"子服景伯以告子贡。子贡曰："譬之宫墙，赐之墙也及肩，窥见室家之好。夫子之墙数仞，不得其门而入，不见宗庙之美，百官之富。得其门者或寡矣。夫子之云，不亦宜乎！"

19.24　叔孙武叔毁仲尼。子贡曰："无以为也，仲尼不可毁也。他人之贤者，丘陵也，犹可逾也；仲尼，日月也，无得而逾焉。人虽欲自绝，其何伤于日月乎？多见其不知量也！"

19.25　陈子禽谓子贡曰："子为恭也，仲尼岂贤于子乎？"子贡曰："君子一言以为知，一言以为不知，言不可不慎也。夫子之不可及也，犹天之不可阶而升也。夫子之得邦家者，所谓立之斯立，道之斯行，绥之斯来，动之斯和。其生也荣，其死也哀，如之何其可及也。"

七　弟子对孔子的印象

7.4　子之燕居，申申如也，夭夭如也。

7.31　子与人歌而善，必使反之，而后和之。

7.9　子食于有丧者之侧，未尝饱也。子于是日哭，则不歌。

9.9　子见齐衰者、冕衣裳者与瞽者，见之，虽少必作；过之，必趋。

7.12　子之所慎：齐，战，疾。

7.17　子所雅言，诗、书、执礼，皆雅言也。

9.1　子罕言利与命与仁。

7.20　子不语怪，力，乱，神。

7.24　子以四教：文，行，忠，信。

9.4　子绝四：毋意，毋必，毋固，毋我。

7.26　子钓而不纲，弋不射宿。

7.37　子温而厉，威而不猛，恭而安。

10.（1）　孔子于乡党，恂恂如也，似不能言者。

10.（2）　其在宗庙朝廷，便便言，唯谨尔。

10.（3）　朝，与下大夫言，侃侃如也；与上大夫言，訚訚如也。君在，踧踖如也。与与如也。

10.（4）　君召使摈，色勃如也，足躩如也。揖所与立，左右手。衣前后，襜如也。趋进，翼如也。宾退，必复命曰："宾不顾矣。"

10.（5）　入公门，鞠躬如也，如不容。立不中门，行不履阈。过位，色勃如也，足躩如也，其言似不足者。摄齐升堂，鞠躬如也，屏气似不息者。出，降一等，逞颜色，怡怡如也。没阶趋，翼如也。复其位，踧踖如也。

10.（6）　执圭，鞠躬如也，如不胜。上如揖，下如授。勃如战色，足缩缩，如有循。享礼，有容色。私觌，愉愉如也。

10.（7）　君子不以绀緅饰。红紫不以为亵服。当暑，袗绤绤，必表而出之。缁衣羔裘，素衣麑裘，黄衣狐裘。亵裘长。短右袂。必有寝衣，长一身有半。狐貉之厚以居。去丧，无所不佩。非帷裳，必杀之。羔裘玄冠不以吊。吉月，必朝服而朝。

10.（8）　齐，必有明衣，布。齐，必变食，居必迁坐。

10.（9）　食不厌精，脍不厌细。食饐而餲，鱼馁而肉败，不食。色恶，不食。臭恶，不食。失饪，不食。不时，不食。割不正，不食。不得其酱，不食。肉虽多，不使胜食气。惟酒无量，不及乱。沽酒市脯不食。不撤姜食。不多食。祭于公，不宿肉。祭肉不出三日。出三日，不食之矣。食不语，寝不言。虽疏食菜羹，瓜祭，必齐如也。

10.（10）　席不正，不坐。

10.（11）　乡人饮酒，杖者出，斯出矣。乡人傩，朝服而立于阼阶。

10.（12）　问人于他邦，再拜而送之。康子馈药，拜而受之。曰："丘未达，不敢尝。"

10.（13）　厩焚。子退朝，曰："伤人乎?"不问马。

10.（14）　君赐食，必正席先尝之；君赐腥，必熟而荐之；君赐生，必畜之。侍食于君，君祭，先饭。疾，君视之，东首，加朝服，拖绅。君命召，不俟驾行矣。

10.（15）　入太庙，每事问。

10.（16）　朋友死，无所归。曰："于我殡。"朋友之馈，虽车马，非祭肉，不拜。

10.（17）　寝不尸，居不容，见齐衰者，虽狎，必变，见冕者与瞽者，虽亵，必以貌。凶服者式之。式负版者。有盛馔，必变色而作。迅雷风烈，必变。升车，必正立执绥。车中，不内顾，不疾言，不亲指。

7.28　互乡难与言，童子见，门人惑。子曰："与其进也，不与其退也，唯何甚! 人洁己以进，与其洁也，不保其往也。"

14.46　原壤夷俟。子曰："幼而不孙弟，长而无述焉，老而不死，是为贼!"以杖叩其胫。

14.47　阙党童子将命。或问之曰："益者与?"子曰："吾见其居于位也，见其与先生并行也。非求益者也，欲速成者也。"

15.41　师冕见，及阶，子曰："阶也。"及席，子曰："席也。"皆坐，子告之曰："某在斯，某在斯。"师冕出。子张问曰："与师言之道与?"子曰："然。固相师之道也。"

3.23　子语鲁大师乐。曰："乐其可知也：始作，翕如也；从之，纯如也，皦如也，绎如也，以成。"

八　再传弟子对孔子弟子的追记

5.12　子路有闻，未之能行，唯恐有闻。

九 弟子与时人的互动

12.8　棘子成曰："君子质而已矣，何以文为？"子贡曰："惜乎！夫子之说，君子也。驷不及舌。文犹质也，质犹文也。虎豹之鞟，犹犬羊之鞟。"

12.9　哀公问于有若曰："年饥，用不足，如之何？"有若对曰："盍彻乎？"曰："二，吾犹不足，如之何其彻也？"对曰："百姓足，君孰与不足？百姓不足，君孰与足？"

十 追记孔子弟子语录

1.2　有子曰："其为人也孝弟，而好犯上者鲜矣。不好犯上，而好作乱者，未之有也。君子务本，本立而道生。孝弟也者，其为仁之本与！"

1.12　有子曰："礼之用，和为贵。先王之道斯为美，小大由之。有所不行，知和而和，不以礼节之，亦不可行也。"

1.13　有子曰："信近于义，言可复也；恭近于礼，远耻辱也；因不失其亲，亦可宗也。"

19.20　子贡曰："纣之不善，不如是之甚也。是以君子恶居下流，天下之恶皆归焉。"

19.21　子贡曰："君子之过也，如日月之食焉：过也，人皆见之；更也，人皆仰之。"

19.1　子张曰："士见危致命，见得思义，祭思敬，丧思哀，其可已矣。"

19.2　子张曰："执德不弘，信道不笃，焉能为有？焉能为亡？"

4.26　子游曰："事君数，斯辱矣，朋友数，斯疏矣。"

19.14　子游曰："丧致乎哀而止。"

19.15　子游曰："吾友张也，为难能也。然而未仁。"

19.12　子游曰："子夏之门人小子，当洒扫、应对、进退，则可矣。抑末也，本之则无。如之何？"子夏闻之曰："噫！言游过矣！君子之道，孰先传焉？孰后倦焉？譬诸草木，区以别矣。君子之道，焉可诬也？有始有卒者，其惟圣人乎！"

1.7　子夏曰：“贤贤易色，事父母能竭其力，事君能致其身，与朋友交，言而有信。虽曰未学，吾必谓之学矣。”

19.3　子夏之门人问交于子张。子张曰：“子夏云何？”对曰：“子夏曰：‘可者与之，其不可者拒之。’”子张曰：“异乎吾所闻：君子尊贤而容众，嘉善而矜不能。我之大贤与，于人何所不容？我之不贤与，人将拒我，如之何其拒人也？”

19.4　子夏曰：“虽小道，必有可观者焉；致远恐泥，是以君子不为也。”

19.5　子夏曰：“日知其所亡，月无忘其所能，可谓好学也已矣。”

19.6　子夏曰：“博学而笃志，切问而近思，仁在其中矣。”

19.7　子夏曰：“百工居肆以成其事，君子学以致其道。”

19.8　子夏曰：“小人之过也必文。”

19.9　子夏曰：“君子有三变：望之俨然，即之也温，听其言也厉。”

19.10　子夏曰：“君子信而后劳其民，未信则以为厉己也；信而后谏，未信则以为谤己也。”

19.11　子夏曰：“大德不逾闲，小德出入可也。”

19.13　子夏曰：“仕而优则学，学而优则仕。”

1.4　曾子曰：“吾日三省吾身：为人谋而不忠乎？与朋友交而不信乎？传不习乎？”

1.9　曾子曰：“慎终追远，民德归厚矣。”

8.5　曾子曰：“以能问于不能，以多问于寡；有若无，实若虚，犯而不校，昔者吾友尝从事于斯矣。”

8.6　曾子曰：“可以托六尺之孤，可以寄百里之命，临大节而不可夺也。君子人与？君子人也。”

8.7　曾子曰：“士不可以不弘毅，任重而道远。仁以为己任，不亦重乎？死而后已，不亦远乎？”

12.24　曾子曰：“君子以文会友，以友辅仁。”

14.28　曾子曰：“君子思不出其位。”

19.16　曾子曰："堂堂乎张也，难与并为仁矣。"

19.17　曾子曰："吾闻诸夫子：人未有自致者也，必也亲丧乎！"

19.18　曾子曰："吾闻诸夫子：孟庄子之孝也，其他可能也；其不改父之臣，与父之政，是难能也。"

19.19　孟氏使阳肤为士师，问于曾子。曾子曰："上失其道，民散久矣。如得其情，则哀矜而勿喜。"

8.3　曾子有疾，召门弟子曰："启予足！启予手！诗云'战战兢兢，如临深渊，如履薄冰。'而今而后，吾知免夫！小子！"

8.4　曾子有疾，孟敬子问之。曾子言曰："鸟之将死，其鸣也哀；人之将死，其言也善。君子所贵乎道者三：动容貌，斯远暴慢矣；正颜色，斯近信矣；出辞气，斯远鄙倍矣。笾豆之事，则有司存。"①

---

①　孔门弟子中曾子最后一个离世（公元前 432 年），其临终之言应列年序最后，见《论语还原》，第 109—110、947 页。

附录二 《论语》人物脉络

孔子：名丘，字仲尼。

孔子〔2.19，2.21，3.1，3.19，6.2，7.18，7.30，8.20，9.2，10.（1），11.5，11.6，12.11，12.17，12.18，12.19，13.15，13.18，14.6，14.20，14.22，14.26，14.34，15.1，16.1，16.2，16.3，16.4，16.5，16.6，16.7，16.8，16.9，16.10，16.11，17.1，17.6，17.20，18.1，18.3，18.4，18.5，18.6，20.2〕

专指孔子的"子"（不含"子曰"）〔2.5，3.6，3.15，3.21，3.23，3.25，4.15，5.1，5.2，5.5，5.8，5.15，5.19，5.21，6.4，6.8，6.10，6.11，6.26，7.4，7.9，7.10，7.12，7.13，7.17，7.20，7.24，7.26，7.31，7.34，7.37，9.1，9.4，9.5，9.6，9.9，9.11，9.13，9.16，10.（1），10.（13），11.7，11.9，11.12，11.22，13.3，13.8，13.9，14.19，17.4，17.5，17.7，17.10，17.19〕

夫子（指孔子）（1.10，3.24，4.15，5.12，6.26，7.14，9.6，9.10，11.25，12.22，14.6，14.30，17.4，17.7，18.6，18.7，19.17，19.18，19.22，19.23，19.25）

仲尼（19.22，19.23，19.24，19.25）

孔氏（指孔子）（14.41，14.42）

丘（指孔丘）〔5.24，5.27，7.23，7.30，7.34，10.（12），11.14，14.34，16.1，18.6〕

我（孔子自指）〔2.5，3.17，4.6，5.6，7.1，7.2，7.10，

7.15，7.16，7.19，7.21，7.23，7.27，7.29，9.4，9.6，9.7，9.12，9.15，10.（16），11.2，11.3，11.10，13.10，14.30，14.31，14.37，17.5，18.8〕

予（孔子自指）（3.8，6.26，7.22，9.5，9.11，11.8，11.10，15.2，17.19）

吾（孔子自指）（2.4，2.9，3.9，3.10，3.12，3.14，3.26，4.15，5.5，5.8，5.9，5.10，5.21，5.26，6.3，7.3，7.5，7.7，7.10，7.11，7.23，7.25，7.32，7.33，8.16，8.21，9.2，9.3，9.6，9.7，9.8，9.11，9.14，9.17，9.18，9.20，9.23，11.1，11.3，11.7，11.16，11.22，11.23，11.25，12.13，13.4，13.14，13.18，14.2，14.15，14.18，14.22，14.47，15.12，15.15，15.24，15.25，15.30，15.34，16.1，16.11，17.1，17.5，17.7，17.8，18.6）

甲、孔子学生①（共29人）

一 第一期学生（孔子35岁之前所收弟子，共6人）

琴牢：字子开，卫人。（9.6）

颜无繇：字路，颜回父，小孔子6岁。（11.7）

冉耕：字伯牛，鲁人，小孔子7岁。②

/伯牛（6.8）

/冉伯牛（11.2）

仲由：字子路（季路），卞人，小孔子9岁。

/子路〔5.6，5.7，5.13，5.25，6.26，7.10，7.18，7.34，9.11，9.26，10.（18），11.12，11.14，11.21，11.24，11.25，12.12，13.1，13.3，13.28，14.13，14.17，14.23，14.38，14.41，14.45，15.1，17.5，17.7，17.23，18.6，18.7〕

/季路（5.25，11.2，11.11，16.1）

/仲由（6.6，11.23，18.6）

---

① 素材源自《史记·仲尼弟子列传》、李零《去圣乃得真孔子：〈论语〉纵横谈》，生活·读书·新知三联书店2008年版。

② 邹牧仑：《伴孔子周游》，深圳海天出版社2014年版，第6页。

/（仲）由（2.17，5.6，5.7，6.6，9.11，9.26，11.12，11.14，11.17，11.21，11.23，11.25，12.12，13.3，15.3，16.1，17.7，17.8）

漆雕开：字子开，鲁人，小孔子 11 岁。（5.5）

闵损：字子骞，尊称闵子，鲁人，小孔子 15 岁。

/闵子骞（6.7，11.2，11.4，11.13）

/闵子（11.12）

二　第二期学生（孔子 36—54 岁开始周游列国前所收弟子，共 11 人）

冉雍：姓冉，名雍，字仲弓，鲁人，小孔子 29 岁。

/（冉）雍（5.4，6.1，12.2）

/仲弓（6.1，6.4，11.2，12.2，13.2）

冉求：名求，字子有，尊称冉子，鲁人，小孔子 29 岁。

/冉求（6.10，11.23，14.13）

/（冉）求（5.7，6.6，11.16，11.21，11.23，11.25，16.1）

/冉有（3.6，7.14，11.2，11.12，11.21，11.25，13.9，16.1）

/冉子（6.3，13.14）

宰予：字子我，小孔子 29 岁。

/宰我（3.21，6.24，11.2，17.21）

/宰予（5.9）

/（宰）予（5.9，17.21）

颜回：字子渊，鲁人，小孔子 30 岁。

/颜渊（5.25，7.10，9.10，9.20，11.2，11.7，11.8，11.9，11.10，11.22，12.1，15.10）

/颜回（6.2，11.6）

/（颜）回（2.9，5.8，6.5，6.9，9.19，11.3，11.10，11.18，11.22，12.1）

巫马期：小孔子 30 岁。（7.30）

高柴：字子羔，齐人，小孔子 30 岁。

／（高）柴（11.17）

／子羔（11.24）

宓不齐：字子贱，小孔子30岁。（5.2）

端木赐：字子贡，小孔子31岁。

／（端木）赐（1.15，3.17，5.3，5.8，5.11，6.6，11.18，14.31，15.2，17.24，19.23）

／子贡（1.10，1.15，2.12，3.17，5.3，5.8，5.11，5.12，5.14，6.28，7.14，9.6，9.12，11.2，11.12，11.15，12.7，12.8，12.23，13.20，13.24，14.18，14.30，14.31，14.37，15.9，15.23，17.19，17.24，19.20，19.21，19.22，19.23，19.24，19.25）

曾点：字晳，鲁人，曾参父。（11.25）

公冶长：字子长，齐人。（5.1）

南宫适：字子容，又称南容，鲁人。

／南宫适（14.6）

／南容（5.1，11.5）

三　第三期①（孔子55岁后所收弟子，共11人）

原宪：字子思，鲁人，小孔子36岁。

／原思（6.3）

樊须：字子迟，齐人，小孔子36岁。

／樊须（13.4）

／樊迟（2.5，6.20，12.21，12.22，13.4，13.19）

澹台灭明：字子羽，武城人，小孔子39岁。（6.12）

公西赤：字子华，又名公西华，鲁人，小孔子42岁。

／公西华（7.33，11.21，11.25）

／子华（6.3）

／（公西）赤（5.7，6.3，11.21，11.25）

---

① 据台湾学者杜正胜，孔学发扬光大实赖孔子人生最后四年所招收的学生，见王健文《流浪的君子：孔子的最后二十年》，生活·读书·新知三联书店2008年版，第86页。

有若：字子有，尊称有子，鲁人，小孔子43岁。

/有子（1.2，1.12，1.13）

/有若（12.9）

卜商：字子夏，卫人，小孔子44岁。

/（卜）商（3.8，11.15，12.5）

/子夏（1.7，2.8，3.8，6.11，11.2，12.5，12.22，13.17，19.3，19.4，19.5，19.6，19.7，19.8，19.9，19.10，19.11，19.12，19.13）

言偃：字子游，吴人，小孔子45岁。

/（言）偃（6.12，17.4）

/子游（2.7，4.26，6.12，11.2，17.4，19.12，19.14，19.15）

曾参：鲁人，字子与，尊称曾子，小孔子46岁。

/（曾）参（4.15，11.17）

/曾子（1.4，1.9，4.15，8.3，8.4，8.5，8.6，8.7，12.24，14.28，19.16，19.17，19.18，19.19）

颛孙师：字子张，小孔子48岁。

/（颛孙）师（11.15，11.17）

/子张（2.18，2.23，5.18，11.19，12.6，12.10，12.14，12.20，14.43，15.5，15.41，17.6，19.1，19.2，19.3，20.2）

司马牛（12.3，12.4，12.5）

申枨（5.10）

四　再传弟子（共1人）

阳肤：曾子弟子。（19.19）

乙、非孔子学生（共125人）

一　春秋战国前人物（共36人）

尧（6.28，8.19，14.45，20.1）

舜（6.28，8.18，8.20，12.22，14.45，15.4，20.1）

皋陶（12.22）

后稷（14.6）

禹（8.18，8.21，14.6，20.1）

羿（14.6）

奡（14.6）

汤：名履。汤（12.22）

/履（20.1）

伊尹（12.22）

高宗（14.43）

纣（19.20）

微子（18.1）

箕子（18.1）

比干（18.1）

老彭（7.1）

泰伯（8.1）

文王（9.5）

八士：伯达、伯适、仲突、仲忽、叔夜、叔夏、季随、季骗。
（18.11）

周公（指姬旦）（7.5，8.11，18.10）

（指承袭周公旦封号之鲁国君，应为鲁哀公）（11.16）

武王（8.20）

鲁公（指姬旦之子伯禽）（18.10）

伯夷、叔齐（5.22，7.14，16.12，18.8）

虞仲（18.8）

夷逸（18.8）

朱张（18.8）

少连（18.8）

周任（16.1）

二 孔子成年时已去世的春秋战国人物（共22人）

齐君（特指齐庄公）（5.18）

齐桓公（14.16）

/（齐）桓公（14.17，14.18）

管仲（3.22，14.10，14.17，14.18）

伯氏（14.10）

公子纠（14.17，14.18）

召忽（14.17）

晋文公（14.16）

臧文仲（5.17，15.13）

臧武仲：臧文仲之孙。（14.13，14.15）

柳下惠（15.13，18.2，18.8）

季文子：鲁桓公曾孙，季氏第一代，[①] 生年不详，卒于公元前 568 年。（5.19）

宁武子（5.20）

子产（5.15，14.9，14.10）

裨谌（14.9）

世叔（14.9）

子羽（14.9）

子西[②]（14.10）

令尹子文（5.18）

孟公绰（14.12）

／（孟）公绰（14.13）

孟庄子（19.18）

卞庄子（14.13）

崔子（5.18）

三　与孔子同时期的春秋战国人物（共56人）

鲁人（共32人）

（鲁）昭公（7.30）

（鲁）定公：鲁昭公之弟，公元前 509—前 495 年在位。（3.19，13.15）

（鲁）哀公：鲁定公之子，公元前 494—前 468 年在位。

---

① 《去圣乃得真孔子》，第98页。

② 一般认为是郑子西，公孙夏，见《论语本解》，第191页。

（2.19，3.21，6.2，12.9，14.22）

吴孟子（7.30）

季氏：一指季平子，即季孙意如，事鲁昭公；公元前 519 年立为上卿——执政卿，卒于定公五年、公元前 505 年。 （3.1，①18.3）

二指季桓子，即季孙斯，事鲁定公；公元前 505 年接父亲上卿位至公元前 492 年。（6.7，13.2）

三指季康子，即季孙肥，事鲁哀公；公元前 491 年至公元前 468 年任上卿。(3.6，11.16，16.1)

季孙：一指季桓子（14.38）

二指季康子（16.1）

季桓子（18.4）

季子然（季孙意如之子）（11.23）

季康子（2.20，6.6，11.6，12.17，12.18，12.19）

／（季）康子〔10.(12),14.20〕

叔孙武叔（19.23，19.24）

孟指孟孙氏，时任鲁国下卿（18.3）

孟懿子：孟庄子曾孙（2.5）

／孟孙（2.5）

孟武伯：孟懿子之子。（2.6，5.7）

孟敬子：孟武伯之子。（8.4）

孟氏：指孟孙氏，鲁桓公姬允之子——庆父的后人。（19.19）

孟之反（6.13）

子服景伯（14.38，19.23）

公伯寮（14.38）

阳货（17.1）

公山弗扰：公山氏（17.5）

---

① 此处季氏所指，一般认为是季平子，也有认为是季康子，见《论语本解》，第23 页。

公孙朝（19.22）

左丘明（5.24）

仪封人（3.24）

晨门（14.41）

陈亢：字子禽。（16.13）

／（陈）子禽（1.10）

／陈子禽（19.25）

孔鲤：字伯鱼，孔子之子。

／（孔）鲤（11.7，16.13）

／伯鱼（16.13，17.10）

林放（3.4，3.6）

微生高（5.23）

微生亩（14.34）

达巷党人（9.2）

互乡童子（7.28）

阙党童子（14.47）

孺悲（17.20）

齐人（共6人）

齐景公（12.11，16.12，18.3）

（齐）简公（14.22）

晏平仲（5.16）

陈文子（5.18）

陈成子（14.22）

／陈恒（14.22）

陈司败（7.30）

卫人（共14人）

卫灵公（14.20，15.1）

卫君：指卫出公、卫灵公之孙。（7.14，13.3）

蘧伯玉（14.26，15.6）

史鱼（15.6）

卫公子荆（13.8）

公明贾（14.14）

公叔文子（14.14，14.19）

臣大夫僎（14.19）

王孙贾（3.13，14.20）

祝鮀（6.14，14.20）

宋朝（6.14）

孔文子（5.14）

/仲叔圉（14.20）

南子（6.26）

棘子成（12.8）

宋人

桓魋（7.22）

楚人

叶公（7.18，13.16，13.18）

晋人

佛肸（17.7）

吴人

太宰①（9.6）

四　隐士、逸民、狂人（共14人）

接舆（18.5）

长沮（18.6）

桀溺（18.6）

荷蓧：丈人。（18.7）

大师挚（18.9）

/师挚（8.15）

/鲁大师（3.23）

---

① 一般认为是吴太宰嚭（音痞），见刘宝楠《论语正义》，河北人民出版社1988年版，第177页。

亚饭干（18.9）

三饭缭（18.9）

四饭缺（18.9）

鼓方叔（18.9）

播鼗武（18.9）

少师阳（18.9）

击磬襄（18.9）

子桑伯子（6.1）

原壤（14.46）

总计 158 人（含孔子），而据南朝梁皇侃《论语义疏叙》，论语人物孔子弟子二十七人，其他约一百四十人。①

---

① 《还原论语》，第88页。

附录三 《论语》主要字(词)索引①

A

哀（3. 20，3. 26，8. 4，19. 1，19. 14，19. 19，19. 25）

爱（1. 5，1. 6，3. 17，12. 10，12. 22，14. 8，17. 4，17. 21）

安（1. 14，2. 10，4. 2，5. 25，7. 37，11. 25，14. 45，16. 1，17. 21）

B

百姓（12. 9，14. 45，20. 1）

拜（9. 3，10. 12，10. 16，17. 1）

邦（1. 10，3. 22，5. 1，5. 18，5. 20，8. 13，10. 12，11. 25，12. 2，12. 20，13. 11，13. 15，14. 1，　14. 4，15. 5，15. 6，15. 9，15. 10，16. 1，16. 14，17. 1，17. 18，18. 2，19. 25）

本（1. 2，3. 4，19. 12）

蔽（2. 2，17. 8，20. 1）

变（6. 22，10. 8，10. 17，19. 9）

兵（12. 7，14. 17）

病（6. 28，9. 11，15. 1，15. 18）

---

① 人名除外。

博（6.25，6.28，9.2，9.10，12.15，17.22，19.6）

C

才（8.11，8.20，9.10，11.7，13.2）

朝（5.7，10.2，10.3，10.7，10.11，10.13，10.14，13.14，14.22，14.38，18.4，19.23）

车（2.22，5.25，10.16，10.17，11.7，14.17）

彻（3.2，12.9）

臣（3.19，8.20，9.11，11.23，12.11，13.15，14.19，16.1，16.2，18.7，18.10）

称（8.1，13.20，14.35，15.19，16.12，16.14，17.24）

成（3.21，3.23，4.5，5.21，7.10，8.8，8.19，9.2，9.18，11.25，12.16，13.3，13.10，13.17，14.47，15.8，15.17，19.7，20.2）

成人（14.13）

乘（5.6，6.3，15.10，15.25）

耻（1.13，2.3，4.9，4.22，5.15，5.25，8.13，9.26，13.20，14.1，14.29）

崇（12.10，12.21）

辞（6.3，6.7，8.4，15.40，16.1，17.20）

赐（非人名，10.14，14.18）

次（7.27，13.20，14.39，16.9）

从（2.4，2.13，3.14，3.24，4.18，5.6，6.6，6.24，7.11，7.21，7.27，8.5，9.3，9.10，9.23，11.1，11.2，11.7，11.9，11.23，12.21，13.6，13.13，13.20，14.22，15.1，17.1，18.5，18.6，18.7，20.2）

错（2.19，12.22，13.3）

D

达 (6. 6， 6. 28， 10. 12， 12. 20， 12. 22， 13. 5， 13. 17，
14. 24， 14. 37， 15. 40， 16. 11)

大 (1. 12， 2. 22， 3. 4， 7. 16， 8. 6， 8. 19， 9. 2， 9. 11，
11. 23， 11. 25， 12. 2， 13. 17， 15. 26， 15. 33， 18. 7， 18. 10，
19. 3， 19. 11， 19. 22， 20. 1， 20. 2)

大 夫 (5. 18， 11. 7， 14. 12， 14. 19， 14. 22， 15. 9， 16. 2，
16. 3， 19. 23)

殆 (2. 15， 2. 18， 15. 10， 18. 5)

党 (4. 7， 5. 21， 6. 3， 7. 30， 9. 2， 10. 1， 13. 18， 13. 20，
15. 21)

祷 (3. 13， 7. 34)

道 (导) (1. 5， 2. 3， 12. 23， 19. 25)

道 (1. 2， 1. 11， 1. 12， 1. 14， 3. 16， 3. 24， 4. 5， 4. 8， 4. 9，
4. 15， 4. 20， 5. 1， 5. 6， 5. 15， 5. 20， 6. 10， 6. 15， 6. 22， 7. 6，
8. 4， 8. 7， 8. 13， 9. 11， 9. 26， 9. 29， 11. 19， 11. 23， 12. 19，
13. 25， 14. 1， 14. 4， 14. 20， 14. 30， 14. 38， 15. 6， 15. 24，
15. 28， 15. 31， 15. 39， 15. 41， 16. 2， 16. 5， 16. 11， 17. 4，
17. 14， 18. 2， 18. 6， 18. 7， 19. 2， 19. 4， 19. 7， 19. 12， 19. 19，
19. 22)

盗 (12. 18， 17. 12， 17. 23)

德 (1. 9， 2. 1， 2. 3， 4. 11， 4. 25， 6. 27， 7. 3， 7. 6， 7. 22，
8. 1， 8. 20， 9. 17， 12. 10， 12. 19， 12. 21， 13. 22， 14. 5， 14. 6，
14. 35， 14. 36， 15. 3， 15. 12， 15. 26， 16. 1， 16. 12， 17. 13，
17. 14， 18. 5， 19. 2， 19. 11)

德行 (11. 2)

狄 (3. 5， 13. 19)

帝 (20. 1)

16.7，20.1）

放（4.12，15.10，18.8）

非（2.24，5.1，5.11，6.10，6.12，6.13，7.19，10.7，10.16，11.3，11.9，11.10，11.16，11.25，12.1，12.20，12.21，14.18，14.34，14.47，15.2，15.28，18.6）

废（5.1，6.10，14.38，15.22，18.7，18.8，20.1）

分（8.20，16.1，18.7）

忿（12.21，16.10，17.16）

风（10.17，11.25，12.19）

弗（3.6，5.8，6.25，12.15）

服（2.8，2.19，8.20，8.21，10.7，10.11，10.14，10.17，11.25，13.4，15.10，16.1）

复（1.13，6.7，7.5，7.8，10.4，10.5，11.5，12.1）

覆（9.18，17.18）

富（1.15，4.5，6.3，7.11，7.15，8.13，11.16，12.5，12.10，12.22，13.8，13.9，14.11，19.23，20.1）

父（1.7，1.11，2.6，4.18，4.19，4.20，4.21，9.15，11.4，11.10，11.21，11.23，12.11，13.18，17.9，17.21，18.2，19.18）

G

改（1.8，1.11，4.20，5.9，6.9，7.3，7.21，9.23，9.24，11.13，15.29，17.21，19.18）

刚（5.10，16.7，17.8）

歌（7.9，7.31，17.4，17.20，18.5）

攻（2.16，11.16，12.21）

躬（4.22，7.32，13.18，14.5，15.15，20.1）

公（6.12，9.15，10.5，10.9，14.19，16.3，20.1）

恭（1.10，1.13，5.15，5.24，7.37，8.2，12.5，13.19，

H

17.8，19.5）

合（13.8，14.17）

河（7.10，9.8，18.9）

和（1.12，7.31，13.23，16.1，19.25）

恒（7.25，13.22）

弘（8.7，15.28，19.2）

厚（1.9，10.7，11.10，15.14）

虎（7.10，12.8，16.1）

怀（4.11，5.25，14.3，15.6，17.1，17.21）

患（1.16，3.24，4.14，12.5，12.18，14.32，16.1，17.15）

毁（15.24，16.1，19.24）

悔（2.18，7.10）

会（11.25，12.24）

惠（4.11，5.15，14.10，17.6，20.2）

诲（2.17，7.2，7.7，7.33，14.8）

火（15.34，17.21）

惑（2.4，7.28，9.28，11.21，12.10，12.21，14.30，14.38）

J

饥（11.25，12.9）

击（14.42，18.9）

鸡（17.4，18.7）

疾（2.6，6.8，7.12，8.3，8.4，8.10，10.14，10.17，14.34，15.19，16.1，17.16，17.20）

疾病（7.34，9.11）

己（1.8，1.16，4.14，5.15，6.28，7.28，8.7，9.24，12.1，12.2，13.20，14.25，14.32，14.42，14.43，14.45，

15.4，15.18，15.20，15.23，19.10）

继（2.23，6.3，20.1）

祭（2.5，2.24，3.12，10.9，10.14，10.16，12.2，19.1，20.1）

加（4.6，5.11，7.16，10.14，11.25，13.9）

家（3.2，5.7，12.2，12.20，16.1，17.18，19.23，19.25）

稼（13.4，14.6）

间（4.5，8.21，9.11，11.4，11.25，18.3）

俭（1.10，3.4，3.22，7.35）

简（5.21，6.1，20.1）

贱（4.5，8.13，9.6）

谏（3.21，4.18，18.1，18.5，19.10）

交（1.4，1.7，5.16，19.3）

骄（1.15，8.11，13.26，14.11，16.5，20.2）

教（2.20，7.24，13.9，13.29，13.30，20.2）

皆（2.7，7.17，11.2，12.5，12.7，13.24，14.43，15.41，16.1，18.6，19.20，19.21）

阶（10.5，15.41，19.25）

洁（7.28，18.7）

竭（1.7，9.7，9.10）

节（1.5，1.12，5.17，8.6，16.5，18.7）

戒（16.7，20.2）

今（2.7，5.9，6.2，6.10，6.14，8.3，9.3，9.22，11.6，11.23，13.20，14.13，14.18，14.25，15.25，16.1，16.12，17.16，17.21，18.5）

矜（15.21，17.16，19.3，19.19）

谨（1.6，10.1，20.1）

尽（3.18，3.25，8.21）

近（1.13，6.28，8.4，13.16，13.27，15.11，16.1，17.2，17.25，19.6）

进（6.13，7.28，7.30，9.18，9.20，10.4，10.5，11.1，11.21，13.21，19.12）

敬（1.5，2.7，2.20，3.26，4.18，5.15，5.16，6.1，6.20，11.14，12.5，13.4，13.19，14.45，15.5，15.32，15.37，16.10，19.1）

久（3.24，4.2，5.16，6.27，7.5，7.34，9.11，14.13，17.21，19.19）

九（6.3，8.20，9.13，14.17，16.10）

酒（2.8，9.15，10.9，10.11）

旧（5.18，5.22，8.2，11.13，17.21，18.10）

就（1.14，12.19，16.1）

居（1.14，2.1，3.26，5.17，6.1，7.4，8.13，9.13，10.7，10.8，10.17，11.25，12.14，12.20，13.8，13.19，14.3，14.47，15.9，15.16，16.11，17.8，17.21，17.24，18.8，19.7，19.20）

举（2.19，2.20，7.8，10.18，12.22，13.2，15.22，20.1）

惧（4.21，7.10，9.28，14.30，12.4）

倦（7.2，7.33，12.14，13.1，19.12）

绝（9.4，15.1，19.24，20.1）

君（1.7，3.5，3.18，3.19，3.22，4.26，5.18，7.14，7.30，8.19，10.3，10.4，10.14，11.23，12.9，12.11，13.3，13.15，13.20，14.15，14.22，14.23，14.43，15.37，16.14，17.9，17.15，18.7）

君子（1.1，1.2，1.8，1.14，2.12，2.13，2.14，3.7，3.27，4.5，4.10，4.11，4.16，4.24，5.2，5.15，6.3，6.11，6.16，6.24，6.25，7.25，7.30，7.32，7.36，8.2，8.4，8.6，9.6，9.13，10.7，11.1，11.20，11.25，12.4，12.5，12.8，12.16，12.19，12.24，13.3，13.23，13.25，13.26，14.6，14.7，14.24，14.28，14.29，14.30，14.45，15.1，15.6，15.17，15.18，15.19，15.20，15.21，15.22，15.31，15.33，

15.36，16.1，16.6，16.7，16.8，16.10，16.13，17.4，17.7，17.21，17.23，17.24，18.7，18.10，19.3，19.4，19.7，19.9，19.10，19.12，19.20，19.21，19.25，20.2，20.3）

K

恐（5.13，8.17，16.1，19.4）

口（5.4，17.18）

哭（7.9，11.9）

宽（3.26，17.6，20.1）

狂（5.21，8.16，13.21，17.8，17.16，18.5）

归（17.1，18.4）

困（9.15，16.9，20.1）

L

来（1.1，1.15，9.22，13.16，16.1，17.1，18.5，19.25）

劳（2.8，4.18，5.25，8.2，13.1，14.8，19.10，20.2）

老（5.25，7.18，13.4，14.12，14.46，16.7，18.3）

乐（1.1，1.15，3.20，4.2，6.9，6.18，6.21，7.15，7.18，11.12，13.15，14.14，16.5，17.21）

里（4.1，6.3，8.6，15.5）

礼（1.12，1.13，1.15，2.3，2.5，2.23，3.3，3.4，3.8，3.9，3.15，3.17，3.18，3.19，3.22，3.26，4.13，6.25，7.17，7.30，8.2，8.8，9.3，9.10，10.6，11.1，11.25，12.1，12.5，12.15，13.3，13.4，14.13，14.44，15.17，15.32，16.2，16.5，16.13，17.11，17.21，17.24，20.3）

厉（7.37，14.42，17.12，19.9，19.10）

利（4.2，4.12，4.16，9.1，13.17，14.13，15.9，17.18，20.2）

立（1.2，2.4，4.14，5.7，6.28，8.8，9.10，9.26，9.29，10.4，10.5，10.11，10.17，12.7，15.5，15.13，16.13，17.10，18.7，19.25，20.3）

力（1.6，1.7，3.16，4.6，6.10，7.20，8.21，14.17，14.35，14.38，16.1）

谅（14.18，15.36，16.4）

量（10.9，19.24，20.1）

邻（4.25，5.23，6.3）

临（2.20，3.26，6.1，7.10，8.3，8.6）

令（1.3，5.24，13.6，17.15，20.2）

履（8.3，10.5，20.1）

乱（1.2，7.20，8.2，8.10，8.13，8.15，8.20，10.9，15.26，17.8，17.18，17.23，18.7）

论（11.20，14.9）

M

马（2.7，5.18，5.25，6.3，6.13，10.13，10.16，15.25，16.12）

慢（8.4，20.2）

美（1.12，3.8，3.25，4.1，6.14，8.11，8.21，9.12，12.16，13.8，19.23，20.3）

门（3.22，6.13，10.5，11.2，11.14，12.2，14.42，19.23）

门人（4.15，7.28，9.11，11.10，11.14，19.3，19.12）

门弟子（8.3，9.2）

免（2.3，5.2，6.14，6.17，8.3，17.21）

冕（8.21，9.9，10.17，15.10）

面（6.1，15.4，17.10）

民（1.5，1.9，2.3，2.19，2.20，3.21，5.15，6.1，6.20，

6. 27，6. 28，8. 1，8. 2，8. 9，8. 19，11. 24，11. 25，12. 2，12. 7，
12. 19，13. 3，13. 4，13. 29，14. 18，14. 44，15. 24，15. 32，
15. 34，16. 9，16. 12，17. 16，18. 8，19. 10，19. 19，20. 1，
20. 2）

敏（1. 14，4. 24，5. 14，7. 19，12. 1，12. 2，17. 6，）

名（4. 5，8. 19，9. 2，13. 3，15. 19，17. 9）

明（10. 8，12. 6，15. 1，16. 10，18. 7）

命（6. 2，6. 8，8. 6，9. 1，10. 4，10. 14，11. 6，11. 18，
12. 5，13. 20，14. 9，14. 13，14. 38，14. 47，16. 2，17. 20，
19. 1，20. 1，20. 3）

没（1. 11，8. 5，10. 5，14. 10，15. 19，17. 21）

谋（1. 4，7. 10，8. 14，14. 27，15. 26，15. 31，15. 39，
16. 1）

母（1. 7，2. 6，4. 18，4. 19，4. 21，6. 3，11. 4，17. 21，
18. 2）

木（5. 9，17. 9，19. 12）

N

难（2. 8，6. 14，6. 20，7. 25，7. 28，8. 20，12. 3，13. 15，
13. 25，14. 1，14. 11，14. 21，14. 42，15. 16，16. 10，17. 22，
17. 25，19. 15，19. 16，19. 18）

内（4. 17，5. 26，10. 17，12. 4，12. 5，16. 1，17. 12）

年（1. 11，4. 20，4. 21，7. 16，8. 12，11. 25，12. 9，13. 10，
13. 11，13. 29，14. 43，17. 21，17. 26）

鸟（8. 4，17. 9，18. 6）

佞（5. 4，6. 14，11. 24，14. 34，15. 10）

P

畔（6.25，12.15，17.5，17.7）

朋友（1.4，1.7，4.26，5.25，10.16，13.28）

匹夫（9.25，14.18）

譬（2.1，6.28，9.18，17.12，19.12，19.23）

贫（1.15，4.5，8.10，8.13，14.11，15.31，16.1）

平（9.18，14.13）

Q

欺（6.24，9.11，14.23）

器（2.12，3.22，5.4，13.25，15.9）

气（8.4，10.5，10.9，16.7）

妻（5.1，11.5）

弃（5.18，13.19，13.30，17.14，18.10）

迁（6.2，10.8）

前（9.10，10.4，15.5，17.4）

墙（5.9，17.10，19.23，）

巧（1.3，17.17，3.8，5.25，15.26）

磬（14.42，18.9）

穷（15.1，20.1）

求（非人名，1.10，1.14，4.14，7.11，7.14，7.19，9.12，9.26，13.25，14.15，14.47，15.5，15.20，16.11，18.10）

趋（9.9，10.4，10.5，16.13，18.5）

取（3.2，5.2，5.6，6.28，7.30，12.20，13.21，14.14，16.1，17.20）

去（3.17，4.5，10.7，12.7，13.11，16.3，18.1，18.2）

权（9.29，18.8，20.1）

15.16，15.30，16.12，16.13，17.1，17.22，18.4，18.7，19.5，19.21，19.24）

容（8.4，10.5，10.6，19.3）

肉（7.13，10.9，10.16）

女（2.17，3.6，5.3，5.8，6.10，6.11，6.12，7.18，11.22，15.2，17.8，17.10，17.21）

辱（1.13，4.26，12.23，13.20，18.8）

入（1.6，3.05，6.13，7.14，8.13，9.15，10.5，10.15，11.14，11.19，17.7，18.9，19.11，19.23）

S

三（1.4，1.11，2.2，2.4，3.2，3.22，3.24，4.20，5.18，5.19，6.5，7.8，7.10，7.13，7.21，7.23，8.1，8.4，8.20，9.11，9.25，10.9，10.18，11.5，11.10，11.25，12.7，13.5，13.10，14.10，14.22，14.30，14.43，15.24，16.2，16.3，16.4，16.5，16.7，16.8，16.13，17.4，17.16，17.21，18.1，18.2，18.4，19.9）

丧（3.4，3.24，3.26，7.9，9.5，9.15，10.7，11.8，13.15，14.20，17.21，19.1，19.14，19.17，20.1）

瑟（11.14，11.25，17.20）

色（1.3，1.7，2.8，5.18，5.24，9.17，10.4，10.5，10.6，10.9，10.17，10.18，11.20，12.20，14.9，14.39，15.12，16.7，16.10，17.12，17.15）

杀（10.7，12.19，13.11，14.17，14.18，15.8，18.7，20.2）

山（5.17，6.4，6.21，9.18，10.18）

善（2.20，3.25，5.16，5.25，6.7，7.3，7.21，7.25，7.27，7.31，8.4，8.13，9.10，9.12，11.19，12.11，12.19，12.21，12.23，13.8，13.11，13.15，13.22，13.24，13.29，

师（2. 11，7. 21，11. 25，15. 35，15. 41，19. 22）

诗（1. 15，2. 2，3. 8，7. 17，8. 3，8. 8，13. 5，16. 13，17. 9）

失（1. 13，4. 23，8. 17，10. 9，12. 5，15. 7，15. 32，16. 2，17. 1，17. 15，19. 19）

时（1. 1，1. 5，10. 9，10. 18，14. 14，15. 10，16. 7，17. 1，17. 19）

食（1. 14，2. 8，4. 5，4. 9，6. 9，7. 9，7. 15，7. 18，8. 21，10. 8，10. 9，10. 14，12. 7，12. 11，14. 10，15. 30，15. 31，15. 37，17. 7，17. 21，17. 22，18. 7，19. 21，20. 1）

实（8. 5，9. 21）

十（2. 4，2. 23，5. 8，5. 18，5. 27，7. 16，8. 20，9. 22，11. 25，16. 2，17. 26）

史（6. 16，15. 25）

始（1. 15，3. 8，3. 23，5. 9，8. 15，13. 8，19. 12）

弑（5. 18，11. 23，14. 22）

侍（5. 25，10. 14，11. 12，11. 25，16. 6）

士（4. 9，7. 11，8. 7，12. 20，13. 20，13. 28，14. 3，15. 8，15. 9，18. 6，18. 11，19. 1）

士师（18. 2，19. 19）

仕（5. 5，5. 19，15. 6，17. 1，18. 7，19. 13）

事（1. 5，1. 7，1. 14，2. 5，2. 8，3. 8，3. 15，3. 18，3. 19，3. 21，3. 22，4. 18，4. 26，5. 15，6. 12，6. 28，7. 10，8. 4，8. 5，8. 20，9. 6，9. 15，10. 15，11. 2，11. 11，11. 23，11. 25，12. 1，12. 2，12. 21，13. 3，13. 14，13. 17，13. 19，13. 25，14. 23，15. 1，15. 9，15. 37，16. 1，16. 10，17. 1，17. 9，17. 15，18. 2，19. 7）

逝（6. 24，9. 16，17. 1）

世（2. 23，6. 14，13. 12，14. 39，15. 19，16. 1，16. 2，16. 3，18. 6，20. 1）

室（5.7，5.27，6.12，8.21，9.30，11.14，11.19，13.8，16.3，19.23）

视（2.10，10.14，11.10，12.1，16.10，20.2）

手（6.8，8.3，9.11，10.4，13.3）

守（8.13，15.32，16.1）

受（10.12，11.18，12.6，14.18，15.33，18.4）

授（10.6，13.5，14.13）

兽（17.9，18.6）

疏（4.26，7.15，10.9，14.10）

述（7.1，14.46，17.19）

数（4.26，7.16，19.23）

恕（4.15，15.23）

帅（9.25，12.17）

水（6.21，7.15，15.34）

私（2.9，10.6）

思（2.2，2.15，4.17，5.19，9.30，14.13，14.28，15.30，16.10，19.1，19.6）

死 2.5，4.8，6.2，7.10，8.4，8.7，8.13，9.5，9.11，10.16，11.6，11.7，11.8，11.9，11.10，11.11，11.12，11.22，12.5，12.7，12.10，14.6，14.17，14.18，14.46，15.34，16.12，17.1，19.25）

驷（12.8，16.12）

松（3.21，9.27）

讼（5.26，12.13）

诵（9.26，13.5）

速（13.17，14.47）

素（3.8，10.7）

宿（7.26，10.9，12.12，14.41，18.7）

岁（9.27，17.1）

损（2.23，16.4，16.5）

T

W

15.9, 15.10, 15.23, 16.10, 16.13, 17.6, 17.21, 18.6, 18.7, 19.3, 19.6, 19.19, 19.22, 20.2)

我 (2.5, 3.17, 4.6, 5.6, 5.11, 6.7, 7.1, 7.2, 7.10, 7.15, 7.16, 7.19, 7.21, 7.23, 7.27, 7.29, 9.4, 9.6, 9.7, 9.10, 9.12, 9.15, 10.16, 11.2, 11.3, 11.10, 12.5, 13.10, 14.30, 14.31, 14.37, 17.1, 17.5, 18.8, 19.3)

吾 (1.4, 1.7, 2.4, 2.9, 3.9, 3.10, 3.12, 3.14, 3.24, 3.26, 4.15, 5.5, 5.8, 5.9, 5.10, 5.11, 5.18, 5.21, 5.26, 6.3, 6.7, 7.3, 7.5, 7.7, 7.10, 7.11, 7.14, 7.23, 7.25, 7.30, 7.32, 7.33, 8.3, 8.5, 8.16, 8.21, 9.2, 9.3, 9.6, 9.7, 9.8, 9.10, 9.11, 9.14, 9.17, 9.18, 9.20, 9.23, 11.1, 11.3, 11.7, 11.16, 11.22, 11.23, 11.25, 12.9, 12.11, 12.13, 12.22, 13.4, 13.14, 13.18, 14.1, 14.15, 14.18, 14.22, 14.38, 14.47, 15.12, 15.15, 15.24, 15.25, 15.30, 15.34, 16.1, 16.11, 17.1, 17.5, 17.7, 17.8, 18.3, 18.6, 19.3, 19.15, 19.17, 19.18)

无 (1.8, 1.11, 1.14, 1.15, 2.2, 2.3, 2.5, 2.22, 2.24, 3.7, 3.13, 3.24, 4.4, 4.5, 4.6, 4.10, 4.14, 4.20, 5.1, 5.2, 5.6, 5.11, 5.18, 5.20, 5.25, 6.1, 6.11, 7.7, 7.10, 7.16, 7.23, 7.27, 8.1, 8.2, 8.5, 8.13, 8.19, 8.21, 9.2, 9.7, 9.11, 9.22, 9.23, 10.7, 10.9, 10.16, 11.3, 11.7, 12.2, 12.3, 12.5, 12.7, 12.12, 12.14, 12.19, 12.21, 13.1, 13.3, 13.15, 13.17, 13.22, 14.1, 14.4, 14.10, 14.11, 14.20, 14.30, 14.34, 14.46, 15.4, 15.6, 15.8, 15.11, 15.18, 15.30, 16.1, 16.2, 16.12, 16.13, 17.15, 17.19, 17.22, 17.23, 17.24, 18.7, 18.8, 18.10, 19.5, 19.12, 19.24, 20.1, 20.2, 20.3)

亡 (3.5, 6.2, 6.8, 7.25, 11.6, 12.5, 15.25, 17.1, 17.16, 19.2, 19.5)

毋 (6.3, 9.4, 9.24, 11.25, 12.23)

舞雩（11. 25，12. 21）

侮（16. 8，17. 6）

勿（1. 8，6. 4，9. 24，12. 1，12. 2，14. 8，14. 23，15. 23，19. 19）

恶（4. 3，4. 5，4. 6，11. 24，12. 10，13. 24，15. 27，17. 18，17. 24，17. 26，19. 20）

X

希（5. 22，11. 25，16. 2）

昔（8. 5，16. 1，17. 4，17. 7）

习（1. 1，1. 4，17. 2）

席（10. 10，10. 14，15. 41）

喜（4. 21，5. 6，5. 18，16. 13）

徙（7. 3，12. 10）

下（3. 7，5. 14，6. 19，7. 34，9. 3，10. 6，12. 20，12. 21，14. 24，16. 9，16. 12，17. 3，17. 24，18. 5，19. 20）

先（1. 12，2. 13，6. 20，10. 14，11. 1，12. 7，12. 21，13. 1，13. 2，14. 33，15. 9，16. 1，19. 12）

先生（2. 8，14. 44）

贤（1. 7，4. 17，6. 9，7. 14，11. 15，13. 2，14. 31，14. 33，14. 39，15. 9，15. 13，16. 5，17. 22，19. 3，19. 22，19. 24，19. 25）

鲜（1. 2，1. 3，4. 23，6. 27，15. 3，17. 17）

见（3. 24，7. 28，8. 13，18. 7）

乡（6. 3，10. 1，10. 11，13. 20，13. 24）

相（3. 2，11. 25，14. 18，15. 39，15. 41，16. 1，17. 2）

小（1. 12，2. 22，3. 22，11. 25，13. 2，13. 17，15. 16，15. 26，15. 33，19. 4，19. 11，19. 22，20. 2）

小子（5. 21，8. 3，11. 16，17. 9，17. 19，19. 12，20. 1）

小 人（2.14，4.11，4.16，6.11，7.36，12.16，12.19，13.4，13.20，13.23，13.25，13.26，14.7，14.24，15.1，15.20，15.33，16.8，17.4，17.12，17.23，17.25，19.8）

孝（1.2，1.6，1.11，2.5，2.6，2.7，2.8，2.20，2.21，4.20，8.21，11.4，13.20，19.18）

笑（3.8，14.14，17.4）

心（2.4，6.5，14.42，17.22，20.1）

新（2.11，5.18，17.21）

信（1.4，1.5，1.6，1.7，1.8，1.13，2.22，5.5，5.9，5.25，5.27，7.1，7.24，8.4，8.13，8.16，9.24，12.7，12.10，12.11，13.4，13.20，14.14，14.15，14.33，15.5，17.6，17.8，19.2，19.10，20.1）

兴（8.2，8.8，13.3，13.15，15.1，17.9，20.1）

行（1.6，1.11，1.12，2.13，2.18，2.22，4.12，4.24，5.6，5.9，5.13，5.15，5.19，6.1，6.12，7.7，7.10，7.21，7.23，7.24，7.32，9.11，10.5，10.14，11.7，11.21，12.6，12.14，12.20，13.3，13.6，13.20，13.21，14.1，14.4，14.29，14.38，14.47，15.1，15.5，15.10，15.16，15.17，15.23，15.24，16.11，17.6，17.19，18.3，18.4，18.6，18.7，18.8，19.25，20.1）

刑（2.3，4.11，5.1，13.3）

省（1.4，2.9，4.17，12.4）

幸（6.2，6.17，7.30，11.6）

性（5.12，17.2）

兄（2.21，5.1，9.15，11.5，11.21，12.5，13.7，13.28）

修（7.3，12.21，14.9，14.45，16.1，20.1）

虚（7.25，8.5）

选（12.22）

学（1.1，1.6，1.7，1.8，2.4，2.15，2.18，5.14，5.27，6.2，6.25，7.2，7.3，7.16，7.33，8.12，8.13，8.17，9.2，

9. 29， 11. 6， 11. 24， 11. 25， 12. 15， 13. 4， 14. 25， 14. 37，
15. 1， 15. 2， 15. 30， 15. 31， 16. 9， 16. 13， 17. 4， 17. 8， 17. 9，
19. 5， 19. 6， 19. 7， 19. 13， 19. 22）

孙（7. 36， 14. 4， 14. 46， 15. 17， 17. 24， 17. 25）

Y

雅（7. 17， 9. 14， 17. 18）

言（1. 3， 1. 7， 1. 13， 1. 14， 1. 15， 2. 2， 2. 9， 2. 13， 2. 18，
3. 9， 4. 22， 4. 24， 5. 7， 5. 9， 5. 12， 5. 24， 5. 25， 6. 1， 7. 17，
7. 28， 8. 4， 9. 1， 9. 23， 10. 1， 10. 2， 10. 3， 10. 5， 10. 9， 10. 17，
11. 2， 11. 3， 11. 4， 11. 7， 11. 13， 11. 25， 12. 1， 12. 3， 12. 12，
12. 20， 12. 22， 13. 3， 13. 11， 13. 15， 13. 20， 13. 22， 14. 4，
14. 5， 14. 10， 14. 13， 14. 14， 14. 20， 14. 21， 14. 29， 14. 39，
14. 43， 15. 5， 15. 7， 15. 16， 15. 22， 15. 23， 15. 26， 15. 41，
16. 1， 16. 6， 16. 8， 16. 10， 16. 13， 17. 1， 17. 4， 17. 7， 17. 8，
17. 19， 18. 5， 18. 8， 19. 9， 19. 25， 20. 3）

颜色（8. 4， 10. 5， 16. 6）

厌（6. 26， 7. 2， 7. 33， 10. 9， 14. 14）

羊（3. 17， 12. 8， 13. 18）

养（2. 7， 5. 15， 17. 25）

仰（9. 10， 19. 21）

野（6. 16， 11. 1， 13. 3）

夜（9. 16， 15. 30）

衣 （4. 9， 5. 25， 6. 3， 8. 21， 9. 9， 9. 26， 10. 4， 10. 7，
10. 8， 17. 21， 20. 2）

揖（3. 7， 7. 30， 10. 4， 10. 6）

一（2. 2， 4. 6， 4. 15， 4. 21， 5. 8， 5. 18， 6. 9， 6. 22， 7. 8，
9. 18， 10. 5， 10. 7， 11. 25， 12. 1， 12. 21， 13. 15， 14. 18， 15. 2，
15. 23， 16. 13， 18. 10， 19. 25， 20. 1）

夷 (3.5, 9.13, 13.19, 14.46)

疑 (2.18, 12.20, 16.10)

艺 (6.6, 7.6, 9.6, 14.13)

益 (2.23, 6.3, 11.16, 13.1, 14.47, 15.30, 16.4, 16.5)

邑 (5.7, 5.27)

异 (1.10, 2.16, 11.23, 11.25, 12.10, 13.18, 16.13, 16.14, 18.8, 19.3)

逸 (18.8, 20.1)

议 (4.9, 16.2)

义 (1.13, 2.24, 4.10, 4.16, 5.15, 6.20, 7.3, 7.15, 12.10, 12.20, 13.4, 14.13, 14.14, 15.16, 15.17, 16.10, 16.11, 17.23, 18.7, 19.1)

易 (1.7, 3.4, 8.12, 13.15, 13.25, 14.11, 14.44, 17.4, 18.6)

因 (1.13, 2.23, 11.25, 20.2)

隐 (7.23, 8.13, 13.18, 16.6, 16.11, 18.7, 18.8)

饮 (3.7, 6.9, 7.15, 8.21, 10.11)

盈 (7.25, 8.15)

庸 (6.27)

勇 (2.24, 5.6, 8.2, 8.10, 9.28, 11.25, 14.5, 14.13, 14.30, 17.8, 17.23, 17.24)

用 (1.5, 1.12, 4.6, 5.4, 5.22, 6.4, 7.10, 9.26, 11.1, 12.9, 12.19, 13.4, 13.10, 16.1, 17.4, 17.5, 17.22, 18.3, 20.1)

忧 (2.6, 6.11, 7.3, 7.18, 9.28, 14.30, 12.4, 12.5, 15.11, 15.31, 16.1)

游 (非人名, 4.19, 7.6, 12.21, 16.5)

尤 (2.18, 14.37)

友 (1.8, 2.21, 5.24, 8.5, 9.24, 12.23, 12.24, 15.9, 16.4, 16.5, 19.15)

有（1.1，1.2，1.6，1.7，1.12，1.14，2.3，2.4，2.7，2.8，2.21，3.5，3.22，4.6，4.13，4.19，4.25，5.1，5.13，5.15，5.18，5.20，5.27，6.2，6.6，6.7，6.8，6.12，6.14，6.24，6.28，7.2，7.9，7.10，7.21，7.25，7.27，7.30，7.32，7.34，8.3，8.4，8.5，8.11，8.13，8.18，8.19，8.20，9.7，9.10，9.11，9.12，9.13，9.15，9.21，9.30，10.6，10.7，10.8，10.17，11.7，11.9，11.13，11.21，11.24，11.25，12.5，12.7，12.11，12.19，12.22，13.3，13.8，13.10，13.12，13.13，13.14，13.15，13.18，13.20，13.21，13.22，14.1，14.4，14.5，14.6，14.7，14.38，14.42，15.1，15.6，15.8，15.11，15.23，15.24，15.25，15.38，16.1，16.2，16.6，16.7，16.8，16.10，16.12，17.5，17.6，17.7，17.16，17.21，17.22，17.23，17.24，18.1，18.6，18.11，19.2，19.4，19.9，19.12，19.17，19.22，20.1）

幼（14.46，18.7）

逾（2.4，19.11，19.24）

愚（2.9，5.21，11.17，17.3，17.8，17.16）

舆（15.5，18.6）

余（1.6，2.18，6.5，8.11）

予（3.8，6.26，7.22，8.3，8.20，9.5，9.11，11.8，11.10，13.15，15.2，17.1，17.19，20.1）

语（3.23，6.19，7.20，9.19，9.23，10.9，11.2，12.1，12.2，13.18，16.11，17.8，19.23）

遇（17.1，18.7）

愈（5.8，11.15）

玉（9.12，16.1，17.11）

欲（2.4，3.10，3.17，4.5，4.24，5.10，5.11，6.4，6.28，7.29，9.10，9.13，11.10，12.2，12.10，12.18，12.19，13.17，14.2，14.13，14.26，14.47，15.9，16.1，17.1，17.5，17.7，17.19，17.20，18.5，18.7，19.24，20.2）

御（2.5，5.4，9.2）

远（1.1，1.9，1.13，4.19，6.20，7.29，8.4，8.7，9.30，12.6，12.22，13.16，15.10，15.11，15.14，16.1，16.13，17.2，17.9，17.25，19.4）

怨（4.12，4.18，5.22，5.24，7.14，12.2，14.2，14.10，14.11，14.36，14.37，15.14，17.9，17.25，18.10，20.2）

愿（5.25，8.16，11.25）

约（4.2，4.23，6.25，7.25，9.10，12.15）

月（6.5，7.13，10.7，13.10，19.5，19.21，19.24）

说（1.1，5.5，6.10，6.26，9.23，11.3，13.16，13.25，17.5，20.1）

乐（3.3，3.23，7.13，8.8，9.14，11.1，11.25，13.3，14.13，15.10，16.2，16.5，17.11，17.18，17.21）

愠（1.1，5.19，15.1）

Z

宰（非人名，5.7，6.3，6.7，6.12，11.24，13.2，13.17）

再（5.19，10.12）

在（1.11，2.18，3.12，4.19，5.1，5.21，6.7，6.9，7.13，7.15，8.14，9.5，9.10，9.16，10.2，10.3，11.21，11.22，12.2，12.5，12.20，13.18，15.1，15.5，15.31，15.41，16.1，16.2，16.7，19.6，19.22，20.1）

葬（2.5，9.11，11.10）

择（4.1，7.21，7.27，20.2）

贼（11.24，14.46，17.8，17.13，20.2）

诈（9.11，14.33，17.16）

齐（音斋）（7.12，10.8，10.9）

瞻（9.10，20.2）

战（3.21，7.12，8.3，10.6，13.30）

长（11.25，14.46，18.7）

杖（10.11，14.46，18.7）

丈人（18.7）

召（8.3，10.4，10.14，17.5，17.7）

争（3.7，15.21）

征（3.9，16.2）

正（1.14，7.33，8.4，9.14，10.9，10.10，10.14，10.17，12.17，13.3，13.6，13.13，14.16，15.4，17.10，20.2）

政（1.10，2.1，2.3，2.21，5.18，6.6，8.14，11.2，12.7，12.11，12.14，12.17，12.19，13.1，13.2，13.3，13.5，13.7，13.13，13.14，13.16，13.17，13.20，14.27，16.2，16.3，18.5，19.18，20.1，20.2，）

知（1.1，1.12，1.15，1.16，2.4，2.11，2.17，2.22，2.23，3.11，3.15，3.22，3.23，4.7，4.14，4.21，5.4，5.7，5.8，5.18，5.21，6.18，7.13，7.19，7.27，7.30，8.3，8.9，8.16，9.6，9.7，9.22，11.11，11.25，12.22，13.2，13.3，13.15，14.2，14.18，14.37，14.41，14.42，15.3，15.13，15.18，15.33，16.8，16.9，18.6，18.7，19.5，19.24，20.3）

直（2.19，5.23，6.17，8.2，8.16，12.20，12.22，13.18，14.36，15.6，15.24，16.4，17.8，17.16，17.24，18.2）

执（6.8，7.11，7.17，9.2，10.6，10.17，13.19，16.2，18.6，19.2，20.1）

止（9.18，9.20，11.23，12.23，16.1，18.7，19.14）

指（3.11，10.17）

致（1.7，8.21，19.1，19.4，19.7，19.14，19.17，20.2）

至（1.10，2.7，3.24，5.18，6.5，6.12，6.22，6.27，7.13，7.18，7.29，8.1，8.12，9.8，13.4，17.15，18.7）

治（5.7，8.20，14.20，15.4）

质（6.16，12.8，12.20，15.17）

志（1.11，2.4，4.4，4.9，4.18，5.25，7.6，9.25，

11.25，14.38，15.8，16.11，18.8，19.6）

识（7.2，7.27，15.2，19.22）

知（音智）（4.1，4.2，5.17，5.20，6.20，6.21，9.28，12.22，14.13，14.30，15.7，15.32，17.1，17.3，17.8，17.24，19.25）

中（2.18，5.1，6.10，6.19，7.15，10.5，10.17，13.18，13.21，15.31，16.1，19.6，20.1）

中庸（6.27）

终（1.9，2.9，4.5，9.26，15.16，15.23，15.30，17.22，17.26，20.1）

忠（1.4，1.8，2.20，3.19，4.15，5.18，5.27，7.24，9.24，12.10，12.14，12.23，13.19，14.8，15.5，16.10）

重（1.8，8.7，20.1）

中（音仲，11.13，11.18，13.3，18.8）

众（1.6，2.1，6.28，9.3，12.22，15.27，17.6，19.3，20.1，20.2）

周（非国名，2.14，6.3，20.1）

昼（5.9，9.16）

诸侯（11.25，14.17，14.18，16.2）

主（1.8，3.16，9.24，12.10，16.1）

庄（2.20，11.20，15.32）

追（1.9，18.5）

齐（音咨，9.9，10.5，10.17）

子（非指孔子）（3.15，5.1，6.4，11.5，11.7，11.10，11.24，11.25，12.11，12.17，12.19，13.4，13.18，14.22，16.1，16.3，16.13，17.21，18.2，18.6，18.7，19.25）

自（1.1，3.10，4.17，5.26，6.8，7.7，9.14，12.7，12.23，14.18，14.30，14.41，15.14，16.2，16.14，19.17，19.24）

宗（1.13，13.20）

宗庙（10.2，11.25，14.20，19.23）

纵（9.6，9.11）

族（13.20）

足（2.9，3.9，4.6，4.9，5.24，6.10，8.3，8.11，9.22，9.26，10.4，10.5，10.6，11.25，12.7，12.9，13.3，13.20，14.3，17.6）

钻（9.10，17.21）

罪（3.13，5.1，20.1）

尊（19.3，20.2）

左（10.4，14.18）

作（1.2，3.23，7.1，7.27，9.9，10.17，10.18，11.13，11.25，13.22，14.40）

坐（10.8，10.10，11.25，14.26，15.41）

附录四 《论语》地名(国名、
山水名)索引

B

费 (6.7，11.24，16.1，17.5)

C

蔡 (11.2，18.9)
陈 (5.21，7.30，11.2，15.1)
楚 (18.5，18.9)

D

达巷 (9.2)
东里 (14.9)
东周 (17.5)
东蒙 (16.1)

F

防 (14.15)

H

J

K

L

P

Q

S

首阳（16.12）
宋（3.9）

T

泰山（3.6）
滕（14.12）

W

卫（7.14，9.14，13.3，13.7，13.8，13.9，14.42，19.22）
魏（14.12）
汶（6.7）
武城（6.12，17.4）

X

夏（2.23，3.9，3.21，15.10）
薛（14.12）

Y

仪（3.24）
殷（2.23，3.9，3.21，8.20，15.10，18.1）

Z

参考文献

一 与《论语》相关的著作、工具书

本书编委会：《汉语大词典普及本》，上海世纪出版集团 2000 年版。

陈大齐：《论语辑释》，华夏出版社 2010 年版。

陈緔整理：《毓老师说论语》，中信出版社 2016 年版。

程树德：《论语集释》，中华书局 1990 年版。

（清）段玉裁：《说文解字注》，中州古籍出版社 2006 年版。

高尚榘：《论语歧解辑录》，中华书局 2011 年版。

《古代汉语词典》编写组：《古代汉语词典》，商务印书馆 1998
年版。

（魏）何晏（集解）：《宋刊论语》，福建人民出版社 2008 年版。

（清）黄式三：《论语后案》，凤凰出版社 2008 年版。

康有为：《论语注》，中华书局 1984 年版。

李零：《去圣乃得真孔子：论语纵横读》，生活·读书·新知三联
书店 2008 年版。

李学勤主编：《十三经注疏·春秋左传正义》，北京大学出版社
1999 年版。

李学勤主编：《十三经注疏·论语注疏》，北京大学出版社 1999
年版。

李泽厚：《论语今读》，生活·读书·新知三联书店 2008 年版。

（清）刘宝楠：《论语正义》，河北人民出版社 1988 年版。

雒江生：《诗经通诂》，三秦出版社 1998 年版。

钱穆：《论语新解》，生活·读书·新知三联书店 2002 年版。

钱穆：《孔子传》，生活·读书·新知三联书店 2002 年版。

钱穆：《孔子与论语》，九州出版社 2011 年版。

孙钦善：《论语本解》（修订版），生活·读书·新知三联书店 2013 年版。

王文格：《四书语言分析》，四川大学出版社 2009 年版。

许仁图：《子曰论语》，上海三联书店 2014 年版。

薛茂：《论语分类新读本》，复旦大学出版社 2013 年版。

杨义：《论语还原》，中华书局 2015 年版。

幺峻洲：《论语索引》，齐鲁书社 2005 年版。

（宋）朱熹：《四书章句集注》，中华书局 2011 年版。

［日］子安宣邦：《孔子的学问：日本人如何读〈论语〉》，生活·读书·新知三联书店 2017 年版。

宗福邦等主编：《故训汇纂》，商务印书馆 2003 年版。

二　与政治哲学相关的著作

［美］安靖如：《人权与中国思想》，中国人民大学出版社 2011 年版。

［美］安乐哲、罗思文：《〈论语〉的哲学诠释：比较哲学的视域》，中国社会科学出版社 2003 年版。

白彤东：《旧邦新命——古今中西参照下的古典儒家政治哲学》，北京大学出版社 2009 年版。

北野：《中国文明论：中国古代文明的本质与原理》，中国社会科学出版社 2001 年版。

［古希腊］柏拉图：《游叙弗伦·苏格拉底的申辩·克力同》，商务印书馆 1983 年版。

［古希腊］柏拉图：《理想国》，商务印书馆 1986 年版。

陈启智主编：《儒家传统与人权·民主思想》，齐鲁书社 2004 年版。

邓国光：《圣王之道——先秦诸子的经世智慧》，中华书局 2010 年版。

［美］狄百瑞：《亚洲价值与人权：儒家社群主义的视角》，社会科学文献出版社 2012 年版。

冯友兰 a：《中国哲学之精神》（又名《新原道》），中国青年出版社 2005 年版。

冯友兰 b：《中国哲学简史》，天津社会科学院出版社 2007 年版。

傅斯年：《春秋策：先秦诸子与史记评述》，中国华侨出版社 2013 年版。

［俄］高尔基：《不合时宜的思想——关于革命与文化的思考》，江苏人民出版社 1998 年版。

［日］高木智见：《先秦社会与思想：试论中国文化的核心》，上海古籍出版社 2011 年版。

［美］顾立雅：《孔子与中国之道》（修订版），大象出版社 2014 年版。

郝长墀：《政治与人：先秦政治哲学的三个维度》，中国政法大学出版社 2012 年版。

［美］郝大维、安乐哲：《先贤的民主：杜威、孔子与中国民主之希望》，江苏人民出版社 2004 年版。

［美］郝岚：《政治哲学的悖论：苏格拉底的哲学审判》，华夏出版社 2012 年版。

［德］黑格尔：《哲学史讲演录》，商务印书馆 1959 年版。

胡适：《中国哲学史大纲》，广西师范大学出版社 2013 年版。

蒋庆：《政治儒学：当代儒学的转向、特质与发展》，生活·读书·新知三联书店 2003 年版。

［新加坡］赖蕴慧：《中国哲学导论》，世界图书出版公司北京公司 2013 年版。

劳思光：《新编中国哲学史》，生活·读书·新知三联书店 2015 年版。

李泽厚：《说儒学四期》，上海译文出版社 2012 年版。

林存光主编：《儒家式政治文明及其现代转向》，中国政法大学出版社 2006 年版。

刘惠恕：《中国政治哲学发展史——从儒学到马克思主义》，上海社会科学院出版社 2001 年版。

刘晓竹：《孔子政治哲学的原理意识：思辨儒学引论》，中国妇女出版社 2003 年版。

［德］罗哲海：《轴心时期的儒家伦理》，大象出版社 2009 年版。

［德］马克思、恩格斯：《马克思恩格斯文集》（第二卷），人民出版社 2009 年版。

马平安：《中国传统政治的基因》，新世界出版社 2015 年版。

毛国民：《他山之石：孟旦的中国人论与政治哲学研究》，暨南大学出版社 2011 年版。

潘光旦：《儒家的社会思想》，北京大学出版社 2010 年版。

［美］施特劳斯：《什么是政治哲学》，华夏出版社 2014 年版。

唐德先：《中国古典政治哲学论略》，中国人民大学出版社 2012 年版。

唐凯麟、曹刚：《重释传统——儒家思想的现代价值评估》，华东师范大学出版社 2000 年版。

童书业：《先秦七子思想研究》（增订本），中华书局 2006 年版。

［英］托马斯：《政治哲学导论》，中国人民大学出版社 2006 年版。

王健文：《流浪的君子：孔子的最后二十年》，生活·读书·新知三联书店 2008 年版。

王杰：《先秦儒家政治思想论稿》，人民出版社 2011 年版。

王绍光主编：《理想政治秩序：中西古今的探求》，生活·读书·新知三联书店 2012 年版。

王寿南主编：《中国历史思想家·先秦·1》，九州出版社 2011 年版。

［德］韦伯：《韦伯政治著作选》，东方出版社 2009 年版。

韦政通 a：《中国思想传统的创造转化：韦政通自选集》，云南人民出版社 2002 年版。

韦政通 b：《先秦七大哲学家》，江苏教育出版社 2006 年版。

吴钩：《中国的自由传统》，复旦大学出版社 2014 年版。

邢义田主编：《中国文化源与流》，黄山书社 2012 年版。

许纪霖、宋宏编：《史华慈论中国》，新星出版社 2006 年版。

薛国中：《逆鳞集：中国专制史文集》，世界图书出版公司北京公司 2014 年版。

薛仁明：《孔子随喜》，新星出版社 2011 年版。

［古希腊］亚里士多德：《政治学》，商务印书馆 1965 年版。

杨向奎：《大一统与儒家思想》，北京出版社 2016 年版。

张岱年：《中国哲学大纲》，中国社会科学出版社 1982 年版。

张岱年主编：《中华的智慧——中国古代哲学思想精粹》，上海人民出版社 1989 年版。

张东荪：《理性与民主》，岳麓书社 2010 年版。

张东荪：《思想与社会》，岳麓书社 2010 年版。

张东荪：《知识与文化》，岳麓书社 2011 年版。

张千帆：《为了人的尊严：中国古典政治哲学批判与重构》，中国民主法制出版社 2012 年版。

张志宏：《德性与权利——先秦儒家人权思想研究》，人民出版社 2012 年版。

朱维铮：《中国经学史十讲》，复旦大学出版社 2002 年版。

三　论文

黎红雷：《孔子哲学的逻辑进路》，《孔子研究》1999 年第 3 期。

马云志：《中庸：一种古典的政治哲学精神——孔子政治哲学的精神追求》，《孔子研究》2006 年第 4 期。

聂长建：《"为政以德"的政治哲学解读》，《华中科技大学学报》（社会科学版）2010 年第 5 期。

任锋：《当罗尔斯遭遇孔子——评白彤东〈旧邦新命——古今中西参照下的古典儒家政治哲学〉》，《开放时代》2010 年第 11 期。

王光松：《哲人与政治：从孔子与〈论语〉中四类人的关系看孔子的政治哲学》，《现代哲学》2006 年第 6 期。

王小丁、张宗明:《孔子政治哲学思想中的人文主义》,《社会科学家》2012 年第 11 期。

王新华:《论孔子政治哲学及其特点》,《湖州职业技术学院学报》2008 年第 2 期。

余卫国:《孔子的政治哲学思想》,《南通大学学报》(社会科学版)2011 年第 4 期。

赵明:《论作为政治哲学的先秦儒学》,《山东大学学报》(哲学社会科学版)2005 年第 3 期。